KinderSpiel

Charlotte Barth

KinderSpiel

Wie mein Körper missbraucht
und meine Seele gebrochen wurde

SCHWARZKOPF & SCHWARZKOPF

2014

Wer bin ich? Ich bin Mädchen für alles. Ein Gebrauchsgegenstand ohne Wert und Widerstand. Ein Mängelexemplar ohne Existenzberechtigung. Ich bin die Scham und ich bin die Schande. Ich bin am Leben, damit Mann mich gebrauchen kann. ~~Wer hat noch nicht, wer will noch mal.~~

Ich bin Perfektionistin, um all meine Fehler auszugleichen. Stelle zu hohe Ansprüche an mich, an denen ich zwangsläufig scheitern muss. Strenge hält mich aufrecht. Schwache Momente darf ich mir nicht leisten. Ich bin zynisch und verbittert. Verstecke mich hinter Sarkasmus und Selbstironie. Härte und Kompromisslosigkeit sind besser, als mich verletzlich zu fühlen.

Ich bin kontrollsüchtig. Habe ein unstillbares Bedürfnis, sämtliche Bereiche meines Lebens zu beherrschen. Erstelle Listen und Notfallstrategien und irrsinnige Regeln, doch schon der kleinste Zwischenfall, eine Abweichung meines Planes lassen mich hilflos und ängstlich zurück.

Ich bin zahlenfasziniert. Sie beruhigen mich; sind berechenbar, in einer so unberechenbaren Welt. Eins plus eins wird immer zwei ergeben. Ein Tag hat immer 24 Stunden, und eine Stunde immer 60 Minuten. Selbst wenn ich vergraben liege, unter meinem Gewissen, unter einem Mann; wenn Minuten zu einer Ewigkeit werden und die Ewigkeit unendlich ist, selbst dann ist eine Stunde nicht endlos. Selbst dieser Tag wird vorübergehen.

Ich bin mein Körper und ich bin mein Körper nicht. Er erfüllt mich mit Abscheu und Ekel und ist ein mieser Verräter, weil er niemals gemeinsam mit mir und meinem Geist geflohen ist. Ich hungere nur, um ihm zu schaden. Gönne ihm die Nahrung nicht. Ich habe mir wissentlich, willentlich, ein neues Problem geschaffen. Ich bin mit einem Lächeln auf den Lippen in die Anorexie gelaufen, um mich in ihr zu verlieren. Um mich von dem abzulenken, was so viel mehr wehtut als ein leerer Magen.

Ich bin mein größter Feind. Ich verletze mich selber, weil ich keine andere Möglichkeit habe, meine Wut und meinen Ärger auszudrücken; weil endlich nur ich es sein möchte, die Kontrolle über mein Schmerzerleben hat.

Ich bin skeptisch und misstrauisch, vertraue niemandem. Erwarte, von meinen Mitmenschen verlassen zu werden. Daher fordere ich sie immer wieder auf, genau das zu tun. Ich stelle sie auf die Probe, prüfe ständig die Belastbarkeit unserer Beziehungen.

Ich bin besessen von den Gedanken an Abstand, Distanz, Isolation. Sie bestimmen mein Leben. Nähe kann ich nur schwer ertragen, Freundschaften kaum aushalten. Mag mich jemand, reagiere ich panisch. Ich habe Angst vor den Menschen.

Ich bin sozial sehr kompetent. Rede mit Menschen, betreibe Small Talk, lache über Scherze. Gehe aufmerksam auf mein Gegenüber ein und bin eine aufmerksame Zuhörerin. Erzähle viel, aber wenig von mir. *Komm mir nicht zu nah*, schreit jeder Millimeter meines Körpers. Die Menschheit ist so taub.

Ich bin traurig, und lache sehr viel. Mein Gesichtsausdruck passt selten zu dem, was ich fühle. Ich verberge meine wahren Gefühle unter Schichten von Masken. Ich bin Schauspielerin.

Ich weiß nicht, wer ich wirklich bin.

1990

»Du möchtest bestimmt, dass ich dir etwas Schönes zeige. Habe ich nicht recht, Charlotte?« Erstaunt blicke ich von meinem Bilderbuch auf. Thomas, ein Freund meiner Eltern, ist vor mir in die Hocke gegangen und lächelt mich freundlich an. Ich möchte zu einer Antwort ansetzen, doch er legt mir einen Finger auf die Lippen. »Schhh«, macht er und zwinkert mir verschwörerisch zu. »Du musst ganz leise sein, sonst hört uns deine Schwester noch und möchte mitkommen.«

Misstrauisch schiele ich rüber in die Küche, wo Holly auf dem Schoß meiner Mutter sitzt. Vertieft in einer Unterhaltung mit Lieke, Thomas' Ehefrau. Vor Kurzem haben die beiden geheiratet; meine ältere Schwester und ich durften ihre Blumenkinder sein. Thomas und Lieke haben keine eigenen Kinder, sind aber völlig vernarrt in Holly und mich. Darum sind wir auch ständig hier zu Besuch.

»Was sagst du? Sollen wir zwei Hübschen runter in den Spielkeller gehen?« Neugierig und in großer Vorfreude nicke ich stumm, weil ich doch schweigen soll. Die Aussicht auf einen ganzen Raum mit Kinderspielzeug, das ich mit niemandem teilen muss, stimmt mich fröhlich. Vertrauensvoll lege ich meine kleine Hand in seine große. Im Keller ist es sehr dunkel. Dürfte ich sprechen, würde ich ihn bitten, das Licht einzuschalten. Im Keller ist es so dunkel, dass ich mich erschrecke, als ich seinen Atem ganz dicht an meiner Haut spüre. Instinktiv möchte ich zurückweichen, aber seine Hand hält mich zurück. Sein Griff ist sehr fest. »Das bleibt unser Geheimnis, okay? Versprich es mir, Charlotte.« Ich verspreche es. Und allmählich gewöhnen sich meine Augen an die Dunkelheit. Ich nehme Schemen von kleinen Puppen, Bällen, Büchern und Bauklötzen und einem Bett wahr. Seine Umklammerung löst sich. Erleichtert atme ich aus. Seine Hand wandert unter mein Shirt. In meine Hose. »Ist es nicht schön?« Es ist nicht schön.

Im Keller ist es zu dunkel. Nur darum sieht er mein Kopfschütteln nicht.

Es ist nicht schön.

Vielleicht. Irgendwann. Werde ich verstehen, dass in diesem dunklen, bunten Keller.

Ich das einzige Spielzeug gewesen bin.

Aber vielleicht? Vielleicht wird es auch immer unser Geheimnis bleiben.

1999 - 2000

1

Ich hätte wissen können, dass diese – meine – Geschichte kein gutes Ende nehmen wird. Alles, woran mein Vater maßgeblich beteiligt ist, ist zum Scheitern verurteilt. Ich, zum Beispiel. Aber wer rechnet schon damit, dass ausgerechnet ein Computer mich in das Unglück stürzen würde. Als mein Vater vor wenigen Tagen erwähnte, sein Arbeitgeber würde die alten Modelle aussortieren und kostengünstig an Mitarbeiter verkaufen, und ob ich Interesse daran hätte, war ich zum allerersten Mal in meinen elf Lebensjahren dankbar, seine Tochter zu sein. Ich plünderte mein Sparbuch, übergab ihm feierlich das Geld und heute traf das lang ersehnte Gerät endlich ein.

Inzwischen ist es aufgebaut und hochgefahren, das lange Kabel für den Internetanschluss quer durch die Wohnung verlegt. Aus den Tiefen meiner Schultasche befördere ich einen Zettel, den mir eine Klassenkameradin zugesteckt hat. Der Name einer Website ist darauf notiert. »Wenn du Freunde finden willst, dann ist dieser Chatroom dafür die beste Adresse«, hatte sie mir erklärt. Weil ich schon immer mal wissen wollte, wie das ist, Freunde zu haben, öffne ich den Browser, tippe *www.edencity.de,* und drücke Enter. Ich darf mir einen Namen geben, und weil ich ein ach so fröhlicher Mensch bin, und fließend Ironie spreche, entscheide ich mich spontan für Happy11.

Erst geschieht nichts, aber nach und nach trudeln die ersten Nachrichten ein. Ein GoldenBoy14 schreibt *Hi* und entlockt mir damit bereits ein Lächeln. Wir kommen ins Gespräch, und so erfahre ich, dass er seinem Namen zum Trotz bereits 15 ist, wie ich in NRW lebt und auf der Suche nach einer Freundin ist. Wir tauschen E-Mail-Adressen aus, und ich verspreche ihm, dass wir Kontakt halten werden. Meine Versprechen halte ich. Immer.

Wie leicht es doch sein kann, Menschen kennenzulernen, wenn ich mich dabei hinter einem Computerbildschirm verstecken darf.

Anscheinend muss ich meinem Vater dankbar sein, dass ich mein Leben doch nicht mehr in Einsamkeit verbringen muss, und der Schein trügt oft.

Während der folgenden Tage schicken mein Goldjunge und ich uns viele Nachrichten, und seit meine Mutter davon erfahren hat, verfasst sie selber viele Mails an ihn. Unter meinem Namen. Außerdem besteht sie darauf, sämtliche seiner Antworten zu lesen, und tarnt ihre Neugierde als Lüge: »Ich bin nur um deine Sicherheit besorgt! Man weiß ja nie, wer da am anderen Ende der Leitung sitzt, und ich möchte nicht, dass er dir irgendwelchen Schweinkram schreibt.« Nein, das ist kein löbliches Verhalten einer fürsorglichen Mutter. Sie versucht auf diese Art, Kontrolle auch über diesen Bereich meines Lebens zu haben.

Es dauert jedoch keine zwei Wochen, bis meine Chat Euphorie verflogen ist. Erschöpft reibe ich mir über die Augen, massiere mir den Nacken. Versuche so, den nagenden Kopfschmerz zu vertreiben, während ich gleichzeitig angestrengt auf das geöffnete Chatfenster starre.

GoldenBoy: *Was hältst du davon, mich hier besuchen zu kommen?*

Happy11: *Ich weiß nicht, ob das eine so gute Idee ist ..*

GoldenBoy: *Willst du mich nicht sehen??*

Happy11: *Das ist es nicht ...*

GoldenBoy: *???? Magst du mich denn nicht??*

Ich weiß nicht, ob meine Mutter das erlauben würde, habe ich soeben getippt, um seiner Frage auszuweichen.

»Was tust du da?«

Erschrocken zucke ich zusammen, weil meine Schwester unerwartet direkt hinter mir steht. »Kannst du nicht anklopfen?«, frage ich verärgert, woraufhin sie fragend eine Augenbraue hochzieht. »Wieso? Es ist doch nur dein Zimmer. Also, was machst du da?«

Sie legt den Kopf auf meine Schulter und liest sich die letzten Zeilen durch. »Wie niedlich! Du schreibst mit deinem Freund. Weiß Gott, warum du dir keinen hier in der Nähe gesucht hast, aber er ist wenigstens besser als gar keiner. Warum willst du ihn nicht treffen? Sei doch froh, dass überhaupt jemand Interesse an dir hat.« Holly sagt das völlig sachlich, ohne einen gemeinen Unterton. Das macht ihre Worte ~~noch schlimmer~~ erträglicher.

Sie scheucht meine Finger von der Tastatur und löscht meine unabgeschickte Nachricht. An mich gewandt sagt sie: »Wir können doch ganz leicht klären, ob Mama das erlauben würde«, und lauter: »Mama! Komm mal ganz schnell!«

Das Schicksal nimmt seinen Lauf. Holly und meine Mutter unterhalten sich darüber, dass ich Angst vor meinem ersten Date hätte, und dass es an der Zeit sei, dass die Erwachsenen sich um die Angelegenheit des Kindes kümmern. Ein Blick in den Routenplaner bringt die Gewissheit, dass mein Freund bloß 180 Kilometer entfernt wohnt. »Hast du am kommenden Wochenende schon etwas vor?«, fragt meine Mutter, gibt mir jedoch nicht die Gelegenheit zu antworten. Sie hat erneut die Regie übernommen, in ihrer One-Woman-Show, die sich als mein Leben ausgibt. Anschließend dreht sie sich mit einem selbstzufriedenen Grinsen zu mir um: »Und wo war jetzt das Problem?« – »Es hat nie ein Problem gegeben«, verteidige ich mich gereizt, und umgehend schwindet das Lächeln aus ihrem Gesicht. »Ich habe das doch nur für dich gemacht«, murrt sie. »Warum maulst du mich jetzt schon wieder an?«

Meine Wangen erhitzen sich. *Oh Mama, es tut mir so leid, ich wollte dich nicht angreifen*, möchte ich ihr kleinlaut versichern. Möchte einen Schritt auf sie zugehen und sie fest in meine Arme schließen. Darum schlinge ich die Arme um meinen eigenen Oberkörper, unterdrücke diesen dummen, dummen Impuls.

Meine Mutter und ich. Gerne würde ich mich in ihre Arme stürzen. Mich geborgen fühlen und mich fallen lassen. Sie lächelt mich an und sie verspricht mir Sicherheit. Lockt mich mit der Aussicht auf Nähe. Doch bisher? Ist sie noch immer im entscheidenden Moment, in allerletzter Sekunde, einen Schritt zur Seite gegangen. Und ich bin gestürzt. Wurde noch nie aufgefangen, und allmählich gelingt es dieser Botschaft, auch in mein dämliches, hoffnungsfrohes Hirn durchzusickern.

Wenn mein Vater mich schlägt, dann ist seine Nachricht klar und deutlich. Sie verletzt mich und sie tut mir weh, aber räumt sämtliche Missverständnisse aus dem Weg: Ich glaube nicht, dass er mich hasst. Aber ich weiß, dass er mich nicht liebt.

Meine Mutter gönnt mir diese Gewissheiten nicht. Die Bindung zu ihr ist eine einzige grausame Ambivalenz. Jedes freundliche, nette Wort von ihr spreche ich für mich im Stillen nach. Lasse es mir wie die allergrößte Köstlichkeit auf der Zunge zergehen. Sauge es auf wie ein Schwamm und speichere es ganz genau ab. So wie die Maus Frederick Worte und Farben und Sonnenstrahlen für den Winterschlaf sammelt, so hüte auch ich diese Momente wie einen unermesslich kostbaren Schatz. Um ihn im Notfall auszupacken, mich an kalten, einsamen Tagen daran zu erwärmen und mir zu versprechen, dass meine Mutter mich trotz allem ganz bestimmt lieben muss. Wahrscheinlich. Vielleicht.

Zwar drückt sie beide Augen zu, wenn mein Vater mir Gewalt antut – aber hat sie mir nicht gestern erst gesagt, wie schön ich mein Zimmer aufgeräumt habe? Und hat sie nicht heute erst meine sozialen Kontakte für mich gepflegt, indem sie mir einen Freund bewahrt hat?

Das beweist doch alles! Sie liebt mich. Wahrscheinlich. Vielleicht. Auch nicht.

2

»Was für eine hübsche Wohngegend! Ich muss schon sagen, dass ich schwer beeindruckt bin. Wer hätte gedacht, dass du mal einen so guten Fang machst?« Die Stimme meiner Mutter ist widerwillig anerkennend, doch ich zucke bloß mit den Schultern, während ich aus meinem Autofenster blicke. Ordentliche, gepflegte Vorgärten rauschen an uns vorüber.

Wenn ich an meine Mutter denke, kommt mir der Spruch *Das Gegenteil von Gut ist nicht Böse, sondern gut gemeint* in den Sinn. Bestimmt. Ganz bestimmt bin ich undankbar. Sollte es wertschätzen, dass sie diese lange Autofahrt nur für mich in Kauf genommen hat. Allerdings habe ich gerade knapp zwei Stunden auf engstem Raum mit dieser Frau verbracht. Meine Nerven sind aufs Äußerste überstrapaziert, und ich bin mir sicher, würde ich den Mund aufmachen und mich auf ein Gespräch einlassen, würde es unweigerlich in Streit enden. Unsere Mutter-Tochter-Beziehung als schwierig oder kompliziert zu bezeichnen, wäre noch geschmeichelt. Ließe es doch den Trugschluss zu, eine derartige Bindung würde überhaupt existieren. Tut sie nicht. Wir sind füreinander zwei Fremde, die sich lediglich den gleichen Nachnamen teilen.

»Garantiert haben seine Eltern sehr viel Geld, sonst könnten sie sich ein Haus hier gar nicht leisten. Weißt du, was die beiden beruflich machen? Arzt wäre super. Es ist nie verkehrt, einen Arzt in der Familie zu haben. Friseur, Klempner und Malermeister wären auch nicht schlecht. Ich überlege eh, ob wir nicht mal wieder unser Wohnzimmer streichen sollten. Aber gut, die verdienen leider nicht viel. Oder ein Masseur hätte auch etwas!«, sinniert sie.

»Wie schön, dass du gleich unsere gemeinsame Hochzeit planst«, bemerke ich trocken. »Ich dachte, ich würde lediglich eine Internetbekanntschaft, nicht aber meinen zukünftigen Ehemann treffen. Wie außerordentlich dumm von mir! Aber du hast natürlich vollkommen recht: Mit meinen mittlerweile elf Jahren fühle ich so langsam auch die Torschlusspanik, niemals mehr einen Kerl abzubekommen.«

Meine Mutter übergeht meinen Einwand mit einer ungeduldigen Handbewegung. »Ha, ha. Ich lache mich tot.«

Von wegen – immer diese leeren Versprechungen!

Ich bin froh, als wir endlich am Zielort – einem großen, hübschen Haus – ankommen. Nicht, dass ich es eilig hätte, meinen zukünftigen Gatten kennenzulernen. Aber egal, was für eine Sorte

Mensch ich gleich antreffen werde. Er kann nicht schlimmer sein als meine momentane Reisebegleitung. Diese fragt mich, ob ich aufgeregt sei. Ich horche in mich, doch nirgends entdecke ich Vorfreude oder Neugierde. Stattdessen schlummert in mir nur die Angst, und ich versuche mir einzureden, dass ich nicht panisch sein muss. Fast hätte es geklappt. Weil mich bewusste Atemzüge beruhigen können, atme ich tief durch und springe danach betont lässig aus dem Auto. Vor der geöffneten Haustür erwartet uns eine junge Frau, die meine Schwiegermutter in spe sein dürfte. Sie ist sehr klein und zierlich. Hat ein warmes, offenes Lächeln und wirkt ganz zauberhaft. Wie eine Elfe. Oder Porzellanpuppe. Mit ihren langen, hellblonden Haaren sieht sie irgendwie ganz genau so aus wie … ich. Bloß eine zartere, viel hübschere Version meiner selbst.

Irritiert durch diesen lustigen Zufall, brauche ich einige Sekunden, bis ich mein Augenmerk auf die Gestalt hinter ihr richten kann. Es ist ein Junge, mit gelockten, tiefschwarzen Haaren. Einem fast südländisch wirkenden Teint und dunklen Augen. Ganz unverkennbar mein Goldjunge. Er ist groß und kräftig gebaut, überragt seine Mutter um mindestens zwei Köpfe. Welch ungleiches Gespann.

*

»Na, wie war es? Hattet ihr eine schöne Zeit?«

Wieder blicke ich aus meinem Autofenster. Draußen ist es inzwischen so dunkel, dass sich mein eigenes Gesicht darin spiegelt. Ich schneide mir eine Grimasse. Wie es war? Zumindest war es keine Liebe auf den berühmten ersten Blick. Weil ich nicht reagiere, spricht meine Mutter unbeirrt weiter: »Seine Mutter ist wirklich sehr nett. Schade, dass sein Vater nicht da war. Aber hast du im Wohnzimmer das Foto von ihm gesehen?« Oh ja. Wie sein Sohn hat er ganz schwarze, wilde Locken, die seine hellblauen Augen besonders schön zur Geltung bringen. Er hat eine schlanke, doch muskulöse Figur, und mehr als einmal erwischte ich mich dabei, wie mein Blick immer wieder zu dem Bild wanderte. Es würde auch perfekt auf die Hochglanzseiten eines Hollywood-Magazins passen.

»Gib dem Jungen noch zehn, 15 Jahre und er wird bestimmt so aussehen wie sein Vater!« Ich höre, was meine Mutter nicht gesagt hat: *Und bis es so weit ist, ist er leider nicht gerade der Schönste.*

Das ist in Ordnung. Ich bin selber hässlich. Für mein Alter bin ich viel zu groß und viel zu dünn. Klassischer Fall vom Typ Bohnenstange. Nur weniger grün. Tatsächlich bin ich sogar ziemlich farblos. Meine fast weißen Haare und die sehr blasse, bleiche Hautfarbe verleihen mir ein kränkliches, schwaches Aussehen.

Wenn ich mich bei meiner Mutter beschwere, dass ich wie ein Freak aussehe, schüttelt sie nur den Kopf: »Du spinnst. Du bist schon hübsch. Anders hübsch eben.« Ich glaube ihr nicht. Sie ist meine Mutter. Sie muss solche Dinge einfach sagen.

Andererseits ist sie *meine* Mutter: Nie um ein böses oder verletzendes Wort verlegen, würde sie mir auch schonungslos ins Gesicht sagen, ich sei tatsächlich hässlich wie die Nacht.

Ich habe schon Schlimmeres von ihr gehört.

»Ich würde nächsten Samstag gerne wiederkommen. Würdest du mich erneut herfahren?«, frage ich endlich, obwohl es nicht das war, was ich im Sinn hatte. Noch immer gucke ich in die Nacht hinaus, drehe meiner Mutter somit den Rücken zu. Baue eine sichtbare Barriere zwischen uns auf, die ihr doch ohnehin niemals auffallen wird.

»Aber natürlich! Hat es dir denn so gut dort gefallen?«

Ehrlich gesagt weiß ich das nicht. Aber ist nicht jeder Ort dieser Welt besser als mein Zuhause?

3

Eine Woche später. Unser zweites Treffen. Am Morgen hatte mich meine Mutter in ihr Auto gesetzt. Schweigend fuhren wir nach Wesel, in eine schöne Wohngegend, zu einem hübschen Haus. Auf der Einfahrt hielt sie kurz an, schaltete nicht einmal den Motor aus, und ließ mich aussteigen. Wenigstens einen Abschiedsgruß gab sie mir noch mit auf den Weg: »Wünsche dir zwei schöne Tage. Hole dich am Sonntagabend wieder ab.«

Legte dann schleunigst den Rückwärtsgang ein und fuhr wieder los.

Wenn du mich so dringend loswerden willst, traute ich mich nicht, ihr hinterherzurufen, *warum ertränkst du mich nicht einfach in der Weser oder setzt mich an einer Autobahnraststelle aus? Das würde nicht nur Geld und Benzin sparen, sondern gleichzeitig die Umwelt schonen.*

Na ja. So ist sie eben. Meine Mutter.

Seine hingegen scheint sich aufrichtig zu freuen, mich wiederzusehen: »Lass mich dir kurz noch das Haus richtig zeigen, bevor du hoch in sein Zimmer gehst. Wenn du nun öfter herkommen wirst, sollst du dich doch auch hier wie zu Hause fühlen und dich gut auskennen.« Sie zog mich mit in die Küche, und in den angrenzenden Garten. Führte mich durch das Wohnzimmer, und erklärte, wo im Bad die Handtücher zu finden seien. Dabei sprach sie ununterbrochen und erzählte mir zu jedem Zimmer irgendeine lustige Anekdote.

Ich bin völlig und absolut fasziniert von ihr.

Zuletzt liefen wir die Treppe hoch in das Dachgeschoss. »Hier sind nur noch zwei Zimmer, die meiner Söhne. Da fällt mir ein, was ich dir noch unbedingt sagen wollte: Ich möchte nicht, dass ihr beide in einem Zimmer schlafen werdet.«

Mein Gesicht wurde feuerrot, doch ich nickte sofort zustimmend.

»Tagsüber könnt ihr euch natürlich gemeinsam in seinem Zimmer aufhalten, und ich werde auch nicht ständig anklopfen und fragen, ob ihr Milch und Kekse haben möchtet. Aber wenn es ins Bett geht, wird er bei seinem jüngeren Bruder Tom im Zimmer schlafen. Ich glaube, das ist auch dir recht so, oder?« Während sie sprach, hatte ich ein hoffentlich vorübergehendes starkes Interesse für das Teppichmuster entwickelt und starrte daher wie gebannt zu Boden. »Ja, klar. Ist mir auch lieber so«, murmelte ich. Sie drückte mich noch einmal an sich und klopfte dann an der Zimmertür zu ihrer Linken. »Besuch ist da«, trällerte sie fröhlich.

Ich öffnete die Tür und trat ein.

Das war vor 15 Minuten. Seitdem hat sich nicht mehr viel verändert: Er sitzt im Schneidersitz auf dem Bett, ich auf dem Schreibtischstuhl ihm gegenüber. Lasse lustlos meine Beine baumeln. Werfe ihm verstohlen immer wieder kurze Blicke zu. Ob er sich wohl mit mir langweilt? Ob er bereits bereut, diesem Treffen zugestimmt zu haben? Ob er sich seines Fehlers schon bewusst geworden ist und möchte, dass ich wieder gehe? Ob er vielleicht nur zu höflich ist, mir das zu beichten?

»Willst du vielleicht ...«, setze ich an.

»Hättest du Lust ...«, beginnt er.

Wir beide fangen an zu lachen. Dann grinst er mich an. »Du zuerst.«

»Ich wollte dich gerade fragen, ob du es lieber hättest ... wenn ich gehe?«, druckse ich herum und male mit dem Fuß Kreise in den Teppich. Sofort protestiert er: »Was? Nein! Natürlich nicht. Ich wollte dich gerade fragen, ob du Lust hättest, dass wir 'ne Runde mit der PlayStation spielen?«

Vor lauter Glückseligkeit verschlucke ich mich fast an der Luft. Dieser ältere Junge möchte tatsächlich mit mir – mit mir! – Zeit verbringen. Selbst wenn auch er meiner irgendwann überdrüssig wird – für den Moment hat er mich anscheinend gerne in seiner Nähe. Selig lächelnd stimme ich zu.

Einige Stunden später haben wir gemeinsam so viele Schlachten geschlagen und gewonnen, dass uns das bestimmt schon zusammengeschweißt hat. Es ist später Nachmittag, und meine Augen fangen an zu schmerzen. Ich schalte meinen Controller aus und reibe mir müde über das Gesicht. Als ich die Hände sinken lasse, bemerke ich, wie er mich eingehend mustert. »Was ist?«, frage ich alarmiert. »Habe ich irgendetwas im Gesicht?« Oh Gott, wie peinlich.

Er senkt die Stimme zu einem verschwörerischen Flüstern: »Ehrlich gesagt habe ich an etwas ganz anderes gedacht. Wir haben doch gerade etwas getan, was dir Spaß gemacht hat, oder?« Langsam nicke ich. Bin mir nicht sicher, worauf er hinaus möchte.

»Und nun wäre es doch nur fair, wenn wir jetzt etwas tun, was *mir* Spaß macht.«

»Ja, da hast du bestimmt recht«, antworte ich zaghaft. Er zögert einen Moment, wendet den Blick ab. »Dann würde ich mir von dir wünschen, dass du mich nun küsst.« Verwirrt runzle ich die Stirn und presse die Lippen fest aufeinander. Warum in aller Welt soll ich ihn küssen? Ich bin doch erst elf. Im Kindergarten habe ich irgendwann einen Jungen geküsst. Wir haben uns Blumenringe angesteckt und anschließend geheiratet. Aber warum soll ich ausgerechnet ihn jetzt küssen? Als könne er meine Gedanken erahnen, erklärt er mit einer Engelsgeduld: »Ich dachte, ich sei dein Freund. Dein *fester* Freund. Wir sind jetzt zusammen. Da ist es völlig normal und richtig, dass man sich küsst.«

Erst muss ich schlucken, dann hole ich tief Luft. Alles klar. Ein Kuss. Mehr nicht. Das kann ich. Über die Tatsache, dass ich angeblich in einer Beziehung mit ihm bin, mache ich mir als Nächstes Gedanken.

Wo blieb mein Zettelchen, auf dem ich auf die Frage »Willst du mit mir gehen?« *Ja Nein Vielleicht* ankreuzen durfte?

Kurz und schmerzlos drücke ich ihm einen Kuss auf die Wange, doch sofort schnellt seine Hand vor und hält mich am Kinn fest. Zwingt mich so, ihm wieder ins Gesicht zu blicken. *Du tust mir weh*, möchte ich ihm sagen, doch im nächsten Moment pressen sich seine Lippen auf meine und mein Kopf ist wie leer gefegt.

Das also ist ein Kuss.

Vielleicht sollte ich den Moment genießen und vielleicht sollte ich verzückt die Augen schließen.

Vielleicht sollte sich dieser Augenblick auch richtig anfühlen, und vielleicht sollte ich nun irgendetwas tun, was souveräne Freundinnen in diesen Momenten eben so tun sollten. Doch mir ist schwindelig, und ich weiß nicht, ob das von den Glücksgefühlen, die meinen Körper sicherlich gerade durchfluten, herrührt.

Der Kuss endet. Mein Freund sieht zufrieden aus. Wie ein Kater, der gerade ein Töpfchen Sahne leer geschleckt hat. Ich bin mir sicher, dass mein Gesichtsausdruck hingegen irgendwo zwischen Überraschung und Entsetzen schwankt.

»Und? Ist es nicht schön?« ~~*Ist es nicht schön? Es ist nicht schön.*~~

Ich blinzle wie eine Idiotin, um bruchstückhafte, fragmentierte Erinnerungen aus meinem Bewusstsein fernzuhalten. Kaleidoskopartige Bilder ohne Sinn und Zusammenhang. Dann jedoch springt mein Freund beherzt auf die Beine und zieht auch mich hoch: »Komm, lass uns runter in die Küche gehen. Ich hab Hunger.«

Der Abend bricht herein. Nachdem wir mit seiner Familie gegessen und anschließend ein paar Runden Karten gespielt haben, sind wir wieder auf seinem Zimmer. Mein Freund hat seinen Fernseher angeschaltet und es sich auf dem sehr kleinen Sessel davor gemütlich gemacht. Unschlüssig stehe ich im Raum. »Setz dich doch zu mir«, fordert er mich auf, und ich bin drauf und dran, mir seinen Schreibtischstuhl zu holen. Mit einer Handbewegung hält er mich zurück. »Nein. Setz dich zu mir. Auf meinen Schoß. Wir sind ein Paar, schon vergessen?«

Ich versuche mich an einem hoffentlich überzeugenden Lächeln und nehme auf seinen Oberschenkeln Platz. »Bin ich dir auch nicht zu schwer?«, frage ich ihn sehr förmlich. Ich weiß, dass ich sehr leicht bin, aber wenigstens kostet Fragen nichts. Wie erwartet schüttelt mein Freund seinen Kopf, und legt die Arme besitzergreifend um mich. So bleiben wir eine Zeit lang sitzen und schauen uns irgendeine Komödie an, während ich versuche, so wenig wie möglich zu atmen.

Der Sonntag verläuft ereignislos. Erst schlafen wir lange aus, dann gehen wir hinunter in die Küche, wo seine Mutter bereits dabei ist, ein reichhaltiges Frühstück zuzubereiten. Ich helfe ihr, den Tisch einzudecken, presse Orangensaft aus und schneide frisches Gemüse auf. Die ganze Zeit über spricht sie mit mir. Erzählt fröhlich von völlig belanglosen Dingen. Das Radio spielt. Mein Freund zankt sich mit seinem kleinen Bruder. Seine Eltern werfen sich teils genervte, teils sehr verliebte Blicke zu. Es werden Pläne für die kommende Woche besprochen.

Daran könnte ich mich gewöhnen. Familienleben. Es ist wunderschön.

~~Nur~~ Allein dafür lohnt es sich, einen Freund zu haben.

4

In unserer Kindheit werden die wichtigsten Bausteine für unser späteres Leben gelegt. Keiner prägt uns so sehr wie unsere Eltern, und manch eine ihrer Ermahnungen und Lebensweisheiten wird uns ewig in Erinnerung bleiben: *Mit den Fingern isst man nicht! Sag niemals nie! Steige niemals zu einem Fremden ins Auto!*

Der Satz, den ich hingegen am häufigsten hörte, war: *Charlotte, wir verlangen nicht viel von dir – aber kannst du nicht ein einziges Mal ein liebes, braves Mädchen sein? So wie Holly?*

*

Drittes Wochenende.

Als mein Freund mir verrät, sein größter Wunsch sei es, ein braves Mädchen zur Freundin zu haben, gestatte ich mir nur ein kurzes, innerliches Aufseufzen, ehe ich mich folgsam neben ihn auf das Bett setze, den Kopf schlief lege und ihn abwartend anblicke.

»Das machst du sehr gut«, lobt er mich mit heiserer Stimme und befielt mir als Nächstes: »Jetzt leg dich hin, denn ich möchte mit dir kuscheln.«

Ich schlucke meine Angst hinunter, obwohl sie bitter schmeckt. Meine Stimme zittert und klingt mindestens eine Oktave höher: »Ich soll bitte was machen?«

»Dich hinlegen. Brave Freundinnen machen so etwas. Du bist doch brav, oder?«

Nein nein nein und meine Eltern haben recht. Nie mache ich das, was von mir verlangt wird. Wenn sie mich jetzt sehen würden! Beschämt den Kopf schütteln würden sie.

Zwar schwindet mein Glaube an die Richtigkeit seines Wunsches mit jeder weiteren Sekunde, dennoch lege ich mich artig auf das Bett und schließe die Augen.

Wieder lobt er mich, sein Mund viel zu nah an meinem Ohr. Er verursacht mir eine Gänsehaut – jedoch eine der unangenehmen Art. Erfolglos versuche ich, mich wieder zu entspannen. Ich fühle mich, als würde ich gerade unter Wasser atmen. Wenn er mir so nah ist wie in diesen Momenten, scheint mein Körper mehr zu wissen als ich. Als würde ihn eine dunkle Vorahnung befallen. Eine böse Erinnerung.

Seine Lippen hinterlassen eine feuchte, klebrige Spur: von meinem Mund zu meiner Wange, zu meinen Ohren, zu meinem Kinn. Sie lenken mich ab, und viel zu spät registriere ich, dass sich auch seine Hände auf Wanderschaft begeben haben. Unter mein Shirt, über meinen Bauch, bis sie auf meiner Brust liegen bleiben.

Mein Körper geht in Flammen auf.

Das klingt bei Weitem romantischer, als es in Wirklichkeit ist. Er entfacht keine leidenschaftliche Glut in mir. Kein wildes Lauffeuer, welches sich rasend schnell in mir ausbreitet, mein Blut erhitzt, meine Nervenbahnen vibrieren lässt. Mich wach und lebendig, verlangend nach mehr zurücklässt.

Stattdessen fühlt es sich an, als würden Flammen schmerzhaft an mir züngeln und zehren, meine Haut versengen und Knochen schmelzen. Als würde ich von innen heraus verbrennen.

Erschrocken schnappe ich nach Luft. Muss schreien oder sterben oder einfach irgendetwas tun, aber mit einem Mal sind seine Hände und Lippen weg. »Wow, krass. Wer hätte gedacht, dass du so darauf abgehst.« Seine Stimme klingt dabei sehr amüsiert. Ich schäme mich so sehr, dass ich ihm den Rest des Tages nicht mehr ins Gesicht sehen kann.

Erst als wir in dieser Nacht in getrennten Betten liegen, kommt mein verkrampfter Körper wieder zur Ruhe. Mir passiert doch nichts. Alles ist in Ordnung. Genau das habe ich auch vorhin seiner Mutter glaubhaft versichert. Jeden Abend vor dem Schlafengehen kommt sie hoch, um mir eine gute Nacht zu wünschen. Sie setzt sich auf die Bettkante, streicht über mein Gesicht. »Du würdest mir sagen, wenn dich irgendetwas bedrückt, oder?«

Gerne möchte ich sie fragen, ob sie vielleicht eine leise Ahnung hat. Ob sie von mir eine Bestätigung möchte, dass ihre Befürchtungen unbegründet sind. Was sie wohl fürchtet? »Mir geht es gut«, lüge ich. Der Beginn meiner Lebenslüge.

Erneut geht die Tür einen Spalt auf. Licht fällt in das Zimmer, aber ich erkenne trotzdem nicht, wer da in der Tür steht. Hat seine Mutter etwas vergessen? Aber dann rieche ich ihn bereits. Kleine, stechende Eiskristalle lassen mein Blut gefrieren. Eine dumme, instinktive Reaktion meines Körpers. Ich spüre, wie die Matratze sich senkt, die Bettdecke sich hebt. Seine Hände wieder auf meinem Körper sind. Ich wünsche mir, ich hätte mehr an als nur mein dünnes Nachthemd. »Meine Eltern sind vorhin schlafen gegangen. Es ist doch viel schöner, die Nacht zu zweit zu verbringen, oder? Morgen früh verschwinde ich auch schnell wieder.« Ich halte die Augen geschlossen, ignoriere seine kalten Hände, die spröden Lippen, stelle mich schlafend. Interessant, was er sich alles traut, wenn er denkt, ich sei nicht bei Bewusstsein.

5

Viertes Wochenende. Nach dem Aufstehen gehen wir runter, wo uns seine Mutter bereits am gedeckten Frühstückstisch erwartet. »Guten Morgen, ihr zwei Turteltauben!«, begrüßt sie uns heiter, dann umarmt sie mich. »Liebes, hast du auch gut geschlafen?« Unbeholfen und überfordert, wie immer, wenn ich in den Armen eines Menschen bin, bringe ich nur ein jämmerliches Nicken zustande. Zähle meine angehaltenen Atemzüge, bis sie mich wieder freigibt.

»Hättet ihr Lust, dass wir heute gemeinsam in den Freizeitpark fahren? Oder in den Zoo? Irgendeinen schönen Familienausflug?« Glücklich möchte ich zustimmen, doch mein Freund kommt mir zuvor. »Hast du mal aus dem Fenster geguckt? Es regnet in Strömen. Welcher Idiot denkt bei diesem Wetter schon an einen Zoobesuch?«, fragt er verächtlich.

Das Lächeln seiner Mutter wirkt nun etwas angestrengt. »Wie recht du hast«, erwidert sie mit hoher Stimme. »Wie dumm von mir.«

Sie lächelt tapfer und ich lächle tapfer und mein Freund beißt in sein Brötchen.

Zurück in seinem Zimmer, steuert er zielstrebig das Bett an, schlägt die Bettdecke zurück. Legt sich hin, die Arme hinter dem Kopf verschränkt. Er sieht mir dabei zu, wie ich unruhig und nervös in seinem Zimmer auf und ab laufe. Irgendwann bleibe ich vor dem Fenster stehen, das einen direkten Blick in den schönen Garten ermöglicht. Würde ich mich nur weit genug aus dem Fenster lehnen, ohne bei diesem Versuch gleich abzustürzen, könnte ich die ersten blassrosa Blütenknospen eines Apfelbaumes berühren.

»Hattet ihr eigentlich mal Kaninchen im Garten?«, frage ich kontextlos in die Stille seines Zimmers hinein.

»Wie bitte?«

Doch ich zucke nur mit den Achseln. »Schon gut.«

Würde ich mich jetzt zu ihm umdrehen, könnte ich seinen berechnenden Blick sehen. So jagen mir jedoch seine nächsten Worte kleine elektrische Stöße durch meinen Körper: »Ich liebe dich. Das weißt du, oder?«

Ich liebe dich.

Niemals zuvor in meinem Leben habe ich diese Worte vernommen. Niemals zuvor galten sie mir. Ich halte die Augen für einen kurzen Moment fest geschlossen. Versuche, mir diesen Augenblick so klar wie möglich einzuprägen, damit ich mich, wenn ich eines Tages alt und grau bin, noch immer daran erinnern kann.

Ich liebe dich.

So also fühlt es sich an, geliebt zu werden.

Irgendwie falsch.

»Ich liebe dich«, wiederholt er. Fast lieblos. Geht viel zu verschwenderisch mit diesem kostbaren Gut um.

Und ein drittes Mal: »Ich liebe dich. Das heißt, dass ich alles für dich tun würde. Alles, was du willst.«

Bedeutet bedingungslose Liebe, dass man alles für den anderen tun würde?

»Du liebst mich auch, oder?«

Ich weiß es nicht ich weiß es nicht ich weiß es nicht.

In mir tobt ein Kampf der unterschiedlichsten Gefühle.

~~Angst Überforderung Hoffnungslosigkeit Wut Verzweiflung Resignation Schuld Scham Scham Scham~~ Ich glaube, keines davon ist Liebe.

Er überhört mein Zögern.

»Wenn du mich liebst, dann kommst du nun zu mir. Leg dich zu mir ins Bett. Ich würde dich gerne anfassen. Dir nahe kommen.«

Maßlos überfordert mit der gesamten Situation, von Gefühlen, von denen ich keine Ahnung habe, tue ich etwas absolut Dummes: Ich gehorche. Setze mich mechanisch in Bewegung, klettere mit steifen Gliedern auf das Bett. Lege mich flach auf den Bauch, vergrabe mein Gesicht in den Kissen.

Dann berührt er mich und alles andere wird unwichtig.

*

»Du liebst mich gar nicht.« Verwundert öffne ich die Augen. Er sieht tatsächlich gekränkt aus.

»Du liebst mich gar nicht«, wiederholt er auf meine stummen Blicke hin. »Denn wenn du mich lieben würdest, würdest auch du mich berühren. Du hast mich bislang nicht ein einziges Mal geküsst. Immer muss die Initiative von mir ausgehen.«

Endlich wird mir bewusst: Er hat recht. Ich liebe ihn nicht. Himmel. Natürlich liebe ich ihn nicht. Wie könnte ich diesen schrecklichen, selbstsüchtigen Jungen, an dem mich alles abstößt – seine Hände, seine Blicke, sein Geruch, sein ganzer Körper –, denn bloß lieben?

Erleichterung erfüllt mich. Gemischt mit oh so vielen Schuldgefühlen. Ich bin ein schlechter Mensch. Undankbar und egoistisch. Nein, ich liebe ihn nicht. Aber das gibt mir noch lange nicht das Recht, ihn zu kränken und zu verletzen.

Vielleicht. Wenn ich mir ganz viel Mühe gebe. Vielleicht würde ich ihn irgendwann wenigstens ein kleines bisschen mögen können. Und bis es so weit ist, muss ich mich eben dazu zwingen, das zu tun, was er von mir verlangt. Vielleicht. Wenn ich mir *wirklich* ganz viel Mühe gebe. Vielleicht wird es mir auch eines Tages leichtfallen, und gefallen können.

All diese Vorsätze wirbeln durch meinen Kopf, und ich weiß nicht, wie lange schon ich ihn auf meine Antwort warten lasse. Aber vielleicht kann er meine Gedanken lesen, denn schlagartig ändert sich sein Blick. Seine Stimme wird eiskalt: »Wenn du mich nicht liebst, was machst du dann überhaupt hier? Ich lasse mich doch von dir nicht verarschen. Ich liebe dich und ich will dich, aber du bist nicht bereit, auch nur ein kleines Stückchen zu geben. Immer nur nehmen und nehmen, du selbstsüchtiges Biest. Ich würde sagen, du fährst jetzt nach Hause und lässt dich hier nicht mehr blicken.«

Wütend holt er meine Reisetasche aus der Ecke und stopft das wenige wieder rein, das ich bereits rausgekramt hatte. Dann zieht er mich aus dem Bett, zerrt mich zu der Tür und stellt sowohl die Tasche, als auch mich vor seinem Zimmer ab. »Du findest den Weg alleine nach Hause? Grüß meine Mutter auf dem Weg nach draußen. Viel Spaß auch beim Erklären, *warum genau* du gehen musst«, ruft er mir gehässig zu, ehe er mir die Tür vor der Nase zuknallt.

Theoretisch müsste ich nun glücklich und zufrieden sein, da ich meinen Willen bekommen habe. Stattdessen breitet sich ein hartnäckiges Schuldgefühl in mir aus. Wie anmaßend ich bin.

Stunden vergehen. Stolz und Triumphgefühl bleiben nach wie vor aus. Dafür werde ich wütend. Weil ich mich so kindisch anstelle und ihn mit meinem unverzeihlichen Verhalten verletzt habe. Er glaubt, ich würde ihn nicht lieben. Ich muss ihn vom Gegenteil überzeugen. *Mensch Charlotte. Sei doch nicht ein solches Kind!*, werfe ich mir vor. *Du bist nach wie vor seine Freundin, und als solche hast du gewisse Verpflichtungen.*

Ich stehe vom Boden auf. Mein Rücken ist bereits ganz steif und tut weh. Ich rede mir Mut zu, atme tief durch und klopfe. Dreimal, bis er die Tür öffnet. »Du bist ja immer noch da.«

Wieder steigt mir die Schamesröte ins Gesicht. »Ja, es tut mir leid. Wirklich. Darf ich wieder reinkommen? Ich tue auch alles, was du sagst.« Ich spreche sehr schnell und muss mich durch jede Silbe kämpfen. Sonst überlege ich es mir doch wieder anders.

»Wirklich *alles*?«, erkundigt er sich ehrlich interessiert.

»Wirklich alles«, bekräftige ich, um mich selber davon zu überzeugen.

6

Vielleicht fällt es leicht, diese Geschichte zu lesen. Mich zu verurteilen und zu fragen, warum zum Teufel ich bloß so und nicht anders gehandelt habe. Hätte ich mich anders verhalten können, dann hätte ich es auch getan. Niemand sucht sich aus. Oder fragt danach. Vergewaltigt zu werden.

Von meinem Vater war ich es gewohnt, quer durch die gesamte Wohnung geschleudert zu werden. Mein neuer Freund erscheint mir dagegen wie ein sanftmütiger Engel. Besessen von dem Gedanken, nach elf einsamen Jahren endlich geliebt zu werden, würde ich dafür vieles in Kauf nehmen. Ich glaube, dass ich sowieso nichts mehr zu verlieren habe. Ich weiß noch nicht, wie falsch ich damit liege.

Wäre mein Leben ein Spielfilm mit Musikuntermalung, dann gäbe es für diesen Moment keinen geeigneteren Soundtrack als *Der weiße Hai. Da damm, da damm, da damm da damm da damm …* Gefahr im Anmarsch!! Doch der so ahnungslose Surfer wiegt sich in trügerischer Sicherheit, paddelt friedlich auf seinem Brett. Während hinter ihm die Haifischflosse bedrohlich aus dem Wasser ragt, und der hilflose Zuschauer kopfschüttelnd vor dem Fernseher sitzt und die schweißnassen Hände in die Höhe reißt: »Dreh dich um, du Idiot! Du schwebst in Lebensgefahr!« Und wer kennt nicht diese Szene, in welcher die blutjunge, naive Jungfrau in Nöten vor dem wahnsinnigen Axtmörder flieht. Nicht in die belebte, hell erleuchtete Stadt, sondern schnurstracks in den düsteren Wald. Wo sie von einem tollwütigen, hungrigen Bären verschlungen wird.

Fassungslosigkeit, Kopfschütteln, heiseres Rufen und gut gemeinte Ratschläge vom gemütlichen Sofa aus sind zwar schön und gut, aber nicht unbedingt hilfreich. Denn die eigene Geschichte kann man leider nicht aus sicherer Entfernung betrachten. Man ist ihr Hauptakteur, und als solcher meistens blind für die sich anbahnende Katastrophe.

Wer ruft *mir* zu, dass ich mich in Acht nehmen sollte?

*

Fünftes Wochenende.

Ich liege unter meinem Freund auf seinem Bett und lasse mich von ihm küssen. Das können wir manchmal stundenlang tun, und inzwischen habe ich endlich nicht mehr das Gefühl, mich dabei übergeben zu müssen. Denn weil ich ungefähr so romantisch bin wie mein Vater lieb und nett, habe ich festgestellt, dass ich diese Zeit wunderbar nutzen kann, den Schulunterricht der vergangenen Woche gedanklich noch einmal durchzugehen. Englischvokabeln und Küsse vertragen sich zum Beispiel hervorragend.

Im Moment übe ich den Unterschied zwischen Simple Present und Present Progressive:

My boyfriend kisses me every Friday, Saturday and Sunday.

My boyfriend is kissing me now.

My boyfriend is opening my … Reißverschluss.

Was heißt Reißverschluss? Sekunden verstreichen, bis mir die Bedeutung dieses Satzes klar wird: Mein Freund öffnet den Reißverschluss *meiner* Hose.

»Halt, Moment, stopp, warte!«, krächze ich daher etwas atemlos. »Was tust du da?« Genervt rollt er die Augen und stellt sofort eine Gegenfrage: »Wonach sieht es denn aus?« Unwillkürlich werde ich rot und verfluche mich für diese verräterische Gesichtsfarbe. Ja, wonach sieht es denn aus? Verklemmt wie ich bin, traue ich mich nicht einmal, das-wonach-es-aussieht auszusprechen. »Meine Hose«, nuschle ich stattdessen. »Ich will das nicht.« Ein weiteres Mal verdreht er die Augen, und ich fühle mich linkisch und unbeholfen. »Ist doch egal. So geistesabwesend wie du immer bist, bekommst du doch eh nichts mit.«

Verlegen drehe ich den Kopf zur Seite, und diese Unachtsamkeit nutzt mein Freund, mir die Hose bis zu den Kniekehlen auszuziehen. Ich versuche, mich aufzusetzen, doch weil er noch immer auf meinen Beinen sitzt, kann ich mich bloß auf den Ellenbogen abstützen. Mein Gesicht glüht, meine Lippen sind durch die Küsse leicht geschwollen und alles in allem biete ich kein sonderlich überzeugendes Bild des effektiven Widerstandes. Ich bin mir durchaus bewusst, dass ich mich auch nicht unbedingt so verhalte, als würde ich meine Worte ernst meinen.

Tue ich aber. Nervös kaue ich auf meiner Unterlippe, während sich der Blick meines Gegenübers immer weiter verdüstert. »Vielleicht, wenn du mir etwas mehr Zeit lässt. Vielleicht kann ich dann … aber … also, es tut …« Mein Freund jedoch unterbricht mich ungehalten: »Spar dir deine Entschuldigungen, ich will sie nicht hören. Wenn ich gewusst hätte, wie prüde und verklemmt du bist, hätte ich dich damals nie angeschrieben. Jetzt habe ich schon so viel Zeit und Mühe in dich investiert. Aber ich kann mir meine Fehler auch eingestehen. Ich habe echt keine Lust mehr auf dieses dämliche Kinderspiel mit dir.«

»Ich bin mir eben nicht sicher, dass wir *das* schon tun sollten«, höre ich mich flüstern, woraufhin er genervt die Hände in die Höhe reißt. Ich ducke mich weg, um dem Schlag auszuweichen, doch stattdessen springt er lediglich vom Bett auf und beginnt, wütend durch den Raum zu laufen. Zwischendurch wirft er mir immer wieder diesen verletzten Blick zu. »Dann liebst du mich auch nicht!«, beschuldigt er mich.

»Ich brauche einfach noch etwas Zeit«, erwidere ich kleinlaut. Verneine seinen Vorwurf jedoch nicht. Allerdings hört er mir ohnehin nicht mehr zu und redet sich immer weiter in Rage, verliert sich in wüsten Beschimpfungen. Resigniert schließe ich die Augen, um der Wahrheit nicht ins Gesicht sehen zu müssen. Was soll ich ihm schon antworten? *Stimmt, ich liebe dich nicht. Außerdem bin ich zu jung für dich, diese Beziehung und das, was du von mir verlangst.*

Das traue ich mich nicht. Ich muss doch Rücksicht auf ihn nehmen. Denn alles, was ich bin, bin ich nur aus Rücksichtnahme auf andere Menschen.

Ich werde zornig und traurig und presse die Fäuste fest gegen meine Augen und ich werde nicht weinen. Meine Lippen zittern und gewaltsam unterdrücke ich die Tränen und ich möchte ihn anflehen und ich möchte betteln, und *bitte es tut mir leid*. Doch hülle ich mich in lautstarkes Schweigen. Grob werde ich an den Haaren gepackt und aus dem Bett gezerrt.

Meine Kopfhaut prickelt, und dieser willkommene Schmerz hilft mir, mich wieder zu sammeln. Fühle mich gedemütigt und fassungslos. Traue mich nicht, ihn anzusehen, während ich unbeholfen meine Hose hochziehe, ungelenk aufstehe und, den Blick stur auf den Boden geheftet, zur Tür laufe. Meine Würde hat bereits ohne mich diesen Raum verlassen. Nun laufe ich ihr nach und vielleicht hole ich sie noch ein, und tausend Gedanken jagen durch meinen Kopf: *Es tut mir leid. Ich bin ein gutes Mädchen und tue alles, was du willst. Bitte, bitte sei nicht wütend. Ich will dich nicht verletzen.* All diese Worte und Sätze wollen partout nicht meinen Mund verlassen, und erschreckt zucke ich zusammen, als die Zimmertür hinter mir geräuschvoll zugeknallt wird.

*

Hier stehen wir also wieder, mein Körper und ich. »Danke, da hast du uns ja etwas ganz Tolles eingebrockt«, stelle ich wütend fest. Er antwortet mir nicht und ich kneife mir ganz fest in meinen Bauch, in meinen Oberschenkel. »Jetzt geh gefälligst wieder in das Zimmer!« Aber er bewegt sich einfach keinen Millimeter vorwärts, lässt mich hemmungslos im Stich und enttäuscht lasse ich mich zu Boden sinken.

Dort gehe ich meine Möglichkeiten durch: Ich könnte mich heimlich nach unten schleichen und meine Mutter anrufen. Fragen, ob sie mich bitte abholen kommt. Doch selbst wenn sie hier tatsächlich auftauchen würde, wird sie wissen wollen, was dieses ganze Theater soll. Spätestens dann wäre ich in Erklärungsnot. Das schaffe ich nicht. Wie bloß soll ich in Worte fassen, was ich nicht möchte? Oder dass ich meinen Freund nicht liebe? Schlimmer noch: Was wäre, wenn es ihr völlig egal ist? Wenn ich trotzdem hier bleiben muss? Meine Mutter war schon immer der letzte Mensch, von dem ich Hilfe erwarten konnte. Daran würde sich auch heute nichts ändern.

Vielleicht könnte ich auch unbemerkt dieses Haus verlassen. Aber was dann? Weder weiß ich, ob es hier in der Nähe einen Bahnhof gibt, noch, wie ich von dort aus nach Hause komme. Außerdem habe ich kein Geld für ein Zugticket.

Leider traue ich mich auch nicht, mit seiner Mutter zu sprechen. Sie ist immer so lieb und nett zu mir, und ich möchte ihrer Freundlichkeit nicht mit meiner Undankbarkeit begegnen. Es gibt so wenig gute Menschen in meinem Leben, dass ich es mir nicht erlauben kann, sie zu verlieren. Erst an diesem Morgen, nach meiner Ankunft, hat sie mich in ihre Arme gezogen und mir über meine Haare gestreichelt. Zwar hasse ich es, angefasst und umarmt zu werden, aber ich weiß, dass sie es nur gut mit mir meint. Sie küsste mich auf den Scheitel, dann lächelte sie mich an. »Liebes, du bist eine solche Bereicherung für unsere Familie. Ich bin so froh, dass du in mein Leben und das meines Sohnes gekommen bist. Seit wir dich haben, ist er so viel ruhiger und besonnener geworden.«

Ich bin kein Gegenstand, den man besitzen kann, wollte ich ihr antworten. Daher entschied ich mich für: »Ich habe zu danken, dass ich hier sein darf.« Und weil meine Stimme dabei gereizter klang, als beabsichtigt war, schob ich noch schnell ein Lächeln hinterher.

Am letzten Wochenende belauschte ich ein Telefongespräch zwischen ihr und meiner Mutter: »Nein, nein. Machen Sie sich keine Sorgen. Charlotte macht uns keine Arbeit. Wir haben sie immer gerne hier bei uns.« Stille. Ein leises Lachen. »Ja, sie ist wirklich sehr ruhig und schüchtern. Aber gerade deswegen genau richtig für meinen Sohn. Während der letzten Jahre hatten wir immer so viel Ärger mit ihm. Ständig war er aggressiv und gereizt. Wurde handgreiflich und gewalttätig. Aber die Beziehung mit Ihrer Tochter hat ihn zu einem besseren Menschen gemacht.« Ein erneutes kurzes Auflachen. »Ja, nicht wahr? Ich musste seitdem kein einziges Mal mehr in der Schule vorsprechen, weil er wieder einmal in eine Schlägerei verwickelt gewesen ist.« Ich hatte genug gehört. Versteckte mein Gesicht in den Händen, atmete mehrmals tief durch. Dachte an seine kalten Augen und daran, wie oft er schmerzhaft meine Handgelenke umklammert.

Dies alles geht mir durch den Kopf und mir wird mit Entsetzen bewusst, dass ich im Grunde keinerlei Wahl habe. ~~Hatte ich die jemals?~~ Ich darf seine Mutter nicht enttäuschen und unglücklich machen. Mit meiner Mutter kann ich nicht über Dinge sprechen, die ich selber kaum verstehe. Schon gar nicht werde ich das Risiko eingehen, nicht gehört zu werden.

Darum stelle ich mir vor, wie es wäre, nicht allein zu sein. Dass es tatsächlich jemanden gäbe, der auf mich aufpassen und mich beschützen würde. Während ich einen Teil von mir durch diesen tröstlichen Gedanken in Sicherheit bringen kann, erhebt sich der andere vom Boden. Streicht sich das T-Shirt glatt, ganz so, als wäre Ordentlichkeit momentan von immenser Wichtigkeit, und klopft an die Tür.

Ein großer, dunkelhaariger Junge öffnet. Lange mustert er mich, und unter seinem Blick möchte ich am liebsten wieder umdrehen. Doch weder laufe ich weg, noch trete ich ein. Da ich mich überhaupt gar nicht mehr rühre, zieht er mich irgendwann grob in sein Zimmer. Meine Schultern sind verkrampft, meine Beine bleischwer. Ich strauchle vorwärts, und weil ich ihm zu langsam bin, stößt er mich unsanft voran. Doch bin ich so geistesabwesend, dass ich es kaum merke.

Seine Hände, die vorher noch vorgaben, sanft und zärtlich zu sein, sind rücksichtslos und fordernd.

Endlich sein wahres Gesicht. Erstaunlich tröstlich.

Bestimmt ist er nur deswegen so verletzend, weil ich ihn vorher verletzt habe. Ich hatte für einen kurzen Moment Widerstand gezeigt. Doch wenn sein Verhalten jetzt die Strafe dafür ist, war es das nicht wert. Dann werde ich mich niemals wieder wehren.

Gerade ich sollte es doch besser wissen. *Reize niemals einen Mann.*

Als er mir nun die Hose runterzieht, protestiere ich nicht. Kein Wort des Einwandes verlässt mehr meine Lippen. ~~Ich gebe meine stumme Zusage~~.

Er schubst mich auf sein Bett, und weil ich nicht gut genug aufpasse, krache ich mit meiner Schläfe gegen das Gestell. Es ist ein Schmerz, den ich jedoch kaum spüre. Ich kann nicht fassen, was ich hier gerade erlebe; mein Verstand arbeitet dafür zu langsam.

Er presst meine Schultern hart gegen die Matratze.

Jetzt tut er mir wirklich weh, doch noch immer sage ich kein Wort.

Ich höre etwas reißen. Stoff. Vielleicht bin auch ich es. Ich habe das Gefühl, als würde etwas in mir zerbrechen. Tausende Sinneseindrücke, aber kein klares Bild mehr, kein klarer Gedanke. Es ist, als würden mein Verstand, mein Geist, so überladen mit Schmerz und überfordert mit Angst, einfach dicht machen.

Dann sehe ich nur noch verschwommen, und erst glaube ich, das Bewusstsein zu verlieren. Erst später stelle ich fest, dass ich schlicht zu weinen begonnen habe.

Während der ganzen Unendlichkeit dieses Momentes unternehme ich nichts, mir zu helfen. Werde zur Mittäterin gegen mich selber. Mache mich genau so schuldig, wie er es ist.

Kein *Nein*. Kein Protest. Kein Widerstand.

Und ganz plötzlich verstehe ich: Es geht gar nicht um mich. Es ging nie um mich.

Diese *Beziehung* dreht sich nur um Gewalt und Macht. Er hat jemanden gesucht, dem er Schmerzen zufügen kann. *Jemanden*, nicht mich. Ich war nur dumm genug, ihm in die Arme zu laufen.

Ich bin beliebig austauschbar. Vielleicht sollte mich dieser Gedanke trösten:

Es ist nichts Persönliches. Es ist unpersönlich. Ich bin eine *Un*person; nicht menschlich.

Jetzt begreife ich: Es geht nicht um mich. Ich bin egal, in diesem Spiel. Ich bin völlig wertlos.

7

Irgendein Wochenende. Stunden werden zu Tagen. Werden zu Wochen, und irgendwann zu ganzen Monaten. Ich verliere den Überblick. Weiß weder, wann genau es angefangen hat, noch, ob es jemals enden wird. Missbrauch macht das mit einem. Entweder zwingt er einen in die Knie. Oder man beginnt, ein Doppelleben zu führen. Eine zweite, heile Version seiner selbst. Man geht zur Schule und man geht zur Arbeit. Man geht einem geregelten Tagesablauf nach. Man führt ein Familienleben und man pflegt seinen Freundeskreis. Man ist perfekt und man ist erfolgreich. Man verliert den vollständigen Bezug zur Realität.

Die eigene Identität löst sich auf. In einem belanglosen *man.* Abgeschottet von seinem wahren Ich. Das von heute auf morgen nur noch aus Angst und Schrecken und Schmerzen besteht. Es tut so weh und es ist zu viel und alles ist in bester Ordnung, denn immerhin hat man noch sein *man.*

Am Morgen stand meine Mutter aufgebracht in meinem Zimmer: »Charlotte! Warum bist du noch nicht angezogen? Wir fahren in zehn Minuten los! Ich habe auch noch andere Pläne heute, als dich zu kutschieren.« Obwohl ich die Decke über den Kopf ziehen wollte, stieg ich pünktlich und tapfer in ihr Auto. Früher bin ich dankbar für jede Minute gewesen, die ich nicht in meinem Elternhaus verbringen musste. Das ist noch heute so – aber bei meinem Freund möchte ich ebenso wenig sein. Meine niederschmetternde

Erkenntnis des Tages: An keinem Ort dieser Welt bin ich sicher und zufrieden. Die übrigen Beteiligten scheinen jedoch mit diesem Arrangement höchst zufrieden zu sein. Nach wie vor freut sich die Mutter meines Freundes über jeden meiner Besuche. Dann kann sie auch ihrer liebsten Beschäftigung nachgehen, über meine langen blonden Haare zu streichen, die ihren so sehr ähnlich sind. Manchmal bittet sie mich, dass ich mich zu ihr in das Wohnzimmer setze. Dort holt sie eine Haarbürste und Haargummis hervor, um sie mir zu zwei kunstvollen Zöpfen zu flechten. ~~Als wäre ich ihre Lieblingspuppe~~.

»Wir können im Partnerlook gehen, was meinst du?«, fragt sie oft. Oder: »Du siehst ganz genauso aus wie ich vor 25 Jahren! Als wärst du eine Miniaturausgabe von mir!«

Mein Freund, der sämtliche meiner Aktivitäten mit Habichtaugen bewacht, sitzt uns gegenüber und säuselt zuckersüß: »Genau deswegen habe ich mich in Charly verliebt. Sie sieht genauso aus wie du, und du bist natürlich die absolute Nummer eins in meinem Leben!«

Als ich am Sonntagabend abgeholt werde, umarmt mich seine Mutter sehr lange zum Abschied. »Danke, danke, danke«, flüstert sie mir ins Ohr. »Aus meinem Sohn ist ein solcher Engel geworden, und das verdanke ich einzig und allein dir! Du bist ein solcher Segen für diese Familie!«

Stunden später. Zurück und alleine in meinem Kinderzimmer, durchwühle ich die Schreibtischschubladen, bis ich eine Bastelschere darin finde. Ich pule getrockneten Kleber ab und schließe mich anschließend im Badezimmer ein. Nach einem kurzen Blick in den Spiegel setze ich an. *Schnipp*. Und ein weiteres Mal. *Schnapp*. Bald bin ich umgeben von einer Wolke aus zahlreichen blonden Haarlocken. Meine einst so langen Haare, die weit über den Rücken fielen, ziehen mich mit ihrem Gewicht nicht mehr runter. Das, was noch von ihnen übrig geblieben ist, steht strubbelig in wilden Spitzen ab. Ich fühle mich leichter. Schwerelos. Dann schleiche ich durch das inzwischen mitternachtsstille dunkle Haus, um einen Handfeger aus der Abstellkammer zu holen. Damit beseitige ich die verräterischen ersten Anzeichen meiner ganz persönlichen kleinen Rebellion.

*

Immer, wenn ich am Montagmorgen aufstehe und mich für die Schule und neue Woche fertig mache, bin ich ein neuer, anderer, besserer Mensch. Die Ereignisse vom Wochenende sind rigoros aus meinem Bewusstsein verbannt. Auch die Aktion der letzten Nacht ist heute vergessen. Darum zucke ich erschrocken zusammen, als ich kurz nach dem Aufstehen meiner Mutter auf dem Flur begegne und sie entsetzt aufschreit. Verwirrt blicke ich mich suchend um. »Beim Allmächtigen! Was, zum Teufel, hast du getan?«, kreischt sie.

»Ich weiß nicht, ob Gott so erfreut wäre, wenn du seinen Namen im selben Atemzug mit dem des Teufels nennst«, entgegne ich bloß, doch sie ignoriert meinen theologischen Einwand.

»Deine Haare«, bringt sie endlich hervor. »Was hast du mit deinen Haaren gemacht?«

Unwillkürlich fasse ich an meinen Kopf und will eine Haarsträhne hinters Ohr stecken, doch meine Hände greifen ins Leere.

Richtig.

Meine Haare.

Erst denken, dann handeln war noch nie meine Stärke.

»Ich muss schlafgewandelt sein?«, schlage ich vor, doch meine Mutter hört mir ohnehin nicht zu. »Wenn das wieder mal einer deiner dummen Streiche ist, Aufmerksamkeit zu bekommen, ist das gehörig danebengegangen! Du hast Hausarrest! Zieh dich an, wir fahren sofort zum Friseur. Es würde dir zwar recht geschehen, von deinen Klassenkameraden ausgelacht zu werden, aber ich will nicht, dass das schlechtes Licht auf mich wirft! Keine vernünftige Mutter würde ihr Kind so aus dem Haus gehen lassen. Hast du denn den Verstand verloren?«

Ja, schon längst. Doch ich zucke nur nichtssagend mit den Schultern.

Was kümmern mich meine Haare. Es gibt Schlimmeres auf dieser Welt als eine missratene Frisur.

Vergewaltigt werden, zum Beispiel.

8

Während des letzten Monats hatte meine Mutter bereits zweimal keine Zeit, mich am Samstag nach Wesel zu bringen. Ich liebe diese freien Wochenenden. Konnte auch an diesem Morgen mein Glück kaum fassen, als meine Mutter mir verkündete: »Denkst du daran, deinem Freund für morgen abzusagen? Ich fahre später mit meinen Skat-Frauen wie geplant in den Schwarzwald und komme erst Sonntag wieder.«

Erst sah ich sie stumm an, dann begann ich lautlos zu weinen. *Ich darf hierbleiben ich darf hierbleiben ich darf hierbleiben …*

»Du liebe Güte, jetzt fang bloß nicht an zu weinen«, fauchte meine Mutter aufgebracht. »Die Woche darauf seht ihr euch doch schon wieder. Außerdem warst du, abgesehen vom letzten Monat, ansonsten ausnahmslos jedes Wochenende bei ihm. Sei mal nicht so undankbar, junge Dame. Immerhin habe auch ich mal das Recht auf eine Auszeit.«

Trotzdem schluchzte ich noch einmal kurz auf, ehe ich mir ein hoffentlich freundliches Lächeln abrang. »Du hast recht. Tut mir leid, Mama. Ich wünsche dir eine gute Zeit.«

Ein paar Mädchen aus meiner Klasse treffen sich an diesem Wochenende zu einer Pyjamaparty. Als sie mir gestern davon erzählten, hing ich fasziniert an ihren Lippen. Stellte mir vor, wie es wäre, Freundinnen zu haben. Normal zu sein. Unbeschwert und frei und glücklich und sorglos. Aber vielleicht interpretierte ich auch zu viel in einen ganz normalen Mädchenabend mit Übernachtung.

Es ist schwierig, mit gleichaltrigen Mädchen zusammen zu sein, die sich kichernd darüber unterhalten, dass der süßeste Junge des gesamten Jahrgangs mit dem schönsten Mädchen aus unserer Klasse gehen möchte und sie angeblich sogar auf die Wange geküsst hat. Oh mein Gott! Während ich stumm danebensitze und denke: *Verdammt. Und ich gehe nicht einmal mehr als Jungfrau durch.*

Heute jedenfalls liefen Tränen der Erleichterung über mein Gesicht. Nach der Schule stürmte ich sofort auf das Telefon zu und wählte die mir verhasste Nummer. »Ich kann morgen leider nicht kommen«, flüsterte ich. Tödliches Schweigen am anderen Ende der Leitung. Auch bekannt als Ruhe vor dem Sturm. Dann ging es los: Er schrie und tobte und fluchte und ich murmelte eine unehrliche Entschuldigung nach der nächsten und dankte Gott dafür, dass ich gerade nicht in der Nähe meines Freundes war. Irgendwann wurde es ruhig. Er sprach mit seiner Mutter, doch weil er den Hörer bedeckt hielt, konnte ich ihrem Gespräch nicht folgen.

Die Stimme, die als Nächstes zu mir durchdrang, war ihre: »Liebes? Ich habe gerade eben eure Auseinandersetzung etwas mitbekommen. Wenn du magst, dann würde ich meinen Sohn dieses Wochenende zu dir bringen. Er stirbt schon fast vor Sehnsucht, und du sicherlich auch.«

Ja. Ich sterbe.

Er darf mich nicht besuchen kommen! Er darf nicht in mein letztes Allerheiligstes – mein Zimmer – eindringen. Darf mir nicht die Sicherheit meiner eigenen vier Wände nehmen. So vieles, was er nicht tun dürfte. So vieles, was ich ihn tun lasse. Denn ich erkannte mich selber nicht wieder, als ich höflich antwortete: »Ja, das wäre wirklich sehr nett. Ich freue mich. Vielen lieben Dank.«

Garantiert ist er bei mir zu Hause nicht *so*. Garantiert lässt er mich hier in Ruhe. Alles andere wird er sich garantiert nicht trauen, und töricht ist, wer glaubt, im Leben gäbe es Garantien.

*

Drei Tage später die Gewissheit: Doch, mein Freund ist *so*. Egal wo.

Feindselig starre ich auf mein Bett. Es ist später Abend, und er wurde bereits abgeholt. Ich kann mich einfach nicht dazu bringen, mich auf die Matratze zu legen, obwohl ich sie bereits drei Mal neu bezogen habe, bis die Laken ausgegangen sind. Und obwohl ich schlafen müsste, weil in fünf Stunden bereits der Wecker klingelt.

Unter meiner Zimmerdecke kleben 14 Leuchtsterne. Ich pflücke sie alle ab. Die Welt, wie ich sie einmal kannte, existiert nicht mehr. ~~Ich existiere nicht mehr.~~ Vorsichtig klettere ich ins Bett. Atme tief durch. Zähle bis zehn, dann bis 100. Stelle mir gedanklich eine weiße Wand vor. Nichts weiter. Bloß diese hohe, weiße Wand. Steril, makellos und rein. Doch immer wieder schlüpfen Bilder der letzten Tage in mein Bewusstsein. Und diese schützende Wand, die sämtliche Erinnerungen abwehren sollte, bricht in sich zusammen. Mein Zimmer, meine Gedanken sind keine sicheren Orte mehr. Wo finde ich jetzt noch Zuflucht?

Ich stehe auf und krieche unter meinen Schreibtisch. Ziehe die Knie an, schlinge die Arme um meine Beine. Und weine. Weine und weine und weine und bin entsetzt, wie viele Tränen in einen kleinen Körper passen. Weine und weine und schalte den Fernseher an, um meine Tränen zu übertönen. Das Letzte, was ich brauche, sind meine Eltern. Die empört mein Zimmer stürmen und sich über mein Schluchzen beschweren.

Ich weine, bis die Sonne aufgeht. Ich verwehre meinem Körper den Schlaf. Gegen ihn kann ich ankämpfen, doch niemals gegen die Träume. Als meine Mutter mich wecken will, krächze ich: »Ich glaube, ich bin krank.« Mein Gesicht ist leichenblass, die Augen rot verquollen. Ein optisch überzeugender grippaler Infekt. Ich muss nicht zur Schule, krieche zurück unter den Tisch und kuriere mich aus.

9

Manchmal spiele ich meinen Gedanken einen Streich und überliste meine Angst, indem ich mir vorstelle, mein Freund und ich wären ein ganz normales junges Pärchen:

Eines Tages verkündete seine Mutter, sie würde gemeinsam mit ihrem Mann und jüngsten Sohn den Rest des Tages unterwegs sein und erst spät in der Nacht wiederkommen – wir zwei Turteltauben hätten sturmfrei!

Dabei lächelte sie mich so strahlend an, als würde sie mir damit das größte Geschenk machen, und ich lächelte tapfer zurück. Ich wollte weder ausrasten und den Verstand verlieren, noch völlig panisch werden. »Sturmfrei. Wie wunderbar«, säuselte ich. Stellte mir vor, wie wir zwei uns auf der großen, gemütlichen Couch im Wohnzimmer lümmeln und süße, zärtliche Küsse austauschen werden. Abends wird er für mich kochen, und weil das natürlich fürchterlich danebengehen wird, werden wir anschließend ausgelassen lachend einen Lieferservice anrufen.

Oder irgendwie so. Was verstehe ich denn schon von Normalität.

Ich hasse sturmfrei. Ich hasse es, den ganzen Tag allein mit ihm verbringen zu müssen. In Gedanken ging ich umgehend all die Dinge durch, die er mit mir tun kann und machen wird, wenn er weiß, dass niemand uns stören wird. Und keiner mich hören kann.

Ich kann nichts dafür. Noch komme ich dagegen an: Die Angst ist einfach da. Meine Fantasie zu lebhaft und meistens übertrifft er mich dann doch noch in meinen schlimmsten Erwartungen und Befürchtungen.

Nach dem Frühstück gehen wir zurück auf sein Zimmer, doch schon bald hören wir, wie unten Aufbruchstimmung herrscht. Kaum, dass die Haustür ins Schloss fällt, schwingt mein Freund beide Beine aus dem Bett. »Komm mit nach unten. Ich muss dir unbedingt etwas zeigen!« Dabei klingt er so fröhlich, dass ich meine ganzen Ängste für den Moment beinahe vergessen kann. Er ist bester Laune. Davon kann ich nur profitieren.

»Nun beeil dich schon«, ruft er ungeduldig. Dann ist er auch schon auf dem Weg nach unten, ohne sich zu vergewissern, ob ich überhaupt folge. Folgsam und gefügig bin ich natürlich nur wenige Schritte hinter ihm.

Er führt mich in das Wohnzimmer, direkt an den Computer. Es müssen Monate, vielleicht auch Jahre vergangen sein, als er sich eines Nachmittags genau hierhin setzte, das Chatprogramm startete und eine Happy11 anschrieb. Ich frage mich, was wohl aus ihr geworden ist.

Der PC ist inzwischen hochgefahren und mein Freund öffnet einen Ordner, der den Namen seines Vaters trägt. Zielsicher klickt er sich durch eine Reihe von weiteren Ordnern, bis am Ende nur noch einer übrig bleibt. *Privat.*

Vielleicht sollte ich seinem Vater verraten, dass sein Sohn sich nicht um die Privatsphäre anderer Leute schert.

»So, und jetzt pass mal auf.« Auf dem Bildschirm erscheinen Hunderte Bilder. Tausende vielleicht. Ich kann sie nicht erkennen, bis mein Freund ein erstes öffnet. Dann ein zweites, und ein drittes. Pornografie.

Dann blickt er mich an, mit einem triumphalen Grinsen. Ich hingegen kann meine Augen nicht von den Fotos lösen. »Aber das sind ja alles Kinder«, flüstere ich entsetzt.

Stirnrunzelnd sieht mein Freund erst mich, dann wieder den Monitor an. »*Kinder*?«, echot er. »Die sind höchstens ein paar Jahre jünger als du.«

Ein viertes, ein fünftes Bild. *Klick, klick, klick …*

~~Fast erwarte ich, das Foto eines dreijährigen Mädchens zu sehen, mit weißblonden Haaren, gefangen im kunterbunten Spielkeller.~~

»Woher hat dein Vater diese Sammlung?« Ich spreche noch immer leise, obwohl außer uns natürlich niemand im Haus ist. Mein

Freund zuckt nur mit den Schultern. »Keine Ahnung. Wahrscheinlich aus dem Internet. Da kriegst du doch alles her.«

Ich wende den Blick ab, doch sofort zischt er: »Sieh gefälligst hin! Ich will, dass du sie dir alle mit mir ansiehst.« Also mache ich genau das. Kralle meinen Blick Hilfe suchend an dem weißen Zeiger der Maus fest. Sehe auf das rote Icon des Bildprogramms. Blicke wie gebannt auf die digitale Anzeige der Uhr. *11:37. 11:40. 11:52.* Zwischendurch entfährt meinem Freund ein sehnsüchtiges Seufzen, oder fröhliches Auflachen. Ich wage nie, mir das Bild anzusehen, welches ihm diese Gefühlsregung entlockt. *12:03. 12:11.*

Noch ein letztes Bild. Dann hält er mir seine Hand hin. Ich ergreife sie, folge ihm zu ~~der großen, gemütlichen Couch~~ dem harten, kalten Ledersofa.

Einer von uns beiden zieht mich aus. Dann lege ich mich hin. Ich würde am liebsten die Arme schützend vor meinem Oberkörper verschränken, doch sie liegen nur nutzlos und unbeweglich neben mir. Sein Blick gleitet prüfend über meinen Körper.

»Seit du dir die Haare so kurz geschnitten hast, siehst du aus wie ein kleiner Junge«, stellt er fest. »Lass sie dir wieder wachsen.« Oh, ich würde ihm in diesem Moment alles versprechen und alles geben und mir die Haare bis zu den Kniekehlen wachsen lassen, würde er mich jetzt nur gehen lassen.

Aber wir beide wissen, dass dies nicht geschehen wird.

Immerhin haben wir sturmfrei.

Ich drehe den Kopf zur Seite. Das Wohnzimmer ist eigentlich ganz hübsch eingerichtet. Wie eine sehr große Puppenstube. Überall stehen farbenfrohe Blumen und Pflanzen. Auf dem Esstisch, auf der Kommode, der Fensterbank. Zwischen ihnen zahlreiche gerahmte Bilder. Lachende Gesichter. Mein Freund und seine kleine, glückliche Familie.

Ich verliere mich. In den Details der Inneneinrichtung. In den blassrosa Blüten der Tapete. Den sanften Spitzen der Vorhänge. Im Gluckern und Rauschen der Heizung.

Ich weiß, dass ich eine meterhohe Wand zwischen mir und meinen Gefühlen errichtet habe. Ich weiß, dass ich diese Teilung nicht auf ewig aufrechterhalten kann. Ich weiß, dass die Mauer früher oder später in sich zusammenbrechen wird.

Ich weiß nicht, ob ich anschließend jemals wieder richtig ganz sein werde. Ich weiß nicht, ob ich, wenn das hier alles überstanden ist, jemals wieder in Ordnung kommen werde.

Ich glaube nicht.

Ich höre nicht sein leises, unregelmäßiges Stöhnen. Spüre nicht das Gewicht seines Körpers auf meinem. Fühle nicht den festen Griff seiner Hände, oder wie mir das kalte, raue Leder unter mir meinen Rücken aufscheuert.

Irgendwann registriere ich aus dem Augenwinkel heraus, dass er sich wieder erhebt und seine Jeans zuknöpft. Er spricht mit mir, aber ich kann ihn nicht verstehen. In meinem Kopf ist nur Watte. Stumm nicke ich und sehe ihm hinterher, wie er die Treppe zu seinem Zimmer hinaufstürmt. Jetzt erst ziehe auch ich meine Hose wieder hoch und zerre mir unbeholfen meinen Pullover über den Kopf. Ein Blick auf die Uhr. Faszinierend. Der ganze Spaß hat keine 20 Minuten gedauert. Auch ich verlasse das Wohnzimmer. Setze behutsam einen Fuß vor den nächsten. So, als würde ich über Eierschalen laufen. Früher oder später wird der Boden unter mir zusammenbrechen. Ich ziehe mich mehr am Geländer hoch, als dass ich die Treppenstufen aus eigener Kraft bewältigen kann. Fühle mich dabei wie ausgehöhlt. Vollkommen leer. Wenn er mich gleich schlägt, werde ich wie eine Glocke hallen.

Oben in seinem Zimmer angekommen, stelle ich fest, dass mein Freund sich bereits mit seiner PlayStation beschäftigt und bei meinem Eintreten nicht einmal aufblickt. Ich hole mir den Schreibtischstuhl und stelle ihn neben seinen Sessel vor den Fernseher. Angestrengt blicke ich auf meine Finger. Versuche zaghaft, sie zu bewegen. Manchmal habe ich Angst, dass ich meinen Körper einmal zu viel verlassen habe, und wenn ich zurückkehre, wird er mir nicht mehr ~~gehören~~ gehorchen. Aber wie durch ein Wunder wackelt mein kleiner Finger. Erleichtert atme ich tief aus, wobei mir nicht einmal bewusst gewesen ist, dass ich seit geraumer Zeit schon die Luft angehalten habe. Der Nebel in meinem Kopf lichtet sich, und glücklich schüttle ich beide Hände aus, um das letzte Kribbeln loszuwerden.

Die Spielmelodie verstummt. Auf dem Bildschirm leuchtet mir in großen Buchstaben das Wort *Pause* entgegen. Erschrocken blicke ich meinem Freund ins Gesicht. Für gewöhnlich lässt er sich nie in seinem Spiel stören. Nicht mit mir, und auch nicht mit seiner PlayStation. »Was, zum Teufel, tust du da?«, fragt er mit einer kaum unterdrückten Wut. »Dein Rumgezappel ist ziemlich nervig. Lass das sein.«

Sofort falte ich artig die Hände in meinem Schoß zusammen. »Entschuldige bitte. Mir sind die Hände eingeschlafen«, lüge ich. Spöttisch zieht er beide Augenbrauen hoch. »Ach wirklich?« Seine Stimme klingt belustigt. »Kein Wunder, du hast dort unten ja auch mal wieder gelegen wie ein toter Fisch.« Sofort schießt mir das Blut in die Wangen. »Ich hatte den Eindruck, als würde dir genau das besonders gut gefallen«, gebe ich ungewohnt heftig zurück. Und würde mir anschließend am liebsten Zunge abbeißen. Doch er lacht nur kurz auf. »Ja, natürlich. Aber dir doch auch!«

Ich presse nur fest die Lippen zusammen und wende den Blick ab. Höre ihn noch einmal belustigt kichern, dann erklingen wieder die vertrauten Geräusche seiner Spielkonsole. Für die nächsten Stunden sehe ich meinem Freund dabei zu, wie er heldenhaft irgendeine Welt rettet.

10

Mein Freund und ich haben auch durchaus schöne Dinge unternommen. Es sind diese Momente, an die ich mich verzweifelt festkralle, wenn mein Geist überfordert ist und kapitulieren möchte vor diesem niemals mehr enden wollenden Schmerz und der abgrundtiefen Traurigkeit. *Ich habe einen Freund, und wir unternehmen schöne Dinge*, bete ich mir Stunde um Stunde vor. Wenn mein Verstand die Realität einfach nicht mehr begreifen kann. *Ich bin in einer ganz normalen Beziehung und nichts Schlimmes geschieht mit mir.*

Oft lädt mein Freund mich ins Kino ein, wo wir uns alte Filme anschauen, die niemanden mehr interessieren. Ja. Es ist möglich. In einem fast leeren Kinosaal missbraucht zu werden.

Viel Zeit verbringen wir in der Eisdiele, wo ich die Eiskarte rauf und runter bestellen darf. Das ~~macht Spaß~~ hat so lange Spaß gemacht, bis ich zum ersten Mal auf der Herrentoilette vergewaltigt wurde.

Heute unternehmen wir einen weiteren schönen Ausflug. Es geht ins Schwimmbad. Wasser ist mein Element und dementsprechend glücklich bin ich. Außerdem verschwinden wir züchtig in getrennte Umkleiden, und ich trödele ziemlich, weil ich es so genieße, seinem wachsamen Auge entkommen zu sein. Als ich die Kabine öffne, laufe ich sofort in ihn rein. »Da bist du ja endlich«, nörgelt er. Dann klatscht er aufgeregt in die Hände. »Komm mit, ich muss dir unbedingt etwas Schönes zeigen.« Dabei klingt er wie ein übereifriger, kleiner Schuljunge. Inzwischen habe ich gelernt, dass alles, was ihn derart in Ekstase versetzt, nur schlecht für mich sein kann.

Natürlich folge ich ihm; treffe dabei nur sporadisch auf vereinzelte Badegäste. Sein Ziel ist ein etwas entlegener Bereich, der wie eine verwunschene Lagune gestaltet ist: Orchideen, Farne, Plastikpapageien und Äffchen. Spontan würde ich *kitschig* assoziieren, nicht *schön*.

Dann erst fällt mein Blick auf eine kleine Höhle. Oder Grotte. »In meiner Klasse nennen wir sie Liebesnest«, klärt mich mein Freund sogleich auf. »Das ist so etwas wie ein toter Punkt hier im Schwimmbad. Jeder Mann, der etwas auf sich hält, hat dort drin schon rumgeknutscht.«

Ich bin mir sicher, dass sämtliche Farbe aus meinem Gesicht gewichen ist. Mein Freund scheut die Öffentlichkeit nicht. Genau genommen beschert sie ihm einen zusätzlichen Nervenkitzel. *Aber es könnte jederzeit jemand kommen und diesen Irrsinn beenden*, verspreche ich mir. Lasse mich in das warme Wasser gleiten und in die Höhle ziehen.

Ich blicke meinem Bikinihöschen hinterher, das traurig und allein von dannen schwimmt. Ich schließe die Augen, dann ist es leichter. Dann kann ich mich distanzieren, von mir und dem, was gerade passiert.

Anschließend hole ich tief Luft und tauche unter. Im Wasser fühle ich mich schwerelos. Es trägt für den Moment meine Last. Um mich herum ist wunderbare Stille. Ich stelle mir vor, wie mich das Wasser rein und sauber wäscht. Koste diesen Moment so lange aus, bis die Luft knapp wird. Möchte auftauchen, und werde gewaltsam nach unten gedrückt. Mein Herz pocht wild. Panisch rudere ich mit den Armen. Versuche, seine Hände, seinen Griff auf meinen Schultern zu lösen.

Bis ich den Fehler mache und einatme. Wasser füllt meine Lungen, mein Oberkörper scheint zu explodieren, und gerade als ich glaube, das Bewusstsein zu verlieren, werde ich an den Haaren nach oben gerissen. Ich würge und huste und spucke Wasser, bis mein Hals ganz wund ist. Sauge gierig Luft ein. Und drehe mich zu meinem Freund um. Vorwurfsvoll. *Warum?*, möchte ich fragen. *Warum hast du deinen Griff gelockert? Warum hast du nicht noch diese eine Minute länger gewartet?*

Er hingegen lächelt selig. »Das hat Spaß gemacht.« Es folgt ein quälend langer Moment des Schweigens. Bis ich wieder unter Wasser gedrückt werde.

Man sagt, was einen nicht umbringt, macht einen angeblich stärker. Mich lässt es wünschen, tot zu sein.

Auch sehr schön sind Unternehmungen mit seiner Familie. An einem anderen Wochenende veranstaltet der Kindergarten seines

Bruders Tom ein Sommerfest. Das Lagerfeuer brennt, und es gibt Stockbrot, Bratwürstchen und glückliches Kinderlachen. Ich habe mich von der Gruppe abgesondert und sitze auf einem abgestorbenen Baumstamm direkt am Rande des Waldes.

Es ist so dunkel, dass ich meinen Freund erst erkenne, als er bereits direkt vor mir steht. Er hält mir einen Plastikteller hin, auf welchem ich eine Bratwurst erkenne, die in Ketchup und Senf schwimmt. »Hier, für dich«, sagt er, und ich bin in dem Moment so verdutzt, dass ich ihn annehme. »Was soll ich damit?«, frage ich dann doch noch.

»Essen, natürlich.«

»Danke, das ist sehr nett und aufmerksam von dir«, antworte ich artig. »Aber ich bin doch Vegetarier.«

Erneut tappe ich in die Dunkelheitsfalle, weil ich seine Hand nicht habe kommen sehen: Erst schlägt er mir den Teller aus der Hand, und dann, weil er gerade so dabei ist, mir mitten ins Gesicht. Benommen wische ich mir etwas Blut von der Lippe. Wahrscheinlich ist sie durch den Schlag aufgeplatzt. Das ist okay. Ich heile schnell.

Er beschimpft mich als undankbares Biest, das ich vielleicht auch bin.

»Entschuldigung«, entgegne ich. Hebe den Plastikteller vom Boden auf. Wenn ich schon nicht mich schützen kann, dann doch wenigstens die Umwelt.

»*Entschuldigung*«, äfft mein Freund mich nach. »Wie wäre es, wenn du einfach mal weniger dumm wärst, dann müsstest du dich auch nicht immer entschuldigen. Aber das werde ich dir schon noch austreiben.« Er reißt mich am Arm hoch und zerrt mich mit, tiefer in den Wald, weiter weg von der Gruppe. Ich möchte ihm sagen, dass er nicht so grob an mir zu reißen braucht. Ich würde ihm doch willig bis ans Ende dieser Welt folgen. Doch ist es gerade wohl besser, meine vorlaute Klappe zu halten. Weil ich seinem schnellen Tempo nicht folgen kann, stolpere ich über meine eigenen Füße.

Vielleicht verfangen sich meine Sandalen auch in einer Wurzel. Jedenfalls stürze ich und falle der Länge nach hin. Zum Glück ist der Waldboden weich und federt meinen Sturz ab. Bis auf einen dumpfen Schmerz im Knöchel tut mir nichts weh. Wenige Augenblicke später hockt mein Freund neben mir, und mir kommt der irritierende Gedanke, dass er mir vielleicht aufhelfen möchte.

Stattdessen rollt er mich unsanft auf den Rücken, hockt sich auf meine Beine. »Danke, dass du es mir so einfach machst«, raunt er mir zu. »Kannst es anscheinend selber kaum erwarten.« Darauf antworte ich nicht. Wir beide wissen, dass das nicht stimmt. Mit der einen Hand presst er mich fest auf den Boden, mit der anderen öffnet er seine Gürtelschnalle, seine Hose. Wie dumm von mir, dass ich ausgerechnet heute ein Sommerkleid trage. Noch einfacher kann ich es ihm wirklich nicht machen. Überhaupt war es extrem leichtsinnig, mich so abseits der Gruppe zu setzen. Damit habe ich ihm natürlich direkt in die Hände gespielt. Mein Selbsterhaltungstrieb hat mal wieder auf ganzer Linie versagt.

Der Boden ist noch warm, und bis auf dass mir vermutlich ein Tannenzapfen in den Rücken sticht, nehme ich nicht viel wahr. Wenn ich mich konzentriere, kann ich den Wald riechen. Tannennadeln, vielleicht auch Fichte. Oder Pinie. Warum nur konnte ich im Biounterricht nicht besser aufpassen? Das habe ich nun davon. Nicht einmal dusselige Bäume auseinanderhalten kann ich. Auf dem Rückweg sammle ich natürlich noch den Teller ein. Damit wenigstens der Wald sauber bleibt.

11

»Und? Freust du dich, bald die einzige Frau im Hause zu sein? Dann kannst du meine Männer mal nach deiner Pfeife tanzen lassen. Aber treibt es bitte nicht zu wild!« Die Mutter meines Freundes lächelt mich über den Frühstückstisch hinweg aufrichtig an, und ich lächle hölzern zurück. »Wie schade«, entgegne ich. »Da hatte ich gehofft, kaum, dass die Katze aus dem Haus ist, dürfen wir Mäuse auf dem Tisch tanzen.«

Sie lacht und ich lache und mein Lachen ist genauso unecht wie mein Lächeln und meine Antwort. Und vielleicht. Wenn ich mir ganz viel Mühe gebe. Vielleicht kann ich mir dann vorstellen, auch ich sei nicht echt. Vielleicht ist dann das alles hier nicht real und meine Welt noch immer heile und in Ordnung. Und vielleicht existiert dann auch noch irgendwo eine andere Version von mir, die noch immer ganz und glücklich ist.

Aber in dieser Welt? Ist heute nur seine Mutter glücklich. »Und ich danke dir, dass du mir dieses Wellness-Wochenende geschenkt hast. Du bist der beste Ehemann der Welt.« Damit drückt sie ihm einen liebevollen Kuss auf die Lippen.

»Und der beste Papa, weil ich heute bei Patrick übernachten darf!«, freut sich Tom, und wie auf Kommando klingelt es an der Haustür, und er wird von seinem Kindergartenfreund und dessen Mutter unter munterem Geplänkel abgeholt. Dann verabschieden sich auch die beiden Erwachsenen voneinander, während ich mit meinem Freund allein in der Küche zurückbleibe.

»Ich räume mal den Tisch ab«, erkläre ich. Verstaue Lebensmittel im Kühlschrank, lasse Wasser in die Spüle laufen und stelle das schmutzige Geschirr hinein. Ich bekomme mit, wie sein Vater erneut den Raum betritt und sich neben seinen Sohn auf die Küchenbank setzt. Nur allzu deutlich bin ich mir ihrer Blicke bewusst, dennoch wasche ich Tassen und Teller sorgfältig ab, und als auch die letzte Gabel trocken ist und in der Schublade liegt, bleibt mir nichts anderes übrig, als mich zu ihnen umzudrehen. Mit den Händen umfasse ich krampfhaft die Arbeitsplatte, und weil ich weinen möchte, lächle ich.

Ich kann die beiden nicht ansehen. Blicke hinaus, durch das große Küchenfenster, direkt in den Garten. Wo der schöne Apfelbaum steht, der allmählich wieder zu blühen beginnt.

»Zieh dich aus«, sagt mein Freund in die Stille hinein.

Ich reagiere nicht. Blinzle nicht einmal und verziehe keine Miene. Eigentlich schade, dass diese Familie keine Haustiere mag. Kaninchen würden sich gut machen, draußen im Garten, unter dem Apfelbaum.

»Ich glaube, das war ein Befehl und keine Bitte«, klärt sein Vater mich freundlich auf.

Ach so. Wie dumm von mir.

Langsam und ruhig kommt er auf mich zu. Ganz so, als hätte er Angst, ich würde bei einer zu schnellen Bewegung wie ein verschrecktes Reh flüchten.

Dabei wissen wir alle drei, dass es für mich kein Entkommen gibt.

Unerträglich sanft löst er meine verkrampften Finger. Führt mich in die Mitte des Raumes. Zieht mir erst den Pullover über meinen Kopf, dann mein dünnes Top.

In diesem Moment gäbe es so viel Wichtiges zu tun. Ich müsste zum Beispiel die Arme vor dem Oberkörper verschränken, um meine Blöße zu verdecken. Stattdessen fahre ich mir mit zittrigen Fingern durch die Haare, die widerspenstig und elektrisch aufgeladen in alle Richtungen abstehen. Versuche verzweifelt, sie zu glätten, sie wieder in Ordnung zu bringen.

Meine Jeans wird geöffnet, gleitet zu Boden. Mechanisch steige ich aus den Hosenbeinen.

Oh, meine Haare sind ein totales Chaos! Ob ich wohl um eine Haarbürste bitten darf?

»Jetzt komm mit ins Wohnzimmer«, fordert mich einer der Männer auf. Sein Vater hält mir einladend seine Hand hin. Ich ergreife sie nicht, aber folge ihm dennoch bereitwillig. Meine Bewegungen sind so abgehackt wie die einer Marionette.

Ich werde auf das Sofa gedrückt, und sein Vater streichelt mir über die Haare, die zum Glück wieder geglättet sind. ~~Ich werde gleich vergewaltigt, aber die Frisur sitzt~~. Über mein Gesicht, meine

Arme. »Deine Haut fühlt sich genauso weich an, wie sie aussieht«, schmeichelt er mir. Küsst mich auf den Kopf. »Du siehst genauso aus wie meine Frau, als sie noch ein junges Mädchen war. Wie schön, dass deine Haare wieder lang sind.« Mein Freund lacht. »Bitte, sag doch so etwas nicht. Sonst habe ich bald jedes Mal das Gefühl, ich würde mit meiner eigenen Mutter schlafen. Das wäre doch total krank!«

~~Das ist doch total krank Das ist doch total krank Das ist doch total krank Das ist doch total krank Das ist doch total krank Das ist doch total krank Das ist doch total krank~~

Ich höre nicht, wie sein Vater den Reißverschluss seiner eigenen Hose öffnet. »Ich bin noch mal kurz in meinem Zimmer. Brauchst du irgendetwas von dort?«, fragt mein Freund, und nach kurzem Überlegen antwortet sein Vater: »Ach, bring doch bitte den Fotoapparat mit. Dann kann ich Bilder zum Andenken machen.« Seine Stimme klingt dabei rau und heiser und ich hasse diesen Klang.

Mein Freund ist schon fast zur Tür raus, ein breites Grinsen auf dem Gesicht. Hält dann aber kurz inne. »Aber nimm sie nicht gleich zu hart ran. Ich will auch noch etwas von ihr haben!« Der Mann mir gegenüber lächelt. Und es ist grausam, wie wunderschön ihn dieses Strahlen macht. »Keine Sorge. Wir haben doch noch das ganze Wochenende vor uns!«

Weil ich sein Lächeln nicht länger ertragen kann, wende ich den Blick ab. Sehe mich suchend im Wohnzimmer um und vermisse schmerzlich dieses neongrüne Hinweisschild. *Notausgang*. Aber weil ich in diesem feindlichen Haus mutterseelenallein bin, blicke ich hinüber zu meiner einzigen Freundin. Der antiken Wanduhr, die ruhig und bedächtig im Takt schlägt.

Tick. Ein Wochenende kann nicht ewig lange dauern.

Tack. Ein Tag hat auch nur 24 Stunden.

Tick. Eine Stunde ist nie länger als 60 Minuten, und auch wenn sich jede Minute wie eine Ewigkeit anfühlen kann, ist sie doch nur 60 Sekunden lang.

Tack. Ein beruhigender Rhythmus.

Ich bin gefangen, aber in keiner Zeitschleife. Der Sonntagabend wird schon früh genug kommen. *Tick, tack*. Und ein Schmerz zerreißt mich und ich spüre ihn auf mir und ich habe meinen Einsatz verpasst. Schließe panisch die Augen und erzähle mir in Gedanken eine Geschichte. Die mich von der unerträglichen Realität ablenkt. Meine Stimme überschlägt sich, um die verpassten Sekunden wieder aufzuholen: *Es war einmal ein kleines Kaninchen. Es lebte in einem großen, geräumigen Außengehege, unter dem Schatten eines Apfelbaums …*

Das Kaninchen trug immer eine kleine, goldene Taschenuhr bei sich, damit es jederzeit die Uhrzeit im Blick hatte. »Ich komme zu spät, ich komme zu spät«, rief es immerzu und drehte dabei verzweifelt aufgeregte Runden im Gras, im Schatten unter dem Apfelbaum …

»Komme ich etwa zu früh?«, höre ich meinen Freund sagen.

»Ob du zu früh *kommen* wirst, wird sich noch zeigen«, antwortet der Vater spöttisch. »Aber ja, du bist etwas zu früh erschienen. Darum lehn dich zurück. Mach es dir gemütlich, und genieße die Show. Vielleicht kannst du noch etwas von deinem alten Herrn lernen, Sohnemann.«

Das Ticken der Uhr vermischt sich mit dem Klicken der Kamera. *Tick, klick, tack. Tick, klick, tack.*

Erneut schließe ich die Augen, und die Gegenwart aus.

Aber ganz plötzlich. Steht die Zeit still. Der Zeiger der Uhr ist festgefroren. Das Ticken verstummt. Ich weiß weder, wie ich in diesen Albtraum geraten bin, noch, ob er jemals aufhören wird. Es wird niemals enden es wird niemals enden es wird niemals enden.

Die Hysterie bahnt sich ihren Weg durch meine Gleichgültigkeit. Ich möchte schreien, aber ich schreie nicht. Ich könnte flüchten, aber ich fliehe nicht. Ich liege einfach da, als sei ich tatsächlich bereits gestorben. Und lasse es geschehen.

Ich verliere mein Zeitgefühl. Ich weiß nicht, ob Stunden oder Tage vergangen sind, als es an der Haustür klingelt. Es ist nur der Pizzabote. Doch ein solch banaler, normaler Mensch inmitten dieses Wahnsinns ist ein unerwartet tröstlicher Gedanke. Ich bekomme eine Decke, in die ich mich einwickeln darf, und diese Geste erfüllt mich mit großer Dankbarkeit. Im Hausflur höre ich die drei Männer miteinander scherzen. Ja, die Frau sei außer Haus, und Vater und Sohn verbringen einen ordentlichen Männerabend.

Mit zwei großen Pappschachteln in den Händen kehren sie zurück. Einer der beiden drückt mir ein Stück Pizza in die Hand und fordert mich auf zu essen, doch stur schüttle ich den Kopf. Mein Freund verengt die Augen zu Schlitzen. »Ich habe gesagt, du sollst essen. Seit wann machst du nicht mehr das, was ich sage? Iss. Du brauchst deine Kraft noch.« Also esse ich. Verbrenne mir Lippen und Zunge an dem heißen Käse. Ich beiße ab und kaue und schlucke und schmecke nicht. Irgendwann ist alles leer. Sein Vater öffnet eine Flasche Bier, nimmt einen tiefen Schluck und betrachtet mich dann einige Momente lang amüsiert. »Bereit für die nächste Runde?«, fragt er höflich. Es ist unmöglich, sich innerlich für so etwas zu wappnen. Trotzdem nett, dass er fragt.

Mehrfach verliere ich das Bewusstsein, ohne anschließend sagen zu können, was zuvor geschehen ist. Erwache mit pochenden Schläfen, Brennen im Unterleib oder Schmerzen im Brustkorb und schäme mich, dass ich so schwach gewesen bin, in die Besinnungslosigkeit zu flüchten, wo doch Schmerzen eigentlich schon lange zu meinem Alltag gehören. Sie sind nicht schlimm. Sie versprechen mir, dass ich noch immer lebendig bin.

Heute empfinde ich keine Angst. Heute fühle ich mich nicht gedemütigt, nicht erniedrigt. In diesem schrecklichen Moment bin ich nicht wütend, fassungslos oder entsetzt. Nur entsetzlich traurig. Müde, erschöpft und besiegt. Meine Widerstandskraft ist aufgebraucht. Und ich würde sie so gerne fragen, ob sie sich im Klaren darüber sind, was sie mir antun. Doch kein Wort verlässt meine Lippen. Ich hülle mich in eisernes Schweigen und versuche, all das, was von mir verlangt wird, zu ihrer Zufriedenheit umzusetzen. Vielleicht habe ich doch Angst vor ihren Bestrafungen. Und vielleicht gebe ich dadurch mein stilles Einverständnis.

Lasse ich mich im Stich, oder weiß ich lediglich, wann ich verloren habe?

Es ist ein seltsames, beklemmendes Gefühl, mitanzusehen, wie dieses kleine Mädchen auf dem Sofa liegt und die beiden Männer sich gierig über ihren Körper hermachen.

Aber am Sonntagabend darf es endlich duschen. Steht stundenlang unter kochend heißem Wasser, spült Blut und Schmutz und Schweiß und Tränen von sich, bis die Haut dunkelrot ist. Das Mädchen fragt sich, ob es sich wohl verbrannt hat, und ob es, wenn es sich wieder fühlt, wohl wehtun wird. Das wäre schön.

Kurze Zeit später wird das Kind von seiner Mutter abgeholt, die ungewohntes Interesse zeigt: »Hattest du ein schönes Wochenende?« Es nickt gedankenverloren.

»Was habt ihr denn angestellt? Lass dir doch nicht alles aus der Nase ziehen!«

»Spiele gespielt und Pizza gegessen«, antwortet es tonlos, woraufhin die Mutter empört schnaubt: »Na, du hast aber ein Leben. Spiel und Spaß? Mit dir würde ich gerne tauschen.«

Nein. Das möchte niemand. Ich auch nicht.

12

Mein liebster Raum im Haus meines Freundes ist das Badezimmer. Es ist wunderbar sauber und steril, und es gibt Unmengen an Wasser, mit denen ich mich rein waschen kann. Zumindest kann ich es versuchen. Doch das Beste am Bad ist: Es gibt einen Schlüssel. Sicherheit. Auch heute schließe ich die Tür sorgfältig hinter mir ab. Zwar sind wir alleine zu Hause, aber natürlich sitzt die größte Gefahr noch immer oben im Kinderzimmer. Als ich ihn vor wenigen Minuten verlassen habe, war er gerade mit seinem Game Boy beschäftigt. Davor hat er mit mir gespielt.

Ich mache eines der Handtücher im Waschbecken nass und reibe mir über das Gesicht. Meistens hilft das, damit ich mich besser fühle. Heute nicht. Heute haftet der Schmutz an mir, und auch wenn ich noch so sehr über meinen Oberkörper, Arme und Beine rubble – ich werde ihn einfach nicht los. Meine Haut wird rot und wund. Frustriert schmeiße ich das Tuch in die Ecke und blicke erstmals in den Spiegel.

Erschrecke mich, denn ich erkenne mich selber nicht mehr. Wer auch immer mich da aus großen, leeren Augen anstarrt. Ich bin schon lange weg. Ich stelle mir vor, gegen den Spiegel zu schlagen, damit er wie ich in tausend kleine Teilchen zerspringt und zersplittert. »Warum?«, verlange ich zu wissen. »Warum tut er mir diese Dinge an? Warum lasse ich es zu, anstatt einfach von hier zu verschwinden?« Mein Spiegelbild öffnet den Mund und sieht aus, als wolle es mir antworten. Aber es schweigt. Darin sind wir beide sehr gut geworden. Also schweigen wir um die Wette. Es ist unsere einzige Sprache. Dabei ist die Antwort so simpel: weil er es kann; weil ich es nicht kann.

Unvermittelt hole ich aus und schlage mir heftig in mein eigenes Gesicht. Fasziniert betrachte ich im Spiegel, wie sich meine rechte Wange sofort tiefrot färbt. Doch der Schmerz bleibt aus. Interessant. Ich fühle mich also endgültig nicht mehr.

Trotzdem kann ich noch weinen. Also weine ich. Hemmungslos und verzweifelt, bis ich mich dieser Schwäche schäme. Ich bin stärker als meine Tränen! Niemals mehr möchte ich weinen. Egal, was in meinem Leben noch geschehen wird – in diesem Moment schwöre ich, keine einzige Träne mehr zu vergießen.

Ich sehe kaputt aus. Zerbrochen. Kraftlos und müde. Ich bin stärker als mein Aussehen! Wie lange soll diese Beziehung noch so weitergehen? Werde ich auch noch mit 20, 30 Jahren in diesem Badezimmer kauern und mich meinen Waschzwängen hingeben? Wird dann überhaupt noch etwas von mir übrig geblieben sein?

Ich kann untätig dabei zusehen, wie ich nach und nach zugrunde gehe. Oder ich könnte versuchen, mich zu retten. Tut ja sonst keiner. Denn wenn niemand bemerkt, dass man Hilfe braucht – wie kann man da erwarten, gerettet zu werden?

*

Ein Auto fährt auf die Einfahrt. Wenige Momente später wird die Haustür aufgeschlossen. »Kinder!«, ruft seine Mutter mit glockenklarer Stimme. »Kinder, ich bin wieder zurück! Ich habe Kuchen mitgebracht. Kommt ihr runter?« Die Kinderzimmertür oben öffnet sich, und mein Freund poltert die Treppe runter. Ich weiß, dass auch ich mich jetzt beeilen müsste. Er hasst Unpünktlichkeit. Vorher blicke ich aber noch einmal in den Spiegel und versuche mich an einem Lächeln.

Nicht überzeugend. Aber wer achtet da schon drauf?

Unten in der Küche setze ich mich, ohne seine Eltern anzusehen, sofort auf die Bank und greife wahllos nach einem Stück Kuchen. Ich werde gefragt, ob alles mit mir in Ordnung sei, und als Antwort nicke ich lediglich. Spüre daraufhin, wie mein Freund mich unter dem Tisch fest in den Oberschenkel kneift. Rasch blicke ich auf. »Ja, alles super«, antworte ich euphorisch. »Warum bist du so rot im Gesicht? Wirst du krank?« Seine Mutter mustert mich besorgt und mein Kopf ist leer und ich muss ihr antworten, aber stattdessen blicke ich nur starr auf meine Hände. »Ich glaube, sie hat leichtes Fieber«, lügt mein Freund. »Ich habe ihr gestern nach dem Schwimmen gesagt, sie solle sich lieber die Haare föhnen – aber da wollte sie mal wieder nicht auf mich hören.« Er lacht, und legt seinen Arm um meine Schultern. Drückt warnend zu.

»Oh, das tut mir leid. Vielleicht möchtest du lieber nach Hause? Soll ich deine Mutter anrufen? Vielleicht …« Doch mein Freund unterbricht sie energisch: »Das ist wirklich nicht nötig. Ich kümmere mich schon um sie. Ihr fehlt es hier doch an nichts. Und nichts ist so effektiv gegen Krankheit wie eine liebevolle Atmosphäre.« Nun blickt er mich an, und ich sehe durchaus die Warnung in seinem Blick. »Du willst doch bleiben, nicht wahr?«

Ich nicke mit aller Überzeugungskraft. So, als spräche er mir aus tiefster Seele. Stecke mir schnell ein Stück Kuchen in den Mund, um nicht antworten zu müssen. Seine Mutter seufzt sehnsüchtig, streichelt dann über die Hand ihres Mannes. »Junge Liebe. Ist das nicht etwas Wunderbares?«

Dann erzählt sie uns wieder einmal die Geschichte, wie sie und ihr Mann sich kennengelernt haben. Damals, als sie genauso alt waren, wie wir es heute sind. »... und heute, 30 Jahre später, sind wir noch immer genauso verliebt wie am ersten Tag. Dieses Glück wünsche ich auch euch beiden von Herzen!«

13

Ich entwickle phobische Ängste in Bezug auf das Autofahren. Besonders dann, wenn meine Mutter am Steuer sitzt. Mein Verstand weiß: *Wir fahren bloß in den Supermarkt.* Meine Gefühle spielen verrückt: *Sie fährt mich zu meinem Freund*! Sobald ich mich in ein Auto setze, klinke ich mich völlig aus. Steigen wir aus, komme ich wieder. Es sei denn, wir sind in Wesel. Dann bleibe ich meistens weg.

Unzählige Stunden, die ich mit meiner Mutter auf engstem Raum verbracht habe. Nur ein einziges Gespräch, an welches ich mich erinnere:

»Erinnerst du dich noch an Thomas und Lieke?« Erschrocken hielt ich die Luft an. Wagte nicht aufzusehen. Meine Mutter interpretierte mein Schweigen falsch. »Das sind die, bei denen Holly und du Blumenkinder wart! Wir sind während der folgenden Jahre ständig bei ihnen gewesen. Ist auch nicht so wichtig. Ich habe nur zufällig über tausend Ecken erfahren, dass Lieke die Scheidung eingereicht hat, nachdem sie erfahren hat, dass Thomas in Kinderpornografie verwickelt ist! Er war in so einem richtigen Ring.« Empört schüttelte sie den Kopf. »Dabei war er immer so nett! Kannst du das fassen? Monster gibt es.« Ich schämte mich und machte mich klein und hoffte, sie meinte damit nicht mich.

*

An diesem Tag jedoch bat ich meine Mutter freiwillig, mit mir in die Stadt zu fahren. Presse nun, während der Fahrt, fest meine Fingernägel in die Handflächen, um bloß bei mir zu bleiben. Heute ist ein wichtiger Tag. Ich werde mein erbärmliches Dasein retten und hoffe, dass die Steine, die meine Mutter mir in den Weg werfen wird, überwindbar sein werden.

Hier im Auto kann sie nicht vor mir davonlaufen und muss sich ausnahmsweise mal mit mir beschäftigen. Sie sitzt in der Falle, und ich leider auch.

»Du, Mama? Du musst mich nächstes Wochenende nicht nach Wesel fahren«, sage ich ziemlich schnell und ziemlich leise. »Was willst du?« Meine Mutter sieht nur kurz zu mir herüber, eine tiefe Falte zwischen ihren Augen. »Ich will *nicht* mehr zu meinem Freund gebracht werden. Nie mehr.« – »Warum nicht? Habt ihr euch gestritten?« Und was wäre das doch für eine schöne Welt, in der ein Streit mit meinem Freund meine größte Sorge wäre. »Nein, haben wir nicht. Trotzdem möchte ich ihn nicht mehr sehen. ~~Wollte ich noch nie, aber das hat dich nie interessiert.~~«

Ein abgrundtiefer Seufzer lässt mich Böses erahnen. »Das ist ein ungünstiger Zeitpunkt. Stell dich bitte nicht so an und warte noch einige Wochen. So schlimm kann es ja nicht sein. Bald gibt es Zeugnisse, und wenn du ihn jetzt verlässt, verhaut der arme Junge bestimmt seine letzten Prüfungen. Das wäre sehr egoistisch von dir! Überleg es dir noch einmal und gib dich nicht immer irgendwelchen Launen hin.«

Stark sein, Charlotte. »Nein, ich möchte nicht mehr warten. Bitte. Darf ich nicht einfach zu Hause bleiben?«, frage ich, und stelle verärgert fest, wie höflich ich klinge.

Verstohlen werfe ich einen Blick auf meine Mutter: Ihre Lippen sind zu einer schmalen Linie zusammengepresst, die Stirn missbilligend gerunzelt. Aus ihrem Gesicht spricht die pure Verachtung. Kleinlaut möchte ich nachgeben, mich meinem Schicksal fügen. Widerstand ist eine Kraftanstrengung, und trotzdem sage ich mit einer Selbstsicherheit, die ich keineswegs verspüre: »Nein, tut mir leid. Es ist wirklich Schluss, okay?« Minuten vergehen. Dann, endlich, erteilt die Frau neben mir ihre Erlaubnis, und mit einem Schulterzucken fügt sie hinzu: »Mir wurde die Fahrerei eh lästig.«

Ich weiß, ich müsste mich nun frei fühlen. Und glücklich und froh und unbeschwert. All diese wunderbaren Dinge, die ich nur aus Märchen kenne. Doch in mir ist nur Leere.

Wenigstens, und ist dies nicht ein tröstlicher Gedanke, blicke ich in eine rosige Zukunft.

Von jetzt an kann es nur noch besser werden.

14

Meine Freiheit dauerte großartige drei Monate an. 3 Monate. 92 Tage. Wunderbare 2.208 Stunden. 132.480 Minuten sind vergangen, seit ich mit meiner Mutter diese so wichtige E-Mail geschrieben habe. Es war ganz leicht. Ein Kinderspiel.

Natürlich war er wütend. Niemals hätte er mit meiner Entscheidung gerechnet, und wenngleich mir seine Reaktion Angst gemacht hat, hallte den ganzen Tag nur dieser eine Satz durch meinen Kopf: *Ich bin frei ich bin frei ich bin frei ich bin frei.*

Sein Ärger konnte mich nicht mehr erreichen.

Vielleicht sollte mir das Folgende eine Lehre sein, niemals wieder so übermütig zu sein:

Ich war noch in der Schule, als seine Mutter bei mir zu Hause anrief und mit meiner Mutter sprach. Als mich diese nach Unterrichtsschluss abholte, war ich noch nicht argwöhnisch. Alle paar Monate unterliegt sie einem vorübergehenden Anfall von Fürsorglichkeit, und offensichtlich war dies so ein Tag. Doch weil wir nicht nach Hause fuhren und ich mit einem Mal auf dem Rücksitz meine gepackte Reisetasche entdeckte, kniff ich misstrauisch die Augen zusammen. »Wir fahren nicht nach Hause«, stellte ich fest. Einen Überraschungsurlaub oder ein erholsames Mutter-Tochter-Wochenende schloss ich kategorisch aus.

Meine Mutter seufzte laut und gequält, und spätestens ab diesem Moment wusste ich, dass ich in großen Schwierigkeiten steckte. »Ich muss dir etwas sehr Trauriges sagen«, begann sie. »Die Mutter deines Freundes hat mich heute Vormittag angerufen.« *Exfreund*, korrigierte ich sie nicht.

»Vor einigen Wochen hat sein Vater einen Schlaganfall erlitten. Ist das nicht schrecklich? Ich habe ihn als so gutmütigen, lebenslustigen Menschen in Erinnerung. Aber seitdem kann er *nichts* mehr. Nicht laufen, nicht sprechen, nicht einmal mehr selbstständig essen. Du kannst dir sicherlich vorstellen, wie schlecht es dieser armen Familie nun geht. Daher hat mich seine Mutter gefragt, ob du nicht vorbeikommen möchtest. Ihr Sohn hätte dir längst verziehen, und du hast ihnen allen immer so gutgetan.«

Meine Mutter redete immer noch weiter, doch verstand ich kein einziges Wort mehr. Das Blut rauschte zu laut in meinen Ohren, und mir war schwindelig. Fest umklammerte ich den Griff der Autotür und überlegte, ob ich wohl bei voller Fahrt aus dem Wagen springen sollte. Vermutlich würde ich das nicht überleben und eigentlich ist Selbstmord doch die viel schönere Alternative zu einem Wochenende in Wesel.

»Aber ich … ich kann nicht. Ich habe so viele Hausaufgaben … und ich muss ein Referat bis Montag erledigt haben«, stammelte eine Stimme, von der ich nicht wusste, woher sie kam. Ich glaubte, es war meine.

Der Mund meiner Mutter bewegte sich ohne Unterlass, und vielleicht war ich wirklich taub geworden, bis mir auffiel, dass ich lediglich die Hände an die Ohren gepresst hielt. Anscheinend wollte ich mich doch nicht aus diesem Auto stürzen, und als ich sie endlich runternahm, war die Frau neben mir noch immer am Sprechen. »… du bist so herzlos«, endete sie irgendwann. Als wir die Einfahrt erreicht hatten. In einer netten Umgebung, vor einem großen, hübschen Haus.

Mein ~~Ex~~freund hatte seine eigenen Vorstellungen von Vergebung. »Du glaubst doch nicht ernsthaft, ich hätte dir dein Verhalten verziehen?«, waren seine ersten Worte an mich. Nein. Das habe ich zu keiner Sekunde geglaubt.

Und ich musste mein eigenes Versprechen mir gegenüber brechen. Ich habe geweint. Habe hemmungslos geschluchzt, doch ließ er sich nicht erweichen oder zu Mitleid hinreißen. Es war eine Illusion, und ich war so dumm und naiv zu glauben, er könne mir niemals mehr wehtun.

Das alles liegt inzwischen fünf Wochen zurück.

An diesem Wochenende war er wieder einmal bei mir zu Hause. Wenn er hier ist, verhält er sich weniger grausam. Trotzdem ertrage ich den Gedanken nicht, ihn in meinen eigenen vier Wänden zu haben. Es wird unser letztes Treffen gewesen sein. Meine Mutter wird mich nicht zwingen, nicht gewaltsam in ihr Auto verfrachten können. Die Distanz zwischen unseren Wohnorten gibt mir die notwendige Sicherheit.

Es wird unser letztes Treffen gewesen sein, denn heute wurde ich von dem einzigen Menschen verraten, auf den ich mich überhaupt noch verlassen konnte: von mir selber.

Heute lagen wir bei mir im Bett.

Irgendwann habe *ich* meine Hose aufgemacht und ausgezogen. Ich, *nicht* er. Er hat nur gelacht. »Du hast es aber eilig«, sagte er. Aber das war es nicht. Wirklich nicht.

Ich wollte doch nur, dass es wenigstens schnell vorbeigeht.

Er hat sich Zeit gelassen. Seine Erklärung? »Du hast doch heute Geburtstag – das sollte also ein ganz unvergesslicher Tag werden, nicht wahr?«

Nein nein nein und wie werde ich jemals vergessen können, was er mir an jenem Tag alles angetan hat.

Zu unserem endgültigen Abschied gab ich ihm ein letztes Mal die Hand. Sah ihm ein letztes Mal in die Augen. Dunkle, unbarmherzige Augen, die mich noch 15 Jahre später in meinen Albträumen quälen werden. Unausgesprochene Worte zwischen uns:

Du hast mir auf so viele Arten Schmerzen zugefügt. Bis ich daran kaputtgegangen bin. Du hast mich zerstört. Vielleicht werde ich heilen und vielleicht werde ich wachsen können. Aber niemals wieder werde ich vollständig, werde ich ganz sein. Du hast mir etwas genommen, was ich niemals wiederbekommen kann. Aber. Obwohl du dir verdammt viel Mühe dabei gegeben hast: Meinen Geist hast du niemals brechen können. Du hast mich nicht besiegt. Wir sind beide Verlierer.

Ich liege auf meinem Bett. Schaue an die kahle Zimmerdecke. »Herzlichen Glückwunsch«, flüstere ich mir zu. Aber weil sich kein Glücksgefühl einstellt, nicht einmal eine leise Zufriedenheit, versuche ich einen anderen Satz: »Alles ist gut. Es ist nichts passiert.«

Meine Atmung wird befreiter. Mein Herz tut weniger weh.

Es ist gar nichts passiert.

Wenn ich nur ganz fest an eine Sache glaube, wird sie dann geschehen?

Es ist nichts passiert.

Ob es wohl möglich ist, wenn ich eine Lüge immer und immer und immer wieder wiederhole, dass ich damit die Wahrheit verändern kann?

Ich bin erst 13 Jahre alt. Kann nicht leugnen, dass ich einen denkbar schlechten Start in dieses Leben hatte. Doch liegt noch so viel Lebenszeit vor mir. Ich werde lernen und lernen müssen, mit dem, was war, umzugehen. Ich bin meine einzige Verbündete und werde für mich sorgen müssen. Das Erlebte darf sich niemals wiederholen.

Ich schaffe das. Irgendwie. Hoffe ich.

1990 - 1999

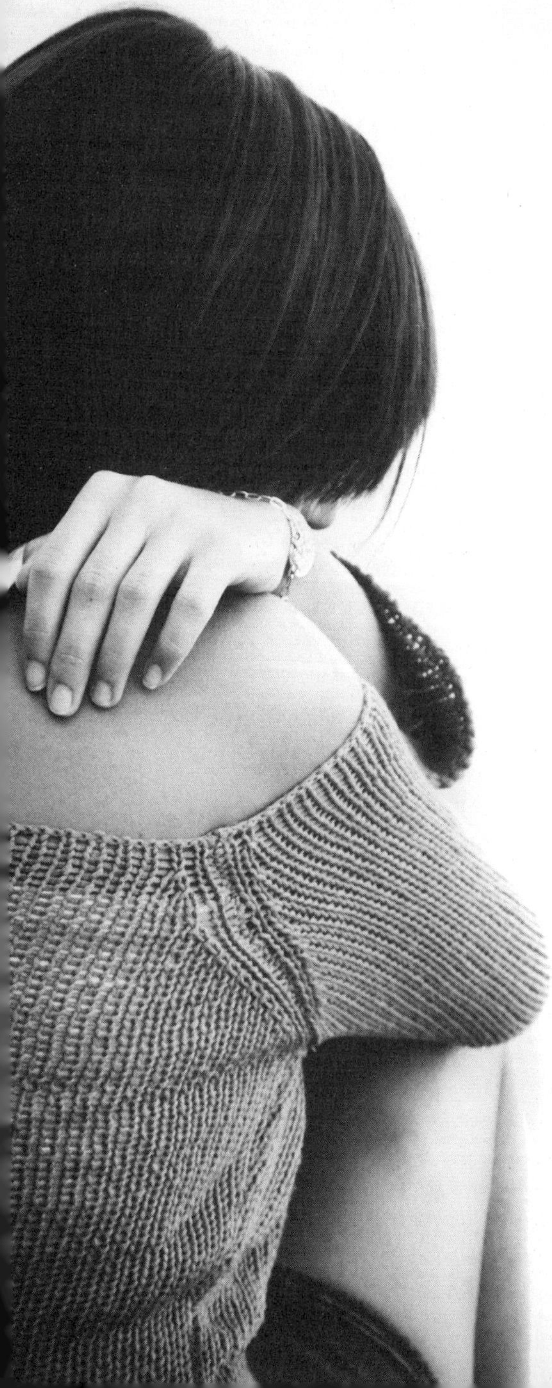

Manchmal frage ich mich, was zwischen meinem dritten und elften Lebensjahr schiefgelaufen sein muss, dass ich überhaupt in diese Beziehung geraten konnte.

Eigentlich hätte es mich gar nicht geben sollen.

Das sage ich nicht, um meiner Existenz nachträglich eine Ungültigkeit zu verleihen. Es stimmt einfach. Nach der Geburt meiner Schwester waren meine Eltern derart verzaubert von diesem winzig kleinen, elfenhaften Wesen, dass sie ohne zu warten gleich ein zweites Baby haben wollten. Jedenfalls bilde ich mir das heute gerne ein. Genau genommen war meine Mutter derart verzaubert von diesem winzig kleinen, elfenhaften Wesen, dass sie beschloss, kein zweites Kind mehr zu bekommen – denn sie würde es niemals so sehr lieben können wie ihr erstes. Bis mein Vater sie nach langen Diskussionen überreden konnte, doch noch einmal schwanger zu werden. Er zumindest wollte ein zweites Kind – auch wenn er eine sehr komische Art hatte, mir dies später zu zeigen. Außerdem wollten sie versuchen, ihre Ehe durch den Nachwuchs zu retten. Dieser Schuss ging jedoch nach hinten los. Wenn überhaupt, zögerte meine Geburt lediglich das Unvermeidliche heraus.

Ich kam einen ganzen Monat zu früh, und vielleicht hätte es diese letzten vier Wochen noch für einen Feinschliff gebraucht, damit doch ein halbwegs passabler Mensch aus mir geworden wäre. Denn ich war so gar nicht niedlich und zauberhaft. Ich war laut und anstrengend und habe viel zu viel und viel zu laut geschrien. Meine Eltern haben mir früher oft versichert, dass ich ein absolutes Wunschkind gewesen sei. Bis ich irgendwann als alt genug erachtet wurde, dass sie mir die schonungslose Wahrheit offenbaren konnten: Also, genau genommen sei ich doch ein Unfall gewesen. Niemals gewollt.

Ach. Darauf wäre ich von alleine nie gekommen.

Eigentlich hätte es mich also gar nicht geben sollen, daher war ich, selbst als ich noch in den Kinderschuhen steckte, chronisch suizidal. Mehrfach habe ich die Badewanne mit Wasser volllaufen lassen. Stellte mich rein, beugte mich vor und steckte den Kopf in das Wasser. Und nahm ihn nicht mehr hoch. Mein angeborener Überlebensinstinkt schaltete sich vollständig ab. Aber jedes Mal kam meine Mutter ~~viel zu früh~~ in das Badezimmer gestürmt und fischte mich, halb bewusstlos, aus der Wanne. Klopfte mir so lange auf den Rücken, bis ich rosa Badeschaum erbrach. Nachdem wir dieses Spiel viele Male wiederholt hatten, hing irgendwann ein dickes Vorhängeschloss vor der Badezimmertür.

Darum kam ich auf die brillante Idee, ich könne mich stattdessen vergiften. Immer wieder trank ich das Rasierwasser meines Vaters aus, oder noch volle Parfumflakons meiner Mutter leer. Aber bis auf dass ich mich, je nach geschluckter Menge, übergeben musste oder vom enthaltenen Alkohol betrunken wurde, trug ich nie ernste Schäden davon.

Irgendwann wurde meine Mutter es leid. Ständig in den Drogeriemarkt gehen zu müssen, und ihre Vorräte aufzufüllen. Konsequent wurden sämtliches Parfum und Rasierwasser aus dem Schlafzimmer und Gäste-WC in das Badezimmer umquartiert, welches, wie überaus praktisch, nach wie vor abgeschlossen blieb. Ich hatte es nicht leicht.

Als ich dann in den Kindergarten gehen sollte, bin ich restlos durchgedreht. Ich dachte, meine Mutter hätte nun wirklich die Nase voll von mir und würde mich endgültig abgeben und gegen ein anderes Kind eintauschen. Die Auswahl dort war ja groß. Ich fand das unfair, denn ich fand, eine Familie sollte zusammenhalten, selbst wenn mal jemand aus der Reihe tanzt und unausstehlich ist. Ich wollte nicht abgeschoben werden. Schon gar nicht unter diesem dummen Vorwand. Kindergarten. Also schrie und tobte ich wie ein unbändiger Wirbelsturm. Ich riss die anderen Kinder von ihren Stühlen, schmetterte Bücher durch den ganzen Raum, zerstörte mühsam aufgebaute LEGO-Türmchen. Als ich meine Erzieherin biss und ihr Haarsträhnchen ausrupfte, schickte sie mich nur in die Kuschelecke, damit ich meinen Frust an den Kissen abbauen konnte. Später kam sie zu mir und fragte mich, mit ihren traurigen, freundlichen Augen, warum ich die Welt so hasse.

Doch ich konnte ihr nicht antworten. Geheimnisse dürfen nicht verraten werden.

Wobei mir selber vielleicht gar nicht aufgefallen wäre, was für ein schreckliches Kind ich war. Aber bei sämtlichen Familienfeiern haben meine Eltern den gesamten Tisch, den ganzen Raum mit meinen neusten Missetaten unterhalten. Während ich mit hochrotem Kopf danebensaß und mich in Grund und Boden schämte. Auch auf Nachbarschaftsfesten machten sich diese Erzählungen zur allgemeinen Erheiterung sehr gut. »Charlotte war schon immer ein solches Problemkind«, schloss meine Mutter jedes Mal laut seufzend ihren Bericht. »Wollte immer im Mittelpunkt der Aufmerksamkeit stehen und hat dabei nichts als Ärger gemacht! Ich frage mich, was wir bei ihrer Erziehung bloß falsch gemacht haben.« Sofort legte einer der Umstehenden beschwichtigend seine Hand auf ihre Schulter. »Keine Sorge«, gurrten sie allesamt. »Du brauchst dir keinerlei Vorwürfe zu machen. Manche Kinder kommen bereits verdorben auf diese Welt, und das lässt sich weder durch viel Liebe noch eine harte Hand austreiben.«

Vielleicht hätte ich den Hauch einer Chance gehabt. Zu vergessen, was geschehen ist. Damals im Keller. Vielleicht hätte ich begreifen können, dass es zwar böse Menschen und Männer in dieser Welt gibt, die Erde aber dennoch ein sicherer Ort ist. Vielleicht, wenn ich wirklich *viel Liebe* erfahren hätte.

Ein *Was-wäre-wenn* führt ja doch zu nichts. Ich werde niemals erfahren, was hätte sein können. Denn in meinem Leben gab es ausschließlich die *harte Hand*. Mein Vater konnte weder Sinn noch Verstand in mich hineinprügeln. Obwohl er sein Bestes versucht hat.

Seinen Schlägen konnte ich meistens sogar etwas Positives abgewinnen: Einmal traf mich seine Faust so hart im Gesicht, dass ich nur noch ins Badezimmer stürzen konnte und einen dicken Brocken Blut in das Waschbecken spuckte. Dann spülte ich meinen

Mund sorgfältig aus und begutachtete den Schaden: Fünf Milchzähne fehlten. *Das ist schon okay*, tröstete ich mich. *Die wären ohnehin bald ausgefallen.* Drei lagen vor mir im Waschbecken, einen sammelte ich im Flur auf und der letzte blieb verschollen. Später zeigte ich meiner Mutter ein ziemlich zahnloses Lächeln. Ich bekam ein Döschen für die Milchzähne und durfte mich eine ganze Woche lang von Eis und Pudding ernähren, den ich durch einen Strohhalm aufschlürfte. Manchmal gab es leider auch langweilige Nudelsuppe, aber im Leben kann eben nicht immer alles rundlaufen.

Ein anderes Mal schubste mich mein Vater aus Versehen die Treppe runter. Unten schlug ich ziemlich unsanft mit dem Kopf auf. Später, am Abendbrottisch, erzählte ich noch viel mehr Unsinn als sonst. Ließ immer wieder Gabel und Messer fallen. »Was hat sie denn?«, fragte Holly neugierig. »Treppe runtergefallen«, lallte ich ungewohnt heiter.

Der nette Arzt am nächsten Morgen bescheinigte mir eine starke Gehirnerschütterung. Ich sollte die ganze Woche zu Hause bleiben, um mich auszukurieren. Weil meine Eltern beide berufstätig sind und sich auf gar keinen Fall frei nehmen wollten, wurde ich zu meiner Lieblings-Patentante geschickt. »So schön, dass ich hier Urlaub machen darf!!«, begrüßte ich sie stürmisch. »Dafür hat es sich doch gelohnt, die Treppe runterzufallen!«

Eines Abends, meine Eltern kamen aus einem Kurzurlaub wieder und mein Vater hatte gerade erst das Auto in unserer Garage geparkt, riss ich, ungestüm wie ich war, die Autotür auf. Mein Vater mochte mich zwar verachten, aber ich liebte ihn trotz allem abgöttisch, und vielleicht, wenn er sah, wie lieb ich ihn hatte, und dass ich ihm niemals böse sein könnte. Also vielleicht würde er sich dann auch ein kleines bisschen freuen, mich zu sehen. Natürlich musste etwas schiefgehen. Denn das Auto war noch ganz neu und meinem kindlichen Enthusiasmus nicht gewachsen. Oder die Garage war einfach zu eng, denn ich schlug die Tür gegen die Wand, und bevor ich in überschwängliche Wiedersehensfreude ausbrechen konnte, stieg mein Vater schon brüllend aus. Fuchsteufelswild, weil ich seine Autotür zerkratzt hatte.

Also zerrte er mich über den Hof, durch den Garten, hinein in das Wohnzimmer, die Treppenstufen hoch, in mein Kinderzimmer, wo ich vor wenigen Minuten noch in ein Kinderspiel vertieft war. Und obwohl meine Knie durch das Zerren und Stolpern schon blutig waren, schlug er mich so doll, dass ich glaubte, ich hätte mir nun irgendetwas gebrochen. Aber vermutlich war nur etwas in mir zerbrochen. Alles halb so wild.

In derselben Nacht wäre ich fast gestorben. An meinem schlechten Gewissen. »Bitte, lieber Gott«, betete ich, in kindlicher Naivität. »Bitte lass das Auto nicht völlig zerstört sein.« Irgendwann hielt ich es in meinem Kinderbett nicht mehr aus und schlich mich aus dem Haus. Wieder durch den Garten, über den Hof, hinein in die Garage. Mit meiner bunten Krokodil-Taschenlampe beleuchtete ich die Autotür. Nichts. Um sicherzugehen, dass ich nicht die falsche Tür erwischt hatte, ging ich einmal um das Auto. Auch nichts. Vielleicht war ich blind, also strich ich mit meiner Hand über die Tür. Sie war glatt. Und heile. Da wusste ich: Die einzige, die an diesem Tag Schaden genommen hatte? War ich. Gott sei Dank.

*

Mein Vater lebte getreu der Devise *Und bist du nicht willig, so brauch ich Gewalt.* Allerdings hat er meinen Willen niemals brechen können. Er hat schlicht dafür gesorgt, dass ich ihn gar nicht erst entwickle.

Schläge bedeuteten Normalität für mich. Sie gehörten zu meiner Kindheit, wie Simon zu Pumba oder Willi zu Maja. Schläge taten bloß weh. Es waren Schmerzen, die ich verstand. Was ich hingegen damals wie heute nicht begreifen kann, ist, wie Eltern ihren Kindern so etwas antun können. Warum Eltern kleine Menschen in die Welt setzen, die doch auf Hilfe und Schutz angewiesen sind – um sie anschließend völlig alleine zu lassen. Diese Erkenntnis – vollkommen und absolut mutterseelenallein zu sein – ist heute noch um einiges schmerzvoller, als die erlebte körperliche Gewalt es jemals sein konnte.

Nur wenn unsere Familie in den Urlaub fuhr, stellte sich so etwas wie Frieden ein. Ohne den Alltagsstress und die Sorgen, die er auf der Arbeit hatte, konnte sogar mein Vater halbwegs nett sein. Geliebt haben mich meine Eltern trotzdem nicht, aber das wäre auch zu viel verlangt.

Einmal flogen wir in die Türkei, wo ich mit meinen schneeweißen Haaren im absoluten Mittelpunkt des Interesses stand. Egal, ob im Hotel, am Strand oder auf dem Basar, unentwegt liefen Einheimische auf mich zu, um mir über den Kopf zu streicheln. Sie kannten keine Berührungsängste; ich schon.

Als wir einen längeren Ausflug mit dem Bus unternahmen, gesellte sich während einer Pause der Fahrer zu meiner Familie. »Meine Güte! Sie haben aber eine außergewöhnlich hübsche Tochter«, erklärte er in gebrochenem Deutsch. Daraufhin legte meine Mutter fürsorglich den Arm um Holly, während mein Vater mit vor Stolz geschwellter Brust nickte. Doch der Busfahrer schüttelte den Kopf. »Die meine ich nicht. Sondern die Kleine da hinten!« Und mit lang ausgestrecktem Arm deutete er tatsächlich auf mich. Meine Eltern folgten seinem Fingerzeig, und, als würden sie es nicht glauben können, noch einmal ganz langsam: von seiner Schulter entlang dem Arm, dann der Zeigefinger. Ja, ganz deutlich, er wies auf mich. »Das ist doch Ihre Tochter, oder?«, hakte er noch einmal nach, von den Reaktionen meiner Eltern verunsichert. Meine Mutter fasste sich als Erste: »Ja, die gehört auch zu uns.«

Langsam ging er auf mich zu, umrundete mich gemächlich, und ich hätte gerne jemanden gehabt, hinter dem ich mich hätte verstecken können. »Was für schöne Haare«, murmelte er bewundernd, strich mir einige Strähnchen hinters Ohr. »Wie alt ist die Kleine denn?« – »Sie wird im Herbst fünf«, antwortete mein Vater, und betrachtete mich mittlerweile auch so interessiert, als sähe er mich ebenfalls zum ersten Mal.

»Mein Sohn ist acht, und Ihre Tochter würde ihm sehr gefallen. Verkaufen Sie sie zufällig?«, fragte unser türkischer Reisebegleiter und mein Vater kratzte sich nachdenklich am Kinn. »Ist sie dafür nicht etwas zu jung?« Der Mann entblößte eine Reihe schwarzer Zähne. »Hier heiraten alle Frauen jung. Aber in Ordnung. Wir können noch einige Jahre warten.« Dann tauschten er und meine Eltern eifrig Adressen aus, mit dem Versprechen, wir würden uns mit Sicherheit wiedersehen, und sie wollten ja schon immer mal Familie in der Türkei haben, dann wäre auch der Urlaub billiger. Am Ausflugsort angekommen, verschwand unser Busfahrer noch rasch in einem kleinen Schmuckladen, und wenige Minuten später drückte er mir das Figürchen eines kleinen Kamels in die Hand. »Das ist aus reinem Elfenbein«, erklärte er. »Ist es nicht schön?« Und an meine Eltern gewandt: »Betrachten Sie das als Anzahlung. Das restliche Geld bekommen Sie bei Eheschließung.« Aus seiner Hosentasche beförderte er das Foto eines Jungen, das er mir ebenfalls gab. Ich konnte nicht reagieren. Stand dort, stocksteif und vor Angst und Entsetzen gelähmt: *Das wars jetzt also! Ich werde endgültig verkauft. Ich werde verheiratet, mit dem unbekannten Sohn eines Busfahrers, und ich muss hier in diesem Land bleiben, dabei spreche ich nicht einmal türkisch. Aber zum Glück lässt sich wenigstens Gewalt in jede Sprache übersetzen.*

Zwar hatte ich mir mein Leben lang gewünscht, von irgendjemand sehr Nettem adoptiert zu werden. Aber zwischen Adoption und Zwangsheirat liegt ein himmelweiter Unterschied.

Bislang ist mein türkischer Ehemann noch nicht aufgetaucht, und als meine Familie fünf Jahre später umzog und mich sogar mitnahm, weinte ich vor Glück und Erleichterung in dem Wissen, dass er mich jetzt nicht mehr finden könne.

Meine Eltern hatten ein Eigenheim gebaut, und zufällig bekam auch ich im selben Haus ein eigenes Zimmer. Ich schrieb mich am Gymnasium ein. Am ersten Schultag fand eine große Feier statt, an der sämtliche Fünftklässler mit ihren Familien teilnehmen durften. Naiv zeigte ich meiner Mutter die Einladung. »Was soll ich damit?«, fragte sie erstaunt. »Na ja, mitkommen?«, schlug ich hoffnungsvoll vor. Früher war ich noch nicht ganz desillusioniert. Meine Mutter machte sich die Mühe, die Einladung wenigstens zu überfliegen. Ganz so, als würde sie zumindest abwägen, mich zu begleiten.

»Und was soll ich da?« – »Einfach da sein«, erklärte ich ihr. »Ich kenne doch niemanden hier in der Stadt und will nicht als Einzige allein dort sein. Die anderen Kinder bringen bestimmt auch ihre Eltern mit. Oder kennen sich wenigstens untereinander.«

Meine Mutter rieb sich die Schläfen. »Aber du *bist* kein Kind mehr, Charlotte.« Ich wollte protestieren, doch meine Mutter hob nur die Hand, um mich zum Schweigen zu bringen. »Fang jetzt bitte nicht an zu quengeln. Ich habe bereits Kopfschmerzen von dir. Du weißt doch, dass ich deine Stimme nur schlecht ertragen kann. Ich habe Nein gesagt, und dabei bleibt es.«

Wenige Tage nach Schulbeginn kam eine meiner neuen Klassenkameradinnen auf mich zu. »Hi, ich bin Anne. Wir sind in einer Klasse!« Ich errötete, wie ich es immer tat, wenn mich jemand direkt ansprach, und blickte beschämt auf meine Füße. »Ich bin Charly.« Aus dem Augenwinkel heraus sah ich sie nicken. »Ich weiß. Du bist doch die, die bei der Feier ganz alleine war, oder? Hast du keine Eltern?« Ich zuckte vage mit den Schultern. »Doch. Aber die mussten arbeiten.« Anne kratzte sich nachdenklich am Kinn. »Habt ihr einen Internetanschluss zu Hause?« Ich nickte, und sie drückte mir einen zusammengefalteten Zettel in die Hand. »Vielleicht willst du mal auf die Seite gehen. Das ist ein ganz großer Chat. Total angesagt momentan! Dort findest du bestimmt Freunde, dann bist du nicht immer so alleine.«

Ich lief noch röter an, was eigentlich gar nicht möglich sein sollte. Dann faltete ich den Zettel auseinander. *www.edencity.de*, stand dort geschrieben.

*

Warum ich über das Früher nachdenke?

Vielleicht möchte ich endlich verstehen, wieso es nur passieren konnte, dass ich mich, wenige Monate nachdem das Martyrium mit meinem ersten Freund überstanden war, Hals über Kopf in eine neue Beziehung gestürzt habe. Vielleicht möchte ich verstehen, warum mir ein Spaziergang durch die Hölle noch nicht reichte und ich mich gleich für ein Dauer-Abo einschrieb.

Vielleicht möchte ich allen beweisen, dass ich doch liebenswert bin. Vielleicht möchte ich auf meinen neuen Freund zeigen und allen sagen: »Schaut her! Und es gibt *doch* jemanden auf dieser Welt, der mich liebt.« (Selbst wenn es eine ziemlich kranke Liebe ist.)

Vielleicht möchte ich auf mich zeigen und sagen: »Schaut her! Und ich kann *doch* lieb und nett sein und alles tun, worum ich gebeten werde!« (Selbst wenn ich jeden einzelnen Moment hasse und mich dafür verachte.)

Vielleicht möchte ich mich auch einfach nur geschlagen geben. Und leise flüstern: »Ihr habt recht gehabt. Ich bin ein schrecklicher Mensch. Also bestrafe ich mich. Immer und immer wieder.«

2000 - 2003

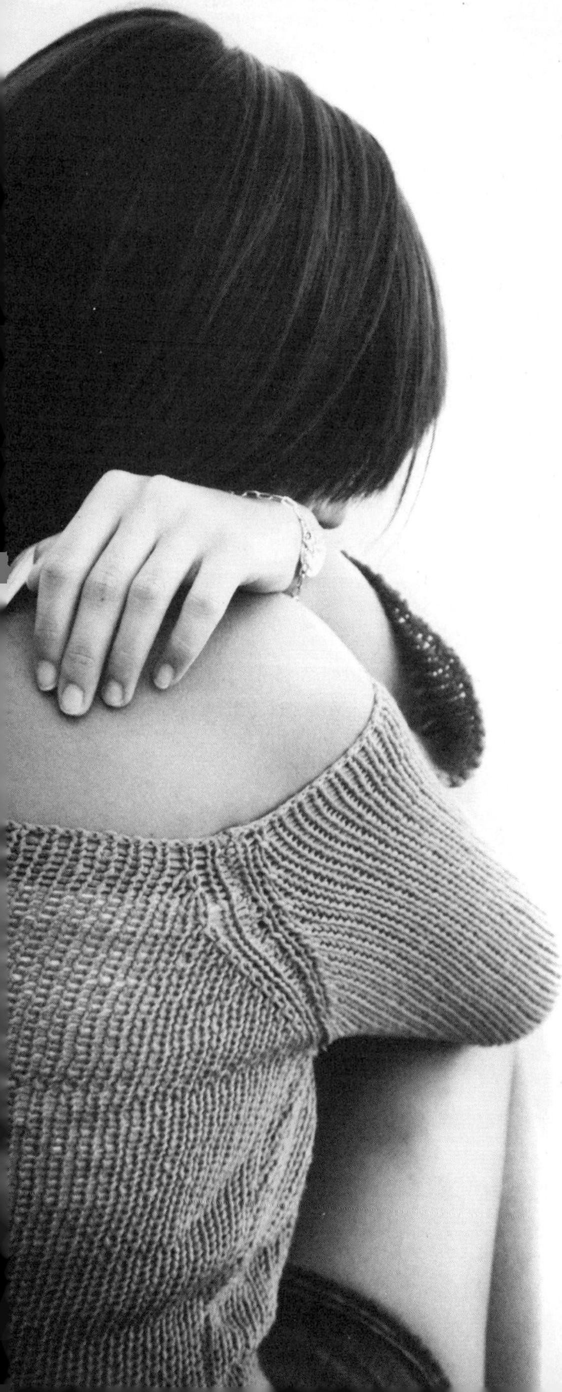

1

Als meine Mutter mich in diesen Sommerferien für ein Zeltlager in Italien anmeldete, hatte sie dafür bestimmt gute Gründe: Entweder, sie wollte mich loswerden, oder sie dachte, es sei genau das Richtige für mich, um meinen ersten Liebeskummer zu verarbeiten. Ein bisschen Sonne, Strand und Meer seien die beste Medizin, und außerdem käme ich endlich mal wieder raus und unter Leute, anstatt mich weiterhin in mein Schneckenhäuschen zu verkriechen. Ich verkniff mir den Kommentar, dass ich nicht *unter* Leute gehen möchte, weil ich dafür schon zu oft *unter*legen war und *unter* einem Mann gelegen habe.

Wäre meine Geschichte ein Märchen, würde ich nun schreiben, dass dieser Urlaub genau das war, was ich gebraucht habe. Dass er meine Entfremdung von dieser Welt wie durch ein Wunder aufhob und ich eine erfolgreiche Re-Sozialisation in diese Gesellschaft durchlief. Doch auch wenn ich dazu neige, die Wirklichkeit so auszulegen, dass ich möglichst wenig Schaden davontrage, versuche ich doch, in all meinen Ausagen, möglichst nah an der Wahrheit zu bleiben.

Meine Mutter und ich stritten nur pro forma. Ich sagte, ich möchte nicht fahren. Sie sagte, ich werde fahren. Und weil sie schon immer wusste, was das Beste für mich ist, und respektiert, dass ich harmoniebedürftig und konfliktscheu bin, beendete sie fürsorglich unsere Auseinandersetzung mit dem Abschicken meiner Anmeldung.

Vom Tag der Anreise an war ich anders. Ich war die mit Abstand jüngste Teilnehmerin, und die übrigen 30 Jugendlichen gut drei bis vier Jahre älter.

Am ersten Tag war ich zu leise. Ich versuchte, mich so bescheiden wie möglich unsichtbar zu machen. Ich wich zurück, wenn andere mir aus Versehen zu nahe kamen. Ich lachte nie und verbrachte den ganzen Tag in meiner eigenen Welt, irgendwo in meinem Kopf.

Während des Frühstücks wurde darüber abgestimmt, ob es Nudeln oder Pizza zum Mittagessen geben soll. Aufgefallen ist mir das erst, als mich die gesamte Gruppe stumm ansah und auf meine Stimme wartete. Und wartete. Irgendwann fand ich sie wieder. »Worum geht es?«, fragte ich schüchtern nach. »Um das Essen. Worauf hast du Lust?«, kam die genervte Antwort. »Eis?«, schlug ich vorsichtig vor. Und löste ein kollektives, verständnisloses Kopfschütteln aus. Am Ende wurde ich übergangen. Das war für alle das Leichteste. Und es gab Nudeln. Oder vielleicht Pizza.

Am dritten Tag war ich zu laut. Ich versuchte, mich anzupassen. Ich lachte am lautesten. Leider immer erst zeitversetzt, als der Witz schon längst wieder vorüber war. Ich mischte überall mit und hatte zu jeder Nebensächlichkeit eine Meinung, die ich unbedingt mitteilen musste. Bis mir die Mädchen aus meinem Zelt zu verstehen gaben, dass ich die Lachnummer der gesamten Gruppe sei, aber leider eine sehr nervig penetrante.

Am vierten Tag war mein Versuch, normal zu sein, kläglich gescheitert und ich verfiel wieder in das Schweigen. Ein gescheiterter Versuch tut nicht weh, und ich wäre zufrieden damit gewesen, den Rest der Zeit in vertrauter Einsamkeit zu verbringen.

Doch 14 weniger vier sind zehn. Und an zehn Tagen? Und wenn der Tag lang ist? Dann kann viel passieren.

Zum Beispiel, dass ein 13-jähriges Mädchen die Aufmerksamkeit eines älteren Jungen auf sich zieht. Oder vielleicht überfällt sie diese Aufmerksamkeit auch einfach nur, während des Versuches, *nicht* aufzufallen. Ohne, dass sie etwas dafür getan hätte.

Leider.

War ich die einzige 13-Jährige weit und breit. Und ich kann die folgende Geschichte nicht auf ein anderes Mädchen abwälzen, das zufällig meinen Weg kreuzte.

Mich mutterseelenallein in diesem gottverlassenen Zeltlager anzutreffen war nun wirklich keine große Herausforderung. War ich im Pool, kam er dazu. Er klaute mir jedes Mal mein Bikinioberteil, und anschließend musste ich ihm hinterherlaufen, die Arme vor dem Oberkörper verschränkt. Durch die ganze Anlage verfolgte ich ihn und war so wütend auf mich, weil ich keinen Badeanzug dabeihatte. Die anderen Teilnehmer haben uns lachend zugesehen und getuschelt, weil das Kind mal wieder spielen und Theater veranstalten muss.

Vor sämtlichen Menschen in diesem Camp fürchtete ich mich. Einfach, weil sie Menschen waren. Die Panik vor ihm wurde jedoch bald weitaus größer. Daher verdrängte ich meine sozialen Ängste und zwang mich immer wieder, mich in Gesellschaft zu begeben, in der dummen Annahme, wenigstens dort vor ihm in Sicherheit zu sein. Wenigstens in der Nähe der Gruppenleiter würde mir doch nichts geschehen!

Der Mensch braucht Hoffnung, und auch ich bilde da keine Ausnahme – aber gerade ich sollte es doch besser wissen!

Ich war anders. Ich war die Lachnummer. Wurde belächelt und ignoriert und ermahnt, dass ich mich doch bitte schön anpassen und in die Gruppe einfügen solle. Und immer wenn er sich vor den Augen der anderen an mir verging; und wenn ich schrie und tobte und fluchte, dann wurden meine Hilferufe von lautem Kopfschütteln und Seufzen übertönt, weil sich das Kind einfach nicht benehmen könne.

Solche Reaktionen ermutigten ihn und machten ihn wagemutiger. Er lauerte wie ein Raubtier im Gebüsch und schlug blitzschnell zu. Presste mich mit seinem Körper auf heißen italienischen Boden. Ich begriff, dass er mich nicht mehr gehen lassen würde. Resignation ist ein sehr beruhigendes Gefühl. *Du schaffst das. Du hast das über ein Jahr lang geschafft. Es ist okay, es ist wirklich okay*, versprach ich mir stumm.

Manchmal bin ich vor ihm weggelaufen. Ich war verdammt schnell. Aber er war immer schneller. Manchmal habe ich mich den ganzen Tag über versteckt. Manchmal bin ich einfach stehen geblieben, müde und mutlos. Einmal habe ich mich in den Schlaf geweint.

Aber die Mädchen aus meinem Zelt haben verständnislos den Kopf geschüttelt. »Worüber regst du dich überhaupt so auf?«, fragte die eine. »Sei froh, dass *du* überhaupt 'nen Kerl abkriegst!«, meinte die andere. »Wenn du älter bist, wirst du dich darüber freuen, wenn dir die Männer hinterherlaufen«, mutmaßte die Dritte. Und die Vierte zuckte mit den Schultern: »Aber du bist doch selber schuld. Erst flirtest du so heftig mit ihm und lässt dir dein Bikinioberteil *klauen*, und dann beschwerst du dich, weil er angebissen hat?«

Ich war schuld. Ohne Zweifel. Oder dieses Schild, das ich um den Hals zu tragen schien: *Willenloses Kinderspielzeug. Zur freien Verfügung. Bitte melden*!

Ich war vorher gestört. Ohne Zweifel verstört. Und kam noch zerstörter wieder nach Hause.

2

Entweder bin ich traumatisiert oder hoch psychotisch. Ich hoffe auf die Psychose, denn es ist weniger beängstigend, seinen Verstand zu verlieren, als den Glauben an das Gute im Menschen.

Meine Eltern bringen noch eine dritte Möglichkeit ins Spiel, indem sie mir das Label *internetsüchtig* verpasst haben. Ja, ich verbringe viel Zeit vor dem Computer. Jedoch nur, weil er sich in meinem Zimmer befindet, welches ich nur noch in Ausnahmesituationen und zur Schule verlasse. Warum soll ich Kontakt zu meiner Familie pflegen? Ihren Erwartungen werde ich einfach nicht gerecht. Der Maßstab aller Dinge ist meine ältere Schwester. »Charlotte, wir hassen dich nicht«, ~~belügt~~ verspricht meine Mutter mir häufig. »Wir wünschten nur, dass du wie Holly wärst.« Holly ist ein soziales Wesen par excellence, ich hingegen kann menschliche Gesellschaft kaum aushalten.

Doch egal, ob nun tief verstört, verrückt oder sozial gehemmt – ich bin Single und genieße dieses Dasein in vollen Zügen! Meine Mutter nicht. In ihrer Sprache ist »Single« ein Synonym für »Auf Beziehungssuche«, »erneut zu haben« und »wieder auf dem ~~Arbeits~~markt«.

Eines Tages kam sie in mein Zimmer, machte es sich auf dem Bett bequem. »Dein Vater und ich machen uns Sorgen«, begann sie im vertraulichen Tonfall. »Seit du deinen Freund verlassen hast, ziehst du dich immer mehr zurück. Meinst du nicht auch, es wäre Zeit für eine neue Beziehung? Die letzte hat dir doch so gutgetan.«

Ich glaube ihr sogar, was sie damals sagte, denn sie hat völlig verschobene Vorstellungen von einer erfüllten Partnerschaft. Hält sie doch selber an ihrer lieblosen Ehe fest. Meine Mutter hat Angst vor dem Alleinsein. Ich vor Nähe. Meine Mutter ist stärker. Sie gewinnt. Noch am selben Tag meldete ich mich in einem Chatroom an und lernte Lukas kennen.

Luke ist 19 Jahre alt, Abiturient, mit dem Ziel, eine Ausbildung bei der Polizei zu beginnen. Glückstreffer. Nehme ich. Endlich ein Mann mit ausgeprägtem Gerechtigkeitssinn und Beschützerinstinkt. (Tatsächlich absolvierte er zwei Jahre später mit Bravour die polizeiliche Aufnahmeprüfung und wurde mit einem Ausbildungsvertrag belohnt.)

Obwohl ich versprochen habe zu schweigen, obwohl ich meine Geheimnisse niemals verraten durfte, vertraute ich mich diesem fremden Menschen an: Ich erzählte ihm meine Geschichte. Luke hätte mich unterstützen können, mir professionelle Hilfe zu suchen. Er hätte mir raten können, zur Polizei zu gehen. Stattdessen hörte er aufmerksam zu, hakte nach und beharrte auf Details. Abschließend gab er mir Trost und ein Versprechen: »Dein letzter Freund ist ein Idiot, der dich gar nicht verdient hat! Ich werde dir niemals wehtun und nur die Dinge machen, die du auch möchtest. Du kannst mir vertrauen!«

Wenige Wochen später lieferte Luke mir den größten Vertrauensbeweis: Er fragte mich, ob ich seine feste Freundin sein möchte. Erst habe ich ihn ungläubig, dann höchst verzückt angesehen. Erleichtert aufgeatmet, glücklich gelacht. Habe mich in seine Arme gestürzt und zärtliche Küsse auf seinen Wangen, seinem Mund verteilt. »Ja, ja, ja«, habe ich gehaucht. »Aber natürlich möchte ich das!«

Zumindest habe ich einmal in einem Buch gelesen, dass normale Mädchen so etwas tun würden.

Ich hingegen starrte auf den Bildschirm und das geöffnete Chatfenster – denn nach wie vor haben wir uns noch nie getroffen. Kaute nervös auf einem Bleistift. Dann tippte ich:

Bist du sicher, dass du das möchtest? Nach all dem, was er damals mit mir gemacht hat ... das ist so, als würdest du Resteverwertung betreiben müssen.

Abgesehen davon ist er bereits 18, ich erst 13. Er könnte jede haben. Warum also ausgerechnet mich? Luke versicherte mir, dass er mich garantiert nicht so sehe: Nein, ich sei keine zweite Wahl oder beschädigte Ware. Auch kein wertloses, kaputtes Kinderspielzeug. Ja, er würde mich wirklich und aufrichtig und innig lieben und all das besser machen, was mein vorheriger Freund mir angetan hat.

Also sagte ich Ja. Ganz unspektakulär, ohne Trommelwirbel und Regenbögen und Konfetti und bunte Zuckerherzen. Denn letztendlich ist es doch so: Ich bin mir sicher, dass ich niemals mehr einen Menschen finden werde, der mich wirklich liebt. Nicht mit all meinen Fehlern. Darum frage ich mich gar nicht erst, wie es um meine Gefühle steht. Es ist egal. Wie sagte einst meine Mutter? *Gerade du solltest nicht wählerisch sein und nehmen, was kommt.*

Luke schreibt mir täglich sehr liebe Nachrichten und macht mir Komplimente, mit denen ich nichts anfangen kann. Ich sei sein kleiner Sonnenschein. Das Beste, was ihm passieren konnte. Nie zuvor sei er so glücklich gewesen und könne es kaum noch erwarten, mich bald zu treffen. Zu umarmen, küssen, berühren. Dann lasse ich, sichere 100 Kilometer entfernt vor dem Bildschirm sitzend, den Kopf in die Hände sinken. Während meine lebhafte Einbildungskraft Überstunden macht und mir schaurige Bilder beschert. Ich möchte das nicht. Ich möchte nicht, dass er merkt, einen Fehler begangen zu haben. Mich zu lieben. Manchmal erzählt mir Luke von seinen erotischen Träumen, in denen ich die Hauptrolle spiele. Dann unterdrücke ich ein hysterisches Lachen. Und Atmen. Atmen fällt mir wirklich schwer. Bis ich seine folgende Nachricht lese: *Keine Sorge. Es ist nichts Anzügliches! Alles sehr romantisch. Ich mache doch nichts, was du nicht möchtest. Aber es gibt kaum etwas Geileres als dich – und diese Träume.*

Als er das erste Mal über seine Fantasien berichtete, konnte mich das noch so aus der Fassung bringen, dass ich blind nach einem Gegenstand auf meinem Schreibtisch griff. Das Gewicht in meinen Händen half mir, mich meiner Existenz zu versichern; es verankerte mich im Hier und Jetzt. Ich öffnete die geschlossene Faust und sah, dass ich eine Nagelschere gewählt hatte, die in die empfindliche Haut meiner Handinnenfläche gestochen hat. Ich fühlte mich. Lebendig. Und einem plötzlichen Impuls folgend, drückte ich die Schere fest in meinen Unterarm, zog sie in einer geraden Linie nach unten. Im ersten Moment geschah nichts. Doch dann quoll Blut aus der Haut, und dieser Schmerz. War unbeschreiblich. Unvergleichlich, wie er mich erdete und beruhigte.

Da wusste ich noch nicht, dass ich bald süchtig danach wurde, mich mit schnellen, schmerzhaften Schnitten selber zu verletzen.

*

Eine Fernbeziehung an sich tut jedoch nicht weh. Leider. Sind weder Lukas, noch meine Mutter auf Dauer mit diesem Arrangement glücklich. Die beiden stehen im regelmäßigen E-Mail-Kontakt und möchten ihre frische Freundschaft mit einem baldigen Treffen krönen. Am kommenden Wochenende im August wird meine Mutter mit ihrer besten Freundin in das Hochsauerland fahren, um in einem dortigen See zu tauchen. Rein zufällig findet dieses Abenteuer wenige Kilometer von Lukes Elternhaus statt. Für mich bedeutet das, dass ich, während die Erwachsenen in das kühle Nass abtauchen, meinem Freund erstmals in die Arme fallen darf. Hoffentlich fängt wenigstens er mich auf.

*

Das Treffen mit Lukas war schön. Ich habe zwar nicht viel davon mitbekommen, aber ich denke doch, dass es gut war. Nach den ersten unangenehmen Minuten hat er mich unbeholfen umarmt und mir einen Kuss auf die Wange gedrückt. Wir drehten eine Runde um den See und setzten uns bald zwischen die Büsche, ganz dicht an das Ufer. »Ich würde dich sehr gerne richtig küssen«, verriet er mir. Strich mit seinem Daumen zaghaft über meine Unterlippe. Vielleicht habe ich Nein gesagt oder den Kopf geschüttelt. Vielleicht habe ich auch lediglich zu lange gezögert. Jedenfalls verdunkelten sich seine Züge für den Bruchteil einer Sekunde. Doch dann lächelte er wieder, so, als sei nichts gewesen. »Keine Sorge«, tröstete er sich. »Wir haben alle Zeit der Welt.«

Die Grillen zirpten, das Gras wiegte sich sanft im lauen Sommerwind. Romantik pur. Wie nur konnte es sein, dass ich unter freiem Himmel saß. Im strahlenden Sonnenschein. Und mich fühlte, als sei ich lebendig begraben. Aber mit Sicherheit waren das nur die üblichen pubertären *Die-Welt-hat-sich-gegen-mich-verschworen-* und *Ich-bin-so-depressiv-*Gedanken. Meine Eltern haben mir schon immer einen übertriebenen Hang zur Melodramatik und Schwarzmalerei nachgesagt. Ich sei zu theatralisch und nähme das Leben oftmals zu ernst und schwer.

Setze ich es deswegen heute so leichtfertig aufs Spiel?

Auf dem Nachhauseweg erhielt ich folgende SMS: *Das Treffen war so WUNDERBAR!! Du hast meine Erwartungen BEI WEITEM übertroffen! Du bist eine ganz bezaubernde Frau! Ich liebe dich sehr!!*

»War das dein Freund?«, fragte meine Mutter. »Ein wirklich sehr anständiger junger Mann! Du kannst dich glücklich schätzen, jemanden wie ihn gefunden zu haben.«

Ich begegnete ihrem Blick im Rückspiegel nicht. Klar. Ich bin ein richtiges Glückskind.

»Wenn du möchtest, bringe ich dich nächstes Wochenende zu ihm nach Hause. Weißt du noch? So wie damals.«

Wie könnte ich das vergessen.

»Ich bin so froh, dass du endlich wieder an den Mann kommst! Ich habe mir schon Sorgen gemacht, dass du dort oben in deinem Zimmer früher oder später völlig vereinsamst.«

Im letzten Moment unterdrückte ich ein verächtliches Schnauben. Meine Mutter hat sich noch *nie* Sorgen um mich gemacht. Viel eher hat sie wohl Angst, dass ich mit 50 Jahren und als alte Jungfrau noch immer bei ihr zu Hause wohnen werde.

Okay. Der Part mit der Jungfrau hat sich erledigt. Eine Sorge weniger.

3

Ich erlebe ein Déjà-vu: Ich sitze neben meiner Mutter in ihrem Auto, blicke aus dem Fenster auf ein neues, mir noch unbekanntes Haus. Dort drinnen wartet mein Freund auf mich.

Allerdings ist mein Gedächtnis nicht Opfer eines harmlosen psychologischen Phänomens geworden. Es wäre nur leichter zu ertragen, wenn dem so wäre.

»Sein Vater ist Jäger«, erkläre ich sachlich. »Gut, für mich als Vegetarier ist das weniger relevant, aber sollte er eines Tages mein Schwiegervater werden, käme bei Familienfeiern immer frisches Fleisch auf den Tisch. Seine Mutter arbeitet als Schulsekretärin. Ich befürchte, aus diesem Beruf wirst du keinen Vorteil für dich herausschlagen können.« – »Wir sollten den Tag nicht vor dem Abend loben. Deinen letzten Freund konntest du immerhin nicht halten«, antwortet sie gehässig. Diese Retourkutsche habe ich bestimmt verdient.

Tief durchatmen. Es bringt nichts, in Gedanken darüber auszuflippen, was alles geschehen könnte. Früher oder später muss ich dieses Auto verlassen, und es wäre durchaus hilfreich, wenn ich dann noch mitbekomme, was um mich herum geschieht.

Nur Mut – alles ist gut! Ich steige aus.

Luke kommt uns aus dem Haus entgegen, und kaum, dass meine Füße den Boden berühren, zieht er mich in seine Arme. Dann blickt er grinsend meine Mutter an. »Tut mir leid – ich habe fast vergessen, dass Charly und ich nicht alleine sind!« Auch sie begrüßen sich nun, wenn auch mit beneidenswert wenig Körperkontakt.

Kurz darauf fährt meine Mutter bereits. Übermorgen wird sie mich wieder abholen. Ich glaube, ich fühle mich relativ wohl hier. Seine Eltern sind mir sympathisch, und auch sie scheinen mich zu mögen. Offensichtlich habe ich diese besondere Wirkung auf potenzielle Schwiegereltern. Das Haus ist klein und altmodisch eingerichtet, aber recht gemütlich. Mein Freund hat die obere Etage ganz für sich alleine. Ein einziges großes Zimmer. Ein Bett.

Nach der Besichtigungstour küsst er mich, lang und innig. Er hat mich einfach gegen die Wand gepresst, meinen Kopf zwischen seinen Händen. Keine Möglichkeit zur Flucht.

Bis ich es schaffe, mich von ihm zu lösen. »Ganz schön stürmisch!«, bemerke ich mit neckendem Tonfall. Um mir auf gar keinen Fall anmerken zu lassen, wie sehr mich dieser Überfall erschüttert hat.

Die Vergangenheit wiederholt sich. Rückblickend kann ich nicht mehr sagen, wann und wie es überhaupt begonnen hat. Ich weiß nicht, ob es bereits beim ersten, oder beim zweiten, vielleicht auch erst beim dritten Treffen geschah. Ich weiß nicht, ob es sich aus einem harmlosen, unschuldigen Spiel heraus entwickelte. Ich weiß nicht, ob ich überhaupt noch versucht hatte, mich zu wehren, oder mich resigniert meinem Schicksal fügte. Ich weiß nicht, ob ich von Anfang an willig war, oder erst durch Gewalt gefügig gemacht werden musste.

All das weiß ich nicht mehr, und vielleicht ist es auch gar nicht wichtig. Denn was nutzt es schon, Dinge zu wissen, die ich nicht ändern und schon gar nicht rückgängig machen kann? Vielleicht versucht mein Verstand, mich auf seine Art zu schützen.

Vergessen bedeutet nicht, dass es niemals geschehen ist. Vergessen ist ein Gnadenakt. Das größte Geschenk, welches ich mir mit meinen begrenzten Mitteln machen kann.

*

Mein Großvater lebt auf einem Bauernhof. Früher hatte er ein ganzes Gehege voll mit Kaninchen. Meistens waren es um die sechs, sieben Tiere. Ihr Auslauf war so groß und geräumig, mitten auf einer Wiese, im kühlen Schatten eines Apfelbaums, dass man schon fast den einzäunenden Stacheldraht übersehen konnte. Mein Opa streichelte und fütterte sie täglich mit frischem Heu und Stroh. Er gab den Tieren sogar Namen.

Eines Tages sah ich mit an, wie er sich in das Gehege hockte. »Davina«, lockte er. Schnalzte mit der Zunge. »Davina, komm mal her!« Und tatsächlich: Eines der Tiere löste sich aus seiner Herde, und ich sah fasziniert dabei zu, wie es vertrauensselig direkt auf den Mann zulief, der es streichelte und liebkoste und fütterte. Das dumme, dumme Tier sprang ihm direkt in die Arme. Mein Großvater musste sich nicht einmal die Mühe machen, es quer durch den Auslauf zu jagen. Nur eine winzige Sekunde später war es tot. Mein Opa brach ihm das Genick, zog ihm das Fell über die Ohren und warf das gehäutete Tier in den Kochtopf meiner Grußmutter.

*

Heute komme ich mir vor wie dieses Tier. Lammfromm folge ich Luke hoch in sein Zimmer. Dort angekommen, kommt er gleich ohne sinnloses Kindervorspiel zur Sache. Die Zeit ist knapp bemessen, bis ich sonntags wieder abgeholt werde, und er hat sich in den Kopf gesetzt, das Beste aus dem Wochenende zu machen. Ich stolpere vorwärts, direkt auf das Bett zu. Mein Verstand macht die Schotten dicht. Keine Hoffnung auf Rettung.

Es ist nicht so schlimm.

Es ist nicht so schlimm wie früher.

Ich lege mich auf sein Bett. Eine geschlagene halbe Sekunde lang fürchte ich, dass ich anfangen muss zu weinen. Und setze ein strahlendes Lächeln auf. Verstumme völlig, obwohl ich gar nicht gesprochen habe.

Dann schließe ich die Augen, und es ist wirklich nicht so schlimm.

Während der ersten Male hatte ich Angst, dass er wütend sein wird, weil ich vollkommen passiv und teilnahmslos bin, aber Luke weiß mich jedes Mal zu trösten und zu beruhigen: »Keine Sorge. So, wie es ist, ist es gut. Ich verlange doch nichts von dir, was du nicht auch willst.« Aber warum? Warum verlässt mich dennoch nicht das Gefühl, lebendig begraben zu sein? Nur wenn ich mich schneide und die Luft um mich herum metallisch schmeckt, fühle ich, dass ich noch am Leben bin. Dabei bin ich grundsätzlich nicht unglücklich. Immer wieder muss ich mir vorbeten, dass ich dankbar sein muss, einen Freund zu haben, der mich sehr liebt. Selbst an die vielen Auseinandersetzungen und den Streit mit meinen Eltern habe ich mich gewöhnt. Ich habe Prioritäten setzen müssen, was ich überhaupt noch an mich heranlassen, was mich überhaupt noch berühren und traurig machen darf. Meine Eltern sind auf dieser Liste ganz unten. Vernachlässigung und Gefühlskälte können nicht unbegrenzt oft wehtun.

Auch über einen möglichen Suizid denke ich kaum nach.

Höchstens an fünf Tagen in der Woche. Ich bin so sehr darauf konzentriert, mein Leben irgendwie zu leben, dass ich mir nicht zusätzlich Gedanken über den Tod machen kann. Außerdem würde mein selbstsüchtiger Selbstmord Lukas verletzen, und das möchte ich nicht. Ich darf nicht dafür verantwortlich sein, dass es einem anderen Menschen schlecht geht. Wäre ich dann nicht ganz genau so wie all die Leute, die mir Leid zugefügt haben? Ich habe Angst, zu einem rücksichtslosen Monster zu werden. Darum lebe ich. Einzig für ihn.

Vor einigen Wochen begannen diese heftigen Kopfschmerzen, die seither mein stetiger Begleiter sind. Ich nahm Schmerzmittel und empfand eine ziemlich perfide Freude dabei, dass es Schmerzen in meinem Leben gibt, gegen die ich etwas ausrichten kann. Anfangs reichte eine am Tag. Bald mussten es vier, fünf sein, bis sich eine leichte Wirkung einstellte. Mittlerweile verspüre ich erst dann ein Gefühl von Erleichterung, wenn ich sechs, sieben Stück geschluckt habe. Wobei es mir inzwischen egal geworden ist, was für Tabletten ich schlucke. Unser Apothekenschrank ist bestens bestückt. Überfüllt und unübersichtlich. Meine Eltern haben keine Ahnung, was einst vorrätig war und was mittlerweile fehlt. Meine Eltern haben keine Ahnung. Punkt. Nein. Ausrufezeichen!

4

Die Wochenenden verlaufen alle gleich. So gibt es wenigstens keine bösen Überraschungen, denn ich weiß um das Grauen, das mich erwartet. Während der Autofahrt sprechen meine Mutter und ich kein einziges Wort. Wahrscheinlich reden wir doch miteinander, aber es ist so belanglos wie unsere Beziehung, sodass ich es mir nie merke.

Angekommen, steige ich aus ihrem Auto. Halte mich aufrecht, um halbwegs würdevoll zu wirken. Oft frage ich mich, woher bloß ich den Mut und die Courage nehme. Vielleicht verwechsle ich beides auch einfach nur mit Dummheit. Ich zögere nicht, ich weine nicht. Lasse die Autotür hinter mir ins Schloss fallen, drehe mich nicht noch einmal um. Klammere mich nicht am Sitz fest und flehe meine Mutter nicht an, mit mir wieder nach Hause zu fahren.

Brav und gehorsam laufe ich auf das Haus meines Freundes zu. Freudestrahlend.

Für diese brillante schauspielerische Leistung sollte ich allmählich mit einem Oscar ausgezeichnet werden.

Wie immer wartet er bereits vor der Haustür auf mich. Schließt mich fest in seine Arme, und selbst wenn ich noch wegrennen wollen würde, könnte ich es jetzt nicht mehr.

Als Nächstes küsst er mich leidenschaftlich. Seine Küsse sind nass. Ich erwidere sie nicht und weiß in dem Moment selber, dass das unhöflich ist und sich für eine brave Freundin nicht gehört. Aber, ganz ehrlich? Es ist mir egal geworden. Luke bemerkt es nicht, oder falls er es doch merkt, ist es auch ihm egal. Dann zieht er mich mit ins Haus. Ich werfe seiner Mutter noch kurz ein »Hallo!« zu, dann stolpere ich auch schon die Treppenstufen hoch in sein Reich. Er zerrt noch immer an mir. Hat es immer so eilig.

Seine Mutter ist nach wie vor nett. Sie behandelt mich wie die Tochter, die sie niemals hatte. Denke ich genau darüber nach, dann ist das eine ziemlich kranke Vorstellung.

Wenn sie mich als Tochter sieht und mein Freund ihr Sohn ist, wäre unsere Beziehung ziemlich inzestuös. Mal völlig davon abgesehen, dass ich noch keine 15 bin und er 19.

Rein rechtlich bin ich noch minderjährig, und sie *muss* einfach wissen, dass das, was dort oben in seinem *Kinderzimmer* vor sich geht, theoretisch strafbar ist.

Vermutlich ist es ihr ebenso egal wie mir. Oder ihm.

In seinem Zimmer macht er sich sofort an meiner Hose zu schaffen, aber ich stoppe seine Hände. Verwirrt runzelt er die Stirn, denn Einwände missfallen ihm. »Du hast mir etwas versprochen!«, erinnere ich ihn, und er seufzt zustimmend.

Wir gehen also wieder nach unten – ich rufe seiner Mutter schnell ein »Tschüss« zu, was ihr vermutlich ebenfalls egal ist –, dann verlassen wir das Haus und gehen in die Apotheke zwei Straßen weiter. Die Angestellte erkennt uns schon; wir sollten uns bald nach einer Alternative umsehen. »Zwei Packungen Schmerztabletten bitte. Irgendetwas Starkes. Ich habe heftige Migräne«, lügt Luke. Ich weiß nicht, ob sie uns glaubt oder ob sie langsam Verdacht schöpft. Doch sie sagt nichts und händigt uns ohne weitere Nachfragen das Gewünschte aus. Ich schätze, es ist ihr egal.

Ein Hoch auf die Gleichgültigkeit.

Wieder zu Hause angekommen, hole ich mir ein Glas Wasser aus der Küche und nehme es mit in sein Zimmer. Wortlos reicht er mir die Packungen. Ich nehme ein ganzes Blister und löse die Tabletten ein wenig auf. Zehn, elf, zwölf Stück. Das reicht. Für den Moment.

»Mir ist nicht ganz wohl dabei, dass du so viele Tabletten nimmst. Du bist nicht einmal krank.« Er hat Zweifel, wie jedes Mal. Ich zucke nur die Schultern, wie jedes Mal. Leere das Glas. Knöpfe meine Bluse auf und öffne die Hose. Meine Hände zittern ein wenig, aber die Gesten sind gut einstudiert. Ich lasse meine ganze Kleidung auf einem Häufchen auf dem Boden liegen und gehe hinüber zum Bett.

Er beobachtet mich und nickt dabei wie ein kleines Hündchen. Fast erwarte ich, dass er seine Zunge heraushängen lässt und zu sabbern beginnt. In Momenten wie diesen weiß ich nicht, wen von uns beiden ich mehr verachte. Im Zweifelsfall immer mich. Damit kann ich nie falsch liegen.

Ich lege mich auf den Rücken und schließe die Augen. Plötzlich fühle ich mich so entsetzlich nackt. Okay, ich *bin* nackt. Und es ist nicht so, als würde er nicht bereits jeden Zentimeter dieses Körpers hier kennen. Aber es ist mehr als das. Ich fühle mich entblößt und verletzlich. Mir schießen die Tränen in die Augen. Ich habe seit Monaten nicht mehr geweint. Ich habe das Gefühl, dass, wenn er nicht *sofort* aufhört, ich anfange zu schreien. Er hört nicht auf, und ich schreie nicht.

Während dieser ganzen Zeit, während dieser ganzen Ewigkeit, spüre ich nur dieses eine Gefühl: Verachtung. Es füllt mich vollständig aus. Ich verachte mich. Absolut. Ohne Gnade. Er zwingt mich nicht. Er droht mir nicht. Er schlägt mich nicht, er tut mir nicht weh. Ich gebe mich ihm *freiwillig* hin. Ich hasse jede einzelne Sekunde davon.

Ich hasse, dass mir absolut alles egal geworden ist. Und es noch immer so wehtut.

Nur meinen Geist kann ich betäuben. Manchmal. Ganz vorsichtig, ganz behutsam, spricht mein Körper zu mir: »Weißt du«, setzt er schüchtern an. »Es ist nicht meine Schuld. *Mir* tut es auch weh. Können wir vielleicht nicht doch wieder Freunde werden?« Dann suche ich, zornig und wütend, nach der schärfsten Klinge, der spitzesten Schere. Schneide mir damit Muster in die Arme, während ich schreie: »Ich hasse dich, ich hasse dich, ich hasse dich!« Ganz leise, ungehört, nur zu meinem Körper und mir.

Mein Körper ist ein Schlachtfeld. Eine Landkarte der Gewalt. Mit einem feinen Netz aus weißen Narben. Ein Schnitt für jede Vergewaltigung. Irgendwann habe ich damit aufgehört. Warum zählen? Einmal ist einmal zu viel.

Dabei bin ich nie vergewaltigt worden. Ich habe mich frei und willig prostituiert. Ein Stück Kinderseele gegen eine Packung Aspirin ist ein fairer Handel. Mehr bin ich nicht wert.

4

Ich blicke auf die noch leere Seite in meinem Tagebuch. Erst schreibe ich das Datum.

13. September 2002. Dann: *Ich will sterben*. Etwas fehlt.

Ich male ein großes, lächelndes Smiley daneben. Perfekt.

Anschließend gehe ich in den Keller zum Medizinschränkchen. Die Auswahl ist zwar erheblich kleiner geworden, aber ich mache mir keine Sorgen, dass meine Eltern etwas bemerken. Notfalls werde ich erklären, dass ich aufgeräumt und dabei alte, abgelaufene Tabletten ausgemistet habe. Doch noch immer ist genug für alle da.

Besonders, seit mein Bruder sich erfolgreich weigert, sein Ritalin zu nehmen, obwohl er unter ADHS leidet. Glück für mich, da meine Eltern damals gleich einen sehr großen Vorrat bekommen hatten. Einige dieser Packungen stecke ich nun unter meinen Pullover und laufe mit fetter Beute glücklich in mein Zimmer. Nein – es wird mich leider nicht umbringen, aber heute ist Freitag und mein Wochenende gerettet. Denn bald schon sitze ich wieder im Auto und fahre meinen Freund besuchen.

*

Natürlich ist es möglich, im Nachhinein zu sagen: *Na ja, aber so schlimm war die Beziehung mit ihm eigentlich gar nicht. Klar, ich wurde während dieser Zeit medikamentenabhängig, meine Arme sind heute narbenübersät, und ich schrieb kryptische Botschaften in mein Tagebuch, dass ich sterben wolle. Aber das Smiley! Das lächelnde Smiley beweist doch alles! Ich war ganz bestimmt und absolut und wirklich richtig glücklich.* Alles andere darf gar nicht sein.

Völlig entgegen der Naturgesetze werden die Tage nicht kürzer, sondern immer länger. Der goldene Herbst kam und ging. Es wurde Winter, dann feierten wir Weihnachten. Luke schenkte mir eine filigrane Goldkette, mit einem kleinen Herzen als Anhänger.

Er hätte mich umbringen sollen. Mit der Kette strangulieren. Das wäre mal ein sinnvolles Geschenk gewesen. Doch diesen Gefallen tut er mir nicht.

Meine Mutter sagt mir oft, welch ein Glück ich habe, dass ausgerechnet ich einen solch wunderbaren Freund bekommen habe. Ich möchte weinen, wenn sie das sagt. Doch dann würde ich mir eingestehen, dass ich, trotz allem, noch immer verletzlich bin.

Obwohl immer weniger von mir übrig bleibt und ich immer leichter werde, komme ich nach jedem Wochenende schwer beladen nach Hause. Während ich meine neusten Geschenke auspacke, sitzt meine Mutter seufzend neben mir, bestaunt die schönen Gaben. Überlegt, wann mein Vater ihr das letzte Mal etwas geschenkt hat, und nennt mich Glückskind.

Dabei kommt mein Freund noch ziemlich billig dabei weg.

Denn am Straßenstrich müsste er mehr für mich bezahlen.

Aber das gehört vermutlich nicht zu den 100 Dingen, die eine Mutter von ihrer Tochter hören möchte. ~~Besonders~~ Selbst dann nicht, wenn sie wahr sind.

Seine Mutter plagen derweil gänzlich andere Sorgen. Eines Tages nimmt sie mich kurz nach meiner Ankunft zur Seite. Sie wirkt sehr nervös und schafft es nicht, mir in die Augen zu sehen. »Darf ich dich kurz sprechen, bevor du oben in seinem Zimmer verschwindest?«

Ich nicke zaghaft und endlich blickt sie auf, direkt in meine Augen. »Du musst wissen, ich liebe meinen Sohn. Aber ich schäme mich so sehr für das, was er dir antut. Du glaubst, ich wisse nicht, was dort oben passiert. Und es tut mir so unendlich leid, dass ich so lange zugesehen habe. Du glaubst, ich höre dich nicht - dabei schweigt niemand so laut wie du. Du glaubst, ich sehe dich nicht - dabei bist du nicht unsichtbar. Ich sehe deine blutigen Arme und das weiße Rauschen in deinem Kopf. Ich sehe deine inhaltslosen Augen und die leeren Tablettenschachteln. Und ich verspreche dir: Er wird dich nie wieder anfassen. Ich werde dich beschützen, selbst vor meinem eigenen Sohn.« Dann nimmt sie mich in die Arme, und endlich, endlich lasse ich mich fallen, weil ich weiß, dass ich aufgefangen werde. Und endlich, endlich weine ich, weil mich noch nie zuvor jemand mit einer solchen Zärtlichkeit gehalten hat und ich die Gewissheit habe: Nun wird alles gut.

Sekundenlang höre ich wirklich auf zu sterben.

Natürlich ist genau dies nicht passiert. In meinem verlassenen Kopf klammern sich noch immer ein paar Gehirnzellen verzweifelt an der Hoffnung fest, weil niemand mehr da ist, ihnen zu sagen, dass sie schon vor langer Zeit, gemeinsam mit mir, gestorben ist. Denn die Wirklichkeit sieht ganz anders aus:

»Darf ich dich kurz sprechen, bevor du oben in seinem Zimmer verschwindest?«

Ich blicke sie nur stumm an, während sie nervös mit dem Saum ihrer Bluse spielt. »Weißt du, wenn ein Mann und ein Mädchen sich sehr gerne haben, dann möchten sie sich küssen. Aber irgendwann reicht das nicht mehr und sie möchten sich körperlich noch näher sein. Und dann ...« – »Ich habe im Biounterricht zugehört«, unterbreche ich sie. Ganz sachlich, emotionslos. Mir ist schon lange nichts mehr unangenehm. »Wir beide passen schon auf, keine Sorge.« Nun blickt sie doch auf, lacht unsicher und fährt sich durch die Haare. »Natürlich tut ihr das. Ich schätze, ich bin einfach zu eitel, in diesem Alter schon Großmutter zu werden.« – »Das verstehe ich«, versichere ich ihr. Füge zuckersüß hinzu: »Außerdem bin auch ich zu eitel, mit 15 schon Mutter zu werden.«

Sie sieht mich einen Moment an, als wäre ihr dieser Gedanke ganz neu. Wahrscheinlich ist er das auch. Dann lächelt sie erleichtert. »Aber natürlich. Schön, dass wir darüber gesprochen haben. Sicher ist sicher!« Ich nicke nur, obwohl sie lügt.

Sicher ist sicher?, denke ich verächtlich. Es gibt keine Sicherheit auf dieser Welt. Gab es nie, wird es nie geben. Ich laufe die Treppen hoch, um mich in seinem Zimmer zu verlieren. Obwohl ich nichts fühle, ist mir schlecht.

Wenn ein *Mann* und ein *Mädchen*.

Dennoch geht es mir seit Neustem wirklich gut, denn ich habe eine Freundin gefunden. Sie tauchte auf, als ich sie am dringendsten brauchte. Wie ein unerwartetes Geschenk des Himmels. Sie ist wunderschön. Anmutig. Mutig. Tapfer und stark. Sie hat vor absolut nichts und niemandem Angst. Wenn ich traurig bin, tröstet sie mich. Wenn ich fröhlich bin, lacht sie mit mir. Meistens tröstet sie mich. Ich kann mich immer auf sie verlassen. Egal wo ich bin, egal wie aussichtslos die Situation für mich erscheint, sofort taucht sie auf und rettet mich. Sie ist perfekt. Völlig und absolut anders als ich.

Neidisch bin ich nicht. Es ist nicht ihre Schuld, dass ich bin, wie ich eben bin. Ich wäre nicht gerne meine Freundin, doch sie stört sich nicht an meinen Fehlern. Liebt und akzeptiert mich aufrichtig und bedingungslos. Verlangt im Gegenzug nichts von mir. Fast nichts. Sie hat mir gesagt, dass sie mir nur dann helfen kann, wenn ich weiterhin Tabletten schlucke. Ganz egal welche. Da ich das sowieso täglich mache, war das für mich natürlich in Ordnung.

Meine Freundin. Habe ich *Doll* genannt. Puppe. Weil sie leblos ist.

Kurze Entwarnung: Ich bin nicht bescheuert. Bin mir sogar im Klaren darüber, dass diese Gedanken mit Sicherheit nicht normal sind. Aber. So lange es hilft. Ist sie real für mich.

Luke habe ich nicht von ihr erzählt, allerdings hat er sie schon längst kennengelernt: Wenn ich bei ihm im Bett liege, muss ich nicht mehr bis zehn zählen, um zu verschwinden. Ich denke an Doll, und sie übernimmt. Einfach so. Während sie dann bei ihm ist, unter mir, wandere ich durch das Zimmer. Blicke aus dem Fenster, betrachte seine Büchersammlung. Wenn ich auf das Bett schaue, sehe ich dort ihn und jemanden, der aussieht, wie ich.

Aber ich bin es ja nicht. Wenn er fertig ist, komme ich zurück.

5

Die Zeit veranstaltet einen internen Wettlauf. Unter der Woche rasen die Sekunden, weil sie alle möglichst schnell eine Minute werden wollen. Dann wetteifern die Minuten darum, wer es als Erstes zur Stunde schafft. Und am Ende überschlagen sich auch noch die Tage und plötzlich ist schon Freitag und ich sitze neben meiner Mutter im Auto. Am Samstag und Sonntag nimmt sich die Zeit eine Auszeit, weil sie an den Arbeitstagen so viel Vorarbeit geleistet hat. Sie kriecht gähnend-quälend langsam dahin, ganz gemütlich und freut sich, dass auch sie mal ausschlafen darf, nach all dem Stress.

Wenn Luke mich am Wochenende ganz sanft in den Arm nimmt, weil ich so traurig bin. Weil ich weinen möchte über das, was war. Weil ich *ihn* hasse, meinen ersten Freund. Weil ich mich hasse und mein Leben hasse und die Welt hasse, obwohl ich eigentlich nur unendlich traurig bin. Dann küsst er mich und streichelt mich und zieht mich zu sich auf das Bett. Dann zieht er mich aus und dringt in mich ein. In meinen Körper, in meinen Geist, um all die Sorgen zu vertreiben. Dann flüstert er mir lügend zu, dass alles gut werden wird. Dann hasse ich auch ihn. Wenn er am Wochenende vor mir wach wird, bringt er mir manchmal Frühstück ans Bett. Und einen frisch gepflückten Strauß Blumen. Er sagt mir, wie sehr er mich liebt und vergöttert und dass er mich, sobald ich alt genug bin, endlich heiraten wird. Dann stopfe ich mir ein Stück Nutellatoast in den Mund und würge ein »Mh, lecker!« hervor. Weil er sich *doch* unseres Altersunterschiedes bewusst ist.

Wenn er am Wochenende seine Finger in mir hat, habe ich dabei solche Schmerzen, dass ich mir auf die Unterlippe beiße, bis sie blutig ist. Anschließend schaut er mich mit seinen leuchtend blauen Augen an, wie ein Welpe, der für sein neustes Kunststück gelobt werden will. Er leckt den Blutstropfen ab und ich drehe mich mit dem Gesicht zur Wand und frage, ob wir uns vielleicht eine DVD ausleihen sollen.

Wenn er am Wochenende nackt durch sein Zimmer stolziert, wickle ich mich selber in so viele Bettlaken und Decken ein, wie ich nur finden kann.

Wenn seine Mutter in sein Zimmer kommt und mit klebrigsüßer Stimme fragt, ob wir vielleicht auch einen Windbeutel essen möchten, bin ich die Einzige, die beschämt auf einen Fussel im Teppich starrt. Während sie offensichtlich gar nichts Anstößiges dabei findet, dass ihr 19-jähriger Sohn splitterfasernackt im Zimmer mit einem 14-jährigen Mädchen ist.

Wenn er am Wochenende stolz verkündet, er hätte einen Artikel gelesen, über 50 Wege, eine Frau zum Höhepunkt zu bringen. Wenn er mich fragt, ob wir uns nicht die ersten zehn für dieses Wochenende vornehmen wollen. Dann erkläre ich, nicht minder stolz, dass ich ihm bestimmt 50 Synonyme für das Wort *leer* nennen kann. »Einsam, ausgestorben, aufgezehrt, erschöpft, verbraucht ...« Bis er mich lachend unterbricht: »Du bist immer so lustig!«

Und mich auszieht oder aus meinen Decken schält, um sein neues Wissen in die Tat umzusetzen. Und ich flüstere: »Verlassen, unbelebt, inhaltslos ...« Ganz leise, denn ich bin gar nicht mehr hier.

6

»Doll?«, flüstere ich in die Stille meines Zimmers hinein. »Doll, bist du da?«

Ja?, ertönte die glasklare Stimme in meinem Kopf. Ich klammere mich an sie wie an einen Rettungsanker auf stürmischer See.

»Doll, wirst du mich bald verlassen?«, frage ich ganz leise.

Natürlich nicht. Wie kommst du auf diese Idee?

»Ich habe Angst, dass du bald erkennen wirst, dass ich ein schlechter Mensch bin«, gestehe ich ihr meine geheimsten Sorgen. »Und dass du dann fortgehen wirst.«

Du bist kein schlechter Mensch, tadelte sie mich sanft. *Ich werde nicht fortgehen. Ich werde dort sein, wo immer du auch bist. Ich werde bei dir bleiben, solange du mich brauchst.*

Bei ihren Worten entspanne ich mich etwas.

Nun solltest du schlafen. Morgen ist Samstag, und du wirst deine Kräfte für das Wochenende brauchen.

»Wirst du mich wieder beschützen?« Ich hasse es, dass meine Stimme so dünn klingt. Wie die eines verängstigten Kindes.

Immer.

Dann knipse ich meine Nachtlampe aus und versuche mich an einer bequemeren Schlafposition.

Charly?

»Mmmh …?« Ich gähne kurz.

Es tut mir leid, aber … Sie unterbricht sich zögernd. *Du hast heute noch nicht …*

»Oh, na klar, kein Problem.« Ohne das Licht erneut einzuschalten, fische ich mir aus meinem Nachtschrank wahllos eine Packung Medikamente. Löse zehn, elf, zwölf Tabletten. Schlucke sie, gut geübt, ohne Wasser hinunter.

»Gute Nacht, Doll.«

Schlaf schön.

Endlich weiß und endlich erlebe ich, wie sich Ruhe anfühlt. Über meine geistige Gesundheit mache ich mir an einem anderen Tag Sorgen. Denn kurz darauf schlafe ich ein. Albtraumfrei. Immerhin gibt es jemanden, der über mich wacht.

7

Auch diesem Teil meiner Geschichte fehlt noch immer das obligatorische »Es war auch nicht immer schlecht! Wir haben auch schöne Dinge unternommen!«

Falls es solche Momente gibt, sind sie im Tablettenrausch untergegangen.

Einzig der Gang zur Apotheke, gleich zu Beginn des Wochenendes, ist mein einziger Lichtblick, während dieser mitternachtsschwarzen Stunden, Tage, Wochen und Monate.

Er verschafft mir die so lebensnotwendige Gleichgültigkeit, um die folgende Zeit zu überstehen. Außerdem sind es für mich die letzten kostbaren Momente. Draußen. In Freiheit. Das gesamte Wochenende, unsere ganze Beziehung, spielt sich ausschließlich innerhalb der vier Wände seines Zimmers, in der oberen Etage des Hauses, ab. Dort, wo er mich wie seine kleine Sexsklavin hält.

Selbst das kleine Bad ist direkt an seinem Zimmer angegliedert. Manchmal mein letzter Zufluchtsort, und doch immer nur wenige Meter von ihm getrennt.

Anders als bei meinem letzten Freund gibt es in diesem Haus keine gemeinsamen Mahlzeiten mit seinen Eltern. In der Regel stellt seine Mutter zwei-, dreimal am Tag ein Tablett mit Essen vor seiner Zimmertür ab, macht mit einem diskreten Klopfen darauf aufmerksam. Manchmal kommt sie auch ohne Vorankündigung in sein Zimmer geschneit. »Lasst euch von mir nicht stören«, flötet sie. »Ich gucke auch gar nicht hin. Ich habe euch frische Erdbeeren vom Markt mitgebracht, die stelle ich hier auf den Schreibtisch. Außerdem habe ich dazu ein Töpfchen Sahne aufgeschlagen.« Kurzes Zögern. Albernes Kichern. »Wenn ihr mögt, könnt ihr sie ja in euer Liebesspiel einbauen.«

Wenn wir alleine im Haus sind, läuft mein Freund ohne mich nach unten in die Küche, um uns etwas zu essen zu besorgen. Damit ich bei Kräften bleibe.

Anschließend vergewaltigt er mich.

»Ich liebe dich«, flüstert er mir dabei zärtlich zu. »Ich liebe dich. Du gehörst mir. Ich lasse dich nicht mehr gehen.« So also fühlt sich Liebe an. Endlich weiß ich es. Fantastisch.

*

Und an jedem Montagmorgen, wenn ich in die Schule komme, sehr blass und sehr mager, schlägt mein Religionslehrer noch vor Unterrichtsbeginn die Hände über dem Kopf zusammen. »Kind«, pflegt er zu sagen. »Kind, du sieht heute wieder aus wie Milch und Spucke. Was machen sie bloß mit dir am Wochenende, dass ich dich jedes Mal wieder aufpäppeln muss?« Er schreibt mir für diese Stunde eine Eins auf und zaubert aus seiner Tasche eine Familienpackung Feingebäck oder Butterplätzchen oder Kinderschokolade. Ohne große Diskussionen schickt er mich damit auf die kleine

Krankenstation. So früh am Morgen bin ich zum Glück jedes Mal alleine dort. Während der folgenden 45 Minuten darf ich essen, dringend benötigten Schlaf nachholen, einfach nur sein oder Hausaufgaben machen, um die ich mich am Wochenende natürlich nicht kümmern kann.

Mehrfach schon wollte ich ihm ein sicherlich unmoralisches Dankeschön anbieten. Andererseits, sollte er wirklich auf eine körperliche Gegenleistung aus sein, weiß er ja, wo er mich finden kann. Vielleicht ist er aber einfach nur ein harmloser, freundlicher alter Mann.

Nette Männer. Ich habe gehört, dass es so etwas geben soll.

Aber im Zeitalter der neuen Medien schnappt man ja ständig irgendeinen Blödsinn auf.

Einen anderen Lehrer treibe ich mit meiner Schweigsamkeit regelmäßig in den Wahnsinn: Nach der Stunde versuche ich, so schnell wie möglich den Klassenraum zu verlassen, doch mein Lehrer hält mich zurück. Er wartet, bis die übrigen ihre Sachen gepackt haben und in die Pause gegangen sind. Ich wünsche, sie würden sich nicht so beeilen, aber ausgerechnet heute scheint es jeder eilig zu haben. Als nur noch wir zwei übrig bleiben, hievt mein Lehrer seinen schweren Körper auf das Lehrerpult, seufzt laut und sieht mich abwartend an. Als das Schweigen zwischen uns laut und unangenehm wird, seufzt er ein weiteres Mal. »Warum sagst du nichts?«, fragt er mich.

Ich schüttle stumm den Kopf.

»Möchtest du mir nicht verraten, was mit dir los ist?«

Nein, das geht nicht, will ich mich ihm anvertrauen. *Ich musste ihnen schwören, dass ich kein einziges Wort darüber verliere*. Doch ich lasse bloß resigniert die Schultern hängen.

Ein weiteres, schwerfälliges Seufzen.

»Du hast echt Glück, dass deine bisherigen Klausuren allesamt sehr gut waren. Sonst müsste ich dir einen Fehlkurs geben, wegen deiner oft miserablen mündlichen Leistungen.«

Unwillkürlich und gegen meinen Willen muss ich anfangen zu kichern.

Ich leiste eine hervorragende mündliche Arbeit. Fragen Sie gerne meine Exfreunde. Die haben schon dafür gesorgt. Vielleicht sollten Sie auch einfach mal versuchen, mich zu zwingen, möchte ich ihm raten. Lasse meinen verdutzten Lehrer einfach so stehen, renne aus dem Klassenraum und in die nächste Schultoilette.

Ich spüle und wasche mir den Mund aus. Immer wieder. Reibe und schrubbe akribisch über meine Lippen. Bald sehe ich, wie Blut auf das weiße Porzellan tropft. Die empfindliche Haut muss aufgeplatzt sein. Alles okay. Nicht das erste, sicherlich auch nicht das letzte Mal.

8

Lukas hat mich gefragt, ob ich während der Osterferien mit ihm und seinen Eltern für eine Woche nach Borkum fahren möchte. Dankend lehnte ich ab. Erst schmollte er, doch dann holte er sich heimlich die sinnvollste Unterstützung mit ins Boot. Meine Mutter.

Einen Tag vor der geplanten Abreise tauchte diese unangekündigt in meinem Zimmer auf. Ich legte mein Buch beiseite und bedachte sie mit einem ernsten Blick. »Mama«, sagte ich. Ganz ruhig und sachlich. »Ich werde dir jetzt etwas verraten, was im ersten Moment merkwürdig und befremdlich auf dich wirken könnte. Aber vielleicht kannst du dich trotzdem darauf einlassen. Zimmertüren. Es gibt sie unter anderem, damit man anklopft, bevor man einen Raum betritt.«

Meine Mutter zuckte nicht einmal mit den Wimpern. »Warum hast du abgesagt?« Unnötig, mich dumm zu stellen und zu fragen, wovon sie spricht.

»Was soll ich denn dort?«, wollte ich stattdessen wissen.

»Was willst du denn hier?«, gab sie unbekümmert zurück. Okay. 1:0 für sie.

»Darum habe ich in deinem Namen zugesagt. Seine Eltern bezahlen dir auch den ganzen Urlaub. Ich habe dich nicht zu Undankbarkeit erzogen, junges Fräulein.«

Genau genommen hast du mich gar nicht erzogen, antwortete ich ihr lieber nicht. Nicht, dass ich Angst vor meiner Mutter hätte. Aber manche Diskussionen sind einfach sinnlos, und ich weiß, wann ich eine Schlacht verloren habe. Also nahm ich mein Buch wieder in die Hand, und falls sie noch etwas antwortete, hörte ich es nicht mehr.

Während der Nacht packte ich lieblos meine Tasche, und bis zum Morgengrauen kauerte ich anschließend mit hochgezogenen Knien auf meinem Bett. Lauschte dem viel zu schnellen Schlagen meines Herzens und dem Straßenlärm draußen. Dann fuhren mein Freund und seine Eltern auf die Einfahrt unseres Hauses. Ich schnappte mein Gepäck, und ohne mich von irgendwem zu verabschieden, kletterte ich mit stoischer Miene auf die Rückbank des Autos. Urlaub wider Willen. Es gibt Schlimmeres.

Seit Beginn unserer Reise hören seine Eltern lautstark Schlagermusik und trällern ausgelassen mit. Genauso lange schon hält Luke meine Hand fest umklammert. Zum Glück spielt sich unsere Beziehung nur auf körperlicher Ebene ab, sodass wir gar nicht erst versucht haben, krampfhaft ein Gespräch am Laufen zu halten. Schweigend blicke ich aus dem Fenster. Soeben haben wir eine Autobahnabfahrt genommen und halten auf einem kleinen Rastplatz an. »Pinkelpause«, verkündet sein Vater munter.

Gott sei Dank. Hauptsache raus aus dem Auto und weg von dieser Familie. Kaum dass der Motor ausgeschaltet ist, schnalle ich mich ab und reiße die Tür auf. »Ähm ja, ich muss mal ganz dringend auf die Toilette«, erkläre ich meine überstürzte Flucht. Und werde prompt von meinem Freund abgebremst: »Ich begleite dich.«

Irritiert halte ich inne. »Nein, danke. Das schaffe ich schon alleine.« Sein Grinsen ist anzüglich. »Du weißt doch gar nicht, was ich mit dir vorhabe.« Mein Puls beschleunigt sich. »Ich muss wirklich nur schnell auf Toilette.« Ich höre, dass meine Stimme langsam panisch wird, und ich leider auch.

Lass doch das Mädchen in Ruhe, sagt seine Mutter nicht.

»Viel Spaß euch beiden«, säuselt sie.

Ich schlucke schwer und eigentlich würde ich doch wirklich gerne im Auto bleiben.

Doch steige ich tapfer aus und laufe schnurstracks auf die Damentoilette zu. Genauso selbstsicher folgt Luke mir. Sobald sich die Tür hinter uns schließt, reißt er mich stürmisch an sich und küsst mich. »Brillante Idee«, raunt er mir zu.

»Was? Wie?«, bringe ich ehrlich verwirrt hervor. Was für eine Idee?

»Ich konnte es auch kaum erwarten, endlich allein und ungestört mit dir zu sein. So nah bei dir zu sitzen und nur deine Hand zu halten war reinste Folter. Und hat mich ziemlich heiß gemacht.«

»Wir können nicht. Deine Eltern warten auf uns, und das hier ist ein öffentlicher Ort«, versuche ich ihn zur Vernunft zu bringen.

Aber es ist, als würde ich gegen eine Wand rennen. Eine aus Stein und Beton, und weil der Zusammenstoß so wehtut, sammeln sich urplötzlich zahlreiche Tränen in meinen Augen. Luke streicht sanft mit seinem Daumen über meine nassen Wangen. »Nicht weinen«, beruhigt er mich. »Ich liebe dich, das darfst du niemals vergessen. Das heißt, ich mache nur genau das, was du auch möchtest.«

Aber ich möchte das hier doch nicht.

Vielleicht. Vielleicht hat er recht. Vielleicht liebt er mich tatsächlich und vielleicht gibt es diesen ziemlich kranken Anteil in mir, der genau das möchte. Schließlich glänze ich nicht gerade durch Wehrhaftigkeit.

Vielleicht auch nicht. Vielleicht spielt das alles ohnehin keine Rolle, denn mein Freund zieht und zerrt mich bereits in eine der offenen Kabinen. Unbeholfen stolpere ich ihm nach, weil er irgendwann meine Hose geöffnet haben muss und ich mich in dem vielen Stoff verfange.

Ich dachte, dass ich inzwischen schon so oft missbraucht worden bin, dass ein weiteres Mal nicht mehr wehtut.

Ich dachte, dass ich niemals mehr vergewaltigt werden kann, wenn ich in einer Beziehung bin. Weil ich mich dann selber belügen kann, dass Sex in einer Partnerschaft etwas Normales sei und auf Freiwilligkeit beruhe und ich nie wieder dazu gezwungen werden müsse.

Ich begehe ziemlich viele Denkfehler.

Denn es tut weh, weil ich einfach nicht begreifen kann, in was für einer schrecklichen Welt ich lebe. Ich würde gerne schreien und ich würde mich gerne wehren, doch werde ich bloß ganz schlaff in seinen Armen.

Gebe kampflos auf, denn ich weiß, wann ich eine ungeschlagene Schlacht verloren habe.

Der Fußboden ist mit Schlamm bedeckt. Unter der Toilette sammelt sich eine trübe, braune Pfütze. Ein Wasserhahn tropft. Eine Spinne seilt sich von der Decke ab, und es riecht nach Erbrochenem und Desinfizierungsmittel. *Ronnie liebt Silja*, steht an der Tür. Direkt neben *Sucht euch ein Zimmer!!*

Mein Verstand registriert all diese Dinge, weil er nicht begreifen kann, was unmittelbar mit mir geschieht. Der Boden ist schmutzig und dreckig und ich bin es auch. Ich möchte mich zu einer kleinen Kugel zusammenrollen oder ganz flach auf diesen ekligen, stinkenden Boden legen, wenn ich nur sicher sein könnte, dass er mich dort niemals mehr finden würde.

*

Am Zielort angekommen, halten wir vor einer hübschen Pension. Ich habe heftige Kopfschmerzen und bei jedem Schritt das Gefühl, als würden meine Beine wegknicken. Doch artig und ohne zu murren folge ich zur Rezeption. »Familie Wellmann meldet sich zum Urlaubsbeginn!«, verkündet einer der Erwachsenen freudestrahlend. Die Empfangsdame sieht kurz in ihrem Computer nach, dann zieht sie aus den Fächern hinter sich zwei Zimmerschlüssel. »Der ist für Sie«, erklärt sie seinen Eltern, und dann blickt sie mich freundlich an, »und der hier ist für dich und deinen großen Bruder. Wie schön, dass ihr euch ein Zimmer teilt! Bei meinen beiden Kindern würde das in Mord und Totschlag enden. Beneidenswert, dass ihr euch so gut versteht.« Liebreizend lächle ich zurück: »Luki und ich sind eben ein Herz und eine Seele!«, woraufhin mich mein Freund voller Besitzerstolz anstrahlt.

Endlich auf unserem Zimmer, schnappe ich mir den Kulturbeutel aus meiner Reisetasche und verschwinde damit im Badezimmer. Schließe ab, und atme durch, öffne den Beutel. 80 Tabletten Paracetamol. Insgesamt 5.000 Milligramm Tramadol. Etwas Ritalin. Mehr habe ich so kurzfristig nicht zusammenbekommen. Ich fülle den Zahnputzbecher mit Wasser und entscheide mich für die Hälfte der starken Schmerzmittel. Danach stelle ich mich unter die heiße Dusche, um die Erinnerungen an eine verdreckte Autobahnraststätte fortzuspülen.

Als ich nur in ein Handtuch gewickelt zurück in das Zimmer komme, sitzt Lukas auf unserem Bett und blickt bei meinem Eintreten glücklich auf. »Da bist du ja endlich.« Er streckt die Hand nach mir aus. Ich ergreife sie und lasse mich ohne jeden Widerwillen und selig lächelnd auf seinen Schoß ziehen. Mein fehlendes Zögern, dieser nicht vorhandene kurze Moment des leisen Protestes, verrät mich. »Hast du wieder Medikamente genommen?«, werde ich gefragt, und herausfordernd recke ich das Kinn. »Ja, habe ich. Wieso?«

»Nur so. Alles gut.« Er küsst mich auf die Stirn. Die Wange. Die Nasenspitze. »Liebling«, murmelt er, die Lippen an meinem Hals. »Ich bin verrückt nach dir. Und finde, dass du entschieden zu viel anhast.« Daher lasse ich mich aus meinem Handtuch wickeln und auf das Bett legen. Und dann. Nichts. Dann bin ich weg und alles ist gut.

Ich muss ohnmächtig geworden sein, oder einfach nur eingeschlafen. Denn als ich das nächste Mal die Augen öffne, ist es bereits dunkel draußen. Eine kleine Nachttischlampe beleuchtet den Raum schwach, und ich registriere sofort mehrere Dinge auf einmal: Ich bin noch immer nackt. Mein Freund liegt auf mir und starrt missmutig auf mich herunter. Meine Kehle ist wie ausgetrocknet und ich würde morden für einen Schluck Wasser. »Du bist wieder wach«, werde ich im Tonfall eines verzogenen Kindes, das seinen Willen nicht bekommen hat, begrüßt. Sein liebstes Spielzeug hat den Geist aufgegeben. Grund genug, erst einmal zu schmollen. Ich räuspere mich. »Wie spät ist es?«, frage ich heiser. »Kurz nach 21 Uhr. Du warst für drei Stunden weg.« Dann wird sein Blick versöhnlicher. »Ich habe uns etwas zu essen besorgt. Die Nacht ist noch jung und du wirst die Kalorien brauchen. Bei dem, was ich noch mit dir vorhabe, wirst du sie eh abtrainieren – falls du um deine schlanke Linie besorgt sein solltest.« Dabei lächelt er süffisant, greift auf einen Teller neben sich und steckt mir eine Weintraube zwischen die Lippen. Ich schlucke und rühre mich nicht. »Darf ich kurz ins Bad?«, frage ich leise und kleinlaut, woraufhin Luke überheblich eine Augenbraue hochzieht. »Damit du noch mehr Pillen einwirfst? Vergiss es.«

*

Nur drei Tage später stehe ich erneut im Badezimmer. Schüttle den Inhalt meines Kulturbeutels in das Waschbecken, ziehe die Tasche auf links. Eine einsame weiße Tablette kullert hervor. Leer. Alles. Ich habe ein Problem. Aber ich weiß mir zu helfen.

Hastig verlasse ich das Bad. »Ich muss noch mal kurz weg«, rufe ich meinem Freund zu, der sofort zur Tür läuft und mir den Ausgang blockiert. Stirnrunzelnd blickt er mich an. »Wohin? Ich komme mit.« Nun muss ich improvisieren: »Das geht nicht. Ich muss etwas besorgen. Für dich. Uns. Eine Überraschung«, und weil er keineswegs überzeugt aussieht, füge ich noch rasch hinzu: »Bitte! Ich verspreche auch, ganz schnell wieder zurückzukommen. 15 Minuten. Zehn, wenn ich mich beeile.« Einige Sekunden lang schweigen wir, dann gibt er gnädig den Weg frei. Ich bekomme exakt zehn Minuten, also spurte ich los. Haste durch die Straßen und kenne den Weg, da ich ihn mir vorsorglich beim letzten Stadtspaziergang eingeprägt habe. Schlitternd halte ich vor der Apotheke an, streiche meine Haare glatt und setze ein selbstbewusstes Lächeln auf.

Ich begrüße die Angestellte und spule eine meiner Standardgeschichten für Notfälle wie diese ab: »Ich habe seit einiger Zeit hartnäckige Schlafstörungen, muss aber für eine wichtige Prüfung in der kommenden Woche ausgeschlafen und erholt sein. Sämtliche Hausmittelchen wie Baldrian, Lavendel und heiße Milch mit Honig habe ich selbstverständlich getestet, leider erfolglos, und obwohl ich es ungern tue, sehe ich als letzten Ausweg nur noch die Chemie.« Dabei bin ich stolz, wie selbstsicher und erwachsen meine Stimme klingt, obwohl ich im Grunde ein verängstigtes Kind bin. Tatsächlich erhalte ich zwei Packungen der stärksten Schlafmittel, die noch ohne Rezept erhältlich sind, und wie immer bin ich fasziniert, wie leichtgläubig die Menschen sind.

Ich will mich verabschieden, erinnere mich aber zum Glück noch an mein Versprechen Luke gegenüber: »Haben Sie auch Massageöl? Ich bin so verspannt, und mein Freund ist mit magischen Händen gesegnet, die wahre Wunden bewirken.« Die Frau lacht amüsiert auf. »Schätzchen, Sie meinten wohl *wahre Wunder*.« Nein, eigentlich nicht. Aber was soll ich ihr nun meine Leidensgeschichte erzählen. Ich entscheide mich für ein Öl mit Rosenduft. Ob ich den folgenden Missbrauch damit wohl als Blümchensex verharmlosen darf?

Ich beglückwünsche mich im Stillen für den wieder einmal sehr gelungenen, überzeugenden Auftritt. Ich hatte aber auch ein leichtes Spiel mit ihr. Auf dem Rückweg zur Ferienwohnung gönne ich mir die Zeit und belohne mich mit einer halben Schachtel Schlaf. Ich komme sowieso schon zu spät, und so wird mich Lukes Zorn wenigstens nicht erreichen. Wäre ich gerade nicht so traurig und erschöpft, würde ich mich bestimmt sehr glücklich fühlen, da ich so gut für mich sorge. Zwar mag ich Spielzeug anderer Leute sein, aber die Regeln bestimme immer noch ich. Ganz bestimmt.

9

Ich habe mich verliebt. Heimlich und unheimlich, hoffnungslos und Hals-über-Kopf.

Das erste Mal seit oh zu vielen Jahren fühle ich mich. Glücklich und schwerelos. Zum ersten Mal seit ich auf dieser verfluchten Welt bin, möchte ich richtig und wahrhaftig leben.

Ich frage mich nur, warum ich mir ausgerechnet eine Frau ausgesucht habe, die für mich auf ewig unerreichbar sein wird. Vielleicht, weil ich sie aus der Ferne lieben darf: ihre atemberaubende Schönheit, ihr sanftmütiges Lächeln. Ihr herzliches Lachen, ihren Humor und ihre Warmherzigkeit.

Die Liebe zu ihr verspricht Sicherheit. Denn sie ist völlig und absolut und kategorisch ausgeschlossen unmöglich. Für uns wird es niemals eine gemeinsame Zukunft geben.

Keine Nähe.

Liebe aus Distanz. Keine, die wehtut und zerstört und der ich schutzlos ausgeliefert bin.

Bereits ein nettes, liebevolles Wort von ihr trägt mich durch die Woche. Lässt mich wie auf Wolken gehen und stählt mich für das Wochenende. Wenn ich bei meinem Freund bin, nachts, in ruhiger Dunkelheit, während er schläft, dann stelle ich mir in diesen kostbaren friedlichen Momenten ein Leben mit *ihr* an meiner Seite vor.

Charlotte, flüstert sie mir leise zu. Streicht liebevoll über mein Gesicht. *Charly, egal, was Mann dir angetan hat – du bist ein wert-*

voller Mensch, hörst du? Lass dich bitte nicht weiter kaputt machen. Es ist noch nicht zu spät.

Und mit jeder weiteren Woche, die verstreicht. Mit jedem weiteren Mal, wenn ich ihr gegenüber stehe – und sie nichts von meiner Liebe ahnt –, wächst in mir der Beschluss, mich zu retten.

Vielleicht meinen das die Menschen damit, wenn sie sagen, Liebe verleiht Kraft. Keine zerstörerische Kraft. Keine Kraft, die in Schläge gelegt wird.

Vielleicht ist es wirklich noch nicht zu spät.

*

Es hat noch einige Monate gedauert, bis ich endlich so weit war. Bis ich endlich meinen ganzen Mut zusammenkratzen konnte, diese eine, wichtige E-Mail zu schreiben, mit den fünf entscheidenden Worten: *Ich mache Schluss mit dir.*

Vielleicht habe ich es auch anders formuliert. Ich weiß es nicht mehr.

Er jedenfalls hat mich tatsächlich und wahrhaftig gehen lassen. War nicht einmal wütend und böse, sondern traurig und enttäuscht. »Bleiben wir wenigstens Freunde?«, bat er mich. Obwohl er mich eigentlich hätte vorwarnen müssen: *Ich habe bei deiner Mutter gepetzt!*

Denn noch am selben Tag überfiel sie mich wie eine wilde Furie: Wie ich diesem armen Mann das bloß antun könne! Warum ich immer so egoistisch sei, und wieso er mir denn jetzt nicht gut gewesen wäre! Immerhin habe er bereits von einem Umzug und einer gemeinsamen Wohnung mit mir gesprochen! (Nein, ich bin nicht über Nacht volljährig geworden, sondern noch immer 15 Jahre alt.)

Wieder einmal bewies sie mir, dass ich ihr völlig egal bin und sie das Lebensglück eines Mannes grundsätzlich über das ihrer eigenen Tochter stellt. Meine Gründe interessierten sie keineswegs, und eine ganze Woche lang sprach sie kein Wort mit mir.

Was ist schlimmer: ihr Verhalten selbst, oder dass ich es nicht anders erwartet habe?

Wie ich mich jetzt fühle? Gar nicht.

Keine Erleichterung, kein Glücksgefühl, keine Zufriedenheit. Keine Hoffnung mehr, keine Zuversicht. Keine Trauer, keine Angst. Keine Wut, keine Scham. Keine Schuld und keine Schmerzen. Nichts.

Diese drei Jahre waren ein solches Auf und Ab. Mit vielen schwarzen Stunden, in denen ich sterben wollte. Und reichlich weißen Wochen, an die ich keine Erinnerung mehr habe.

Oft saß ich in meinem Zimmer, auf meinem Fußboden, geerdet, und versuchte, mich zu erinnern, was im letzten Monat passiert war. In der letzten Woche. Am letzten Wochenende. Immer, wenn ich glaubte, ein Bild, einen Gedanken, *irgendetwas*, zu haben, entwischte es mir auch schon wieder.

Ich habe Tabletten geschluckt und geschluckt und geschluckt.

Ich habe der ganzen Welt freudestrahlend verkündet, wie glücklich ich sei.

Ich habe mir unendlich viele Striche in den rechten Arm geritzt, und als keine Fläche heile ~~Welt~~ Haut mehr übrig war, den linken Arm genommen. Dann den Bauch. Dann die Beine.

Und ich habe meinen Freundinnen davon vorgeschwärmt, wie sehr verliebt ich bin.

Ich habe Texte geschrieben, über Einsamkeit. Über Schmerzen, über den Tod.

Direkt unter ein Gedicht über Schmetterlinge im Bauch und das Wunder der ersten großen Liebe.

Wenn ich über diese drei Jahre nachdenke, sind da endlos viele Widersprüche in mir.

Ich frage mich, was für ein Streich mir mein Kopf spielt: mit all den Erinnerungen an glückliche Momente. An bodenlose Traurigkeit. Abgrundtiefe Verzweiflung. Und wie ein roter, blutiger Faden die Gleichgültigkeit.

Und diese ganzen Gefühle – sind sie alle gleich gültig?

Warum kann ich in meinem Tagebuch, in einem Buch, in dem ich nicht schauspielern muss – warum nur kann ich auf der einen Seite schreiben, dass ich einen wunderbaren, ganz liebevollen Freund habe. Um auf der nächsten, blutigen Seite wieder abzustürzen.

Doch am Ende des Tages? Bleibt nur diese eine Gewissheit:

Es ist nichts passiert.

Alles andere darf gar nicht sein.

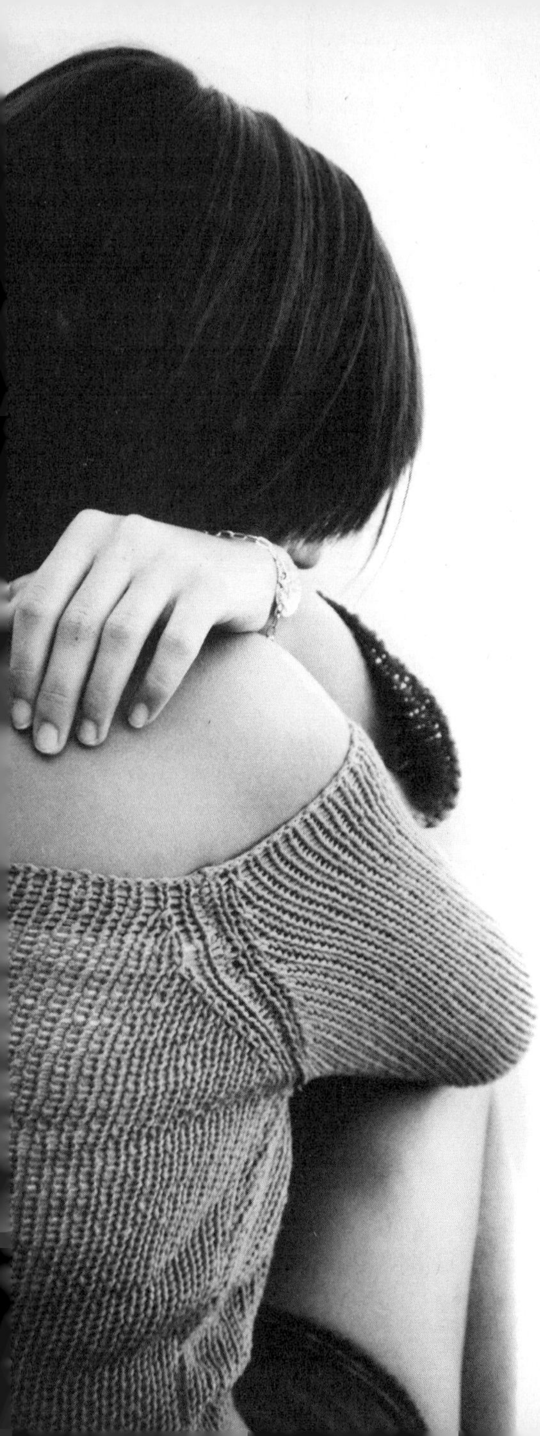

2004 - 2006

1

Auf einen harten, kalten Winter folgte der Frühling. Die Natur blühte auf, die Tage wurden wieder länger. Dann kam der Sommer. Möglicherweise heilt Zeit ja wirklich Wunden.

Aber nicht, wenn man sich inzwischen jeden Tag neue zufügt.

Für mich ist der Sommer die schlimmste Jahreszeit, da mein sehr schwaches Herz-Kreislauf-System hohen Temperaturen nicht gewachsen ist. Und obwohl meine Eltern genau wissen, dass mein Körper Hitze kaum aushalten kann, fliegen wir während der Sommerferien grundsätzlich in die heißesten Länder dieser Welt. Ich bin mir sicher, dass sie sich nicht absichtlich grausam mir gegenüber verhalten, sondern lediglich den Gesetzen der Evolution unterliegen: Ich bin das schwächste Glied in der Kette, daher wird auf mich keine Rücksicht genommen. Wo kämen wir denn da hin! Ich werde also dem Allgemeinwohl geopfert, damit wenigstens der Rest erholsame Ferien verbringen darf.

Wahrscheinlicher ist jedoch, dass meine Eltern wie üblich gar nicht über meine Probleme nachgedacht haben und einfach schöne Wochen am Roten Meer verbringen wollten. Seit knapp zwei Wochen sind wir in Ägypten, und in regelmäßigen Abständen werde ich wie erwartet ohnmächtig oder durch einen Sonnenstich k.o. gesetzt.

Heute ist ein besonders schlechter Tag. Noch sitze ich mit meiner Familie beim Frühstück und der verspiegelte Saal bestätigt die traurige Wahrheit, dass ich weiß wie eine Kalkwand bin. »Ich habe Herzrhythmusstörungen und würde gerne gleich im Hotel bleiben. Einen Strandtag überlebe ich heute nicht«, sage ich daher. Zu niemand Bestimmtem, aber mit Glück fühlen sich meine Eltern angesprochen. Tatsächlich fange ich den missbilligenden Blick meiner Mutter auf. »Stell dich nicht so an«, brummt sie. »Warum bist du immer so melodramatisch? Du musst einfach etwas essen, dann geht es dir auch wieder besser.« Sie legt mir ein Buttercroissant auf den Teller und grundlos feindselig starre ich auf das fettige Gebäck. Zerrupfe es lustlos in winzig kleine Einzelteile, von denen ich mir immer wieder ein Stückchen in den Mund schiebe.

In diesem Moment fällt mir ausgerechnet mein süßer, kleiner Bruder zusätzlich in den Rücken: »Mir wäre auch immer heiß und schwindelig, wenn ich so dick eingepackt rumlaufen würde. Warum trägst du auch bei 30°C langärmlige Shirts?« Daraufhin öffne ich den Mund, klappe ihn aber schnell wieder zu, so, als wäre ich ein auf dem Trockenen gestrandeter Karpfen.

Et tu, Brute? Mein süßer, kleiner, *hochintelligenter und aufmerksamer* Bruder!

Weil meine Hände ohnehin nicht mehr aufhören wollen zu zittern, improvisiere ich und lasse unter lautem Geklapper mein Messer fallen. Schmeiße die Kaffeetasse gleich hinterher. Natürlich drehen sich sämtliche Gäste zu mir um. Ich lächle verlegen, und ein Kellner eilt herbei, um die Scherben aufzufegen und sich Tausende Male zu entschuldigen. Meiner Familie ist mein Verhalten sichtlich unangenehm, aber daran bin ich schon gewöhnt. Mein Ziel jedenfalls habe ich erreicht; die Ablenkung war perfekt. Was hätte ich Jan auch antworten sollen? *Du hast recht. Ich versuche nur zu verstecken, dass meine Unterarme blutig und vernarbt sind; dass ich süchtig danach bin, mich selber zu verletzen. Denn offensichtlich bin ich noch nicht verletzt genug!* Wohl kaum.

Wenig später gehe ich mit meiner Schwester auf unser gemeinsames Zimmer, schmiere mir lieblos Lichtschutzfaktor 50 auf den Körper, schlüpfe in den verhassten Bikini. Verzichte auf mein geliebtes T-Shirt und lege mir ein großes Strandhandtuch dekorativ über die Arme. Dann folge ich meiner Familie verdrossen schlurfend und mit hängenden Schultern zu dem 20 Minuten entfernten Strand. Ich lege mich etwas abseits in den Schatten einer riesigen Palme, das Käppi tief ins Gesicht gezogen. Sämtliche meiner Leseversuche scheitern, weil die Buchstaben unnachgiebig vor meinen Augen verschwimmen. Ein Eisverkäufer taucht auf und verspricht dringend benötigte Abkühlung. Stöhnend und ächzend wie eine alte Frau rapple ich mich auf, doch bereits nach wenigen Metern falle ich der Nase lang hin.

Vielleicht sollte ich liegen bleiben und mich von Kindern im Sand einbuddeln lassen.

Zufällig entdecke ich, dass ich ganz in der Nähe meiner Mutter und Schwester gelandet bin, die beide in der prallen Mittagssonne liegen. Ich mache mit undeutlichem Rufen auf mich aufmerksam, und als sie sich meiner bewusst werden, ist ihnen die Irritation deutlich in die geröteten Gesichter geschrieben. »Warum liegst du nicht mehr im Schatten? Behauptest du nicht immer, die Sonne nicht zu vertragen?«

»Bin umgekippt. Wollte mir ein Eis holen«, antworte ich knapp. Selbst aus dieser Entfernung sehe ich, wie meine Mutter angestrengt die Augen zusammenkneift und allem Anschein nach zu ergründen versucht, worin der Kausalzusammenhang zwischen der kalten Köstlichkeit und meinem Schwächeanfall liegt.

»Ist auch nicht so wichtig«, unterbreche ich ihre sicherlich höchst aufschlussreichen Gedankengänge. »Ich glaube, ich sollte wirklich zurück in die Hotelanlage gehen. Darf ich?« Der Gang nach Canossa wäre um ein Vielfaches leichter, als diese Frau um etwas bitten zu müssen. Inzwischen habe ich ihre Aufmerksamkeit längst wieder verloren, da sie ihr Gesicht erneut gen Sonne reckt. Dass sie überhaupt nicht reagiert, ist schlimmer, als wenn sie etwas Böses gesagt hätte. Doch motiviert durch die Aussicht auf mein ruhiges Zimmer mit Klimaanlage, gelingt es mir, unter größter körperlicher Anstrengung erst in den Vierfüßlerstand zu gehen und danach auch in die Senkrechte zu kommen. Gebe währenddessen Geräusche von mir, die Assoziationen an den Sterbeprozess eines altersschwachen Tieres wachrufen. Ich werfe den beiden Sonnenanbeterinnen noch schnell ein ungehörtes »Tschüss« zu, dann trete ich den Rückzug an.

Hätte mein Körper auch einen eigenen Kopf, dann würde er mir jetzt entweder hämisch die Zunge rausstrecken oder vorwurfsvoll die Hände gegen die Hüften stemmen und sagen: »Erst schleppst du mich raus in diese Hitze, und dann erwartest du allen Ernstes, dass ich dich jetzt wieder zum Hotel trage? Ohne mich! Sieh zu, wie du allein wieder zurückkommst.«

Unentwegt verfange ich mich in meinen eigenen Beinen. Stolpere vorwärts im gleichen, unregelmäßigen Takt wie mein Herz. Muss immerzu Pausen einlegen und mich setzen, und es wäre doch schön gewesen, hätte mich jemand begleitet, auf den ich mich hätte stützen können. Kurz erwäge ich, mich zum Sterben an den Straßenrand zu legen. Bis mir auffällt, dass der schwarze Asphalt der Hitze ebenso wenig gewachsen ist. Vereinzelnd blubbernde Brandblasen wirft und als reizvolle Alternative somit definitiv ausfällt.

Als ich endlich die kühle, klimatisierte Hotel-Lobby erreiche, würde ich vor Erleichterung am liebten losheulen. Die Mitarbeiter an der Rezeption beäugen meinen desolaten Zustand zwar sichtbar kritisch, doch winke ich ihnen nur kurz zu. Innerlich wappne ich mich bereits für die nächste Odyssee: den Gang zum Fahrstuhl. Um mich anzufeuern, beginne ich, Wagners *Ritt der Walküren* zu summen. Doch immer wieder schleichen sich bekannte Melodien aus *Spiel mir das Lied vom Tod* dazwischen. Aus den Augenwinkeln meine ich bereits, einen Mann mit der Mundharmonika zu erblicken.

Für gewöhnlich nehme ich die Treppe. Doch heute möchte ich mein Glück nicht weiter überstrapazieren, und als ich endlich die ersehnte heilige Kammer erreiche, hat mein Körper wohl endgültig genug. Meine Lippen können noch ein empörtes »Ooooh« formen, ehe die Welt um mich herum zum gefühlt hundertsten Mal pechschwarz wird.

»Miss? Miss, are you alright? Miss, can I help you?« Eine mir fremde Stimme dringt wie aus weiter Ferne an meine Ohren. Undeutlich und leise, ganz so, als wäre mein Kopf in Watte gepackt. Mühsam gelingt es mir, die verklebten Augen zu öffnen.

Das Erste, was ich sehe, sind Engel. Kleine, kugelrunde, nackte Engelchen, die auf goldenen Wolken sitzen, Harfe spielen, Äpfel und Weintrauben verspeisen.

Möglichkeit 1: Ich bin gestorben. Da ich aber garantiert nicht im Himmel lande, sondern in der Hölle schmoren werde, führt mich diese Erkenntnis zu Möglichkeit 2: Ich bin im Fahrstuhl umgekippt und schaue unter die freskenverzierte Decke.

Ich versuche, die penetrante Stimme zuzuordnen. Drehe leicht den Kopf und blicke direkt in dunkle Augen. Männliche, dunkle Augen.

Vielleicht bin ich doch in der Hölle.

Dann erkenne ich jedoch, dass er eine gelbe Uniform trägt und einer der Hotelpagen sein muss. »Miss … Miss?« Unbeholfen tätschelt er meine Wangen, und ich möchte mich aufrichten, doch meine Muskeln zucken bloß verächtlich. Nicht einmal auf den Ellenbogen abstützen kann ich mich, und bei diesem Versuch gebe ich erbärmliche, wimmernde Laute von mir.

Allmählich wird der Page lästig, und ich versuche, seine aufdringliche Hand zu verscheuchen. »I'm fine«, nuschle ich undeutlich. Seine Hand schleicht sich unter mein Oberteil und bleibt über meinem Herzen zunächst ruhig liegen, bis er beginnt, kleine, kreisende Bewegungen zu machen. »Really, I'm fine«, protestiere ich jetzt energischer. Auch mein Herz schlägt wieder schnell, angetrieben von einer lächerlichen Panik. Ich mobilisiere meine allerletzten Kraftreserven, um mich zu erheben, doch bleibe ich liegen. Irritiert versuche ich diesen Umstand zu begreifen: Selbst ich kann nicht so schwach sein. Erst verzögert registriere ich, dass ich gewaltsam auf den Boden gedrückt werde. Will mich dagegenstemmen und bin doch chancenlos. Mein Körper gehorcht und gehört mir nicht mehr.

Nein nein nein, ich will das nicht. In meiner Verzweiflung wechsle ich in das Deutsche und flehe ihn an, und auch wenn er kein einziges Wort verstehen kann, ist die Botschaft doch deutlich: *Bitte. Lass mich gehen.*

Oder etwa nicht?

Vielleicht spreche ich auch eine gänzlich andere Sprache als der Rest der Welt. In der ein Nein Ja bedeutet. Vielleicht würde dieses so vieles erklären. Vielleicht bin ich immer wieder Opfer eines dummen Missverständnisses geworden und vielleicht hätte ich mich einfach jedes Mal klarer ausdrücken müssen. Vielleicht wird es genau das sein. Denn ansonsten verstehe ich nicht, warum seine Hände, warum sein Mund über meinen Körper wandern.

Vielleicht habe ich mir bei meinem Sturz auch den Kopf angeschlagen und dieses Horrorszenario entspringt lediglich meinem kranken Hirn. Vielleicht ist dies hier gar nicht die Realität. Vielleicht liege ich irgendwo auf dieser Welt seit 15 Jahren im Koma, umgeben von einer Familie, die mich liebt und täglich an meinem Krankenbett wacht, und vielleicht werde ich bald, bald endlich aus diesem Albtraum erwachen dürfen.

Und ist das Leben nicht wesentlich leichter zu ertragen, solange ich mich hinter einem *Vielleicht* oder einem *Was-wäre-wenn* verstecken darf. Wenn ich Verschwörungstheorien entwickle, völlig abstruse Gedanken spinne, mich in meinen Kopf flüchte, den einzigen sicheren Ort auf Erden. Wenn ich Sarkasmus und schwarzen Humor und schlechte Scherze vortäusche. Wenn der seelische Schmerz nicht länger aushaltbar ist. Wenn ich einfach alles, alles tun würde. Damit ich der Gegenwart entwischen kann.

Irgendwann höre ich irgendwo fröhliches Gelächter und das Klappern von Absätzen auf Fliesen. Der Hotelmitarbeiter lässt umgehend von mir ab. Flucht in einer Sprache, die ich nicht verstehe, blickt ein letztes Mal auf mich herunter und drückt einen der Fahrstuhlknöpfe. Die Türe schließt sich, und hätte ich mir die Mühe gemacht und aufgesehen, hätte ich in sein grinsendes Gesicht geblickt.

Die Anzeige im Fahrstuhl verrät mir, dass wir in das oberste Stockwerk fahren. Die Tür öffnet sich mit dem bekannten *Pling*.

Endlich. Ziehe ich mich wieder an.

Schnappe mir mein Handtuch und trete nach draußen. Ich bin völlig allein hier oben. Anscheinend finden auf dieser Etage im Moment Umbauarbeiten statt, doch heute ist niemand hier. Obwohl sich mein Kreislauf erholt hat, kann ich mich nur schwer auf den Beinen halten. Zwischen dem ganzen Staub und Bauschutt lege ich mich auf den Boden. Rolle das Tuch zu einer Kugel zusammen und bette meinen Kopf darauf.

Ziehe die Beine an, umschlinge sie mit den Armen. Bleibe in dieser Position die nächsten Stunden unbeweglich liegen. Würde gerne weinen, doch meine Augen bleiben trocken. Mein dummer Körper erachtet es wohl nicht für wichtig, für diese sinnlose Tätigkeit kostbare Flüssigkeit zu opfern.

Vielleicht kommt jeder Mensch einmal in diese Situation. Dass er sich einen handlichen Flaschengeist herbeisehnt, mit den berühmten drei Wünschen. Meinetwegen auch eine gute Fee, die den rosa Zauberstab schwingt. Eine Bibi Blocksberg, oder Harry Potter. Den Weihnachtsmann oder Osterhasen. Irgendein übersinnliches Wesen, das unter reichlich Sternenglitter Wünsche erfüllen und zaubern kann. Letztendlich ist niemand wunschlos glücklich.

Ich hingegen verzichte auf einen Himmel voller Sternschnuppen oder einen Garten, in dem das vierblättrige Glück blüht. Wenn mir bloß dafür dieser eine, innigste Herzenswunsch erfüllt werden würde: Bevor ich sterbe, möchte ich wenigstens ein einziges Mal erfahren haben, wie es sich anfühlt, wertschätzend und wie ein menschliches Wesen behandelt zu werden.

Und ich frage mich, welch schlimmes Unrecht ich meiner Umwelt angetan habe, dass sie so zu mir ist.

Obwohl ich mich fühle, als wären Wochen oder Monate vergangen, ist es tatsächlich nur vier Stunden später, als ich mich aufrichte und den Weg nach unten antrete. Dieses Mal nehme ich die Treppe. Kurz vor meinem Hotelzimmer laufe ich ausgerechnet meinen Eltern in die Arme. Nicht unbedingt die letzten Menschen, die ich jetzt sehen möchte. Aber nah dran.

Warum lösen sich Probleme eigentlich nie in Luft auf?

Dann gäbe es mich schon lange nicht mehr. Und was wäre das doch für eine friedliche, schöne Welt. Doch natürlich wären Probleme keine Probleme, verfügten sie über diese überaus praktische Eigenschaft.

»Gut, dass wir dich sehen«, begrüßt mein Vater mich. »Wir wollten unbedingt noch einmal mit dir sprechen. Deine Mutter und ich finden es nicht so gut, dass du auch hier immer nur dein Ding durchziehst. Immerhin ist das ein Familienurlaub.«

Ihr seid nicht meine Familie, würde ich ihnen gerne sagen. *Diese Chance habt ihr vor langer Zeit verspielt.* Stattdessen greife ich auf mein riesiges Arsenal an Entschuldigungen zurück.

Irgendwann fällt meiner Mutter noch etwas ein: »Wie geht es dir eigentlich?«

Verblüfft blinzle ich. Diese Frau fragt *mich*, wie es *mir* geht? Wahnsinn.

»Du machst jedenfalls einen deutlich besseren Eindruck«, plappert sie munter fort, ohne meine Antwort abzuwarten. »Das liegt bestimmt an diesem aufmerksamen Mitarbeiter.« – »Aufmerksamer Mitarbeiter?«, hake ich nach. »Ja! Einer der Hotelpagen hat uns vorhin ganz besorgt abgefangen und gesagt, du wärst im Fahrstuhl ohnmächtig geworden. Zum Glück wäre er da gewesen und konnte sich wohl ganz rührend um dich kümmern. Er war noch so in Sorge um dich, dass wir ihm deine Zimmernummer genannt haben. Er würde gerne noch einmal persönlich nach dir schauen.«

Ich möchte meine Mutter packen und durchschütteln. Sie anschreien und wachrütteln.

Aber vor allen Dingen möchte ich wissen: »Warum hast du das getan?«

Sie blinzelt einige Male. »Warum habe ich *was* getan?«

Ihre Aufmerksamkeit ruht offensichtlich längst woanders. Sie verrenkt den Hals und hat etwas im Blick, was verborgen in meinem Rücken liegt. Etwas. Oder jemanden. »Ist er das nicht sogar?«, möchte sie von meinem Vater wissen, und als dieser nickt, rudert und winkt meine Mutter aufgeregt mit ihren Armen. »Hier. Hallo! Sorry! Mister!!«

Meine Schultern versteifen sich, und ich muss mich nicht einmal umdrehen. Höre den langsamen, schleppenden Gang. Das sanfte *tapp, tapp, tapp* von billigen Stoffschuhen auf Linoleum. Ein sonnengebräunter, schwerer Arm legt sich um meine Schultern. Ich wende kaum merklich den Kopf und sehe direkt in das Gesicht meines Pagen.

Gemeinsam schweigen wir. Er unsicher, ich überfordert. Von dem Wissen, wie entscheidend dieser Moment ist. Ich könnte ihn jetzt auffliegen lassen. Könnte meinen Eltern verraten, was er mir angetan hat. Könnte ihn vor den Hoteldirektor zerren und am Obersten Gerichtshof anklagen. Ich könnte, ich müsste, ich sollte und dürfte.

Und mein ganzes Leben ist ein verdammter Konjunktiv. Eine reine Möglichkeitsform; mit der Wirklichkeit nicht kompatibel. Denn ich werde es nicht tun. Irgendetwas in mir macht dicht. Verabschiedet sich, zieht sich zurück. Mein Blick verliert sich, wird unfokussiert. Ich starre nach vorne, und sehe doch nichts.

So sieht Kapitulation aus.

Der fremde Mann mir gegenüber scheint ängstlich. Denn er weiß, was ich tun könnte und müsste und sollte und dürfte.

Urplötzlich lächelt er. Wissend, dass ich nichts dergleichen tun werde.

Aus dem Augenwinkel registriere ich, wie meine Mutter ihre Kamera vors Gesicht hält.

»Das wird ein schönes Urlaubsfoto. Bitte einmal gucken. Hier ist das Vögelchen!« Gespenstisch langsam dreht sich mein Kopf nach vorne. Als sei ich eine Marionette und jemand hätte die passenden Fäden gezogen. »Charlotte, du siehst aus, als hättest du einen Geist gesehen. Lächeln! Wir sind im Urlaub! Auf drei: A – mei – sen – schei – ße!«

Lächeln! Wie schwer kann das schon sein. Alles nur eine Frage der Übung.

Also lächle ich.

Aber warum?

Warum soll ich lächeln. Warum soll ich hocherfreut sein, wenn ich doch tieftraurig bin.

Warum lächeln, wenn mir nicht danach ist. Warum kralle ich mich verzweifelt an diese Maske, und warum ist es so schwer, meine wahren Gefühle zu zeigen. Warum weine ich nicht, wo es doch rein gar nichts zu belächeln gibt.

Man sagt, *starke Mädchen weinen nicht. Du heulst ja wie ein kleines Mädchen*, ist die allergrößte Beleidigung. In was für einer Gesellschaft lebe ich, dass ich mich meiner Schwäche schäme? Und seit wann bedeuten Tränen überhaupt Schande?

Als kleines Kind, frei und unbeschwert von all den Konventionen, ließ ich meinen Gefühlen ungehemmt freien Lauf. Weinte, wenn mir wie so oft nach Weinen war. Meine Mutter war immer meine erste Wahl. Meine Tränen zu trocknen; mir Trost zu spenden. Mit roten, verquollenen Augen lief ich auf sie zu. Die Arme bereits erwartungsvoll nach ihr ausgestreckt, ein bemitleidenswertes »Mamaaa« auf den Lippen.

Dann sah sie von ihrem Buch auf, legte den Telefonhörer beiseite, schaltete den Fernseher leise, wandte sich kurz von meiner Schwester ab, unterbrach sich beim Feilen ihrer Fingernägel. Hörte auf mit dem, was sie gerade tat, was grundsätzlich niemals etwas mit mir zu tun hatte. Seufzte schwer. Gefolgt von einem noch viel schwerfälligeren »Charlotte«. Wenn meine Mutter meinen Namen derart langsam und betont aussprach, erschien es mir, als müsse sie sich in jenen Momenten zu tiefer Geduld ermahnen und sich daran erinnern, dass *frau* zumindest keine kleinen Kinder schlägt.

»Charlotte, was auch immer es ist, ich will es nicht wissen. Wissen wir doch beide, dass du auf Kommando losheulen kannst. Besser als jeder Schauspielschüler. Solange deine Tränen nicht echt sind, interessiert es mich nicht, was jetzt schon wieder los ist. Würdest du mich dann bitte in Ruhe lassen? Siehst du nicht, dass ich beschäftigt bin?«

Kinder haben eine sehr hohe Toleranzgrenze. Wir lieben unsere Eltern, verzeihen ihnen all ihre Fehler. Versuchen es immer wieder, und Rückschläge schmeißen uns nicht um.

Aber inzwischen bin ich kein Kleinkind mehr. Nicht mehr die erste, aber noch lange nicht letzte Wahl ist meine Mutter, wenn ich wie so oft Trost bitter nötig habe.

Sie ist gar keine Option mehr für mich.

Selbst wenn sie und ich die letzten Menschen auf dieser Welt wären, so würde ich Meilen um Meilen laufen, um von ihr weg zu kommen. Würde ganze Kontinente zwischen uns bringen. Mich abends aus lauter Einsamkeit in den Schlaf weinen. Doch niemals wieder den Fehler begehen, mich nach einer mütterlichen Umarmung zu sehnen.

2

Es liegt in der Natur eines jeden Menschen, sich nicht einsam und verlassen fühlen zu wollen. Besonders in der größten Not wenden wir uns einander zu – und nicht voneinander ab. Zusammenhalt erfordert mindestens zwei Menschen, und selbst der Spruch »Geteiltes Leid ist halbes Leid« mag zwar abgedroschen klingen, entspricht aber dennoch der Wahrheit.

Wäre der Urmensch nicht soziales Wesen, sondern Einzelgänger gewesen, dann wäre unsere Art schon längst ausgestorben. Auch wenn ich niemals die Erfahrung machen durfte, Unterstützung durch meine Eltern zu erfahren, kann ich meine zutiefst menschlichen Bedürfnisse nicht dauerhaft unterdrücken. Somit war es nur eine Frage der Zeit, bis ich mich ihnen anvertrauen, mein schreckliches Geheimnis nicht länger hüten wollte. Abgesehen davon bin ich es schlicht und einfach leid, mich von ihnen beschimpfen und beleidigen zu lassen, weil ich anders und nicht so geraten bin, wie sie es sich erhofft hatten.

Die passende Gelegenheit bietet sich, als meine Mutter für einige Wochen ins Krankenhaus kommt. Wenn der Haussegen künftig schon schief hängen wird, dann lieber nur mit einem Elternteil. Es gäbe Dutzende Varianten, meinen Eltern schonend beizubringen, dass ihre jüngste Tochter vergewaltigt worden ist. Natürlich entscheide ich mich für die schonungslose Methode. Reiße lieblos eine leere Seite aus einem Schulheft und schreibe:

Hallo Mama. Es tut mir ja echt wahnsinnig leid, dass ich nicht wie Holly bin. Dass ich nicht ausgehe, mich nicht mit Freunden treffe, dass ich die falsche Musik höre und ach so viel Zeit vor dem Computer verbringe. Das Ganze hat aber einen völlig einfachen Grund: Ich bin vor einigen Jahren missbraucht worden. Mehr als einmal. Fragt nicht, wer es war, ich werde es sowieso nicht sagen. Ich schneide mir die Arme auf und mein letzter »Freund« hat mich mit Tabletten versorgt. Mir geht es die meiste Zeit über scheiße und ich habe einfach keine Lust auf Menschen. PS: Das PC-Verbot könnt ihr euch sonst wohin stecken. Das ist mir völlig egal.

Gut, *man* hätte das alles sicherlich hübscher verpacken können. Aber wieso sollte *ich* beschönigen, was nicht schön war? Zusammen mit meinem Vater fahre ich in die Klinik meine Mutter besuchen. Nach den üblichen Floskeln und ausgetauschten Höflichkeiten stecke ich ihr meinen Brief zu, mit der Bitte, ihn erst in zehn Minuten zu lesen. Keine fünf Minuten später, mein Vater und ich haben es gerade mal zum Parkplatz geschafft, klingelt sein Handy. Er nimmt ab, lauscht kurz. Betrachtet mich anschließend forschend, reibt angestrengt über seine Nasenwurzel. »Charlotte Barth.« Ich stecke in Schwierigkeiten. »Was hast du getan? Deine Mutter ist völlig außer sich. Sie hat so geweint, dass ich kaum ein Wort verstanden habe. Wir sollen jedoch umgehend wiederkommen.« Sofort sacken meine Schultern nach unten. »Oh … Okay«, erwidere ich niedergeschlagen.

Zurück im Krankenzimmer, ist es schlimmer als befürchtet. Meine sehr unsensiblen Worte bereue ich zutiefst. Eigentlich hatte ich gedacht, dass nach all dem, was ich inzwischen überlebt habe, ich mich niemals mehr so hilflos und verloren und ohnmächtig fühlen würde. Ich hasse es, dass ausgerechnet meine Mutter diese Gefühle immer und immer wieder in mir auslösen kann. »Unsere Tochter ist als Kind missbraucht worden«, schluchzt sie. Mein Vater blickt mich entsetzt an, die Zimmernachbarin verlässt diskret den Raum. Ohne mich. Selbst mit meinen flehenden Blicken konnte ich sie nicht erweichen, mich mitzunehmen. Dann beginnen die Fragen: »Charlotte, wer war es?« – Das sage ich nicht. »Charlotte, bitte, wer war es?« – Ich kann nicht. »Herrgott Charlotte, wer hat dir das angetan?« – Lasst mich in Ruhe. Ich kann nicht. Und die ganze Zeit: *Oh Gott, was habe ich getan?*

Mir fällt es unwahrscheinlich schwer, ihre Reaktionen mit ihrem Verhalten aus der Vergangenheit in Einklang zu bringen. Immerhin sind es diese zwei Menschen, die mich nie geliebt, die mich geschlagen und abgeschoben und ausgegrenzt und verdorben genannt haben. Sie dürfen mich verletzen, aber niemand sonst? Weil es ihr Privileg ist? Ist das der Grund? Ich glaube, ich hasse meine Eltern dafür, dass sie diesen Gedanken überhaupt möglich gemacht haben.

Tränen, Tränen, Tränen. Meiner Eltern. Ich habe mir versprochen, nie wieder zu weinen.

Ich beginne, meine Eltern zu trösten. »Nicht weinen«, flehe ich. »Bitte nicht weinen. Es ist alles gut. Seht mich an: Mir geht es gut. Okay? Bitte, nicht weinen. Es ist doch alles in Ordnung. Ihr müsst nicht traurig sein. Es ist doch vorbei. Es tut mir leid. Es tut mir so unendlich leid. Es ist alles meine Schuld. Das wollte ich nicht. Es tut mir so leid.«

Sie widersprechen mir nicht. Dann werde ich von ihnen umarmt. Mir wird versprochen, dass ich jetzt Hilfe bekommen werde.

Die folgenden Tage fühle ich mich wie auf Wolken. Gewitterwolken. Oder wie in Watte gepackt. Meistens aber fühle ich mich nicht. Ausgerechnet mein Vater mit den harten Fäusten fasst mich mit Samthandschuhen an. Spricht nur noch leise und behutsam mit mir, während ich schreien möchte. Welch vertauschte Rollen. Wie versprochen werden meine Eltern aktiv. Sie durchforsten das Internet zum Thema Missbrauch, als würden sie dort Antworten auf ihre dringendste Frage finden: Warum? Warum ist es ausgerechnet ihnen und ihrer Familie passiert? Dabei wurde das alles doch nur *mir* angetan. Täglich legt mein Vater mir Statistiken vor. Untersuchungsergebnisse, wie lange ein Opfer mit entsprechender Therapie braucht, um sich von einer Vergewaltigung zu erholen. Als wäre das so etwas wie eine Grippe. *Ich bin keine Zahl und ich bin kein Forschungsobjekt,* möchte ich brüllen und toben. *Ich bin eure Tochter. Helft mir!!*

Bald lässt ihr Eifer nach. Der Spuk hört auf. Entweder können oder wollen sie mich nicht unterstützen. Doch wozu gibt es professionelle Hilfe! Aus einem großen Stapel Broschüren von Anlauf- und Beratungsstellen für Mädchen darf ich mir eine aussuchen. Überfordert mit so viel Autonomie, wähle ich willkürlich eine aus.

Wenige Tage später werde ich dort von einer jungen Psychologin freundlich begrüßt. Das Zimmer ist groß und farbenfroh. Tücher, Kissen und Kinderspielzeug, soweit das Auge reicht. Bälle, Bücher, Bauklötzchen und kein Bett. ~~Ich war schon einmal in einem solchen Raum.~~

Wir reden über belanglose Dinge. Sie fragt, wie mir die Schule gefalle. »Ganz gut. Leider haben wir momentan Sommerferien.« Das waren die meisten Worte, die ich an einem Stück gesprochen habe. Aufmunternd lächelt sie mich an. »Fährst du denn noch in den Urlaub?« Ratlos zucke ich die Schultern. »Keine Ahnung. Wenn meine Mutter das will. Übermorgen wird sie aus dem Krankenhaus entlassen.« – »Wenn deine Mutter das will?«, hakt die Therapeutin nach. »Was ist mit dem, was du willst? Würdest du gerne Urlaub machen?« Ich lebe doch nur für die anderen. Für meine Eltern, für meine Freunde. Für jeden dahergekommenen Fremden. Wen kümmert es, was ich will? Warum ist das wichtig? Doch laut sage ich nur: »Ich weiß nicht, was ich möchte.« Sie wechselt das Thema: »War es deine Idee, diesen Termin zu vereinbaren?« Ich sage ihr, dass meine Eltern mir die Wahl gelassen haben, wohin ich gehen werde. »Möchtest du denn noch einmal wiederkommen?« Ohne zu überlegen antworte ich: »Vielleicht. Wenn meine Mutter das will.«

So dumm, wie ich im ersten Eindruck erscheine, bin ich nicht. Selbst mir fällt das Muster in meinen Antworten auf. Und obwohl es nicht sonderlich komisch ist, kichere ich leise. Bis ich lauthals lache. Ich versuche, weiter ihre Fragen zu beantworten, werde jedoch immer wieder von überwältigenden Lachanfällen ergriffen. Inzwischen rinnen Tränen über meine Wangen, ohne dass ich weine. Ich kann nichts dafür. Eigentlich möchte ich schreien und weinen und um mich schlagen und Dinge zerbrechen und mich zerbrechen. Der ganze Druck der letzten Wochen, die Erwartungen meiner Eltern, die Watte und die Samthandschuhe, das Denken an früher. Ich fühle mich wie eine Sektflasche, die zu lange unter Druck stand und jetzt entkorkt wurde. Und sprudelt und sprudelt und sprudelt. Und so lache und lache und lache ich, obwohl ich nichts Lustiges an der Situation finde.

Nach einer Stunde ist es endlich überstanden. Auf dem Flur begegne ich meinem Vater und meiner Mutter, die für diesen Tag freigestellt wurde. In einem Nebenraum führten auch sie ein Gespräch mit einer Psychologin, und ich frage mich, ob auch ihr Termin so amüsant war. Auf der Rückfahrt breitet sich das gewohnte laute Schweigen zwischen uns aus. Ich wünsche mir nicht, ihnen zuliebe eine Therapie zu beginnen. Ich wünsche mir, ich könne die Zeit zurückdrehen. Bis zu dem Tag, an dem ich in einer Mischung aus Wut und Hoffnungslosigkeit die Zeilen schrieb, die meiner Mutter solch vorwurfsvolle Tränen in die Augen trieben. Ich wünsche mir, ich könne mein Geständnis zurücknehmen, mit dem ich mich so verletzlich gemacht habe. Zwar kann ich den letzten Monat nicht rückgängig machen, aber wenigstens so tun, als habe es ihn nie gegeben. »Ich habe keinen weiteren Termin vereinbart, denn ich habe mit der Psychologin festgestellt, dass ich noch nicht so weit bin. Aber abgesehen davon geht es mir jetzt, da ihr Bescheid wisst, schon wirklich besser.« Eine Lüge, die mir leicht über die Lippen geht. »Mir würde es am meisten helfen, wenn wir dieses ganze Thema einfach gar nicht mehr ansprechen würden.«

Ohne übertrieben zynisch sein zu wollen, sind meine Bemühungen, Unterstützung von meinen Eltern zu bekommen, fulminant gescheitert. Hätte ich auf meinen Instinkt vertraut, wäre mir diese Enttäuschung erspart geblieben. Verlass dich auf andere, und du bist verlassen. So begebe ich mich wieder in meinen Selbstschutz aus Verdrängen, Verleugnen, Verharmlosen. Hilfe finde ich im Keller, bei meinem Freund, dem Medizinschrank. Seit der Krankheit meiner Mutter stapeln sich Schachtel um Schachtel darin und auf den Regalen nebenan. Ich bediene mich großzügig. Das ist echte Autonomie. ~~Vielleicht. Ist es eine ausgleichende Gerechtigkeit, dass ich von ihrem Leiden profitiere.~~

3

Die Enthüllungen im letzten Monat haben meine Eltern und mich zusammengeschweißt. Wir stehen uns nun sehr nahe, ich bekomme viel Trost und Unterstützung. Ich habe neuen Lebensmut gefunden und blicke positiv und hoffnungsvoll in meine Zukunft. Endlich habe ich die große, glückliche und harmonische Familie, nach der ich mich immer gesehnt habe. Und wir leben glücklich bis an unser Lebensende.

Wer glaubt denn noch an Märchen.

Heute am Frühstückstisch: Meine Eltern besprachen ihre Pläne für das kommende verlängerte Wochenende. Das alljährliche Treffen mit ihrem Tauchverein steht an. An einen Leipziger Tauchsee soll es gehen. Das brachte meine Mutter auf eine fabelhafte Idee. Freudestrahlend sah sie mich an: »Komm doch mit! In unserem Bungalow ist locker Platz für drei. Und seit du letztes Jahr deinen Tauchschein gemacht hast, warst du gar nicht mehr im Wasser.«

Ich zerbröselte lustlos eine Scheibe Schwarzbrot. »Ich weiß nicht …«, antwortete ich gedehnt. »Ach komm schon! Das wird bestimmt schön. Außerdem hatten wir doch besprochen, dass du dich nicht mehr so von uns abkapseln sollst und wir wieder mehr eine Familie sein wollen!« Na der Zug war aber schon längst abgefahren. Stattdessen sagte ich: »Aber ich kenne doch niemanden.« – »Blödsinn«, erwiderte nun mein Vater. »Das sind alles nur befreundete Ehepaare, die du auch kennst: Sabina und Ulf, Marion und Martin, und Annette und Christian. Und Gerry ist natürlich auch mit dabei.« Richtig, Gerry. Eigentlich Gerhard. Mit seinen 50 Jahren der ewige Junggeselle.

Ich nahm einen tiefen Schluck Kaffee, um nicht antworten zu müssen. Vielleicht konnte ich die Angelegenheit einfach schweigend aussitzen.

»Außerdem«, sagte nun meine Mutter, »haben wir dich schon fest eingeplant. Wir haben Gerry versprochen, dass du mitkommen wirst und er dein Tauchbuddy sein darf.« Natürlich. Hier ging es von Anfang an nicht um mich. Erklärt einiges. »Gerry ist Tauchlehrer. Der kommt doch auch alleine klar«, protestierte ich. Obwohl ich wusste, dass die Sache bereits längst beschlossen war. Meine Mutter klapperte genervt mit ihrem Besteck. »Meine Güte«, rief sie missmutig aus. »Man könnte meinen, wir würden dich zu einem Bootcamp schicken wollen. Warum freust du dich nicht einfach? Du weißt außerdem ganz genau, dass man nicht alleine tauchen darf. Ich tauche mit deinem Vater, und die anderen Frauen mit ihren Männern. Du würdest unsere ganze Planung durcheinanderbringen, wenn Gerry plötzlich ohne Partner dastünde.«

Und weil wir eine große, glückliche, harmonische Familie sind, stimmte ich um des Friedens willen am Ende ein. Um wenigstens so zu tun, als hätte ich eine Wahl gehabt.

*

In Leipzig angekommen werde ich umgehend überschwänglich von den Freunden meiner Eltern begrüßt. Breche zusammen, unter der Last ihrer Umarmungen und Küsschen links, Küsschen rechts. Zerspringe unbemerkt in Millionen winzig kleiner Stückchen. Die achtlose Brutalität ihrer flüchtigen Berührungen lässt die Zeit ächzend, knirschend zum Stillstand kommen. Bis ich nicht mehr weiß, ob ich noch siebzehn bin, oder wieder drei. Und falls ich erst drei bin, darf ich dann die Augen fest schließen und die Hände vor das Gesicht halten und so tun, als sei ich unsichtbar? Obwohl *er* mich immer und überall gefunden hat.

Meine kindliche Kehle ist so zugeschnürt, dass ich kein Wort herausbringe, während die künstliche Euphorie der anderen über mich hinweg schwappt: »Charlotte! Wie wunderbar, dass du mitgekommen bist! Wir sind so glücklich, dich zu sehen. Mit dir ist es immer so lustig!« Denn niemand freut sich, mich zu sehen. Außer den Männern, die mich vergewaltigen wollen. Und Gerry. Zieht mich in seine Arme, will mir einen verschlingenden Kuss auf den Mund drücken. Für den Moment verharre ich nicht in einer Lüge. Tue nicht so, als sei alles in selbstverständlicher Ordnung, drehe den Kopf zur Seite. Sein Atem streift meine Wangen, seine Lippen finden mein Ohr: »Ich freue mich so sehr, dass du mitgekommen bist, *Buddy*. Wir werden viel Spaß miteinander haben.«

Hallo Gerhard, möchte ich sagen. Mich aus seiner Umklammerung lösen, die Schultern durchdrücken, gerade stehen, den Kummer weg blinzeln. Stattdessen lächle ich verlegen, blicke schüchtern auf meine Füße. *Hallo Gerhard, wirst auch du mich schlagen? Wirst auch du dich in Gewalt verlieren, bis nichts mehr von mir übrig bleibt? Ich muss dich diese Dinge einfach fragen, denn du bist auch nur ein Mann, und ich habe große Angst vor dir.* Meine Stimme überschlägt sich, wird hoch und schrill. Aber ich spreche nicht, spucke lediglich Buchstaben aus. So leise, so leise legen sie den Grundstein für die kommenden Tage: »Gerry, ich freue mich auch, dich zu sehen.«

Die Bungalows werden bezogen, die Anlage erkundet und ich bin stolz, wenigstens körperlich anwesend zu sein. Während wir uns anschließend für den ersten Tauchgang bereit machen, lasse ich mir von Gerry in meinen störrisch engen Anzug helfen. Allein beim Hochziehen des Reißverschlusses schafft er es, soviel meiner Haut zu berühren, wie es anatomisch unmöglich sein sollte. Es ist mir egal. Es muss mir egal sein. Ich kann nicht jedes Mal wahnsinnig vor Panik werden, wenn eine Männerhand auf meinen Körper trifft.

Sobald wir jedoch endlich im See sind, versuche ich, so weit wie möglich von Gerry entfernt zu schwimmen. Sehr zum Missfallen meiner Mutter, die bald auf mich zu paddelt, und mit dem Daumen nach oben weist. Gegen meinen Willen empfinde ich so etwas wie Bewunderung für diese Frau, denn noch ehe ich Haube, Maske und Atemgerät absetzen konnte, fegt ihr Donnerwetter bereits tosend über mich hinweg: »Warum verhältst du dich so leichtsinnig? Warum entfernst du dich so weit von Gerry? Das Konzept eines Tauchbuddys besteht darin, ganz *nah* beieinander zu schwimmen – nicht meilenweit entfernt. Was, wenn ihm etwas zugestoßen wäre? Er verlässt sich doch auf dich!« Meine Mutter. Immer um die Sicherheit und das Wohlbefinden anderer Männer besorgt. Ich bin mir sicher, dass sie sich auch Sorgen um mich macht. Das wäre jedenfalls schön.

Die folgenden Tage verbringe ich fast ausschließlich im Bungalow in Gesellschaft meiner Bücher. Bis sich meine Eltern daran erinnern, dass es mich auch noch gibt, sie sich vor meinem Bett aufbauen und unisono fragen, was ich hier tue. Als Antwort halte ich lediglich einen Roman hoch, und ernte umgehend mütterliches Seufzen: »Charlotte.« Allein dieses Wort enthält zahllose Schichten unausgesprochener Missbilligung. »Ich dachte, wir hätten besprochen, dass du dich nicht mehr so zurückziehen möchtest.« Nein, ich kann mir beim besten Willen nicht vorstellen, dass *wir* so etwas jemals getan haben. Aber schön, dass wenigstens meine Erzeuger wissen, was ich möchte. Daher lasse ich mich zu einem letzten Tauchgang überreden.

Als wir viel später aus dem Wasser kommen, ist es dunkel geworden, und bitterkalt. Nur am Rande bekomme ich mit, wie sich die Erwachsenen darüber unterhalten, dass wir schon in 45 Minuten aufbrechen müssen, da sie bei einem Italiener in der Nähe einen Tisch reserviert haben. Mir sind ihre organisatorischen Probleme herzlich egal. Ich friere und sehne eine heiße Dusche herbei. Doch kaum, dass ich mich auf den Weg gemacht habe, ruft meine Mutter mich zurück. »Hast du nicht zugehört? Wir müssen in 45 Minuten alle geduscht und angezogen sein. Aber wenn dein Vater duscht und danach ich – wir können uns wohl kaum zu dritt das Badezimmer teilen. Also, eigentlich gebührt ihm und mir das Vorrecht. Immerhin haben wir den Bungalow gemietet und bezahlen dafür. Dass du mitkommst war ja so nie geplant.«

Okay. Allem Anschein nach habe ich den Opferbonus der letzten Wochen nun endgültig wieder verloren. Dann bin ich jetzt wohl wieder das schwarze, ungeliebte Schaf der Familie.

»Und was schlägst du nun vor? Dass ich so, wie ich bin, mitkomme? Oder dass ich ganz hierbleibe?«, frage ich. Hoffe auf Letzteres.

Inzwischen ist Gerry zu uns gestoßen und hinter mich getreten. Ich spüre, wie er erneut meinen Reißverschluss öffnet und über meinen nackten Rücken reibt. So, als wolle er mich aufwärmen. Seine Hände hinterlassen eine Gänsehaut. »Falls ich mich mal einmischen darf? Charlotte kann selbstverständlich bei mir duschen. Immerhin muss ich mein Badezimmer mit niemandem teilen.«

»Das ist doch wirklich nicht nötig«, protestiere ich.

»Das wäre absolut fantastisch«, freut sich meine Mutter.

Ich versuche mich noch an einigen schwachen Einwänden, obwohl ich in dieser Angelegenheit natürlich lange schon verloren habe. Mit hängenden Schultern folge ich Gerry zu seinem Bungalow, lasse mir ein Handtuch geben und schäle mich endlich aus meinem nassen Neoprenanzug. Unter der heißen Dusche erlaube ich mir kurz, die Augen zu schließen. *Nur eine Minute*, verspreche ich mir. *Nur eine Minute, dann bin ich wieder weg.*

Als ich sie das nächste Mal öffne, blicke ich Gerry direkt ins Gesicht. Er lächelt.

Es ist ein böses Lächeln.

»Hallo«, begrüßt er mich.

»Hallo«, verabschiede ich mich. Dann höre ich mich sagen: »Es zieht. Entweder kommst du rein, oder du bleibst draußen. Aber bitte mach die Tür hinter dir zu.«

Ganz ruhig bin ich. Bloß das tosende Rauschen des Blutes in meinen Ohren wird so laut, dass ich Angst bekomme, es könne mich taub werden lassen. Das Herz pocht mir bis zum Hals, und ich beginne, mühsam meine Gedanken zu sortieren: *Der Kulkwitzer See liegt westlich von Leipzig. Er hat eine Fläche von 1,5 Quadratkilometern. Er hat eine maximale Tiefe von 32 Metern. Im See leben Welse und Hechte und Aale und Zander. Außerdem Barsche. Und Karpfen. Riesige Schwärme von Jungfischen.* Heute hatten wir Glück und einen ganz besonders seltenen, scheuen Fisch gesehen. Aber mir will einfach sein Name nicht einfallen. Ich zermartere mir den Kopf, und so dumm kann eigentlich selbst ich nicht sein, ihn vergessen zu haben. Meine Eltern haben ein Bestimmungsbuch zu Hause, und ich wünschte, ich hätte es ein wenig aufmerksamer gelesen. War es vielleicht eine Rotfeder? Ich weiß es nicht. Dabei muss ich mich doch wirklich unbedingt an den Namen des Fisches erinnern, damit ich überhöre, wie die Tür ins Schloss fällt. Ich bleibe nicht alleine zurück.

Als wir 20 Minuten später als vereinbart am Treffpunkt ankommen, stürzt sich meine Mutter sofort auf mich und macht mir schwere Vorwürfe, warum ich erst jetzt kommen würde und dass die ganze Gruppe unter meiner Rücksichtslosigkeit leiden musste. Ich hingegen presse die Lippen fest aufeinander, um sicherzustellen, dass ich nichts sage, was sie mich später bereuen lassen wird.

Und ich kann ihr einfach nicht ins Gesicht sehen.

Diese Frau hat vor wenigen Wochen bittere Tränen vergossen, weil ihre süße kleine Tochter vergewaltigt wurde. Heute gab sie mich einem Mann mit, damit dieser ganz genau das Gleiche tun kann. Mein ganzes Leben lang schon habe die Menschen mit mir gemacht, was sie wollten. Ich bin ihr Spielzeug und habe daher auch keine Rechte an diesem Körper. Ich bin wertlos. Der allerletzte Dreck und Abschaum. Ja, ich habe es doch begriffen!

Diese Erkenntnis tut weh. Aber nichts ist so schlimm wie die Enttäuschung über den Verrat meiner Mutter.

Doch noch trage ich ein stark ausgeprägtes Gleichgültigkeitsgefühl in mir. Sämtliche Bilder der letzten Tage habe ich lieblos in den hintersten Winkel meines Gedächtnisses gestopft. Ich habe mich mit aller Kraft gegen die Türen meines inneren Tresors gestemmt, der bereits aus allen Eisennähten platzt. Darum kann ich mich jetzt nicht kümmern.

4

Ein halbes Jahr später hat sich die Beziehung zu meinen Eltern zwar nicht wesentlich verbessert, aber wir haben uns stillschweigend auf so etwas wie eine Waffenruhe geeinigt. Hauptsächlich, weil ich keine Widerworte mehr gebe und mich ruhig verhalte.

Obwohl ich vor vielen Jahren gestorben bin, geht mein Leben weiter. Ich wache jeden Morgen auf und bin enttäuscht, dass ich nicht tot bin. Dabei habe ich die Hoffnung noch gar nicht verloren: Ich hoffe und bete jeden Abend vor dem Schlafengehen, meine Seele würde verstehen und einsehen, dass ich nicht mehr leben möchte. Und dass sie mich einfach so sterben lässt, in Frieden, nach all der Gewalt. Aber obwohl ich entkommen bin, komme ich einfach nicht davon. In der Nacht stolpere ich über mein Gewissen, verfange mich in Erinnerungsfetzen. Stürze mich von einem hübschen Haus, mitten im Herzen Wesels.

Und beim Aufprall.

Wache ich auf. Bin bitter enttäuscht, weil mein Herz stur weiterschlägt. Also schlage ich auch mich, um mich nicht geschlagen zu geben. Zum Glück bin ich nicht mehr zerbrechlich.

Ich sterbe im Traum, doch überlebe die Nacht und gehe in die Schule. Ich bin kein Außenseiter, kein Einzelgänger. Die Pausen verbringe ich alleine in Gesellschaft. Einsamkeit kann ich gut aushalten. Es ist Nähe, die mir Angst macht. Es gibt niemanden in meiner Klasse, der ein böses Wort über mich sagen könnte. Ich falle zu wenig auf, denn dafür bin schon zu tief gefallen. Solange mich niemand sieht, kommt mir niemand zu nah. Solange ich mich hinter einem Lachen, hinter guten Zensuren, hinter meinen Büchern verstecken kann, bin ich sicher. Lediglich im Sportunterricht bin ich auffällig: Ich habe die schlechtesten Noten im gesamten Jahrgang. Ich breche mir beim Fußball den Arm, verstauche mir beim Tischtennis den Fuß. Und im Mannschaftssport laufe ich vor meinen Mitschülern weg und jedem körperlichen Kontakt aus dem Weg. Dafür bin ich das schnellste Mädchen aus der ganzen Schule. Niemand kann so gut vor seiner Vergangenheit davonrennen wie ich.

Nach der Schule gehe ich sofort in mein Zimmer. Ich lese sehr viel, und wenn ich alle Bücher durchgelesen habe, fange ich von vorne an. Oder ich schreibe meine eigenen Geschichten. Bis mir die Charaktere ausgehen, weil ich sie alle so schnell sterben lasse.

Ich verlasse kaum noch das Haus, denn die Welt da draußen überfordert mich. Trotz meiner ganzen Lügen und Halbwahrheiten nehme ich zu viel wahr. Laufe ich durch die überfüllte Stadt, kann ich anschließend genau sagen, wie vielen Männern ich begegnet bin. Wer von ihnen einen Hut trug, einen Bart oder einen Schafspelz. Ich frage mich bei jedem einzelnen: *Geht er wohl nach Hause zu seiner glücklichen Familie, oder vergeht er sich gleich an einem kleinen Kind?* In meiner Welt gibt es keine guten Männer mehr.

Wenn ich Nachts schlafen muss, auf dem Fußboden, unter dem Schreibtisch. Weil ich nicht mehr in einem Bett sein kann, ohne das Gefühl zu haben, vergewaltigt zu werden. Dann brauche ich von Sonnenuntergang bis Sonnenaufgang, um eine bequeme Liegeposition zu finden. Mein gesamter Körper ist ein einziger Schmerz, denn wenn ich mir nicht selber Verletzungen zufüge, laufe ich überall gegen: Tische, Bänke, Stühle. Menschen, Tiere, Bäume. Manifestationen meiner Albträume. Weil ich vergesse, dass ich einen Körper habe. Weil ich nicht spüren kann, wo er anfängt, wo er aufhört, wo seine Grenzen liegen. Bis er geschmückt ist von glücklich blauen, hoffnungsvoll grünen und blutroten Mahnmalen.

Manchmal gelingt es mir fast zu vergessen, dass unter diesem hässlichen Regenbogen Schande, Schmutz und Scham verborgen liegen. Wie in einem farbenfrohen Spielkeller, in dem das Licht durch Abwesenheit glänzt und dunkle Kindergeheimnisse bewahrt werden müssen.

Es gibt Tage, an denen glaube ich zu verstehen, dass ich nicht normal bin. Tage, an denen ich hinter meiner Glaswand stehe und weiß, dass irgendwo da vorne die normale, gesunde Welt liegt. An manchen Tagen weiß ich nicht, ob die hohen Mauern, die ich um mich herum aufgebaut habe, mich beschützen oder gefangen halten. An Tagen wie diesen habe ich Angst, dass, selbst wenn ich es schaffe, über diese unüberwindbaren Barrieren zu klettern, ich keinen Platz mehr auf dieser Erde habe. Dann nehme ich mir ein großes weißes Blatt Papier, das ganz schwarz ist, und male bunte Planeten, fremde Welten und ferne Galaxien. Sage mir, dass alles okay sei. Der Merkur ist auch ganz schön. Und sollte ich auch dort nicht willkommen sein, gibt es noch immer in der weiten Ferne den Pluto oder Saturn. Irgendwo werde ich schon ein Zuhause finden.

Es gibt diese Tage, an denen ich Angst habe, dass ich der Realität einmal zu oft entwischt bin. Dass ich mich verloren habe, irgendwo zwischen Fantasie und Märchen, gleich dort hinten neben all den Lügen. An manchen Tagen kann ich stundenlang vor einem großen, starken Baum stehen. Momente, in denen so viel Ruhe und Stille in mir ist, dass ich weinen könnte, könnte ich noch weinen. Weil ich mir vorstelle, dort oben zu hängen, an einem Ast, verspielt im Wind wehend. Dabei so friedlich, obwohl der Tod mich gewaltsam aus dem Leben gerissen hätte.

In manchen Nächten schleiche ich mich lautlos aus dem Haus. Wandere durch menschenleere Straßen und pechschwarze Dunkelheit. Lege mich auf die nackte Straße, und damit die Stille in meinem Kopf nicht zu laut wird, singe ich mir in Gedanken selber Lieder vor. Manchmal lausche ich auch, ob ein Auto kommt, und ich frage mich, ob ich dann aufstehen würde. Aber die Straße bleibt leer. Und ich? Auch.

Und manchmal warte ich darauf, dass mein Ritter in der schwarzen Rüstung kommt.

Mich von der Straße zerrt, in ein Gebüsch zieht. Um mich zu überwältigen, damit ich über das Bewältigen meiner Vergangenheit großzügig hinwegsehen kann.

Denn Tote brauchen keine Therapie.

5

Es gibt diese Tage, an denen ich wider besseres Wissen aufgestanden bin. Tage, an denen ich wusste, dass ich eigentlich hätte liegen bleiben sollen. Die Augen schließen, mich vor der Welt verstecken und in Acht nehmen.

Heute ist einer dieser Tage. Rückblickend wäre es besser gewesen, ich hätte niemals auf meine Schulfreundin Pia gehört. Doch wie schon viel zu oft in dieser Geschichte bin ich fabelhaft darin, mein Bauchgefühl zu ignorieren. Inzwischen habe ich aufgehört zu zählen, zum wievielten Mal ich auch an diesem Tag überredet werden konnte, weil ein *Nein* in meinem Wortschatz faktisch nicht vorhanden ist.

Es ist Freitag, und in wenigen Minuten beginnt die letzte Schulstunde.

Es ist Freitag, und dies sind meine schwächsten Tage. Nachdem ich eine ganze Woche lang gelächelt und gestrahlt und sozial hochkompetent funktioniert, nachdem ich meine Ängste und Sorgen und Albträume überspielt und weggelacht habe, fallen mir mittlerweile vor Erschöpfung die Augen zu. Trotzdem versuche ich, mich auf das Gespräch mit Pia zu konzentrieren. Nicht durch Unachtsamkeit bin ich so weit gekommen.

»Erinnerst du dich noch an die beiden Typen, die wir neulich im Freibad getroffen haben?«

Ja, vage. Für gewöhnlich streiche ich sämtliche Begegnungen mit Männern ziemlich schnell aus meinem Gedächtnis. »Max und Moritz, oder so?«

»Fast. Paul und Peter. Mit Peter habe ich die ganze letzte Woche über Mails geschrieben und telefoniert. Er hat mich gefragt, ob wir den morgigen Tag gemeinsam verbringen wollen. Wir wollen mit seinem Motorrad eine kleine Spritztour machen. Danach noch einmal ins Freibad und abends in die Pizzeria. Etwas essen. Cocktails trinken, Billard spielen. Irgendwie so. Aber da gibt es einen kleinen Haken: Ich traue mich nicht.«

»Hmmm«, entgegne ich. Streiche einige Zahlen in meinem Heft durch, weil mir ein Fehler in der Rechnung aufgefallen ist.

»Na ja, und da dachte ich. Also, weil ich ja noch nie einen Freund hatte, aber du schon zwei, und weil du auch sonst immer so reif und erfahren und erwachsen bist, ob duvielleichtbittebittemitkommenwürdest?«

Umgehend lasse ich meinen Stift fallen und drehe mich entsetzt zu meiner Freundin um. »Ich soll mitkommen? Als drittes Rad am Wagen? Oder als eure Anstandsdame? Vergiss es.« Pia hingegen kichert nun. »Guck doch nicht so entgeistert. Natürlich würde dann auch Paul mitkommen. Wir könnten ein Doppeldate machen. Peter meinte, sein Kumpel hätte dich total scharf gefunden.«

Oh bitte. Mein Schärfegrad liegt noch weit unter dem einer Tüte Milch.

»Bitte, bitte, bitte!« Ihre Stimme nimmt diesen flehentlichen Ton an, während ihre Augen groß wie Untertassen werden und sich mit Tränchen füllen. »Bitte … Ohne dich traue ich mich einfach nicht, und ich würde Peter so wahnsinnig gerne wiedersehen! Ich glaube, ich könnte mich in ihn verlieben, und bitte …! Willst du nicht, dass ich glücklich werde?«

Dieses hinterhältige Biest! Ich seufze laut auf, und weil in dem Moment unser Mathelehrer den Raum betritt und weitere Gespräche und Diskussionen fürs Erste unmöglich macht, fällt meine Freundin mir quietschend um den Hals. »Danke! Du bist die Beste!! Wir holen dich dann am Samstag gegen 14 Uhr ab! Pack Schwimmsachen ein.«

*

Pia leidet unter chronischer Unpünktlichkeit, doch ausgerechnet heute taucht sie zur verabredeten Zeit mit den beiden Männern im Schlepptau auf unserem Hof auf. Meine Freundin sitzt bereits hinter Peter auf dessen Motorrad, sodass mir nur noch Paul bleibt.

Mit blankem Entsetzen blicke ich auf das Ungetüm vor mir. Und auch seine Maschine sieht nicht weniger angsteinflößend aus. »Nie im Leben werde ich damit fahren«, verkünde ich soeben zum zweiten Mal störrisch. »Wirst du auch nicht. Du bist nur meine Beifahrerin.« Und als wäre die Sache damit beschlossen, wirft Paul mir einen Helm zu. Überrumpelt und mit miserablen Reflexen ausgestattet, fange ich ihn natürlich nicht auf: Erst knallt er gegen meinen Kopf, ehe er, fast wie gewollt, in meine ausgestreckten Hände fällt. Laut jammernd reibe ich mir über die schmerzende Stirn: »Ich muss schon sagen Paul, das ist auch eine tolle Taktik: mich schon *vor* dem eigentlich Fahren umzubringen.« Ergeben setze ich dann doch den Helm auf, klettere steif und ungelenk hinter meinem Fahrer auf dessen Maschine.

Himmel. Gibt es hier keinen Gurt? Und wo zum Teufel halte ich mich fest? »Du musst die Arme fest um mich schlingen«, weist Paul mich an, und ich wäge ab: bei 180 km/h von meinem Sitz fliegen und einen qualvollen, schmerzhaften Tod sterben. Oder einen Mann berühren.

Natürlich würde ich mich für das Sterben entscheiden, aber ich musste Pia versprechen, ihr den Tag nicht zu verderben. Widerwillig lege ich ihm also meine Arme um die Hüften.

Mit laut aufheulendem Motor geht es los, und wie durch ein Wunder überlebe ich. Das Beste an der Fahrt war, dass der Wind ein Gespräch unmöglich gemacht hat. Am Freibad angekommen, will ich umgehend absteigen, doch habe ich die Rechnung ohne meine wackligen Beine gemacht. Strauchle, rudere mit den Armen und fliege direkt auf die Nase. Phänomenal. Heute mache ich mich zum absoluten Vollidioten. Möglichst würdevoll richte ich mich wieder auf, klopfe den Kies von meinen Beinen ab und folge meinen Begleitern unter schadenfrohem Gelächter zur Kasse.

Auf der großen Liegewiese breiten die Männer im Schatten eines Baumes eine Decke aus, und Peter befördert eine Flasche Sekt und ein Päckchen Weintrauben aus seinem Rucksack. Ich warte darauf, dass er auch noch etwas Nahrhaftes auspacken wird, aber das resolute Schließen des Reißverschlusses vernichtet diese Hoffnung. Und als wäre dieses Picknick noch nicht Klischee genug, beginnt er nun auch noch, Pia mit den Weintrauben zu füttern. Sie kichert leise, errötet, und wie ein kleines Spatzenküken, das von seiner Mama den leckeren Regenwurm erwartet, öffnet sie ihr Schnäbelchen.

Paul indessen muss meinen skeptischen Blick für einen sehnsuchtsvollen gehalten haben, denn auch er pflückt eines der süßen Früchtchen ab, und seine Hand nähert sich gefährlich nahe meinem Mund. Unwirsch schlage ich sie weg, als wäre sie ein lästiges Insekt. Irgendwie ist sie das ja auch. Beleidigt zieht er eine Schnute. »Ich wollte dich mit der Weintraube füttern. Ist das nicht romantisch?« – »Richtig«, brumme ich. »Das ist *nicht* romantisch.«

»Kein Problem«, erwidert er großzügig. »Aber kann es vielleicht sein, dass dein Vater zufällig Imker ist? Du bist nämlich so süß wie Honig.« Angestrengt reibe ich mir über dir Nasenwurzel. *Und du genauso klebrig.* Ich würdige ihn keiner Antwort und ziehe mein T-Shirt über den Kopf, woraufhin er mich mit großen Augen mustert. »Süße. Ich weiß, dass ich unwiderstehlich bin – ich wusste nur nicht, dass du gleich so schnell rangehst.« Ich schlüpfe nun auch noch aus meiner Hose. »Blödmann. Ich trage einen Badeanzug. Wir sind im Freibad. Okay? Ich wollte schwimmen gehen.«

»Ahhh …« Die Enttäuschung steht ihm erneut ins Gesicht geschrieben, doch dann erhellen sich seine Züge, als käme ihm gerade ein Geistesblitz. »Lust auf ein Wettschwimmen? Wenn ich gewinne, darf ich dich mit Weintrauben füttern.«

Ich kneife die Augen zusammen. Ein Wettschwimmen? Interessant. Nach der Aktion mit dem Helm und spätestens seit meinem ungalanten Sturz hält er mich garantiert für einen hoffnungslosen Tollpatsch mit zwei linken Füßen. Bin ich auch.

Aber wen interessieren schon Füße im Wasser, wenn man wie ich doch Flossen an den Beinen hat. »Und wenn ich gewinne?«

»Darfst du mich füttern?«, schlägt er hoffnungsvoll vor.

»Vergiss es. Dann zahlst du die Getränke.«

Er lächelt mich überheblich an, stimmt zu und stolziert wie ein Gockel mit vor Stolz geschwellter Brust Richtung Pool.

Nach nicht einmal zehn Minuten stützt Paul sich nach Luft japsend am Beckenrand ab, während ich ihn lässig zum vierten Mal überrunde. Hilfreich biete ich ihm an, ein Sauerstoffzelt aufzutreiben, doch bitterböse und ohne ein weiteres Wort paddelt er zur nächsten Treppe und verlässt das Becken. Mit einem breiten Grinsen im Gesicht schwimme ich noch einige Bahnen. Als ich zurück zur Decke komme, blickt Pia mich mit hochgezogenen Augenbrauen fragend an: »Welche Laus ist Paul denn über die Leber gelaufen?« Ich schenke besagtem Miese~~peter~~paul ein honigsüßes Lächeln und erkläre, dass er mich zu einem Wettschwimmen herausgefordert hat.

»Wieso machst du denn so etwas Dummes?«, fragt Pia lachend den schlechten Verlierer. »Zugegeben, Charly ist die allergrößte Sportniete weit und breit. Seit wir befreundet sind, habe ich immer Pflaster und kleine Verbände dabei. Aber aus irgendeinem Grund bewegt sie sich im Wasser wie ein verdammter Fisch. Sie war früher sogar im Schwimmverein und hat einige Turniere gewonnen. Hat sie dir das nicht erzählt?«

»Nein, das hat sie nicht«, antwortet Paul bissig.

»Ups, muss ich wohl vergessen haben«, sage ich und fühle mich unglaublich verwegen. Selig lächelnd stecke ich mir eine besonders saftige Weintraube in den Mund.

Paul schnaubt verächtlich, setzt eine übertrieben große Sonnenbrille auf und legt sich abseits in die Sonne. Doch als sich auch während der folgenden Stunde seine Laune nicht bessert, kommt mir der Gedanke, dass ich allmählich seinen männlichen Stolz wieder aufbauen sollte, wenn mir daran gelegen ist, in einem Stück nach Hause zu kommen. Denn wie jeder weiß, kommt Hochmut vor dem Fall. Und der Fall von einer fahrenden Maschine kann schmerzhaft sein. »Falls es dich beruhigt«, beginne ich und lege ihm widerstrebend meine Hand auf die Schulter. »Du warst der allerbeste Amateurschwimmer, gegen den ich jemals antreten durfte.« Zwar verdunkeln sich seine Züge bei dem Wort *Amateur*, aber letztendlich scheint er doch versöhnt, sodass ich ruhigen Gewissens wieder auf seinem Motorrad Platz nehme.

In der Kneipe angekommen, reservieren Pia und ich einen Tisch, während sich die Männer um die Getränke kümmern. Kaum, dass meine Freundin und ich alleine sind, dreht sie sich freudestrahlend zu mir um. »Was sagst du? Ist Peter nicht absolut großartig?« Unsicher kratze ich mich am Kopf, sage aber die wohl sinnvollsten Worte: »Ich bin glücklich, wenn du es bist.« Zufrieden seufzt sie auf und geht in eine detaillierte Analyse über, was er im Laufe dieses Tages zu ihr gesagt hat, wie seine Gestik und Mimik dabei waren, und ob man irgendwie daraus schließen könne, ob er ebenso verknallt sei, wie sie es wäre. Und weil das alles im Grunde überhaupt gar nicht mein Thema ist und ich parallel beschäftigt bin, Bilder und Gedanken und Erinnerungen an *meine* früheren Beziehungen zu unterdrücken, verspüre ich tatsächlich Erleichterung, als die beiden Herren endlich an unseren Tisch zurückkehren. Paul drückt mir ein Glas in die Hand, und misstrauisch beäuge ich die rote, zähe Flüssigkeit. »Was zum Teufel ist das?«

Er lächelt süffisant. »Das ist eine Bloody Mary.«

Tomatensaft mit Alkohol? »Was ist aus meiner Cola geworden?«, frage ich anklagend. Pauls Grinsen spricht Bände. »*Ups, muss ich wohl vergessen haben.*«

Doch eines muss man seiner arroganten Wahl lassen: Je mehr ich an meinem Getränk nippe, desto interessanter wird das Gespräch mit ihm. Pia und Peter haben nach wie vor nur Augen für sich, sodass mir nichts anderes übrig bleibt, als mich mit Paul zu unterhalten. Durch einige taktisch klug platzierte »Hmmms« und »Ooohs« vermittle ich außerdem den falschen Eindruck, dass mich seine Worte brennend interessieren und ich eine aufmerksame, interessierte Zuhörerin bin. Männer sind so dumm und einfach gestrickt.

Die Zeit verrinnt ebenso zähflüssig wie mein Cocktail.

Die laute Musik und das schummrige Licht, die vielen Menschen und mein penetranter Sitznachbar, zu viele Sinneseindrücke und Außenreize und nicht zu vergessen dieser verfluchte Alkohol verdichten sich zu einem nagenden Kopfschmerz. Zwar sind wir erst eine Stunde hier, doch könnte ich schwören, dass ein kleines Männchen in meinem Kopf mit einem Presslufthammer wahre Höchstleistungen vollbringt. Ich werde ihn feierlich auf den Namen Paul taufen. Weil ich ohnehin nicht weiß, worüber dieser mit mir spricht, verlasse ich etwas überstürzt und ohne Erklärung das Lokal.

Die kühle Nachtluft ist eine wahre Wohltat für meine überstrapazierten Nerven! Nach den ersten gierigen Atemzügen setze ich mich auf den Bordstein und lege den Kopf in den Nacken. Es ist eine wolkenlose Nacht und ich werde mit der Sicht auf einen atemberaubenden Sternenhimmel belohnt. Wie schön und friedlich!

Als aber nach wenigen Minuten schon der zweite Autofahrer vor mir angehalten hat, mit der Frage, wie viel ich für *einmal Spaß haben* berechnen würde, wird mir mein Platz allmählich lästig. »Ich habe gerade Dienstpause«, fauche ich. Natürlich ist es nur noch eine Frage der Zeit, bis ich auf dem Straßenstrich landen werde. Aber im Moment ist mir noch nicht danach. Weil ich genauso wenig wieder reingehen möchte, entscheide ich mich dafür, einmal um die Kneipe herumzulaufen. Entdecke dabei eine kleine Seitengasse mit einer geschlossenen Tür, die wohl der Lieferanteneingang ist.

Keine einsame Frau sollte sich in einer düsteren, unbelebten Gasse aufhalten. Andererseits bin *ich* diese einsame Frau. Daher ist es auch völlig egal, wo genau ich mich befinde: Ich könnte jetzt aus dem Stegreif 20 verschiedene, teils sehr öffentliche, Orte aufzählen, an denen ich inzwischen missbraucht worden bin. Bin ein hoffnungsloser Gefahrenmagnet, und von daher ist es völlig bedeutungslos, ob ich mich leichtsinnig verhalte oder Plätze aufsuche, die ein normaler Mensch lieber meiden sollte.

Wenigstens kann ich anschließend ohne ein schlechtes Gewissen mir die volle Schuld zuweisen. Warum bringe ich mich auch absichtlich in Gefahr? Würde ich diesen Gedanken auf die Spitze treiben, dann habe ich gar förmlich darum gebettelt, vergewaltigt zu werden. Ich hätte mich anders verhalten, mich schützen können. Es lag in meiner Verantwortung. War nicht machtlos und hatte alles zu jeder Zeit unter vollster Kontrolle.

Selbstbetrug ist etwas Herrliches.

Die Augen fest geschlossen und erschöpft wie ich bin, höre ich die Schritte erst, als sie kurz vor mir sind. Sie sind zu schwerfällig, um zu Pia zu gehören. »Hallo Paul«, sage ich darum. Doch bereits im nächsten Moment wird mir eine Hand schmerzhaft gehen den Mund gepresst. Mehr irritiert als alarmiert blicke ich auf. Tatsächlich steht Paul direkt vor mir, einen Finger an seine Lippen gelegt.

»Du wirst keinen Mucks von dir geben, hast du mich verstanden? Dann passiert dir auch nichts.«

Ich weiß, dass er lügt, aber artig nicke ich. Gehe dabei gedanklich meine Optionen durch.

Bei drohender Gefahr haben wir doch alle drei Möglichkeiten: Fliehen. Kämpfen. Totstellen.

Ich bin müde und betrunken. Ihm körperlich weit unterlegen, und mein Kampfgeist grundsätzlich nicht vorhanden. Daher sollte ich das Ganze realistisch betrachten: Ich habe nicht den Hauch einer Chance.

Als könne er die Kapitulation an meinen Augen ablesen, nickt der Mann mir gegenüber. »Ganz recht. Wenn du dich nicht wehrst, wird dir auch nichts geschehen.«

Wann hört er verdammt noch mal mit dem Lügen auf. Ich weiß nicht, warum ich nicht hysterisch werde. Besinnungslos vor Angst. Jahrelange Übung, vielleicht.

»Ich nehme jetzt die Hand von deinem Mund, aber sobald du schreist oder nach Hilfe rufst, wirst du das bereuen. Haben wir uns verstanden?«

So unsicher wie er ist, scheint dies seine erste Vergewaltigung zu sein. *Keine Sorge*, könnte ich ihn beruhigen. *Ich bin bereits ein Profi und weiß, wie ich mich zu verhalten habe.*

Nein.

Es wäre ein Irrtum zu glauben, ich sei so ruhig und gelassen, wie ich mich gerade gebe. Mir ist heiß und mir ist kalt. Ich fürchte, mich übergeben zu müssen, weil Angst mir den Magen verknotet. Wenn ich auch nur einen winzig kleinen Funken Hoffnung verspüren würde, diesem Mann zu entkommen, dann würde ich wie eine Löwin kämpfen. Kämpfen wie ein Mensch, der nichts mehr zu verlieren hat.

Doch in mir ist keine Hoffnung. Hoffnung ist grausam und Hoffnung führt unweigerlich zu Enttäuschung. Blankes Entsetzen lähmt mich; nackte Panik ergreift mich. Schwarze Punkte tanzen vor meinen Augen. Ich habe das Atmen vergessen. Auch wenn es leichter wäre, darf ich nicht das Bewusstsein verlieren. Wenigstens diese Kontrolle muss ich mir bewahren.

Kurz zögert er, und ich kann nichts dafür und es geschieht einfach so: Ich hoffe, dass er im letzten Moment doch noch Zweifel hat. Mitleid und Erbarmen.

Und ich schwöre dir, dass ich niemandem etwas verraten werde, und es darf unser Geheimnis bleiben.

»Nimmst du eigentlich die Pille?«, werde ich gefragt. Benommen schüttle ich den Kopf.

»Dann bete mal lieber, dass wir nun keinen kleinen Paul zeugen werden.« Endlich nimmt er die Hand von meinem Mund. Um seine Hose zu öffnen. Ich will nicht, was hier geschieht, und mein Körper will es auch nicht und es tut so weh, und obwohl ich leise wimmern muss, halte ich mein Versprechen und bin ganz still.

Ich habe mal gehört, dass man pro Sekunde elf Millionen Sinnesreize wahrnimmt. Ich weiß nicht, ob das stimmt. Ich weiß nur, dass Tausende Sekunden verstreichen, und jeder einzelne Reiz fühlt sich an wie ein Stich in mein Herz. Als er endlich von mir ablässt, sacke ich langsam mit dem Rücken an der Wand herunter. Sobald ich den Boden erreiche, ziehe ich die Beine an, umschlinge sie fest mit meinen Armen. Lege meinen Kopf auf die Knie. Er sagt etwas, was vielleicht nach »Ich bin gleich wieder da« klingt. Ich bin viel zu weit weg, um ihn richtig verstehen zu können.

Irgendwann kommt er zurück, geht er vor mir in die Hocke. Ganz weit will ich von ihm wegrücken, habe aber noch immer die Mauer im Rücken. »Ich habe ein Taxi gerufen, das dich nach Hause bringt.« Dann beugt er sich vor, sein Mund nah an meinem Ohr. Ein Schauder durchläuft meinen Körper. »Wenn du auch nur ein einziges Wort über das, was vorgefallen ist, verlierst, wirst du dir wünschen, nie geboren worden zu sein. Vergiss nicht, dass ich ganz genau weiß, wo du wohnst.«

Dann steht er auf und hält mir seine Hand hin. Ich ergreife sie und lasse mich von ihm wieder auf die Füße ziehen. Richte meine Kleidung, hebe meine Handtasche vom Boden auf. Der Boden schwankt, und vielleicht schwanke auch ich. Doch werde ich von Paul wie von einem Gentleman gestützt und zu dem bereits wartenden Taxi geführt. »Meine Freundin hat ein bisschen zu viel Alkohol getrunken«, erklärt er dem Taxifahrer und nennt ihm meine Adresse. Dabei lächelt er überheblich. Eine nicht allzu subtile Erinnerung an seine Drohung. Bevor der Fahrer den Motor startet, sieht er mich missbilligend von der Seite an und brummt genervt: »Dass ihr jungen Dinger aber auch nie eure Grenzen kennt!« Ich lehne den Kopf gegen die Fensterscheibe und schweige.

*

Als ich am Montag den Klassenraum betrete, sitzt Pia schon an ihrem Platz. »Hey«, begrüßt sie mich zaghaft. »Wie geht es dir? Paul hat uns erzählt, dass du den Alkohol nicht vertragen hast und er dir ein Taxi gerufen hat?«

»Ja, das stimmt«, bestätige ich.

»Das war sehr nett von ihm. Wenigstens hat einer der beiden Manieren.«

Langsam hole ich Block und Federmappe aus meiner Tasche. Lege beides ordentlich vor mir auf den Tisch, ehe ich endlich antworten kann: »Das klingt so, als wäre dein Abend nicht mehr so gut verlaufen.« Aus dem Augenwinkel heraus sehe ich, wie Pia die Wangen aufplustert und sich rote, hektische Flecken in ihrem Gesicht bilden. »Das kannst du wohl laut sagen! Unsere Unterhaltungen waren ja noch ganz amüsant und die Küsse auch okay. Aber dann wurde er so richtig aufdringlich und konnte seine Finger nicht bei sich behalten. Als ich auf seine schmierigen Griffel schlug, wurde er richtig ausfallend und hat mich als verklemmt und prüde beschimpft. Und so etwas muss ich mir echt nicht bieten lassen. Ich habe ihm mit meiner Handtasche eins übergebraten und ihn gewarnt, würde er sich jemals wieder bei mir blicken lassen, könne er sein blaues Wunder erleben. Meine Mutter hat mich dann abgeholt.«

Interessant. So reagiert also ein normaler Mensch.

Pias Stimme klingt nun wieder versöhnlicher: »Aber egal. Es ist ja nichts passiert. Danke jedenfalls, dass du mitgekommen bist. Du bist die Beste!«

Gegen meinen Willen treten mir Tränen in die Augen, die meine Freundin hoffentlich als Zeichen meiner Rührung deutet. »Klar«, antworte ich mit belegter Stimme. »Wofür bin ich sonst da.«

Nein, das ist keine rhetorische Frage. Warum gibt es mich überhaupt? Ich weiß es wirklich nicht. Soll so etwa mein Leben, meine Bestimmung aussehen? Dann möchte ich diese Existenz nicht weiterführen.

5

Einer meiner Mitschüler hat sich das Leben genommen. Nach Unterrichtsschluss ist er nach Hause gefahren. Hat aus einem dicken Seil einen Strick gebastelt und sich damit in seinem Zimmer erhängt.

Sein Selbstmord kam für niemanden von uns überraschend, und ich frage mich, warum es keinem gelungen ist, ihn von dieser Tat abzuhalten. Ob sich überhaupt irgendjemand diese Mühe gemacht hat.

Manchen Menschen sieht man ihre Sorgen, Ängste und Probleme an.

Mir nicht. Scheinbar mühelos schlüpfe ich in die Rolle der erfolgreichen Little Miss Perfect.

»Wie schaffst du das alles nur?«, werde ich oft seufzend gefragt. »Dein Leben hätte ich auch gerne.«

Das liegt nur daran, dass ich hochfunktional bin. Weil Scheitern für mich keine Option ist. Weil ich mich unermüdlich zu neuen Höchstleistungen antreibe. Immer schneller, immer besser, immer in Bewegung. Ohne einen Moment der Pause. Denn wenn ich auch nur für einen kurzen Augenblick stehen bleibe, wird meine Vergangenheit mich einholen.

In der Schule fliegen mir die guten Noten zu. »Du bist ein Naturtalent«, werde ich gelobt. »Ich wünschte, ich hätte dein Verständnis und Gefühl für Sprachen.«

Das liegt nur daran, dass ich mich oft hinter meinen Schulbüchern verstecke. Weil sie eine willkommene Ablenkung sind. Von diesen schlimmen, schlimmen Bildern in meinem Kopf. Solange mich jeder nur als gute Schülerin sieht, wird niemand hinter die Fassade blicken.

Besonders absurd wird es, wenn ich ausgerechnet für meinen Körper beneidet werde.

»Du bist so schlank«, wird mir geschmeichelt. »Wie gelingt es dir, solch eine Figur zu halten?«

Das liegt nur daran, dass ich oft vergesse zu essen. Wenn ich nicht mehr weiß, dass auch an mir ein Körper hängt, der diese Nahrung braucht.

Ich bin immer und überall für jeden Spaß und Blödsinn zu haben. »Du hast einen so herrlichen Humor«, lachen meine Freunde mit mir. »Mit dir ist es immer lustig.«

Das liegt nur daran, dass ich das Leben nicht so ernst nehmen darf. Weil mich diese Schwere ansonsten immer weiter und weiter herunterzieht. Weil ich ständig lache, um nicht weinen zu müssen.

Meinen vier Nachhilfeschülern bringe ich spielend leicht die englische und deutsche Grammatik bei. Spreche mit ihren Vätern ein paar ernste Worte, wenn sich diese nicht an unsere Abmachung gehalten haben, ihren Sprösslingen Vokabeln abzufragen.

»Sie sind immer so souverän und kompetent«, gestehen sie mir dann, leicht beschämt. »Ich fühle mich oft ganz klein und in meine eigene Schulzeit zurückversetzt.«

Das liegt nur daran, dass ich große, große Angst vor Ihnen habe. Weil Sie ein Mann sind und eine blinde Panik in mir auslösen, die ich mir niemals nie anmerken lassen darf.

Auf der Arbeit habe ich mich für die Nachtschicht beworben. Weil ich dafür noch zu jung bin, habe ich meinen Marktleiter so lange bezirzt, bis er nicht mehr Nein sagen konnte. Natürlich ist das gesetzlich verboten, aber laut Gesetz hätte auch meine Würde unantastbar sein müssen, und damit hat es auch nie jemand so genau genommen. »Du bist so engagiert«, wird mir anerkennend auf die Schulter geklopft. »Verantwortungsbewusst und fleißig. Ich an deiner Stelle könnte nicht am frühen Morgen wieder aufstehen und in die Schule gehen.«

Dabei arbeite ich nur deswegen so spät, weil ich nicht mehr schlafen kann. Albträume quälen mich, und ich habe vergessen, wie sich eine durchgeschlafene Nacht anfühlt.

Tag für Tag spiele ich meinen Mitmenschen geschickt etwas vor. Würde dieses konstruierte Bild von mir auch nur einem Bruchteil meines wahren Ichs und meiner Realität entsprechen, wäre ich ein glücklicher Mensch.

Wahrheit und Wirklichkeit kann ich problemlos nach meinen Maßstäben zurechtbiegen.

Ihr seid so blind, möchte ich oft lautlos schreien. *Ihr seht nur das, was ihr sehen wollt.*

Warum nur, möchte ich weinen, *warum nur glaubt ihr jede meiner Lügen vorbehaltlos?*

~~Manchmal werde ich so wütend auf sie.~~

Was niemand sieht, ist das Folgende:

Dass ich am Samstag und Sonntag vor Müdigkeit und Erschöpfung nicht einmal mehr geradeaus laufen kann und diese Tage auf dem Zimmer verbringe. Dann verschlafe ich die langen, leeren Stunden des Wochenendes, weil ich durch die Anstrengungen der Woche so geschwächt bin, dass ich die Geister der Vergangenheit nicht anders in Schach halten kann.

Was niemand weiß, ist, dass ich heute, am 04. Juni 2005, sämtliche Illusionen zerstören werde. Denn morgen werde ich tot sein.

*

Meine effektivsten Waffen gegen die Vergangenheit sind das Vergessen. Das Verdrängen und das Verleugnen. Aber viel zu oft bin ich machtlos. Viel zu oft bricht alles in sich zusammen.

Wenn ich auf einen Mann treffe, der den gleichen Vornamen trägt wie mein erster Freund; wenn er dasselbe Aftershave benutzt wie dessen Vater. Wenn ich einem Mann begegne, der wie mein zweiter Freund eine Glatze hat, oder blonde, braune, schwarze, kurze oder lockige Haare. Einem, der in Italien Urlaub macht, oder aus Ägypten kommt. Einem Mann, der einen Tauchschein besitzt, oder ein gelbes Kleidungsstück trägt. Und an besonders schlechten Tagen reicht es aus, wenn ich auf einen Mann treffe.

Dann gibt es für mich keinen Halt, kein Halten mehr. Das Herz hämmert in der Brust. Immer wieder flackert ein einziges Wort in meinem Kopf auf: *Lauf.*

Also laufe ich. Lasse alles stehen und liegen. Und laufe los.

Ich laufe und laufe, während ich gleichzeitig immer tiefer falle und falle. Ich laufe und laufe, um meinen Sturz in die Hölle hinauszuzögern. Laufe und laufe so schnell, dass sich meine Füße eigentlich vom Boden ablösen und mich in den Himmel tragen müssten.

Ich stürze und stolpere. Richte mich auf, laufe weiter. Was kümmert mich ein aufgeschlagenes Knie, ein verstauchter Knöchel. Bin gefangen in einem Fluchtmodus. Fliehe vor einem Mann, der vielleicht völlig harmlos ist. Fliehe vor den Erinnerungen an einen Mann, bei dem sämtliche Alarmglocken in mir *Gefahr!* schlagen. Werde von ihm gejagt, wie eine hilflose Gazelle von einem hungrigen Löwen.

Ich laufe und laufe, bis meine Beine schmerzen und mein Körper schmerzt und jeder Atemzug schmerzt. Doch ich laufe und laufe, denn nichts tut so weh wie das Erinnern.

Ich laufe und laufe, bis ich an den Bahngleisen ankomme. Und weil ich ohnehin gleich sterben werde, gönne ich meinem Körper nicht einen Moment der Ruhe und Pause.

Laufe unruhig auf und ab, wische die schweißnassen Hände an der Hose ab. Blicke auf die Armbanduhr und kenne den Fahrplan mittlerweile auswendig und rechne mir aus, wie lange ich noch leben muss und wann endlich der nächste Zug kommen wird.

Ich will sterben, weil ich nicht weiter davonlaufen möchte.

Ich will sterben, denn es ist so schlimm und es tut so weh. Bin mutterseelenallein und weit und breit kein freundlicher Mensch, mir zu helfen.

Ich will sterben, denn ich kann nicht mehr ich kann nicht mehr ich kann nicht mehr.

Ich will sterben, weil mich das Leben überfordert, und vor allem möchte ich sterben, weil in mir eine so tiefe Sehnsucht nach dem Leben ist, die mir Angst macht.

Aber ich sterbe nicht. Weil ich nicht weiß, wie ich das dem missbrauchten Mädchen in mir erklären soll. Weil ich nicht will, dass all ihre Anstrengungen und ihr Überlebenskampf umsonst gewesen sein sollen.

Darum bin ich auch an diesem Morgen wieder aufgewacht.

Bin aufgewacht in einem Bett, in dem Mann mich missbraucht hat.

Bin aufgewacht aus einem Albtraum, der so real war, dass ich ganze Ewigkeiten brauchte. Für meinen Weg zurück in die Gegenwart.

Bin aufgewacht, weil mir heiße Tränen über die Wangen liefen, an denen ich fast ertrunken wäre, denn wenigstens im Schlaf kann ich noch weinen.

Und ich bin aufgewacht, um mich zu fragen: Wenn sich jede Sekunde dieses Lebens anfühlt wie Sterben, warum entscheide ich mich nicht endlich für den Tod?

Aber weil ich eben doch nicht tot, sondern aufgewacht bin, stand ich auch an diesem Morgen wieder auf. Ich habe gelebt und habe funktioniert. Habe mein Zimmer aufgeräumt, Abschiedsbriefe geschrieben und wieder verworfen.

*

Inzwischen ist es spät in der Nacht. Das Haus ruhig und friedlich.

Ich möchte aufstehen, möchte nach unten schleichen und an der Schlafzimmertür meiner Eltern klopfen. »*Mama, Papa?*«, würde ich flüstern. »*Ich vermisse euch. Ich weiß nicht, wie man etwas vermissen kann, was man niemals besessen hat, aber ihr fehlt mir. Und ich möchte mich entschuldigen, dass ich nicht gut genug war. Nicht stark genug, und dass ich mir nicht ausreichend Mühe gegeben habe. Ich möchte mich entschuldigen, dass ich vorhin 55 Schlaftabletten geschluckt habe, obwohl ich eigentlich gar nicht sterben möchte.*«

Doch ich bleibe in meinem Bett liegen. Aus lauter Angst, zurückgewiesen zu werden. Von den Menschen, die ich trotz allem am meisten liebe. Zwar möchte ich sterben, aber nicht an gebrochenem Herzen.

Wieder einmal habe ich geschluckt. Eine Tablette nach der nächsten. Für mich das Natürlichste auf der Welt. Nicht einmal Wasser brauchte ich dafür, denn ich hatte Angst, zu viel der Flüssigkeit würde mich zum vorschnellen Erbrechen bringen.

Allmählich spüre ich die erste Wirkung. Mein Bauch zieht sich krampfhaft zusammen, und mir wird schlecht. Ein unangenehmes, stechendes Kribbeln breitet sich in meinem Körper aus, ehe er plötzlich gänzlich taub wird.

Ich bekomme keine Luft mehr. Möchte aufstehen und das Fenster aufreißen und kalte Nachtluft einatmen. Obwohl ich doch gerade im Sterben liege, treibt mich dieser Urinstinkt auf die Beine. Sofort falle ich hin. Mein Herz rast und mir wird abwechselnd heiß und eiskalt.

Natürlich war ich niemals dumm genug zu glauben, Vergiftung durch Medikamente sei eine sanfte Art des Suizids. Habe nicht erwartet, dass ich einfach selig einschlafen würde, um niemals wieder zu erwachen. Habe mich auf Schmerzen eingestellt und bin doch Schmerzen gewohnt, aber Sterben tut verdammt noch mal höllisch weh.

Meine Sicht verschwimmt, und alles wird schwarz, und ich versuche, die Augen zu öffnen. Doch sie sind bereits offen und ich bin wohl blind geworden.

Ich stelle mir vor, wie ich mich selber in den Armen halte. Wie ich hier in diesem Zimmer auf dem Boden sitze und mich sanft hin und her wiege. Würde mir die verklebten Haare aus der Stirn streichen und mir immer und immer wieder beruhigend zuflüstern: *Es ist vorbei. Es ist vorbei. Du hast es geschafft. Es ist vorbei. Habe keine Angst mehr. Bitte. Habe keine Angst. Es ist vorbei und es ist alles okay so. Es ist vorbei. Niemand wird dir mehr wehtun können.*

Und so würde ich mir selber beim Sterben zusehen, mit einer tiefen, inneren Ruhe. Meine Schmerzen treten in den Hintergrund, denn diese Vorstellung ist so tröstlich, so wärmend, und mit einem Lächeln auf den Lippen.

~~Sterbe ich~~ Schlafe ich ein.

*

Ein energisches Klopfen weckt mich auf. Weil es auch in meinem Kopf ohne Unterlass hämmert und pocht, brauche ich einen langen Moment, bis ich das Geräusch richtig zuordnen kann. Irgendjemand klopft an meine Zimmertür.

Stöhnend erhebe ich mich vom Fußboden. »Ich komme sofort«, krächze ich, und mein Hals brennt, als hätte ich Feuer geschluckt. Nur mühsam stolpere ich vorwärts, während mir gleichzeitig der Schweiß ausbricht. Zwischendurch halte ich kurz Inventur: Arme, Beine? Alles noch dran. Sicht normal, Ohren funktionieren auch. Mein Kopf bringt mich um, aber abgesehen davon fühle ich mich gerade viel zu lebendig. Doch der Körper scheint mir die Aktion der letzten Nacht noch nicht verziehen zu haben, denn es geht mir hundsmiserabel und mir ist speiübel.

Der penetrante Klopfer stellt sich indessen als mein Vater heraus, der es scheinbar leid war, vor der Tür warten zu müssen, und kurzerhand eingetreten ist. Der Anblick meines erbärmlichen Zustandes entlockt ihm ein missbilligendes Stirnrunzeln. »Du bist um 14 Uhr noch immer im Schlafanzug? Hast du vergessen, dass wir zum gemeinsamen Laufen verabredet waren?« Ne, nicht wirklich. Aber eigentlich wollte ich auch schon längst tot sein. Ich fühle mich grauenvoll, und mein Körper lacht mich allein bei dem Gedanken an Sport spöttisch aus. Trotzdem nicke ich tapfer. »Tut mir leid. Ich habe total verpennt. Gib mir zehn Minuten, ich ziehe mich rasch um.«

Mein Vater hat schon längst wieder mein Zimmer verlassen und, ganz der beschäftige Geschäftsmann, die Hälfte der Treppe nach unten bereits genommen. »Ich gebe dir fünf. Es ist nicht meine Schuld, dass du dir wieder einmal die Nacht um die Ohren schlagen musstest. Ich habe bald noch einen wichtigen Kundentermin und mir extra diese Stunde für unseren Trainingslauf frei gehalten. Davon verbleiben dir noch exakte 57 Minuten.« Also schlüpfe ich rasch in meine Sportkleidung, wasche mir durch das Gesicht, putze die Zähne, trinke einen großen Schluck Wasser und nur vier Minuten später schnüre ich meine Laufschuhe zu.

Nach zwei Kilometern bleibe ich nach Luft schnappend stehen. Presse die Hände gegen die Hüften, sage irgendetwas, was wie »Hätte vielleicht doch frühstücken sollen« klingt, sprinte zum nächsten Baum, stütze mich daran ab und übergebe mich. Mein Vater beäugt mich äußerst kritisch. »Hast du letzte Nacht etwas gesoffen?«

Müde lehne ich meine Stirn gegen die Rinde. *Ich bin nicht wie du*, will ich böse und gereizt antworten. Doch wäre es unfair von mir, meine schlechte Stimmung an ihm auszulassen. Im Grunde bin ich bloß wütend auf mich. Selbst zum Sterben zu blöd.

2006 - 2007

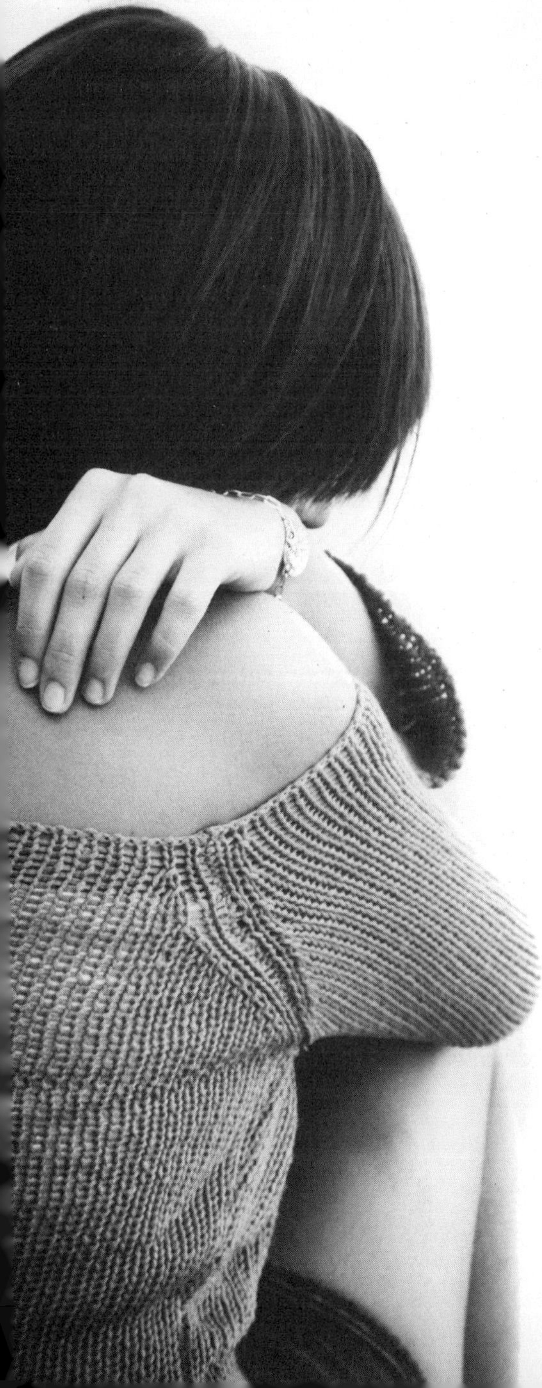

1

Nach meinem Suizidversuch habe ich beschlossen, dem Leben versuchsweise eine zweite Chance zu geben. Ich habe meinen Führerschein gemacht, stecke mitten im Abiturstress und habe mir eine neue Freundin angelacht. Für meine Verhältnisse verläuft mein Leben inzwischen so ruhig und ereignislos, dass ich misstrauisch werden sollte.

*

»Dein Zimmer ist ganz schön spartanisch eingerichtet.«

»Mh?« Verschlafen blicke ich auf, reibe mir über die müden Augen und beobachte, wie Miriam vor meinem Schreibtisch steht und einen Stapel Bücher in Unordnung bringt. Offensichtlich bin ich kurz eingenickt und kann ihren Gedankengängen gerade noch nicht ganz folgen. »Dein Zimmer«, wiederholt Miriam und wandert zu einer Kommode, »ist so langweilig. Nichtssagend. Du hast nicht einmal Wandposter oder Bilder von nackten Männern.« Ich sage nichts und versuche, meine vom Schlaf verwuschelten Haare mit den Fingern zu durchkämmen.

Miri ist dazu übergegangen, meinen Kleiderschrank zu durchsuchen. »Selbst deine Unterwäsche ist unspektakulär.« Dabei spricht sie das Wort *unspektakulär* so aus, als wäre es die größte Beleidigung. »Keine Dessous, kein Negligé und keine Corsage. Richtig öde. Es ist eindeutig, dass dir ein Mann im Leben fehlt.«

Ihren Kommentar ignorierend, erhebe ich mich ächzend vom Bett und laufe zum Schreibtisch, um die Bücher wieder fein säuberlich aufeinanderzustapeln. Dabei komme ich an einem Spiegel vorbei: Mein Gesicht sieht ziemlich zerknautscht aus, und ich habe einen roten Fleck auf der linken Wange, wo ich auf meinem Mathebuch gelegen haben muss.

Was mich daran erinnert, warum Miriam eigentlich hier ist. Üben für die nächste Mathearbeit. Ich erinnere mich hingegen nicht, wann ich das letzte Mal eine Freundin bei mir zu Besuch hatte. Vielleicht während der Grundschule. Bestimmt aber im Kindergarten. Seither gab es nur noch Männer in meinem Zimmer.

Jedenfalls hatten wir keine fünf Minuten gelernt, als Miri auch schon ihren Stift fallen ließ, ihr Schulheft von sich schleuderte und in eine ausführliche Analyse überging, ob ihr Sex im Stehen genauso viel Erfüllung bringt wie im Liegen. »Was meinst du?«, fragte sich mich noch. »Ob Sex auf einer laufenden Waschmaschine wohl durch die starke Vibration für zusätzliche Erregung sorgt?«

Möglichst nichtssagend habe ich mit den Schultern gezuckt. Meine Freunde haben mich geschlagen und gewürgt, gefesselt und geknebelt. Mit Alkohol abgefüllt und mit Medikamenten gefügig gemacht, um selber in Fahrt zu kommen. Wie unsagbar dumm von mir, dass ich niemals auf die grandiose Idee gekommen bin, den Schleudervorgang der Kochwäsche zu nutzen, um ihre Lust anzukurbeln.

Danach hat mich wohl der Schlaf kurzzeitig übermannt.

Miriam derweil hält einen meiner schwarzen BHs hoch. »Ich danke dem Gott im Himmel! Endlich ein Teil mit Spitze«, stellt sie hocherfreut fest. Und nach kurzem Überlegen fügt sie hinzu: »Was dir fehlt, meine Liebste, ist ein Mann in deinem Leben! Dann wärst du auch endlich mal ein bisschen lockerer.«

Ich gebe ein Geräusch von mir, das wie eine Mischung aus verächtlichem Schnauben und ungläubigem Lachen klingt, woraufhin meine Freundin mich mit zusammengekniffenen Augen mustert. »Du bist doch nicht etwa noch Jungfrau?«, fragt sie mich. Ganz so, als wäre es das Schlimmste und größte Verbrechen auf Erden. In ihrer Welt ist es das wahrscheinlich auch. Ich antworte mit einem knappen »Nein«. Ganz gefährliches Thema.

»Oh, gut. Ich dachte schon.« Sie verstaut meine Unterwäsche wieder in der Kommode, bevor sie sich energisch zu mir umdreht. »Hör mal, mir kommt gerade *die* Idee! Morgen ist doch dieser Feiertag. Der, wegen dem wir schulfrei haben?«

»Christi Himmelfahrt?«

»Ja, wenn du das sagst. Mein Freund Victor gibt eine kleine Feier bei sich zu Hause. Komm doch mit!« Ich unterdrücke ein Seufzen. Nie im Leben gehe ich zu einem fremden Menschen nach Hause. Ich versuche, ihrer Aufforderung auszuweichen: »Ich wusste gar nicht, dass man Christi Himmelfahrt feiert. Ist er so religiös?«

Miri lacht glockenhell auf. »Ach du Dummerchen! Es ist doch Vatertag!«

Richtig. Der Tag, an dem Väter von morgens bis abends mit einem Bollerwagen und 20 Kisten Bier ausgerüstet die Legitimation haben, sich maßlos zu betrinken. Was kümmert mich Vatertag. *Mein* Vater tut das doch jeden Tag.

»Neben mir kommen noch zwei weitere Pärchen und Victors bester Freund Ralf. Der würde dir gefallen! Bitte komm mit. Bitte! Tu's für mich!«

»Ehrlich gesagt bin ich nicht so der Partygänger. Außerdem kenne ich dort doch niemanden.« Nun kommt Miriam auf mich zu, legt mir ihre Hände auf die Schultern, klimpert einige Male mit ihren Augen und sieht mich bittend an. »Du kennst doch mich! Das wird bestimmt lustig. Außerdem ist das doch die Idee hinter solchen Partys: dass du jemanden kennenlernst! Dein Einsiedlerleben kann doch nicht gesund sein!« Ich leiste noch einigen schwachen Protest, aber weil ein »Nein« noch immer nicht zu meinem Wortschatz gehört, hat Miri leichtes Spiel mit mir. W*as ist schon ein Abend?*, tröste ich mich. *Ich habe schon Schlimmeres überlebt.*

*

Am nächsten Abend jedoch bin ich mir dessen nicht mehr so sicher. Niemals zuvor war ich auf einer Party, und ich frage mich ernsthaft, warum sie sich einer solchen Beliebtheit erfreuen. Neben Miri, Victor und Ralf sind nur noch zwei weitere Pärchen hier, deren Namen ich schon längst wieder vergessen habe. Aufgrund hoher Ähnlichkeiten habe ich sie heimlich Barbie, Ken, Marge und Homer getauft.

Liebe liegt in der Luft, und Miri erwähnt bei jeder sich bietenden Gelegenheit, dass Ralf und ich die einzigen Singles wären, und er sei alles andere als mir abgeneigt. Ich hingegen habe bislang nur Freundschaft mit den Salzstangen geschlossen und bin damit rundherum zufrieden. »Sag mal, Miri, wie kommen wir eigentlich später nach Hause?« Mir ist vorhin erst aufgefallen, dass ich wirklich keine Ahnung habe. Auf der Hinfahrt nahmen wir den Zug, aber soweit ich weiß, wird er am Abend nicht mehr fahren. »Ach, habe ich dir das nicht gesagt? Wir bleiben über Nacht! Oben gibt es ein Gästezimmer für dich. Ich schlafe natürlich bei Victor im Bett«, trällert sie unbekümmert. »Wobei ich hoffe, dass wir möglichst wenig schlafen werden. Wenn du verstehst, was ich meine.« – »Ihr könnt euch ja stattdessen eine Waschmaschine suchen«, antworte ich schlicht. Erst sieht Miri mich verständnislos an, doch dann erhellt sich ihr Blick. »Geniale Idee!« Sie umarmt mich überschwänglich und macht dann auf dem Absatz kehrt. Vielleicht um ihren Freund zu fragen, ob es in seinem Haus eine Waschküche gibt. Ich versuche, mir sein überraschtes Gesicht vorzustellen. Male mir aus, was er wohl antworten könnte. Spinne ihr Gespräch weiter. Tue alles, nur um nicht die Angst zu fühlen, die Miriams Worte in mir ausgelöst haben.

Stunden später verschwindet sie mit ihrem Freund in das Gästebadezimmer. Die beiden anderen Pärchen tun, was Pärchen eben so tun. Während Ralf neben mir sitzt und sehnsüchtige Blicke auf die Jugendlichen um uns herum wirft. Und immer wieder versucht, mich zu berühren. Wohingegen ich permanent damit beschäftigt bin, seinen Händen und Lippen und Blicken auszuweichen. »Und du bist sicher, dass du kein Bier willst? Oder wenigstens einen Cocktail?«, fragt er mich vorwurfsvoll. »Vielleicht wärst du dann ein bisschen gelöster.« Ich lächle bloß breit und antworte nicht. Damit komme ich meistens durch, nur heute nicht. »Charly. Ich darf dich doch Charly nennen? Du wirkst so streng und unnahbar. Wie ein Geheimnis, das ich gerne knacken möchte. Ich frage mich, was sich hinter deinem kühlen Lächeln versteckt.«

»~~Ein verlorenes, kleines Mädchen~~. Du bist betrunken«, teile ich ihm knapp mit, woraufhin ein breites Grinsen in seinem Gesicht erscheint: »Ich befürchte, da hast du recht!«

Das Schöne an betrunkenen Gästen ist, dass keiner von ihnen ab einem gewissen Punkt mehr in der Lage ist, senkrecht zu stehen. Man einigt sich stillschweigend, die Feier zu beenden, und fröhlich winke ich Barbie, Ken, Marge und Homer zum Abschied zu. Inzwischen ist es gerade einmal 20 Uhr, und ich sehne den nächsten Tag herbei. Ralf indessen versucht mit nur mäßigem Erfolg, seine Schuhe zuzubinden. Immer wieder schnürt er seine eigenen Finger mit ein. »Alter, du willst doch nicht jetzt Auto fahren?«, kommentiert Vic traurig die erfolglosen Schuhzubindeversuche seines Freundes. »Du bist völlig hackedicht und solltest lieber hier übernachten. Im Gästezimmer.« Im Gästezimmer? In *meinem* Gästezimmer? Panisch verschlucke ich mich an der Luft und protestiere mit dünner Stimme. Miri winkt lachend ab. »Ach, jetzt zierst du dich? Nachdem ihr den ganzen Abend zusammengeklebt habt?«

Ralf nickt eifrig. »Keine Sorge, ich behalte die Hände bei mir. Außerdem gehe ich jetzt schon pennen, weil ich früh um sechs Uhr wieder raus muss.«

Und ich? Brauche einen Moment, um das alles zu verarbeiten. Versuche mich an einem *Aber* und einem *Nein* und schmecke diese Verweigerungen auf meiner Zunge und schweige doch, aus Angst, paranoid geworden zu sein. Sobald Ralf die Matratze berührt, wird er schlafen wie ein Stein, der mir jetzt noch schwer im Magen liegt.

Bald ziehen sich auch Miri und ihr Freund zurück, und ich bleibe alleine im Wohnzimmer sitzen. Es wird spät. Mitternacht. Die ganze Zeit über sitze ich auf dem Sofa, durchblättere die Fernsehzeitung nach nichts Bestimmtem.

Um zwei Uhr bin ich so müde, dass mein schläfriger Verstand sich nicht daran erinnern kann, warum ich mit verkrampften Schultern und blutig aufgebissenen Lippen im kalten Wohnzimmer hocke, anstatt mich wie ein vernünftiger Mensch oben in das warme, weiche Bett zu legen. Nur vier weitere Stunden müsste ich hier ausharren. Mehr als die Hälfte habe ich also bereits geschafft. Dann geht Ralf, und ich könnte mich wenigstens noch ein bisschen schlafen legen – und würde meine Ängste dadurch ja doch nur nähren: Denn natürlich kann ich ganz normal neben einem Mann liegen, ohne dass etwas Schreckliches geschieht.

Meine schweren Erinnerungen kämpfen gegen meine Leichtgläubigkeit. Tief atme ich durch. So wie jemand, der kurz davor ist, in eiskaltes Wasser zu springen. Dann schleiche ich mich durch das dunkle Haus hoch zum Gästezimmer und öffne leise die Tür.

Bis zu diesem Moment hatte ich gehofft, dass es dort zwei Betten gäbe – warum auch immer. Natürlich gibt es nur eines. Ein sehr kleines. Ralf beansprucht bereits den größten Teil davon.

Komplett angezogen lege ich mich an den Rand des Bettes und decke mich zu. Dann komme ich mir blöd vor und ziehe wenigstens meine Jeans aus. Gebetsmühlenartig rattert es in meinem Kopf: *Ich bin in Sicherheit. Ich bin in Sicherheit. Ich bin in Sicherheit.* Und niemals bin ich in Sicherheit, da mich seine Stimme unterbricht: »Du hast dir aber Zeit gelassen! Ich war schon kurz davor, dich zu holen.« Ich zucke zusammen, und für den Moment übertrifft meine Fassungslosigkeit die Angst: Er ist noch wach? Nachdem ich fünf Stunden in der Kälte ausgeharrt habe, ist er noch immer wach?

Mir bleibt nicht einmal Zeit, mich von diesem Schock zu erholen, als bereits der nächste folgt:

Er berührt mich, mit seinen Händen und Lippen. Und vielleicht zum allerersten Mal in meinem Leben handle ich völlig instinktiv: Ich kämpfe. Ich versuche, ihn wegzudrängen und abzuwehren. Dabei fällt mir auf, dass er nackt ist, mehr als wach und gar nicht mehr betrunken. »Lass mich in Ruhe«, zische ich, sehr zu seiner Belustigung: »Ach komm schon. Du willst es doch auch! Immerhin hast du mich den ganzen Tag über angeschaut und heiß und verrückt gemacht.« Sinnlos, diese lächerliche Behauptung zu verneinen. Ich möchte mich wegdrehen, aufstehen, weglaufen, doch hält er mich an der Hüfte fest. Er reißt mir die Unterwäsche runter, und ich werde wütend und ich will das nicht. Dann liegt er auf mir und ist so schwer, und ich trete und schlage um mich, während er nur lacht und meine Handgelenke fest umklammert hält.

Ich kämpfe, bis ich müde werde. Dann schließe ich die Augen, halte ganz still, und im Stillen bete ich, dass ich bitte nicht schwanger werden darf, und wenn doch, dass es nicht nach seinen Eltern kommen wird. Denn ich bin ein leichtes Mädchen. Leicht zu haben und zu leicht, um hier zu bleiben. Weder seine schwere Kraft noch die Schwerkraft können mich halten, können mich daran hindern, fortzugehen, abzuheben. Bis sie irgendwann enden, diese unendlichen Minuten. Und die Uhr, meine einzige Zeugin, verrät: Nach einer halben Stunde ist alles vorbei. Nur 30 Minuten, obwohl die Zeit still stand und ich mich bereits in den ersten Sekunden irgendwo zwischen Zimmerdecke und Gästebett verloren habe.

Er rollt von mir runter und schläft umgehend ein. Ich liege von ihm abgewandt, starre an die Wand, während ich ja doch nichts mehr sehe. Ich spüre nichts. Nicht meinen Körper auf diesem Bett, nicht die Decke, die inzwischen wieder auf mir liegt. Fühle nicht meinen eigenen Atem oder meinen schnellen Herzschlag. Es ist, als würde mein Verstand sich weigern, meine Gefühle spüren zu lassen, was geschehen ist. Ich schreie, ohne dass ein Laut meine Lippen verlässt. Nichts. Als wäre ich gar nicht da, als gäbe es mich schon lange nicht mehr. Ich existiere nicht mehr. Vielleicht kann die Seele nicht unbegrenzt viel Leid ertragen, und vielleicht bin ich taub und gefühllos geworden. Stumm und starr und versteinert.

Obwohl mir selbst die Zeit wie ein leeres, abstraktes Konzept erscheint, zerrinnt sie doch. Bald klingelt sein Wecker, und er verschwindet in das Badezimmer. Anschließend, er hat schon fast das

Gästezimmer verlassen, kommt er noch einmal zurück zu unserem Bett und drückt mir plötzlich schüchtern einen Kuss auf den Kopf. »Letzte Nacht war sehr schön. Ich würde mich freuen, falls wir uns wiedersehen können.«

Sobald er das Haus verlassen hat, würde ich gerne selber das Bad stürmen und mich unter die heiße Dusche stellen. Die Spuren der Gewalt von meinem Körper waschen. Stattdessen stehe ich nur mühsam auf, wie eine gebrochene, alte Frau, und schleppe mich zum Waschbecken. So gut wie möglich säubere ich mich, ehe ich notgedrungen die Kleidung vom Vortag anziehe.

Innerlich tot kehre ich zurück zum Ort des Verbrechens. Schüttle mechanisch die Kopfkissen auf, falte ordentlich die Bettdecke zusammen. Auf dem Laken ist Blut. Gedankenverloren zeichne ich die rostbraunen Flecken mit den Fingern nach. *Wie soll ich das bloß Victor erklären?*, frage ich mich, weil ich eigentlich wissen möchte: *Wie kann ich noch immer bluten, obwohl in mir längst kein Leben mehr ist?*

Mit den Fingernägeln kratze ich meine Haut auf. Male mir den Selbsthass auf meinen Körper. Bis ich mich endlich wieder spüre. Dann erst verlasse ich das Zimmer, blicke nicht mehr zurück. Meine Füße tragen mich runter in die Küche, und ich bin dankbar, dass sie das Gehen für mich übernehmen, weil mir selber die Kraft dafür fehlt. Ich setze mich auf einen Hocker, lege meinen Kopf auf die Tischplatte und kann die dummen, dummen Tränen nicht daran hindern zu fließen.

Als sich irgendwann zwei warme Hände auf meine Schultern legen, zucke ich erschrocken zusammen. Es ist nur Miri und ich will nicht berührt werden und ich weiche zurück und gekränkt sieht sie mich an: »Liebes, was ist denn los?«

»Ralf … er hat … er hat mich …« Meine Stimme verliert sich und ich will aufspringen und mich auf die Suche nach ihr machen. Und nach meinem Körper und nach mir, aber meine Freundin drückt mich mit sanfter Gewalt zurück auf den Boden der Tatsachen. »Ach

Liebes«, gurrt sie erneut. »Jede Frau hatte schon einmal in ihrem Leben schlechten Sex – besonders, wenn Alkohol mit im Spiel ist. Morgen wirst du darüber lachen und übermorgen es vergessen haben. Trockne jetzt deine Tränen; sie sind schlecht für den Teint.«

Ein Spiel. Es ist nur ein Spiel. Und ich folge den Regeln und ich gehorche. Wische mir mit dem Ärmel über das tränennasse Gesicht. Zucke nicht zusammen, obwohl ich schmerzhaft über die frisch zugefügten Wunden reibe. Dann lache ich. Es klingt noch zittrig, aber das wird schon. Und dann vergesse ich. Das geht ganz einfach.

Es funktioniert.

Es funktionierte in etwa so gut, wie wenn ich einen Ball gewaltsam unter Wasser drücken möchte. Für den Moment verschwindet er zwar von der Wasseroberfläche und aus meiner Sicht, aber es erfordert auf Dauer eine unheimliche Kraftanstrengung, und immer wieder entwischt und entweicht er, um links und rechts von mir hochzuschießen.

2

Jeder in meiner Familie hat seine eigenen Strategien entwickelt, mit den Problemen der letzten Jahre fertig zu werden.

Mein Vater ist zur Kur gefahren. Yoga und Qi Gong halfen ihm, seine innere Balance zu finden und ein Harmoniebedürfnis zu entwickeln. Das wirkt sich auch sehr positiv auf seinen Alkoholkonsum aus: Sein tägliches Fass Bier löst keine Aggressionen mehr aus, sondern lässt ihn rührselig und melancholisch werden. Außerdem hat er endlich die jahrelange Affäre mit seiner Arbeitskollegin zugegeben, und inzwischen wohnen sie zusammen.

Meine Mutter verschwand für ein ganzes halbes Jahr in der geschlossenen Station einer Psychiatrie. Nach ihrer Entlassung schloss sie sich einer religiösen Glaubensgemeinschaft an und ließ sich neu taufen, wobei all ihre Sünden vergeben wurden. Seither blüht sie förmlich auf. In ihrem Rachefeldzug gegen meinen Vater und wöchentlich wechselnden Partnerschaften. Männer kommen, und Männer gehen. Was bleibt sind ihr Geld und ihre Geschenke: ein neues Auto, Goldschmuck und Urlaubsreisen in die Karibik.

Meine Schwester hat ihre Ausbildung in einem Münchner 5-Sterne-Hotel abgebrochen und ist wieder zu Hause eingezogen, um mich bei der Erziehung unseres Bruders zu unterstützen, der Gefahr läuft, auf die schiefe Bahn abzurutschen. Trotzdem mache ich mir um meine Geschwister keine Sorgen, denn sie haben das, was mir fehlt: Selbstbewusstsein, Selbstwertgefühl. Liebevolle Beziehungen und tragenden Freundschaften. Doch auch mich lässt dieses Chaos um mich herum erstaunlich kalt. Ich funktioniere hervorragend. Nach all diesen Seelenerdbeben bin ich inzwischen katastrophenfest.

Ich habe mein Abitur bestanden und studiere Anglistik und Latein. Albträume und Ängste werden rigoros negiert. Was bleibt ist meine Andersartigkeit. Kontakt mit Menschen fällt mir nach wie vor sehr schwer. In überfüllten Hörsälen kann ich unbemerkt verschwinden. Doch kleine Seminarräume werden mein persönlicher Vorort zur Hölle. Dass ich auf Lehramt studiere, Präsentationen und Referate jedoch nur mit starken Beruhigungsmitteln meiner Mutter überstehe, ist ein weiteres Problem, welches ich ignoriere. Die übrigen Studenten üben eine ungeheure Faszination auf mich aus. Ich betrachte sie aus der Ferne: wie sie ihr Leben mit einer Leichtigkeit, einer Selbstverständlichkeit führen. Beides vermisse ich schmerzlich. Verbringe ich Zeit mit ihnen, kämpft mein Wunsch, dazuzugehören, mit der Anstrengung, mich dafür verstellen zu müssen. Denn ich überprüfe jedes Wort, jede Gestik und Mimik. Kontrolliere meine Bewegungen und mein Verhalten: Ist das in Ordnung so? Darf ich so reagieren? Ist dieser Gedanke angebracht, oder muss ich ihn ändern und anpassen? Letztendlich lache ich, wenn die anderen lachen. Verhalte mich, wie sich die anderen verhalten. Und stehe damit hoffentlich auf der sicheren Seite. Nach Möglichkeit meide ich die übrigen Studenten jedoch. Halte Sicherheitsabstand. In Gesellschaft einsam zu sein ist schwerer zu ertragen, als alleine einsam zu sein. Ich gehöre nicht dazu. Sinnlos und schmerzhaft, mir dies immer wieder vor Augen zu führen.

Im Großen und Ganzen geht es mir, trotz allem und für meine Verhältnisse, gut. Kann das sein? Darf das sein? Ist ein friedliches Leben nach Jahren der Gewalt wirklich möglich? Ist eine Rückkehr in die Normalität möglich, ohne jemals eine Therapie dafür gemacht zu haben? Ja. Wenn man keine Ansprüche an sein Dasein stellt. Wenn man sich damit begnügt, nicht zu leben, sondern weiterhin nur zu existieren. Und das, obwohl mir selbst dafür die Berechtigung fehlt. Wenn man Abstriche macht. In meinem Fall ist der Körper auf der Strecke geblieben. Er und ich führen eine separate Existenz, und wenn sich unsere Wege doch einmal kreuzen, dann bereitet er mir nichts als Ärger.

~~Manchmal denke ich, dass mein Körper mir etwas sagen möchte. Vielleicht, ganz vielleicht, wenn ich genau hinhören, wenn ich seiner Stimme folgen würde. Vielleicht, vielleicht würde ich ihn dann wiederfinden.~~ Mein Körper hat mir nichts zu sagen.

Während der letzten Monate bin ich mehrfach in der Notaufnahme des Krankenhauses gelandet. Schuld war jedes Mal meine Lunge. Ich bekomme keine Luft mehr.

»Das ist Asthma«, sagten meine Ärzte. Drückten mir ein Spray in die Hand: »Das sollte all Ihre Probleme lösen.« Ich bekam keine Luft mehr. Ich sprühte wie eine Weltmeisterin. Ich kippte trotzdem um und verlor das Bewusstsein. Ein neuer Arzt, ein neues Spray.

Ständig begleitete mich die panische Angst, ersticken zu müssen. Ich bekam Angst vor dieser Angst. Sie wurde absoluter Dreh- und Angelpunkt meines Lebens. Immer öfter bekam ich keine Luft mehr. *Ich sterbe*, dachte ich panisch. *Ich werde sterben. Ich will noch nicht sterben.*

Zurück ins Krankenhaus. Zurück zu den ratlosen Ärzten. Sämtliche Tests bewiesen, dass ich körperlich kerngesund war. Irgendwann saß ich einem Lungenfacharzt gegenüber. Zuvor hatte ich die üblichen, sinnlosen Untersuchungen über mich ergehen lassen. Aber anstatt dass er die Testergebnisse mit mir besprach, musterte er mich ruhig.

»Haben Sie viel Stress in Ihrem Leben? Oder sonst irgendwelche Probleme?«

Erst lachte ich, doch dann merkte ich, dass er die Frage ernst gemeint hatte.

»Ich habe ein ziemlich anstrengendes Studium, und das Lernpensum ist, neben meinen vielen Nebenjobs, kaum schaffbar.« Das gab ich nur äußerst widerstrebend zu. »Ja, ich habe Stress. Aber Probleme? Nein!«

Der Arzt strich nachdenklich über seinen Vollbart, als überlege er, ob er mir glauben wolle. Brachte aber doch noch Licht ins Dunkel: »Sie haben kein Asthma oder eine Atemwegserkrankung. Sie hyperventilieren. Das Gefühl der Atemnot spielt sich nur in Ihrem Kopf ab. Versuchen Sie, in solchen Situationen künftig ganz bewusst und ruhig zu atmen. Dann werden Sie automatisch den richtigen Atemfluss wieder aufnehmen.«

Ich nickte gelehrig. Bevor ich mich verabschiedete, brannte mir dennoch eine weitere Frage auf dem Herzen. »Wenn Sie so vieles wissen – können Sie mir auch erklären, *warum* ich hyperventiliere?« Er sah aus, als müsse er seine folgenden Worte erst abwägen: »Wissen Sie, was eine Panikattacke ist?« Ich schüttelte den Kopf. Panik? Ich? Welch ein Unsinn!

»Nun, ist auch nicht so wichtig. Hyperventilation hat oft psychische Gründe. Daher auch meine Frage nach Ihrem Leben.« Ich lächelte. »Danke. Sie haben mir sehr geholfen. Aber, wie bereits gesagt: Es geht mir gut.«

Weil ich diese Lüge schon so oft ausgesprochen habe, ging sie mir auch in diesem Moment kinderleicht über die Lippen. Wenn man bereits im Kindergarten dazu gezwungen ist, kreative und überzeugende Lügen aufzutischen, warum man ständig mit blauen Flecken auftaucht, dann geht einem diese ganze Angelegenheit irgendwann ziemlich mühelos von der Hand. Nichts flickt eine zerbrochene Seele so wunderbar wie eine hübsche Notlüge, welche die gesamten hässlichen Wahrheiten überdeckt. Darauf bin ich nicht stolz, aber natürlich habe ich bereits weitaus größere Verbrechen in diesem Leben begangen als zu lügen. Zum Beispiel habe ich mich im Stich gelassen, immer und immer wieder, als ich mich am nötigsten gebraucht hätte. So auch in diesem Fall.

2005 - 2009

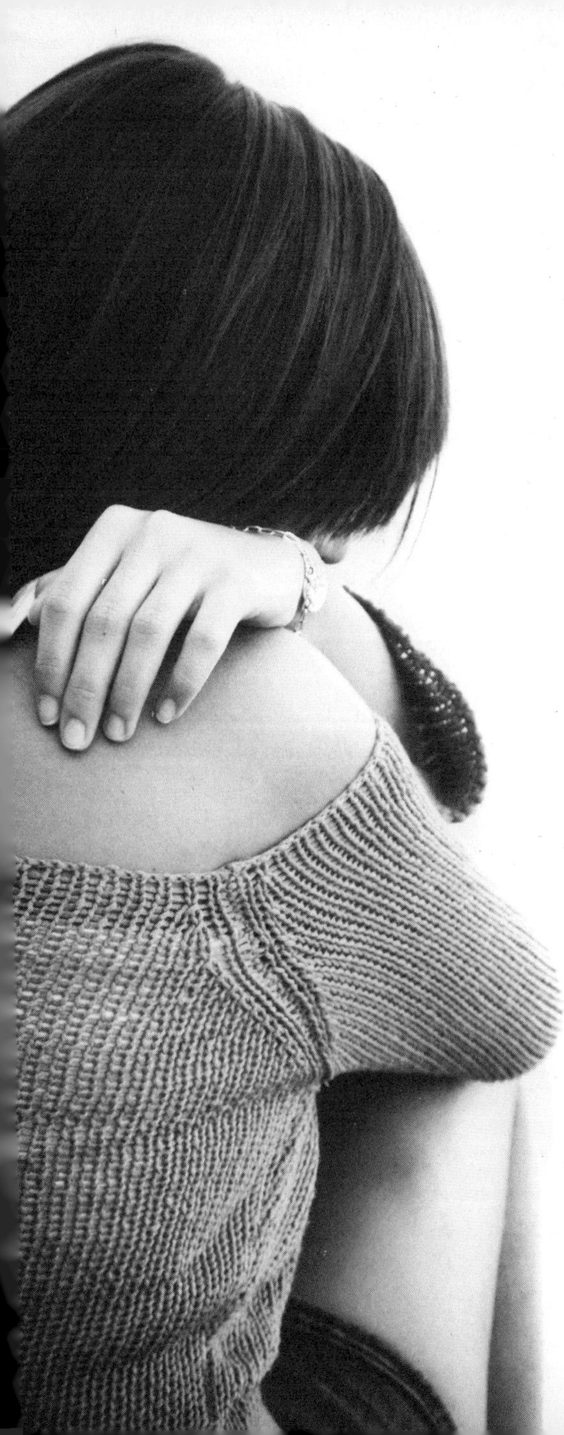

1

Seinen Anfang nahm es am 05. Juni 2005. So gesehen liegt der Anfang vom Ende in einem Neuanfang, da ich einen Tag zuvor versucht hatte, meinem Leben ein frühzeitiges Ende zu setzen.

Weil ich jedoch nicht nur todessehnsüchtig, sondern gleichzeitig eine miserable Selbstmörderin bin, saß ich an jenem Abend frustriert vor meinem Computer. Ahnungslos, was ich mit der unerwartet zusätzlichen Lebenszeit anfangen könnte. Ich öffnete meine Lieblings-Suchmaschine, um herauszufinden, ob man nach einer nicht tödlichen Überdosis einen Arzt aufsuchen solle und ob diese mörderischen Kopfschmerzen nicht doch noch zum Tod führen können. Weil es auf solch eine Frage kaum vernünftige und hilfreiche Antworten gibt, durchsuchte ich anschließend das Internet nach idiotensicheren Möglichkeiten, aus dem Leben zu scheiden.

Derart vertieft in meine aufschlussreiche Lektüre, übersah ich fast das beharrliche Blinken meines uralten Chatprogramms, welches mein Computer lediglich aus lästig alter Gewohnheit tagtäglich startete. Dann jedoch las ich die Nachricht einer mir gänzlich unbekannten Person, die sich mir als Alex, frische 17 Jahre alt und wohnhaft 160 Kilometer entfernt, vorstellte. Auch wenn ich keinerlei Bedürfnis spürte, mich mit einem Menschen zu unterhalten, eine neue Bekanntschaft, geschweige denn eine Internetbekanntschaft aufzubauen, fühlte ich mich in dem Moment so von meinem Leben gelangweilt und großzügig angesichts dessen, dass meine Tage auf dieser Welt ohnehin gezählt waren, dass ich mich in ein Gespräch verwickeln ließ.

Vier Monate später machte der Kerl mir eine Liebeserklärung, die aus gleich zwei Gründen völlig unmöglich war: Ich bin kein liebenswerter Mensch, und außerdem kannten wir uns erst kurze Zeit. Wobei *kennen* eine überaus euphemistische Beschreibung ist für: Wir hatten bislang ausschließlich miteinander geschrieben, höchstens eine oberflächliche Bekanntschaft aufgebaut, weder jemals miteinander telefoniert, und schon gar nicht uns getroffen.

Weil sich Alex von seinen Gefühlen nicht abbringen ließ, konfrontierte ich ihn mit einigen Wahrheiten. Ich schrieb ihm, dass ich kein Interesse an dem vermeintlich stärkeren Geschlecht habe, und krönte diese Offenbarung mit Geschichten von meinen früheren beiden Beziehungen. Woraufhin Alex mir sein Mitleid bekundete und das Versprechen machte, gänzlich anders zu sein: »Ich werde dir niemals wehtun und nur machen, was du auch möchtest!« Genau das hatte mir damals auch mein zweiter Freund gesagt, bevor ich der Beziehung zugestimmt hatte, und spätestens an diesem Punkt hätte ich Reißaus nehmen müssen. Das tat ich natürlich nicht.

Die gesamte Begebenheit beinhaltete eine gewisse Absurdität, die unter anderen Umständen durchaus amüsant hätte sein können. Ich muss mir nicht einmal viel Mühe dabei geben, das Erlebte ins Lächerliche zu ziehen. Dabei war das alles, ganz im Gegenteil, sogar ziemlich ernst. Es tut nur weniger weh, wenn ich diese folgende Beziehung mit einer ungesunden Portion Ironie betrachte. Wenn ich mir meinen Schutzpanzer aus Sarkasmus anlege, dann werden die Schmerzen aushaltbarer. Ich nehme jeden Schutz mit, den ich überhaupt noch bekommen kann.

Im Januar 2006 besuchte ich ihn zum ersten Mal. Diese Situation war mir natürlich auf das Unangenehmste vertraut: Ich saß neben meiner Mutter im Auto, blickte aus dem Fenster, auf ein mir noch völlig fremdes Haus, in welchem mein künftiger Freund lebte. Das Übliche also.

Das erste Treffen war ziemlich ereignislos: Er saß auf seinem Bett, ich auf dem vier Meter entfernten Schreibtischstuhl, und in insgesamt drei Stunden sagte ich höchstens fünf Sätze. Umso erstaunter war ich, als ich auf dem Nachhauseweg eine Nachricht bekam, wie schön er die Zeit fand, und ob wir das nicht wiederholen könnten. Dazu hatte ich natürlich keine Lust. Doch wenn das

Wort *Nein* einfach nicht über die Lippen kommen möchte, fällt es dementsprechend schwer, es vermitteln zu wollen.

Wir trafen uns ein zweites und ein drittes Mal, bis er mich im Februar bat, seine Freundin zu werden. *Nein, nein, nein.* »Ja, gerne!«

2

Auf die Gefahr hin, dass ich mich wiederhole: Mein gesamtes Leben basiert auf zahlreichen Lügen. Ich lüge im Beisein meiner Freunde und Bekannten. Ich lüge ausschließlich im Beisammensein mit meiner Familie. Ich belüge mich ja sogar, wenn ich alleine für mich bin.

Daher war es mit Sicherheit schlechtes Karma, Schicksal oder ein Witz des Universums auf meine Kosten, dass mein neuer Freund ebenfalls ein notorischer Lügner ist. Lügen, egal ob kleine oder große, wurden ein fester Bestandteil in unserem Zusammensein. Schnell lernte ich, dass gut die Hälfte dessen, was er den lieben langen Tag sagte, nicht der Wahrheit entsprach. Wenn wir alleine waren, konnte ich mit dieser 50/50-Chance sehr gut leben. Im Grunde beinhaltete *jeder* seiner Sätze, ganz egal, ob es um etwas völlig Unwichtiges ging oder von entscheidender Bedeutung war, die Wahrscheinlichkeit einer Lüge. An manchen Tagen nahm ich mir vor, prinzipiell nur jeden zweiten seiner Sätze zu glauben. An anderen Wochenenden beschloss ich, dass alles, was er mir am Samstag sagte, wahr war – und alles, was er Sonntag von sich gab, komplett gelogen. Solche selbst aufgestellten Regeln machten es mit der Zeit leichter für mich.

Schwierig wurde es, wenn er im Beisein von anderen Menschen log, besonders, wenn ich die Wahrheit kannte, oder es uns, oder mich, betraf. Das bedeutete für mich, dass ich in solchen Momenten besonders präsent und aufmerksam sein musste, was mir generell schwerfiel und -fällt, damit ich jederzeit improvisieren, seine Lügen decken und mich ihnen anpassen konnte. Ihm hingegen bereitete es ein außerordentliches Vergnügen, dabei zuzusehen, wie ich manchmal doch ins Straucheln kam. Auf die Idee, ihn nur ein einziges Mal auffliegen zu lassen, kam ich nie.

Ebenso wenig wusste ich, dass es in einer Beziehung eigentlich um Liebe geht. Für mich war es das Normalste der Welt und völlig selbstverständlich, mit einem Mann zusammen zu sein, den ich im besten Fall und an besonders guten Tagen im Großen und Ganzen ganz okay fand.

Ein Mann, der bis zum Ende unserer Beziehung jede sich bietende Gelegenheit nutzte, mir zu sagen und zu zeigen, dass ich nicht genüge. Ich sei zu dick, zu unsportlich, zu hässlich, zu gehemmt, zu verklemmt, zu prüde, zu unbeweglich, eine Bewegungslegasthenikerin, mit einem grottenschlechten Geschmack für Musik, Bücher, Mode, Filme und eigentlich alles – nur bei ihm hätte ich blindes Huhn das richtige Korn gefunden.

Ein Mann, der mich sehr oft, bewusst und gezielt demütigte, erniedrigte, beschimpfte und beleidigte; mich vor anderen bloßstellte: Während unserer Beziehung brach das Pokerfieber in Deutschland aus, und mein Freund lud regelmäßig seine Bekannten zu Pokerabenden ein. »Gentlemen«, verkündete er beim ersten Mal mit gönnerhaftem Lächeln, »lasst uns zunächst mit einer Runde Strip Poker beginnen.«

Schnell wurden die ersten Proteste und Einwände laut, doch mein Freund unterbrach sie mit einer ungeduldigen Handbewegung. »Wir werden natürlich wie echte Männer spielen und Geld einsetzen. Die Einzige, die sich hier ausziehen wird, ist meine liebreizende Freundin.« Dann deutete er mit einer ausholenden Geste über mich, die bislang schweigsam, züchtig wie eine katholische Ordensschwester, die Hände brav zusammengefaltet, neben ihm gesessen hatte. Den Blick auf den Boden gerichtet.

Allgemeine Begeisterung war zu vernehmen. Die Männer grölten und jubelten.

Natürlich hätte ich mich wehren oder weigern können. Vor seinen Freunden hätte er mir sicherlich nicht wehgetan. Hoffte ich. Aber früher oder später wären wir wieder alleine.

Das erste Spiel verlor ich haushoch. Ich hatte niemals zuvor gepokert, und Mann machte sich auch nicht die Mühe, mir die Regeln zu erklären. Jedenfalls lernte ich niemals wieder und verinnerlichte ich ein Spiel so schnell wie dieses. Mein Pokerface war sowieso schon immer unschlagbar. Schon bald musste ich nicht einmal mehr einen Schuh ausziehen und verdiente mir eine goldene Nase. Irgendwann durfte ich dann während der Männer- und Pokerabende allein bei ihm zu Hause bleiben.

Mein Freund war nicht immer schlecht (na endlich! Dieser Satz *musste* ja noch fallen), sondern manchmal auch humorvoll und halbwegs charmant. Allerdings konnte seine Stimmung innerhalb weniger Sekunden von einem Extrem in das andere kippen. Bald lernte ich, welche meiner Worte oder Verhaltensweisen einen solchen Stimmungsumschwung auslösten, passte mich dementsprechend an. Dennoch musste ich immer sehr wachsam und vorsichtig sein mit dem, was ich sagte und tat. Wenn ich, oder irgendjemand anderes, ihn verärgerte, wurde er zwar sehr wütend, aber nie laut oder gewalttätig. Er verfiel stattdessen in eisernes Schweigen und konnte mich dann auch stunden- oder tagelang ignorieren.

Einmal hatte ich es gewagt, meine Taschen zu packen, und ich wäre auch fast zur Tür hinaus gewesen, um den nächsten Bus zu erwischen (ich fuhr immer 90 Minuten mit dem Bus und anschließend noch einmal 90 Minuten mit dem Zug – inzwischen war ich kein Kind mehr, und nicht mehr darauf angewiesen, dass meine Mutter mich fuhr), als er meinen Plan entdeckte und dann *wirklich* sauer wurde. Also blieb ich natürlich.

Ja, es gibt Schlimmeres, als von einem Menschen ignoriert zu werden, den man ohnehin nicht sonderlich mag. Aber eine derart angespannte, deutlich unterkühlte Stimmung und feindliche

Atmosphäre wirkt sich sehr auf die Nerven aus und war für mich kaum aushaltbar.

3

Alex war es gewohnt, alles zu bekommen – und dies schloss nicht nur mich, sondern auch meinen Körper ein. Mein Geist hatte zu diesem Zeitpunkt längst resigniert; ich verlor immer häufiger den Bezug zur Realität. Ich war eine taube, erstarrte Hülle. Es war, als hätte mein Körper die Schmerzen nicht mehr ertragen, und sich Stück für Stück von allem entfernt und verschlossen. Bis ich nur noch als Seele anwesend war.

Wenn ich freiwillig zu meinem Freund ins Bett kroch; wenn er mir seine Hand grob in mein Kreuz schlug und mich auf die Matratze schubste, dann war es, als geschähe es jemand anderen. Als beobachte ich alles aus sicherer Entfernung.

Gefühllosigkeit ist eine enorme Erleichterung.

Trotzdem. Wenn dem eigenen Körper Gewalt angetan wird, dann tut das *immer* weh. Niemals konnte ich weit genug fortgehen. Dorthin, wo das Leiden mich nicht mehr erreichen konnte. Und nachts, wenn mein Freund endlich friedlich neben mir schlief, schleppte ich mich in das Badezimmer. Woher ich überhaupt diese Kraft nahm, weiß ich nicht. Wollte vermutlich einfach nur weg von ihm. Ich erbrach mich, um seinen Geschmack loszuwerden und schrubbte so lange über meinen geschundenen Körper, bis meine Haut anfing zu bluten. Noch mehr. Dann rollte ich mich erschöpft auf dem Fußboden zusammen. Darauf wartend, dass der Schmerz abebbt. Obwohl er mich niemals ganz verlassen würde.

Ich weinte ständig. Musste mein Versprechen, nie wieder wegen eines Mannes zu weinen, brechen. Inzwischen war ich so müde, dass ich die Willensstärke nicht mehr finden konnte, aufrecht und mutig und furchtlos mit trockenem Auge alles zu erdulden. Nachts quälten mich Träume des Ertrinkens. Doch sobald ich davon wach wurde, stellte ich fest, dass es bloß die Tränen waren, die ich im Schlaf vergossen hatte.

Eine nicht verarbeitete traumatische Erfahrung kennzeichnet sich unter anderem dadurch, dass das Erlebnis nicht als Vergangenheit eingestuft werden kann. Die Bilder, die Gefühle, sämtliche Sinneseindrücke strömen ungefiltert in das Bewusstsein. Jede Sekunde davon fühlt sich an, als würde es jetzt in diesem Moment noch immer geschehen.

In mir lebt eine ganze Armee nicht integrierter traumatischer Bilder. Jederzeit bereit, gegen mich in den Krieg zu ziehen.

Wenn ich also heute, Jahre später, auf diese Beziehung zurückblicke, fühlt sie sich einerseits abgeschlossen an. Es gelingt mir, von ihr in der Vergangenheit zu erzählen.

Doch die schlimmsten Situationen fühlen sich nicht an, als wären sie erst gestern geschehen. Sondern als stecke ich noch mittendrin.

Ich habe in den letzten Wochen und Monaten Dutzende Hefte vollgeschrieben, immer nur mit diesem einen Satz: »Es ist vorbei. Es *war*, und heute *ist* es vorbei.« Manchmal, wenn die Bilder und Gefühle mich überfluten, breche ich entweder völlig zusammen, oder ich schaffe es, ein leeres Blatt Papier aus meinem Drucker zu ziehen, und dann schreibe ich. Das Datum des heutigen Tages. Blatt um Blatt.

Ich lebe in der Gegenwart. Ich bin in Sicherheit.

Die Vergangenheit ist vorbei.

Aber all das? Ist erst heute geschehen:

*

Es ist Freitag und ich steige aus dem Bus. Sehe meinen Freund, wie er an der Tür seines Autos lehnt. Ich beginne, mir selber eine Geschichte zu erzählen: *Es war einmal ein kleines Kaninchen. Es lebte in einem großen, geräumigen Außengehege, unter dem Schatten eines Apfelbaums.*

Beim ersten Mal war die Geschichte viel zu früh beendet. Noch am selben Tag tauchte ich wieder auf. Kehrte zurück. In mich. Gewaltsam in die brutale Realität der Gegenwart, entrissen dem Schutz meiner Gedanken. Also musste ich meine Geschichte ausbauen:

Das kleine Kaninchen trug immer eine kleine, goldene Taschenuhr bei sich, damit es jederzeit die Uhrzeit im Blick hatte. »Ich komme zu spät, ich komme zu spät«, rief es immerzu, und drehte dabei verzweifelt aufgeregte Runden im Gras, im Schatten unter dem Apfelbaum …

Kreativität und Fantasie sind äußerst effektive Waffen im Kampf um das eigene Überleben, aber oft scheint es mir, als sei ich nur spärlich ausgerüstet. Es ist schwer zu denken, an Kaninchen und Freiheit und Sonnenschein, wenn Angst und *Bitte nicht* und *Bitte lass mich gehen* die eigenen Empfindungen vereisen.

Sobald wir zu Hause ankommen, läuft er in sein Zimmer. Ich folge langsam. Meine Füße tragen mich vorwärts, über den Flur, durch das Wohnzimmer, entlang der Küche, dem Bad. Irgendwann zu früh stehe ich in seinem Zimmer. Er ist bereits ausgezogen, die Hände ungeduldig gegen die nackten Hüften gestemmt. »Nun komm schon«, drängelt er. Ich lasse meine Tasche fallen, meine Finger entkleiden mich von ganz alleine. Einstudierte Bewegungen.

Das erste Mal geht immer schnell vorüber. Wahrscheinlich liegt dies bloß an meiner persönlichen Wahrnehmung, weil zu Beginn des Wochenendes mein innerer Schutzwall noch am ehesten intakt ist.

Dann ziehen wir uns an und laufen in den Supermarkt. Ich fülle mein Körbchen: Schokolade, Chips, Pudding, Eis, Kekse, Kuchen, Törtchen, süße Brötchen, Cornflakes, Nutella.

In den folgenden zwei Tagen esse ich alles auf. Alles. Sie verlaufen auch immer gleich: Er vergnügt sich mit mir. Ich krieche ins Badezimmer und wasche all die Tränen und andere Flüssigkeiten von meinem Körper. Wenn ich wieder komme, sitzt er bereits, nackt, vor seinem PC und spielt Computerspiele. Ich schnappe mir eine Decke, hülle mich darin ein, setze mich neben ihn und esse wahllos. Irgendwann reckt und streckt er sich, geht ins Bett, ich folge ihm widerwillig. Dann wiederholt sich alles. Immer das gleiche Spiel.

Eigentlich war ich immer eher schlank, mager vielleicht, und obwohl mir selbst die Waage verrät, dass sich mein Gewicht sehr hartnäckig im unteren Normalgewicht hält, sehe ich bald nur noch Fett. Fühle mich dick und massiv und schwabbelig und verquollen und ekelhaft und widerlich. Möchte mich übergeben, weil ich meinen Körper – meinen Bauch, meine Hüften, meine Oberschenkel absolut abstoßend finde.

Aufrecht hält mich nur diese eine Hoffnung: Vielleicht ekelt auch er sich bald vor meinem Körper und wird mich nicht mehr anfassen? Aber das tut er nicht. Er lacht und nennt mich fett und kneift in meine Rundungen und macht sich über mich lustig und stellt mich bloß. Aber in Ruhe lässt er mich nicht. Und weil alles so sinnlos ist, nehme ich irgendwann auch wieder ab. Mir kommt der Gedanke, ob ich vielleicht gar nichts mehr wiegen sollte.

Wenn ich federleicht bin und nur noch aus Haut und Knochen bestehe – also dann gäbe es doch auch nichts mehr, was er berühren und beschmutzen könne?

4

Im zarten Alter von drei Jahren verlor ich meine Unschuld. Spätestens acht Jahre später auch noch meine Würde. Selbstachtung ist ein Fremdwort für mich. Das Schönste an den Dingen, die wir nicht, oder nicht mehr, besitzen, liegt doch darin, dass wir sie wenigstens nicht verlieren können. Nun liegt die Kuriosität der Würde darin, dass man sie immer wieder verlieren kann, ohne erneut in den Genuss gekommen zu sein, sie zurückzuerlangen.

Und der Verlust tut immer und immer wieder aufs Neue weh. Mir scheint es, als würde mir das Leben weder Gnade noch eine kurze Auszeit gewähren.

Ich liege mit dem Bauch auf dem Bett meines Freundes. Mit der einen Hand drückt er meine Schultern fest gegen die Matratze – selbst wenn ich es mir erlauben würde, könnte ich doch nicht weglaufen. Mit der anderen zieht er vielleicht meine Hose runter. Vermutlich nicht. Wahrscheinlich war ich bereits ausgezogen. »Ich wollte schon immer mal wissen, wie es ist, mit einem Mann zu schlafen. Ich will dir nicht wehtun«, raunt er mir zu, und für eine geschlagene halbe Sekunde hege ich alberne Hoffnung. Hoffnung ist ein ziemlich hinterhältiges, grausames Spiel mit dem Verstand.

»Aber ich werde es trotzdem tun. Schrei nicht.«

Schmerzen erschrecken mich nicht; du kannst mir keine Angst machen, will ich ihm sagen. *Ich kann alles aushalten*, möchte ich lügen.

Aber es tut weh. Mehr als alles andere. Doch ich bleibe stumm und schreie nicht über den schmerzhaften Verlust meiner Würde.

*

Manchmal liege ich auf dem Rücken auf seinem Bett, er sitzt auf meinem Bauch. Wir beide sind nicht angezogen. Er fasst sich selber an, und ich bin froh, dass ich es nicht tun muss. »Mach die Augen auf«, herrscht er mich an, und hilflos fixiere ich das Muttermal an seiner Hüfte. Irgendwann schließt er verzückt die Augen, und ich bin froh, endlich wegsehen zu dürfen. Seine Atmung geht schneller und mein Herz schlägt schneller. Es rast und schlägt schmerzhaft gegen meinen Brustkorb, aber vielleicht sind es auch seine groben Stöße, und dann benetzt warme, zähflüssige Feuchtigkeit mein Gesicht. Den Hals, die Wangen, die Augenlider, und ich weine, aber es sind nicht meine Tränen. Er kommt, und ich gehe.

Ins Badezimmer, und schrubbe mir lange über die Haut, aber dieser Körper wurde schon auf so viele denkbare Weisen beschmutzt, dass es ja doch nichts nutzt. Ich sehe meiner Würde hinterher, wie sie gemeinsam mit all dem anderen Dreck den Abfluss hinunterrinnt.

Manchmal zwingt er mich auch, alles zu schlucken. Also schlucke ich: meinen Stolz, meine Würde. Meine Achtung und meinen Respekt vor mir selber.

Manchmal werde ich frühmorgens davon wach, dass er auf mir und in mir ist. Dann möchten mein Geist und mein Bewusstsein den Schlaf der Nacht abschütteln, mein Verstand sich wieder in irgendeinen Traum flüchten, während mein Körper schlagartig hellwach ist, sich verkrampft und fliehen will. Aber ich kann nur dort liegen, bis mein Freund irgendwann fertig ist. Ächzend von mir rollt und für die nächsten Stunden in den Schlaf der Glückseligen fällt. Und ich schleiche mich ins Badezimmer, um ihn nicht wieder aufzuwecken. Wenn er einige Zeit später wieder erwacht, bin ich fast so weit zu glauben, dass das frühmorgendliche Ereignis bloß ein böser Traum war.

Manchmal beginnt unser gemeinsames Wochenende damit, dass mein Freund mit vor Stolz geschwellter Brust mir den neusten Zuwachs seiner umfangreichen Pornosammlung präsentiert. Anschauungsmaterial, wie er mir einst erklärte. Interessante, vergnügliche Lehrfilme. »Pass sehr gut auf«, befiehlt er dann immer. Und mit einer teuflischen Engelsgeduld: »Ich weiß, dass du dafür zu bescheuert und dämlich bist – aber wir werden das anschließend so lange nachmachen, bis ich zufrieden mit dir bin.« Ich habe hingesehen, habe studiert, habe gelernt, war aufmerksam und ganz die gelehrige Schülerin, die er haben wollte. Darum bin ich heute auch bestens darin ausgebildet, einen Mann im Bett auf dem Sofa im Auto unter der Dusche im Schwimmbad in der Küche unter freiem Himmel zu beglücken. Wenn ich sonst schon nichts kann – das schon. Macht sich mit Sicherheit hervorragend in meinem Lebenslauf unter »Sonstige Qualifikationen«. Ich hasse hasse hasse es. Doch wenn jeder Widerstand zwecklos ist, was verbleiben dann noch für Alternativen?

Manchmal fesselt er meine Hände und verbindet mir die Augen, weil er glaubt, so seine absolute Macht über mich demonstrieren zu können. Dabei sind dies die friedlichsten Momente für mich. Meine Arme sind an das Bettgestell gebunden. Ich kann mich nicht wehren, nicht weglaufen, nicht kämpfen, mich nicht beschützen. Ich bin ihm ausgeliefert. Er kann dann alles mit mir machen. Er macht dann all diese unaussprechlichen Dinge mit mir. Doch selbst wenn meine Hände frei wären – ich könnte, ich würde mich nicht wehren. Gefesselt kann ich mir wenigstens vergeben, derart schutzlos zu sein. Ich bin zwar blind, aber das Grauen wird nicht weniger schlimm, wenn ich ihm ins Gesicht sehen könnte. Ich muss nicht einmal meine Augen schließen, um zu verschwinden. Solange mich die Dunkelheit empfängt, kann ich mich überall verstecken und überall sein. Bloß nicht auf diesem Bett.

5

Drei Jahre und vier Monate. Manchmal war ich nur jedes zweite Wochenende dort. Manchmal eine ganze Woche, oder zwei, oder drei, wenn ich zum Beispiel Ferien hatte. Im letzten Jahr kam auch er mich sehr oft besuchen.

Ich dachte, das würde nie enden. Unverhofft kommt oft. Leider viel zu selten. Doch es kam, im Juni 2009, in Form einer kurzen E-Mail:

Hallo Schatz,

ich habe mal ein bisschen nachgedacht. Ich würde sehr gerne mal einen Dreier ausprobieren. Ich weiß, ich weiß – du würdest Nein sagen. Nicht, dass das von Bedeutung wäre.

Doch musst auch du zugeben, dass du eher vom Freundinnen-Typ »Willenlose Spielzeugpuppe« bist, und ich möchte mich nur ungern mit dir blamieren. Ich fahre am nächsten Wochenende mit zwei Frauen zelten, und dann wollen wir drei es ausprobieren. Für den Moment erachte ich unsere Beziehung als beendet, weil mir der Sinn nach etwas mehr Aufregung steht, aber ich würde mich bei dir melden, sobald sich dies ändert.

Gruß,

Alex

Verletzt war ich nicht. Traurig ebenso wenig. Sprachlos trifft es ganz gut.

Ich verlor mit einem Schlag sämtlichen Lebenswillen. Während der letzten drei Jahre und vier Monate hatte ich mich jeden Morgen aufs Neue durch den Tag gekämpft. Habe alles versucht, um die Wahrheit zu verleugnen und die Beziehung möglichst unbeschadet zu überstehen. Diese Mühe brauchte ich mir nun nicht mehr zu machen. Der Kampf war vorüber, ließ mich müde und erschöpft zurück.

Das Ende der Beziehung war das Beste, was mir geschehen konnte. Sein größtes Geschenk: meine Freiheit.

Heute glaube ich, dass es bereits zu spät kam.

Ich weinte einen ganzen Tag lang.

»Liebeskummer geht vorüber«, tröstete Holly mich. »Auch wenn es sich jetzt so anfühlen mag. Ist es nicht das Ende der Welt.«

»Es wird alles wieder gut«, beruhigte meine Mutter mich. »Du wirst noch viele andere nette Männer kennen- und lieben lernen.«

Nicht meinem Exfreund weinte ich nach. Ich weinte um mich. Um das Kind von damals. Um die viel zu früh verlorene Unschuld.

Ich war untröstlich.

Am zweiten Tag schloss ich mich in meinem Zimmer ein. Nach dem Aufstehen holte ich meine Rasierklinge hervor, um mein Leben zu beenden. Stattdessen griff ich nach einem schwarzen Edding, und schrieb mir *Es ist vorbei* quer über das linke Handgelenk. Dann über das rechte. Bald über meinen ganzen Körper. Jedes Stückchen Haut. Die gleichen drei Worte:

~~Es ist vorbei Es ist vorbei.~~

Es ist zu spät. Es ist niemals vorbei.

Ich erhob mich vom Fußboden, lief runter in das Badezimmer, stellte mich unter die Dusche, wusch die Farbe ab und sah zu, wie die Wahrheit fortgespült wurde. Kehrte zurück in mein Zimmer, verriegelte erneut die Tür. Saß apathisch auf dem Boden vor meinem Bett. Wiederholte diesen einen Satz. Meine einzige Wahrheit. Stunde um Stunde. Bis weit nach Mitternacht:

Es ist nichts passiert. Es ist nichts passiert. Es ist nichts passiert. Es ist nichts passiert.

Es ist nichts passiert. Es ist nichts passiert. Es ist nichts passiert. Es ist nichts passiert.

Es ist nichts passiert. Es ist nichts passiert. Es ist nichts passiert. Es ist nichts passiert.

Am dritten Tag war ich endlich so weit, diese Lüge zu glauben.

»Ich fliege übernächsten Monat für drei Wochen nach Irland, Katharina besuchen. Immerhin habe ich sonst noch keine Pläne für meine Semesterferien«, verkündete ich meiner Mutter am Mittagstisch.

»Katharina *wer*?«

»Katharina *kennst du nicht.*«

»Ach die«, meinte meine Mutter nur spöttisch.

»Ja, die. Für mein Studium möchte ich sowieso noch ein Auslandssemester absolvieren und vielleicht kann ich dort Kontakte knüpfen.« Kontakte knüpfen. Ausgerechnet ich. Wahrscheinlich gibt es keinen kontaktscheueren Menschen auf dieser Welt als mich.

Das musste auch meine Mutter wissen, doch sie zuckte nur mit den Schultern.

»Tu, was du nicht lassen kannst. Das hast du ja schon immer gemacht.«

Irland. Die grüne Insel. Grün wie die grausame Hoffnung.

Eigentlich könnte ich doch gleich auswandern. All meine Ängste und Sorgen in Deutschland lassen. Ein neues Leben beginnen. In Irland. Mit Kathi. Meiner ersten und letzten großen Liebe. Der einzigen Person, die mir ein echtes Lachen entlocken kann.

Dabei sollte gerade ich es besser wissen. Mein Leben lang schon bin ich auf der Flucht vor meiner Vergangenheit. Ich kann sie nicht hinter mir lassen. Sie ist mir mindestens zwei Schritte voraus. Ich trage die Gefühle und Bilder und Erinnerungen in mir. Egal, ob ich in Deutschland, in Irland, auf den paradiesischen Malediven oder im bitterkalten Sibirien bin.

Zwar kann ich mich für eine lebenslange Flucht entscheiden. Ein Entkommen gibt es jedoch nicht. Nie.

Kathi sagte mir später Folgendes: »Als ich dich im August endlich wiedersehen durfte, da warst du nicht mehr der Mensch, den ich kennen- und lieben gelernt habe. Du hast einen völlig verstörten, teils auch apathischen Eindruck auf mich gemacht. Du hast nie gelacht, alles einfach nur teilnahmslos hingenommen. Du konntest dich weder für etwas begeistern, noch dich auf etwas einlassen. Wir konnten früher stundenlang miteinander sprechen, aber plötzlich hast du, wenn überhaupt, nur noch das Nötigste gesagt. Das warst einfach nicht mehr du.«

So gesehen kann ich ihr heute keinen Vorwurf machen, dass das lang ersehnte Wiedersehen nicht so verlief, wie wir beide es uns erhofft hatten.

2009

1

Nach all dem, was ich während der letzten 20 Jahre erlebt habe, gibt es noch immer ziemlich profane Dinge, die mir eine Heidenangst einjagen. Spinnen in sämtlichen Größen und Formen, zum Beispiel. Oder Fliegen. Nicht das Insekt, sondern Fliegen wie in *mit dem Flugzeug fliegen*. Genau das steht mir jetzt bevor.

Mein Vater hat mich am frühen Morgen großzügigerweise nach Düsseldorf zum Flughafen gefahren. Mir geholfen, mein Gepäck aufzugeben und den richtigen Schalter für den Check-in zu finden. Danach klammerte ich mich vielleicht zum ersten Mal in diesem Leben, ganz Papas kleines Mädchen, ziemlich verzweifelt an ihn.

Erkenntnis des Tages: Die Angst vor dem Fliegen ist größer als die Angst vor meinem Vater.

Es ist mein wahr gewordener Albtraum: Ich muss sicheren Boden verlassen, mich vertrauensvoll in die Hände eines fremden Mannes begeben, und egal, was dort in 10.000 Meter Höhe geschieht, ich habe keinerlei Kontrolle darüber. Der absolute Wahnsinn.

Mein Vater derweil war ziemlich verdutzt, erholte sich jedoch schnell von diesem Schock und verabschiedete sich.

Jetzt bin ich auf mich alleine gestellt.

Ich würde es viel lieber mit einer Horde wilder Männer aufnehmen, als gleich in dieses Flugzeug zu steigen.

Wie auf Kommando löst sich aus einer in der Nähe stehenden Traube Menschen ein junger Mann und steuert zielstrebig direkt auf mich zu. Ich blicke mich um, ob er vielleicht jemand anderen meint, oder ob ich mich idealerweise hinter irgendeiner Pflanze verstecken könne, doch dann steht er mir auch schon gegenüber. »Hey, du siehst echt ziemlich blass aus«, bemerkt er das Offensichtliche, schenkt mir dabei aber ein sympathisches Lächeln.

»Mh jaa … Habe Flugangst«, bringe ich hervor.

Er will mir ein Trinkpäckchen Orangensaft anbieten, welches ich jedoch dankend ablehne. »Ich heiße übrigens Thomas!« Thomas. Thomas.

»Ähm hi … Thomas.« Meine Stimme ist piepsig und ich bringe nur ein jämmerliches Stottern zustande. Ich merke, wie mir das Blut in die Wangen schießt. Innerlich verfluche ich meine soziale Phobie und blicke betreten zu Boden, damit er meinen hochroten Kopf nicht sieht.

Mir steigt ein bekannter, allerdings nicht vertrauter Geruch in die Nase. Sein Rasierwasser.

Ich muss kurz niesen. Blinzle danach wie eine Idiotin.

Im nächsten Moment kommt mir der Gedanke, wie absolut faszinierend es doch ist. Ihn und mich dort stehen zu sehen. Mit welcher Souveränität wir Small Talk betreiben. Wie ich fröhlich lache und flirte, mit den Wimpern klimpere, an meinem Trinkpäckchenstrohhalm nuckle.

Dann wird unser Flug aufgerufen. Ich folge mir in den Flieger.

*

Dublin Airport. Ich habe überlebt.

Schnell sind meine Ängste jedoch vergessen, und ich spüre, dass ich aus einem völlig anderen Grund sehr nervös werde: Katharina hat mich entdeckt und kommt lächelnd auf mich zu. Das sanfte Flattern meines Herzens entwickelt sich viel zu rasant zu einem halsbrecherischen Galopp. Warum kann ein gebrochenes Herz noch immer schlagen? Und was hat mir mein Arzt noch gleich über Panikattacken gesagt? Atmen. Ruhige, tiefe, regelmäßige Atemzüge.

»… dich zu sehen!«, höre ich Kathi endlich sprechen. Dann umarmt sie mich herzlich und drückt mir anschließend einen wunderschönen Strauß Blumen in die Hand. »Tut mir leid«, erklärt sie mir mit einem zerknirschten Lächeln. »Ich habe während der ganzen

Autofahrt nach einem Blumenladen Ausschau gehalten, aber bin erst hier am Flughafen fündig geworden. Ich weiß, dass es nicht gerade die schönsten Blumen sind.«

Ich finde sie fantastisch. Phänomenal. Noch nie habe ich Blumen geschenkt bekommen. Mir fällt auf, dass ich noch immer kein Wort gesprochen habe, aber mein Kopf ist so leer. Die Angst ebbt nur langsam ab.

2

Kathi und ich haben gestern mit Sicherheit noch viele spannende Sachen unternommen, aber nach dem Aufwachen erinnerte ich mich nur noch daran, wie sie mich am Flughafen in Dublin abholte. Früher oder später werde ich nicht mehr umhinkommen, mir über die vielen Filmrisse in meinem Leben ernsthafte Gedanken machen zu müssen.

Lediglich eines Gefühls entsinne ich mich. Anspannung. Einst konnten wir unbeschwert miteinander umgehen, heute habe ich Sorge, mit ihr zu sprechen, weil ich mich absolut uninteressant und wertlos fühle. Und da ist diese hartnäckige Angst, dass sich ihre Enttäuschung darüber, dass ich nicht mehr der lebensfrohe Mensch von damals bin, bald in Hass wandeln wird. Außerdem hat sie mir einen Tag vor meinem Flug erzählt, dass sie sich in ihren Arbeitskollegen Florian verliebt habe und eine Beziehung mit ihm eingegangen sei.

Mich hat diese Neuigkeit ~~sehr verletzt~~ erstaunlich kalt gelassen.

*

Katharina hat im Moment Frühschicht, ist also schon seit sechs Uhr auf der Arbeit. Ich habe versucht, mich im Haushalt nützlich zu machen, aber schnell heftete sich die Langeweile penetrant an meine Fersen. Daher bin ich froh, Anspannung hin oder her, als am Nachmittag die Haustür aufgeschlossen wird und ich Kathis schöne Stimme höre: »Halloo! Ich bin zurück und habe einen Arbeitskollegen mitgebracht.«

Gut, der Inhalt dieser Worte hätte schöner ausfallen können, aber wenigstens ist sie endlich zurück. Und ihr Begleiter überraschend gut aussehend: groß, schlank und muskulös. Stilsicher gekleidet, mit dunkelblonden Haaren, schönen hellblauen Augen und einem selbstbewussten, arroganten Blick. Zielstrebig läuft er auf mich zu und begrüßt mich mit einem kräftigen Händedruck. »Entschuldige bitte diesen Überfall. Katharina hat mir von dir erzählt und mich neugierig gemacht! Hättest du Lust, mit uns beiden in die Stadt zu fahren? Ich heiße übrigens Johannes, werde aber Jo genannt!«

Jos ganzes Auftreten wirkt auf mich sehr einschüchternd, aber seine Stimme klingt freundlich. Vielleicht stimme ich deswegen zu, und wir entscheiden uns für ein kleines Café in der Innenstadt. Solange es Kaffee gibt, kann die Lage nicht so ernst sein, und fast könnte ich diesen Moment genießen. Wenn ich meine Ruhe hätte und alleine hier sitzen dürfte.

Kathi und ihr Kollege plaudern hauptsächlich über die Arbeit, aber immer wieder versucht Jo, mich ebenfalls in das Gespräch mit einzubeziehen.

Ich möchte nicht sprechen, und schon gar nicht mit einem Mann, und gleichzeitig verachte ich mich dafür, wie ungesellig ich doch bin. Ich mache lahme Witze, über die sich Jo jedes Mal köstlich amüsiert, und allmählich beschleicht mich dieses irritierende Gefühl, dass er mich, trotz allem, nett finden könnte. Diese Unterhaltung entwickelt sich also in eine völlig falsche Richtung. Als ich daher nach meinen Lieblingsfilmen gefragt werde, nenne ich ihm irgendwelche romantischen Schnulzen, die mir in den Sinn kommen, in der Hoffnung, ihn damit abzuschrecken. »*Dirty Dancing*?«, werde ich von ihm unterbrochen. »Vermutlich bin ich der einzige Mensch, der diesen Film noch nicht gesehen hat. Mein Favorit ist *Pulp Fiction*. Den wirst du bestimmt nicht kennen?« Das stimmt. Allerdings hätte Jo auch meinen absoluten Lieblingsfilm nennen können. Konsequent hätte ich verleugnet, diesen Film überhaupt zu kennen, oder dass ich sämtliche Dialoge auswendig mitsprechen könnte. Einzig in dem Bestreben, möglichst viele Unterschiede zwischen uns herauszuarbeiten. Immerhin gesellt sich Gleich und Gleich äußerst gern. Aber sollte er nach der Devise *Unterschiede ziehen sich an – und anschließend aus* leben, habe ich mir ein Eigentor geschossen.

Und tatsächlich sagt Jo nun das Schlimmste, was überhaupt hätte passieren können: »Komm mich doch mal abends besuchen. Wir können uns beide Filme ansehen und unsere jeweiligen Bildungslücken schließen.«

Das klingt nach einem sehr netten Vorschlag, ohne jegliche Hintergedanken. Wir wären bloß zwei erwachsene Menschen, die gemeinsam DVDs anschauen. Was wäre denn schon dabei?

~~Vielleicht ist *DVD Schauen* in seinem Wortschatz ein Synonym für *Ich vergewaltige dich.*~~

Nein. Niemals. Niemals werde ich alleine zu dir nach Hause kommen. Du magst noch so harmlos sein, und diese Einladung ganz unverfänglich. Trotzdem begebe ich mich nicht in deine Fänge, sagen meine Gedanken.

Es ist schwer vorstellbar, dass ich überhaupt jemals wieder eine Bekanntschaft zu einem Mann aufbauen werde. Nein. Niemals.

Doch meine Stimme spricht: »Toller Vorschlag. Richtig lieb von dir, und ich fühle mich sehr geschmeichelt. Aber Kathi und ich haben so viele gemeinsame Pläne, und ich weiß nicht, ob ich jemals die Zeit für einen solchen Abend finden werde. Vielleicht. Irgendwann?«

Jo scheint ehrlich gekränkt zu sein, dass ich ihm nicht jubelnd um den Hals gefallen bin und seine Einladung begeistert angenommen habe.

Er wendet sich an Kathi: »Aber beanspruche deine Freundin nicht zu sehr. Ich will auch noch etwas von ihr haben!« ~~*Der Mann*~~

~~*mir gegenüber lächelt. Und es ist grausam, wie wunderschön ihn dieses Strahlen macht.*~~

»Keine Sorge. Wir haben doch noch den ganzen Urlaub vor uns!« Von mir ist noch genug für alle da.

3

Die Tage plätschern so dahin. Das Wetter, grau und verregnet, gleicht sich hervorragend meiner Stimmung an. Kathi hat mir ein eigenes Facebook-Konto eingerichtet und mich anschließend im 21. Jahrhundert willkommen geheißen. Mittlerweile bin ich stolze Besitzerin einer millionenschweren Farm, mit zwanzig Kühen, einer Handvoll Schafen, zwei Apfelbäumen und einem Elefanten. Außerdem habe ich ganze drei Freunde dort: Kathi, Jo und irgendeinen Koreaner, den ich überhaupt nicht kenne. Anscheinend bin ich sehr beliebt. Immer, wenn mich der Anblick meiner kümmerlichen Freundesliste zu sehr deprimiert, verfalle ich in Frust-Shoppen und kaufe mir ein neues Schaf.

Von Kathi bekomme ich nicht viel mit. Wenn ich morgens aufstehe, ist sie bereits auf der Arbeit, und nach Feierabend legt sie sich schlafen – um nach einigen Stunden völlig schlaftrunken, mit zerzaustem Haar, wilden Augen und leicht außer Atem in der Wohnzimmertür zu erscheinen. »Herrje Charly, warum hast du mich denn nicht geweckt! Ich kann doch nicht den ganzen Tag verschlafen. Um 16 Uhr beginnt doch das *World of Warcraft* Gildenevent!« Sprichts, und hechtet mit nur zwei großen Schritten an den Computer. Setzt ihr Headset auf und verschwindet irgendwo in der Scherbenwelt.

Irgendwann mache ich uns Mittagessen (Instantnudeln mit Curry, über die ich bloß kochendes Wasser gießen muss). An guten Tagen bemerkt sie mich sogar, wenn ich ihren Teller wortlos neben dem PC abstelle: »Nein, nicht dahin. Wir kämpfen doch gleich gehen den Lichkönig und dann brauche ich hier Platz!!«

Ich lese viel, bediene mich dabei großzügig an ihrer Büchersammlung. Inzwischen habe ich acht Romane durchgelesen, und wenn das in diesem Tempo weitergeht, habe ich spätestens ab nächster Woche ein Nachschubproblem. Zwischendurch baue ich außerdem Weizen an, ernte Reis und füttere meinen Elefanten. Wenn ich nichts mehr zu tun habe, bereite ich unser Abendessen zu (Brot mit Erdnussbutter und Nutella – ich vollbringe hier wahrhaft kulinarische Höchstleistungen), und gegen 22 Uhr lege ich mich schlafen.

Werde Stunden später kurz wach, wenn Kathi ebenfalls in unser Bett kriecht. Wenn ich am nächsten Morgen wieder aufstehe, ist sie schon lange wieder arbeiten.

Katharinas und meine sehr wenigen Unternehmungen lassen mich bislang immer wünschen, zu Hause geblieben zu sein. Wir haben zum Beispiel Jo besucht. Ihn, und seine vier männlichen Mitbewohner. Einmal im Monat treffen sich die sechs für eine *Pen & Paper*-Rollenspiel-Nacht. Für mich bedeutete dies, dass wir ab 18 Uhr dort waren – ich, in einer fremden Wohnung, mit fünf fremden Männern. Der absolute Wahnsinn. Kathi und ihre Mitstreiter haben sich mit Stift, Papier und Würfeln bewaffnet und bis fünf Uhr morgens so getan, als wären sie ein Clan Vampire, derzeit auf der Flucht vor einem blutrünstigen Rudel Werwölfe.

Einzig – und ausgerechnet – Jo hat sich zwischendurch erbarmt, einige Worte mit mir zu wechseln: »Sag mal, hast du meine Facebook-Nachricht noch gar nicht gelesen?« Welche der 750? »Ähm doch, ich glaube schon, mmmh, ja, ganz bestimmt …« Ich bin unheimlich wortgewandt, wenn ich mit einem Mann sprechen muss. »Nur Kathi und ich haben so unfassbar viele Pläne und sind immer unterwegs, Irland erkunden …«

Ein verwirrtes Stirnrunzeln lässt mich erahnen, dass er mir diese Lüge nicht gänzlich abnimmt. Jedoch höflich genug ist, nicht darauf einzugehen. Dafür fragt er mich erneut, wann wir uns denn endlich sehen würden, wegen des geplanten DVD-Abends.

Wieder gerate ich ins Stottern. Erzähle ihm irgendetwas von ach so vielen Plänen, aber dass ich seinen Wunsch natürlich immer noch im Hinterkopf habe und mich melden würde, sobald sich eine Gelegenheit ergäbe, da mir auch wirklich daran gelegen sei. Dabei verstehe ich nicht, wieso ich ihm nicht ehrlich und deutlich absagen kann, sondern ihm immer weiter Hoffnungen machen muss. Mein Verhalten ist grausam und unfair.

An einem anderen Tag veranstalten Kathi und ich einen sehr epischen Kochabend. Alles beginnt mit einer Frage: »Was hältst du davon, wenn wir heute für Flo und seine Mitbewohner kochen? Sie haben Spätschicht und wir könnten sie damit überraschen.« Kathis Arbeitskollegen sind allesamt männlich und haben sich einem Rudelverhalten gleich in diversen WGs zusammengeschlossen. Als einzige Frau in ihrem Freundeskreis umgibt Kathi sich für meinen Geschmack mit viel zu viel Testosteron, wodurch auch ich momentan ständig zwangsbeglückt werde.

Ich will schon absagen, aber dann vibriert mein Handy, um eine eingehende SMS anzukündigen: *Hi Süße. Jo hier! Hast du Lust, heute Abend zu mir zu kommen? Wir müssen noch DVDs gucken und uns läuft die Zeit davon!!*

Es fällt mir immer schwerer, ihm abzusagen und Ausreden zu finden, aber nun kann ich, ohne lügen zu müssen, antworten: *Tut mir leid, Kathi und ich haben heute schon Koch-Pläne. Ein anderes Mal vielleicht?*

Sehr viele Stunden später bin ich um einige Gewissheiten reicher: Solange mehr Rotwein im Koch als im Essen landet, kocht es sich mit Alkohol um ein Vielfaches leichter; eine Flasche Rotwein ist zu zweit schnell leer; die zweite wie durch ein Wunder noch schneller; Rotwein verträgt sich gut mit Rum; ich vertrage keinen Rotwein; ich bin sturzbetrunken.

Essen ist eigentlich doch ziemlich nebensächlich und maßlos überbewertet. Die Küche ist ein echtes Schlachtfeld. Die Bolognesesoße ist vor einigen Minuten übergekocht, darum gibt es nur noch

Lasagne. Die Nudelplatten haben wir schon aus ihrer Verpackung geholt, die Auflaufform aus dem Schrank. Nach unserer grandiosen Vorarbeit können die Männer wirklich den Rest machen, immerhin dürften sie bald zurück sein.

Kathi und ich liegen inzwischen auf einem viel zu kleinen Sofa, nachdem wir uns unter größter Mühe und körperlicher Anstrengung daraufgequetscht haben. Philosophieren über Gott und die Welt und all die Worte, die ich während der letzten Wochen nicht gesagt habe, purzeln wie selbstverständlich aus meinem Mund.

Während der letzten Stunde habe ich so viel und so herzlich gelacht, wie noch niemals zuvor in meinem ganzen Leben. Gerade eben lag Kathi auch noch neben mir, bis sie vor wenigen Sekunden in einem erneuten Lachanfall vom Sofa rollte und mit einem lauten *Rumms* auf dem Fußboden neben mir landete. »Ouch«, höre ich kurz darauf eine Stimme von unten.

Eventuell müsste ich mir Sorgen machen, aber da erklingt auch schon ihr schallendes Lachen, und auch ich pruste wieder los. Tränen laufen mir über die Wangen, und ich lache und schniefe gleichzeitig. Außerdem habe ich einen Schluckauf.

Katharinas Kopf taucht wieder in meinem Sichtfeld auf, und ich gebe mir Mühe, mich halbwegs aufrecht hinzusetzen.

»Du bist wunderschön«, flüstert sie, plötzlich ernst geworden. Ich grinse schief. »Du bist betrunken, Kathi.« Unerwartet schüttelt sie den Kopf. »Nein. Ja, wahrscheinlich. Aber trotzdem. Du *bist* schön. Es tut mir so unendlich leid, dass …«

Ich unterbreche sie, indem ich ihr einen Finger auf die Lippen lege. Lächle verlegen.

Sie streckt ihre Hand nach mir aus und fährt mir damit durch die Haare. Wickelt einige Strähnen um ihre Finger. Und macht mir die allerschönsten Geständnisse: »Außerdem liebe ich deine Haare. Ich wollte die letzten Tage immer und immer wieder über deine Haare streichen. Ich würde dich sehr gerne küssen. Wenn ich darf.« Und ich kann nicht mehr denken und mein Kopf ist leer und ich weiß nicht, ob ich überhaupt irgendetwas sage, und dann küsst sie mich. Sekunden-, nein, minutenlang. Endlich weiß ich, wie Seelenfrieden schmeckt.

Und dann. Plötzlich und unerwartet. Kippt meine Stimmung.

Waren es vorhin noch Tränen der Freude, die über mein Gesicht rannen, breche ich nun in einen markerschütternden Weinkrampf aus. Schlage die Hände vor mein Gesicht. Weiß weder, ob ich jemals zuvor so erbärmlich geweint habe, noch, ob ich eines Tages damit wieder aufhören werde.

»Katharina, ich bin nicht glücklich.« Die Worte taumeln und stolpern so leise aus meinem Mund. Vielleicht habe ich sie auch gar nicht laut ausgesprochen. Geheimnisse dürfen nicht verraten werden. Doch in diesem Moment glaube ich, an ihnen zerbrechen zu müssen. »Ich war früher in *Beziehungen*, die mir nicht gutgetan haben. Ich musste die schrecklichsten *Dinge* tun und ertragen. Ich hatte solche Schmerzen und ich war so allein und ich bin nicht glücklich. Ich kann einfach nicht vergessen und nichts ist gut. Dabei gebe ich mir eine solche Mühe. Warum kann ich einfach nicht vergessen?«

Noch immer werde ich von heftigen Schluchzern erschüttert. Wo kam das bloß her? Worüber rede ich nur? Hilflos streicht Kathi über meine Haare, mein erhitztes Gesicht; versucht, den nicht enden wollenden Fluss Tränen zu stoppen.

Bis ich mich irgendwann beruhige. Bis ich nicht mehr weiß, ob ich das alles wirklich gedacht und gesagt habe. Bis es sich so realitätsfern anfühlt, dass ich es beruhigt und erleichtert auf den Rotwein schieben kann. Oh, und auf den Rum.

Dann klingelt es, und die Männer sind da.

4

Anfang September. In zwei Tagen reise ich endlich ab. Katharina und ich haben heute mit ihren Freunden einen Ausflug an die Klippen gemacht. Ich habe mich so nah an den Abgrund gestellt, bis ich das salzige Wasser auf den Lippen schmecken konnte. Die Wellen brachen sich laut tosend an den Felsen und nur einen winzig kleinen Schritt nach vorn. Einen einzigen. Und mein Körper würde unten aufschlagen und zerschellen. Nur einen Schritt.

Kathi schlang von hinten ihre Arme um mich. »Vorsicht«, rief sie mir lachend zu. »Ich möchte nicht, dass du fällst.« Seit unserem denkwürdigen Kochabend ist die Stimmung zwischen uns etwas gelöster. Ich erlebe Bruchteile von dem, wie es früher mit ihr war. Es ist wunderschön.

Grundsätzlich ist vor allem Kathi inzwischen gelöster, und sie und Florian leben ihre junge Liebe immer offener aus. Jede freie Minute verbringen wir in seiner Wohnung, und auch diesen Tag möchte Kathi gemütlich zu dritt ausklingen lassen. Sie miteinander zu sehen, tut mir noch immer weh. Die Vorstellung, auch heute wieder die Gegenwart dieser zwei Turteltauben aushalten zu müssen, ist schmerzhaft.

Ja, ich habe Verständnis. Ich verstehe, dass Katharina meine Gesellschaft nicht schätzt. Immer tiefer sinke ich in die Lethargie und kann mich selber kaum noch ertragen.

Nur Jo. Nur Jo möchte sich nach wie vor mit mir treffen. Ihn habe ich noch nicht abgeschreckt. Ich lese mir seine letzte SMS von heute durch: *Letzte Chance. Nun hast du mich so lange versetzt, was hältst du davon, wenn wir uns heute Abend noch treffen?*

Er ist bis zum Schluss sehr ~~aufdringlich und penetrant in seinen täglichen Annäherungsversuchen~~ hartnäckig geblieben. Ich auch. Mehr oder weniger. Habe auf hundert erdenkliche Arten *Nein* gesagt – ohne jemals *Nein* gesagt zu haben. Ich käme damit durch. Bald bin ich zu Hause, und unsere Wege werden sich nie wieder kreuzen. Ich käme wirklich damit durch.

Doch wäge ich genau ab, was schlimmer wäre: Wieder einen Abend mit Kathi und Flo verbringen. Oder ein harmloser DVD-Abend mit einem Mann. ~~Harmlos und Mann schließen sich grundsätzlich aus~~.

Langeweile oder Liebeskummer?

~~Ich sollte es nicht tun ich sollte es nicht tun ich sollte es nicht tun.~~ Ich tue es: *Ja klar. Wir sind noch unterwegs, aber zu 20 Uhr schaffe ich es bestimmt, bei dir zu sein.* Dann tippe ich Kathi an. »Ich habe gerade mit Jo geschrieben und werde wohl seine Einladung zum DVD-Schauen annehmen. Mach du dir ruhig einen gemütlichen Abend nur mit Flo. Die Gelegenheit hattet ihr lange nicht mehr!« Ich kann ihr ansehen, dass sie glücklich mit dieser unerwarteten Wendung ist, aber wenigstens hält sie diese Begeisterung aus ihrer Stimme heraus: »Okay. Dann bringe ich dich zu ihm, sobald wir wieder zu Hause sind. Wenn es das ist, was du willst?«

Kathis Satz hatte mit einem deutlichen Fragezeichen geendet. Nein, das war nicht, was ich wollte. Ich habe dieses ganze Leben nicht gewollt, aber wenn ich schon darüber keine Kontrolle habe, dann doch wenigstens über diesen Abend. Der Plan war, mir den Weg zu Jos Wohnung sehr genau einzuprägen, damit ich im Notfall alleine nach Hause laufen kann. Das war ein sehr guter Plan, aber nach wenigen Hundert Metern bin ich bereits so hoffnungslos verloren, dass ich meine Bemühungen einstelle. Gleichzeitig verlangsame ich meine Schritte, bis Kathi genervt stehen bleibt und mich böse anfunkelt. »Würdest du noch langsamer laufen, gingest du rückwärts!« Ich ringe mir ein zerknirschtes »Sorry« ab und schleppe mich tapfer vorwärts. Schlurfe so dahin, gerate immer wieder ins Stolpern, aber wenigstens bewege ich mich.

Doch je weiter wir vorankommen, desto mehr engt sich mein Sichtfeld ein. Zwar registriere ich Häuser um mich herum, bin aber doch meilenweit von diesem Ort und mir entfernt.

Ich versuche, eine Welle der Angst niederzukämpfen. Aber aus ihr entsteht ein ganzer Tsunami und er überschwemmt mich und meine Lungen füllen sich mit Wasser und ich laufe nicht mehr über eine asphaltierte Straße und ich ertrinke.

Ich habe die falsche Entscheidung getroffen. Möchte Kathi anflehen, mich bitte nicht zu verlassen, und können wir nicht doch den Abend zu dritt verbringen, und dann drückt sie auch schon die Türklingel und Jo öffnet und die zwei unterhalten sich, aber ich verstehe keines ihrer Worte. Denn etwas in mir schreit viel zu laut *Lauf weg! Verschwinde!*, aber ich beiße bloß die Zähne zusammen und ignoriere diese mich warnende Stimme und will sie nicht als das erkennen, was sie ist. Meinen Instinkt.

Kathi ist weg, und ich erinnere mich nicht, ob ich mich verabschiedet habe, aber es spielt ohnehin keine Rolle, weil mich Jo in sein Zimmer führt. Es ist klein. Winzig. Fast vollständig ausgefüllt mit einem großen Bett. In einer Ecke steht der Computer. Stühle gibt es keine, und zwangsläufig setze ich mich auf die Matratze, weil meine Beine gefährlich schwach werden.

Jo strahlt über das ganze Gesicht. Hochzufrieden, dass er mich endlich ~~in seinen Fängen~~ zu Besuch hat. Er legt sich auf das Bett, macht es sich gemütlich, und mir ist daran gelegen, so viel Distanz wie möglich zwischen uns zu schaffen. Rücke dafür von ihm ab, und weit in die Ecke. ~~Wie ein verängstigtes Kind. Ganz dummer Schachzug.~~

Als Erstes sehen wir uns *Pulp Fiction* an. Vom Film selber bekomme ich gar nichts mit. Würde man mir später sagen, es sei eine Dokumentation über das Jagdverhalten von Hyänen in Westafrika gewesen, würde ich das ohne zu zögern glauben. Stattdessen bin ich viel zu sehr damit beschäftigt, ~~meine inneren Dämonen zu vertreiben~~ Jo im Blick zu behalten. Noch ist alles gut. Zwar würde ich meinen Gesamtzustand keineswegs als ansatzweise entspannt bezeichnen, doch befinde ich mich im Augenblick ebenso wenig in unmittelbarer Gefahr.

Problematisch wird es erst, als die ersten Minuten von *Dirty Dancing* über den Bildschirm laufen. Warum hatte ich damals ausgerechnet einen Liebesfilm genannt? Denn je näher sich Baby und Johnny kommen, desto näher rückt auch Jo an mich heran. Und weil ich mich leider zuvor in die Ecke verkrochen habe und mir somit sämtliche Rückzugsmöglichkeiten nahm, bliebe mir nur noch die Flucht nach vorne. Undenkbar.

Abgesehen davon muss ich natürlich nicht fliehen.

Es ist völlig und absolut in Ordnung für mich, dass er mir inzwischen so nah ist, dass er, ganz beiläufig, seinen Arm um meine Schultern legen konnte. Und dass er nun scheinbar gedankenverloren unentwegt über meine nackten Arme streicht. Ich selber rühre mich hingegen fast gar nicht mehr. Zwischendurch muss ich mich immer wieder daran erinnern zu atmen. Einatmen. Ausatmen. Es ist ganz leicht.

Einen letzten, romantischen Kuss, dann beginnt der Abspann. Pflichtprogramm erledigt. Wie schaffe ich es, ohne unhöflich zu sein, mich jetzt zu verabschieden? Ich grüble über verschiedene Möglichkeiten, und er lebt sein großes Redebedürfnis aus. Mir kommt eine Idee, die nicht gut, aber besser als gar keine ist, und jahrelanges Lügen lässt mich glaubhaft wirken: »Ich habe Hunger! Gibt es hier in der Nähe einen Imbiss?« Angst liegt mir schwer im Magen, und obwohl ich nichts essen möchte, will ich einfach nur raus aus diesem Haus. Danach wird es leichter sein, zurück zu Kathi zu kommen.

Zum Glück ist Jo ganz angetan von meinem Vorschlag, und kennt ein Schnellrestaurant, das zu dieser bereits sehr späten Uhrzeit noch geöffnet hat.

Wir sind die einzigen Kunden. Trotzdem macht die Bedienung einen unfreundlichen Eindruck, als ich mir wahnsinnig viel Zeit mit meiner Bestellung lasse. Zeit schinden. Brillante Taktik. Definitiv noch ausbaufähig. Am Ende überreicht sie mir mit leicht säuerlicher Miene ein XXL-Sandwich, mit extra Salat, extra Gurke, extra Tomate, extra Ei und extra Käse. Ich hasse Käse, aber mir sind die Extras ausgegangen. Mit wackeligen Schritten stolziere ich auf einen billigen Plastiktisch zu, wo Jo auf mich wartet. Sein Sandwich ist deutlich kleiner ausgefallen, und mir wird übel bei dem Gedanken daran, meines nun essen zu müssen.

Doch ich kann mich trösten: Je mehr Zeit ich beim Essen verbringe, desto länger kann ich die Rückkehr in seine Wohnung hinauszögern. Vielleicht ist es dann auch schon so spät, dass wir den Abend für beendet erklären und er mich nach Hause bringt.

Tapfer nehme ich den ersten Bissen. Bemerke, dass er mich forschend ansieht. »Was?«, frage ich irritiert. »Habe ich Salat zwischen den Zähnen?« Möglichst viele unromantische Dinge sagen. Doch er schüttelt lachend den Kopf. »Nein, ich habe gerade daran gedacht, wie faszinierend du doch bist. Keine der Frauen, die ich kenne, hätte sich so eine riesige Portion bestellt. Die meisten holen sich ja doch nur einen Salat und nach der ersten Scheibe Gurke und einem tiefen Schluck Wasser erklären sie, satt zu sein. Ich finde es ziemlich … anturnend, dass du einen solch gesunden Appetit hast.«

Fast wäre mir vor Schreck ein Stück Brot aus dem Mund gefallen. Das wäre als eindeutig *ab*turnend durchgegangen. Vielleicht sollte ich den Bissen ganz beiläufig und nachträglich ausspucken. Ich räuspere mich. Trinke einen tiefen Schluck Wasser. »Okay.«

»Na ja, wobei Linda, meine Ex, sich vermutlich noch viel mehr bestellt hätte – um es anschließend über der Kloschüssel wieder loszuwerden. Kein Wunder, dass unsere Beziehung nicht gehalten hat. Bulimie. Ekelhaft. Und wärst du so ein magersüchtiges Püppchen, hätte ich dich keines zweiten Blickes gewürdigt. Männer wollen eine richtige Frau mit Kurven und einem schönen, weiblichen Körper, und mit Sicherheit kein Klappergestell.«

Gut zu wissen. Merke ich mir.

Die Zeit ist wie immer meine Feindin. Kroch sie während der vorherigen vier Stunden in einem nervtötenden Schneckentempo dahin, hat sie nun einen Affenzahn zugelegt, als müsse sie die verloren gegangene Zeit wiedergutmachen. Zwar habe ich sehr langsam gegessen, bin aber dennoch viel zu schnell fertig. Jo hält mir seine Hand hin, um mir auf die Beine zu helfen. Obwohl ich sie ausschlage, folge ich ihm trotzdem willig zurück in die Wohnung und sein Zimmer. Dort nehme ich erneut zwangsläufig auf seinem Bett Platz, und dieses Mal kommt er mir gleich ohne sinnlosen Vorlauf sehr nah. Nach nur wenigen Minuten hat er es außerdem irgendwie geschafft, dass ich in seinen Armen liege.

»Es ist schon ziemlich spät«, bemerke ich hoffnungsvoll, »so langsam sollte ich nach Hause gehen.« Doch er lacht diese Bedenken weg: »Nachdem ich so lange auf ein Date mit dir gewartet habe, glaubst du doch wohl nicht ernsthaft, dass ich dich jetzt schon gehen lasse?«

Diese Aussage klingt bedrohlicher, als sie gemeint ist.

Dann fängt er an zu erzählen: über seine Heimatstadt und das Leben hier in Irland; über seine Familie und Freunde; seine Arbeit, berufliche Zukunft, Träume und Wünsche. Dabei brauche ich nichts weiter zu tun, als gelegentlich ein »Ach, das ist aber interessant« einzuwerfen, jedes Mal direkt gefolgt von »Oh, schon so spät? Ich sollte mich nun wirklich auf den Heimweg machen« oder »Was? Schon weit nach Mitternacht? Und heute ist Vollmond, oder? Es kann nur noch eine Frage von Minuten sein, und ich werde mich in einen Werwolf verwandeln. Du solltest ~~mich~~ dich schleunigst in Sicherheit bringen.«

Bestimmt klinge ich nicht so, als würde ich das alles ernst meinen. Tue ich aber.

Einmal habe ich den Fehler begangen und gesagt: »Es ist schon ziemlich spät und ich werde echt müde. Schlafe hier gleich ein …« – »Kein Problem«, rief er sofort euphorisch. »Du kannst auch liebend gerne hier bei mir übernachten.« Heiseres Lachen. »Nicht, dass wir viel schlafen würden …« Inzwischen malt er mir mit seiner Fingerspitze kleine Kreise auf meine Unterarme, die erschreckend verdächtig die Form von Herzen haben.

»Sag mal … Wann hattest du eigentlich dein erstes Mal?«

Ich verschlucke mich an der Luft, was einen mittelschweren Hustenanfall auslöst. »Wie bitte?«, bringe ich hervor und wische mir mit dem Handrücken vereinzelte Tränen ab. Geduldig wiederholt er: »Wann war dein erstes Mal?«

~~Das werde ich niemals vergessen~~ Daran erinnere ich mich nicht mehr. »Ich habe ehrlich gesagt keine Ahnung«, gestehe ich. »Wie soll das denn gehen?«, fragt er sichtlich verwundert. Doch ich zucke nur geheimnisvoll mit den Schultern. »Wahrscheinlich war ich damals betrunken.« Er malt weitere Herzkreise auf meinen Armen. »Und, worauf stehst du so im Bett?« Himmel. Welche Abzweigung habe ich übersehen, dass er unser Gespräch in diese Bahnen lenken konnte?

»Ich bin da eher so der klassische Typ«, antworte ich sachlich. »Kopfkissen, Bettdecke – mehr brauche ich nicht für einen erholsamen Schlaf. Meistens liegt auch noch mindestens ein Buch neben meinem Kopf, wenn die Armbewegung zum Nachtschränkchen hin kurz vor dem Einschlafen zu anstrengend wurde.«

Ich weiß, dass ich mich albern verhalte. Doch wenn ich diesem Moment nicht seinen Ernst nehme, dann werde ich entweder schreien oder weinen oder hysterisch lachen. Oder, halb wahnsinnig vor Angst, hyperventilieren und in Ohnmacht fallen. Und dann wäre ich wirklich ~~aus~~geliefert.

Jo derweil zieht amüsiert eine Augenbraue hoch. »Ich habe nicht nach deinen Schlafgewohnheiten gefragt, sondern nach deinen Vorlieben im Bett.« Also höre ich mich ihm erzählen, dass ich auf diesem Gebiet schlechte Erfahrungen gemacht habe, mir dieses Thema daher sehr unangenehm sei und ich es lieber wechseln würde. »Kein Problem«, erwidert er großzügig. Und: »Ich weiß, was du jetzt brauchst! Ich werde dich nun gehörig durchkitzeln, dann lachst du auch schon wieder.«

Ich weiß nicht, ob ich so absolut entsetzt gucke, wie ich mich gerade fühle. Falls ja, stört er sich nicht daran. Und seine Finger malen nicht mehr Kreise auf meinen Armen und sind überall und irgendetwas klinkt sich in mir aus und ich lache nicht und ich habe keine Ahnung, wie um Himmels willen das geschehen konnte; doch als er endlich von mir ablässt, sitzen wir uns beide mit nacktem Oberkörper gegenüber.

»Kathi. Es ist schon spät und ich muss zu Kathi. Kathi macht sich bestimmt schon große Sorgen. Ich muss los. Ich muss zu Kathi.

Bitte, lass mich gehen.« Ich merke selber, dass ich angefangen habe, teils unverständlich zu brabbeln. Dennoch scheint er mich verstanden zu haben.

»Richtig. Was läuft da eigentlich zwischen dir und Katharina?«

Ich blinzle einige Male. »Wie bitte?«

»Na ja. Bei den paar Malen, die ich euch zusammen erlebt habe, hat die Luft zwischen euch geknistert. Außerdem konntet ihr kaum die Finger voneinander lassen. Ich bin ein Mann. Da hat man eben gewisse Fantasien.« Er grinst, und ich schlucke schwer. »Ich glaube, wir waren mal ineinander verliebt«, antworte ich überraschend ehrlich. »Aber das ist vorbei. Okay, bis auf diesen einen Kuss. Aber sonst …«

Nun legt er den Kopf schief und betrachtet mich einige Augenblicke mit deutlichem Interesse. »Dann stehst du also gar nicht auf Männer?«

»Nein.«

»Und ich? Habe ich auch gar keine Chance bei dir?«

Ich kann nur den Kopf schütteln. Frage mich, wo eigentlich mein T-Shirt abgeblieben ist. Jo muss meinen suchenden Blick bemerkt haben, denn sofort greift er hinter sich, und hält mir das vermisste Kleidungsstück entgegen. »Suchst du das hier? Komm, und hol es dir«, fordert er mich neckisch auf, doch ich mache keine Anstalten mich zu bewegen.

Die Uhr an der Wand verrät mir, dass es inzwischen zwei Uhr ist. Ich bin müde und erschöpft; angespannt und ängstlich. Mir ist noch immer schlecht und schwindelig. Ich will mein verdammtes T-Shirt zurückbekommen. Während der letzten Stunden habe ich unzählige Male die Bitte und den Wunsch geäußert, dass ich gehen möchte. Doch meine Beine sind bleischwer und ich kann mir einfach nicht die Erlaubnis erteilen, aufzustehen und zu gehen.

Jo rückt näher an mich heran. Streicht mit seinen Fingern über meine Wange, meinen Hals entlang. Verweilt an den Schlüsselbeinen, wandert über meine Brust, meinen Bauch, bleibt auf den

Hüften liegen. Tränen sammeln sich in meinen Augen. Ich scheine zu träumen und bin doch wach. »Ich muss gehen. Jetzt. Sofort«, sage ich mit einer Vehemenz, die uns beide sehr überrascht.

Laut seufzend erhebt er sich. »Nun gut, wenn du es nicht anders willst.« Er läuft zur Zimmertür, dreht den Schlüssel im Schloss um und steckt ihn anschließend in die Hosentasche seiner Jeans. Öffnet die Gürtelschnalle, knöpft seine Hose auf. Lässt sie achtlos zu Boden gleiten, den Schlüssel noch immer gut darin verstaut.

Wie merkwürdig, denke ich mir. *Das macht doch gar keinen Sinn.*

Dann kommt er wieder auf das Bett, legt seine Hand auf meine Schulter. Drückt mich auf die Matratze. »Du musst wissen – das ist eigentlich gar nicht meine Art«, versichert er mir. Klingt dabei nachdenklich. Und verwundert.

Mein Herzschlag setzt aus. Einen Moment zu lang. Wieder blinzle ich. Weiß nicht, wo ich bin. Desorientiert will ich mich aufrichten, doch sein Griff ist viel zu fest. Schmerzhaft.

Was ist nicht deine Art?, möchte ich ihn fragen.

Aber dann küsst er mich. Und ich werde so wütend! Er hat absolut kein Recht, mich anzufassen! Ich beiße auf seine Lippe, bis ich Blut schmecke. Doch er lässt nicht von mir ab. Ich schlage, ich trete. Ich zerkratze sein Gesicht, seinen Rücken. Er lacht nur. Dann fange ich an zu betteln, zu flehen, mich zu erniedrigen: »Bitte nicht. Bitte tu das nicht. Lass mich bitte gehen. Bitte.«

Was denke ich mir nur dabei? Was können solch sanfte, höfliche Worte schon gegen nackte Gewalt ausrichten? Am Ende sind sie chancenlos, und ich verbleibe wieder einmal machtlos. Schutzlos und hilflos.

Außerdem habe ich gelogen.

In Wahrheit habe ich mich gar nicht gewehrt.

Das Ergebnis ist unter dem Strich das gleiche, aber es hätte mein Gewissen erleichtert.

Wirklich geschehen ist dies:

Es ist lächerlich, wie wenig Widerstand ich biete. Ich *will* es nicht. Ich mache es ihm nicht leicht, aber auch nicht schwer. Warum das, was ohnehin passieren wird, unnötig hinauszögern? Ich will es nicht, aber ich verhindere es auch nicht. Ich will es nicht und gebe dennoch mein stummes Einverständnis. Ich will es nicht, doch darum geht es nicht.

Und ich habe doch aus den Fehlern meiner Vergangenheit gelernt: Wenn ich mich ihm frei und willig hingebe, kann er mich nicht zwingen. Meine Logik ist unbestreitbar. Alles andere kann ich mir jetzt auch nicht erlauben.

Es ist so leicht. Ich schließe die Augen, und sie wartet bereits. Mein kleines Mädchen. Ich nehme ihre ausgestreckte Hand. Noch ein letzter Blick auf meinen Körper. Früher hat er mich im Stich gelassen; heute lasse ich ihn liegen. Es ist besser so. Warum an Dingen festhalten, die uns nicht gehören? Und so lasse ich mich von meinem Kind in ihr Zimmer führen. In ihren Käfig, ihr Gefängnis, ihren Bunker, in die hinterste Ecke meines Seins. Weggesperrt und beschützt seit zehn Jahren. Wir spielen, ein Kinderspiel. Die Rollen sind vertauscht. Eigentlich müsste ich auf sie aufpassen und sie in den Arm nehmen und sanft wiegen und ihr zärtlich zuflüstern, dass alles okay werden wird. Aber sie ist es, die auf mich aufpasst. Sie, die mich beschützt, während unter uns ein Körper liegt, der meinen Namen trägt. Benutzt und beschmutzt wird und dabei lautlos um Hilfe schreit.

Niemand hört es. Auch ich nicht. Es geht mich nichts an.

5

Als wir vor Kathis Wohnungstür stehen, ist es vier Uhr. Letztendlich hat er mich doch noch, wie versprochen, nach Hause begleitet. Ich lasse mich von ihm zum Abschied umarmen. »War echt schön mit dir. Vielleicht sehen wir uns noch einmal wieder? Würde mich sehr freuen!«, höre ich ihn sagen. Dann winkt er mir noch einmal zu und verschwindet allmählich.

Ich habe nicht geantwortet. Was sagt man sich in solchen Situationen? »Ja, war tatsächlich ganz okay. Das macht dann einmal 150 Euro. Empfiehl mich ruhig weiter!«, hätte ihn mich vermutlich ziemlich entgeistert ansehen lassen. »Aber ich habe kein Bargeld bei mir – ich dachte, du machst das umsonst! Tut mir leid, ich werde es dir die Tage überweisen, wenn du mir deine Bankverbindung sagen würdest?«, hätte er vielleicht erwidert.

War echt schön mit dir.

Einer von uns beiden hat eine gestörte Wahrnehmung. Ich weiß nicht wer. Kann mich jedoch auch nicht fragen, wie ich es fand. Ich war nicht dabei.

Die verdammte Wohnungstür lässt sich einfach nicht aufschließen. Der dumme Schlüssel fällt ständig aus meinen zitternden Händen. Dabei ist es doch eine schöne, warme Nacht. Ich ziehe meine Jacke fester um mich, gebe auf und drücke die Klingel.

Irgendwann öffnet Katharina mir im Schlafanzug die Tür. »Ach, auch mal wieder zurück?«, begrüßt sie mich wütend. Ich reagiere nicht und blicke ihr bloß stumm hinterher, wie sie wieder in unser Zimmer verschwindet.

Meine Beine tragen mich in das Badezimmer. Sorgfältig schließe ich die Tür ab, setze mich auf den kalten Boden. Ziehe meine Beine an, lege meine Wange auf meine Knie. Mit jedem Wimpernschlag strömen Tränen über meine Wangen. Bis ich irgendwann so müde und erschöpft bin und mich neben eine schlafende Kathi ins Bett lege.

Zwei Stunden lang blicke ich unter die Zimmerdecke. Dann stehe ich leise auf und schleiche in die Küche. In einer Schublade finde ich ein kleines, scharfes Messer. Setze mich damit auf das Sofa und schneide in mein rechtes Bein. In das linke. Den Bauch, die Arme. Müsste ich nicht irgendetwas fühlen? Irgendeinen Schmerz? Doch er bleibt aus. Natürlich. Mein Körper liegt auch noch auf einem fremden Bett und ist nicht hier, bei mir.

Um neun Uhr hole ich mir eine Schüssel aus dem Schrank und schütte etwas Müsli und Milch rein. Ich habe keinen Hunger und beobachte, wie sich die bunten Flocken allmählich auflösen und mit Milch vollsaugen. Kathi kommt in das Esszimmer. Sie unterhält sich mit mir, bis sie irgendwann fragt: »Hörst du mir überhaupt zu?« Ich verstehe nur, dass sie einkaufen gehen will. Blicke noch immer in meine Müslischüssel. Die Milch ist mittlerweile fast vollständig verschwunden. Wie ich. Ich habe keine Wörter mehr in mir. Ich schweige und will mich vor der Welt verschließen. »Ich bin müde«, sage ich irgendwann. Stolz, aus Subjekt, Prädikat, Adjektiv einen richtigen Satz gebastelt zu haben. Kathi schnaubt verächtlich: »Kein Wunder. Hast dich ja gestern Abend offensichtlich noch ziemlich lange vergnügt.« Ich stehe auf, kippe mein Frühstück in den Mülleimer und lege mich ins Bett. Bald verlässt sie das Haus, und als sie wiederkommt, ist es bereits später Nachmittag. »Du liegst ja noch immer hier!«, werde ich ausgeschimpft. »In einer halben Stunde werden wir bei den Männern erwartet. Steh also endlich auf!«

Ich habe nicht nur im Bett gelegen. Ich habe Kathi auch einen Brief geschrieben. Darüber, wie die letzten drei Wochen für mich waren. Was für ein Gefühl es war, sie fast täglich mit Flo sehen zu müssen. Dass es mir fast das Herz zerbrochen hat. Und auch, was am letzten Abend geschehen ist. Er liegt sicher in ihrem Nachtschrank, und erst wenn ich zurück in Deutschland bin, wird sie ihn entdeckt haben. Ich bin feige, weil ich diese Konfrontation scheue. Selbst nach meiner Rückkehr brauche ich zwei Tage, bis ich erstmals nach meinen E-Mails schaue. *Fünf neue Nachrichten*: Kathi, Kathi, Jo, Kathi, Jo. *Fünf Schläge ins Gesicht, fünf Tritte in den Magen.*

Kathi ist noch am selben Tag wutentbrannt zu Jo gelaufen und hat ihn zur Rede gestellt. Oh, er war ja so verwirrt! Dachte, ich hätte alles freiwillig mitgemacht. Er könne ja nicht ahnen, dass ich lügen, ihm etwas vorspielen würde. Hätte ich nur etwas gesagt, hätte er mich natürlich in Ruhe gelassen. Jetzt ist Kathi sauer auf mich: weil ich ein Flittchen und leicht zu haben bin. Anschließend anderen die

Schuld gebe. Weil sie fast den Fehler gemacht hätte, mir zu glauben. Weil wegen mir fast ihre Freundschaft zu Jo zerbrochen wäre.

Was soll ich dem noch hinzufügen? Ich schreibe Jo eine kurze Mail, entschuldige mich. Für die Vorwürfe, für die Missverständnisse; den Ärger, die Unannehmlichkeiten. Dann lösche ich sämtliche Nachrichten, und den Urlaub aus meinem Leben.

6

Oktober. Irland scheint eine Ewigkeit zurückzuliegen. Ich kann und darf und will nicht über die Zeit dort nachdenken. Und schon gar nicht dürfen meine Gedanken über eine ganz bestimmte Nacht stolpern. Jene Nacht, in der so viele meiner selbst errichteten Blockaden einstürzten. Doch habe ich jahrelang Mauern des Vergessens und Verdrängens errichtet. Reihe um Reihe, Stein um Stein. Eine einzige Nacht konnte zwar die Grundfeste erschüttern. Aber sie hat dennoch nicht mein Lebenswerk zunichte gemacht.

Jedenfalls. Hoffe ich das.

Ich bin mir nicht sicher, ob ich sonst weiterleben ~~möchte~~ kann.

Im Verleugnen bin ich ein Profi. Diese Nacht ist niemals geschehen. Alles andere darf nicht sein.

Im Verharmlosen bin ich ein Profi. Das, was geschehen ist, war nicht schlimm. Wirklich nicht. Zwar war es kein harmloses Spiel mehr zwischen zwei unschuldigen Kindern. Doch war mein Leben nie in Gefahr. Er hat mich verletzt, aber er hat mir nicht wehgetan. Ich hätte zu jedem Zeitpunkt *Stopp* sagen können. Habe es aber nicht. Ich habe nicht gesagt, er solle aufhören. Doch ich *hätte* ihn abhalten können. Hatte alles unter Kontrolle.

Und schon weitaus Schlimmeres erlebt.

Vielleicht.

Vielleicht sollte ich das nächste Mal Geld dafür nehmen.

Das denke ich nicht wirklich.

Aber es ist unfair, dass immer nur *ich* bezahlen muss. Die Währung? Der Preis? Ein Teil meiner Seele. Ein Pfund Hoffnung. Ein Gramm Glaube an eine bessere Zukunft. Mir gehen die Zahlungsmittel aus.

Nein, es geht mir nicht gut. Ich blicke in eine unsichere Zukunft. Es ist so anstrengend, sich immer und immer wieder erneut retten zu müssen. Wie oft denn noch. Warum trage ich den Krieg in mir, und wann darf ich endlich Frieden erleben.

Ich bin. So verdammt müde.

7

Ein Freitag im Oktober. Genau vier Wochen später. Vier Wochen, in denen ich mir immer und immer wieder meinen Lieblingssatz aufgesagt habe: *Alles ist gut. Alles ist gut. Alles ist gut.*

Dicht gefolgt von: *Es ist nichts passiert. Es ist nichts passiert. Es ist nichts passiert.*

Vier Wochen. 28 Tage, seit denen meine Welt sich nicht mehr dreht. Die Zeit stand still, in dieser einen Nacht. Erst wurden Minuten zur Unendlichkeit, und als sie plötzlich wieder losliefen, war es in die falsche Richtung.

Tick, tick, tick, tick …

Die Zeit läuft rückwärts. Ein Countdown. Der meine Tage zählt. Irgendwann werde ich bei null ankommen. Dann kann ich entweder von vorne beginnen, oder werde tot sein.

Ich wäre lieber tot. Was bringt mir ein Neustart, wenn mich mein Schicksal wie schlechtes Karma verfolgt?

So lange gehe ich meinem Alltag nach, als sei nichts gewesen. Warte und warte und warte auf den Aufprall, der sicherlich bald kommen wird.

So lange schlage ich mich. Immer und immer wieder. Unermüdlich, gnadenlos durch den Tag.

Habe unterwegs meinen Körper verloren. Was passiert eigentlich mit all diesen seelenlosen Hüllen? Gibt es eine Sammelstelle? Ein Lager, ein Depot? Einen Friedhof der verlorenen Körper? Oder ein buntes Spielparadies, aus dem sie bitte wieder abgeholt werden möchten? Wahrscheinlich befindet sich dies gleich neben der Tauschbörse, bei der man gebrauchte, missbrauchte Körper gegen einen neuen eintauschen kann. Oder gebe ich eine Zeitungsannonce auf: »Lieber Körper, es tut mir leid, dass wir uns verloren und im Stich gelassen haben, komm bitte wieder nach Hause«?

Ich weiß es nicht.

Bald beginnt das neue Semester. Ich möchte meinen Studiengang wechseln und muss nur noch wissen wie.

Nicht, dass das noch von irgendeiner Bedeutung wäre. Ich gebe mich nicht mehr der lächerlichen Illusion hin, eine Zukunft zu haben.

Tick, tick, tick, tick …

Die Zeit läuft und bald bin ich tot.

So lange wahre ich den Anschein. Sitze auf einem roten Sofa, in der Uni, vor den Büroräumen der Zentralen Studienberatung. Ich bin die einzige Studentin hier, muss jedoch warten, da es noch nicht neun Uhr ist und ich zu früh bin. Acht Minuten, um genau zu sein. Ich bin gerne genau.

Die Tür hinter mir öffnet sich. Ich werde von einem Mann aufgerufen und folge ihm in sein Büro. Die Tür schließt sich. Fällt viel zu laut zu, und ich glaube trotzdem zu hören, wie die Uhr in mir plötzlich viel schneller läuft. Vielleicht ist es auch nur mein rasendes Herz. Die Panik, die geschlossene Tür. Das Gefangensein.

Alles ist gut. Alles ist gut. Alles ist gut.

Ich setze mich in einen der Sessel. Und ein hoffentlich überzeugendes Lächeln auf. Ich bin ein absoluter Profi, wenn es darum geht, mich und andere Menschen zu belügen.

Ein kurzer Blick auf meine Armbanduhr. 9:03. Meine Zeit läuft.

»Ich habe nur mal kurz ein kleines Problem.«

Eine Untertreibung. Auch darin bin ich Profi.
Es ist der Anfang ~~vom Ende~~.
Es ist der Anfang.

8

Ich wollte niemals eine Therapie beginnen. Ich wollte mich nicht auf eine Ledercouch fesseln lassen, damit ein alter, verwirrter Herr in meiner Seele herumstochern kann. Denn psychisch gestörte Menschen haben nur zwei Möglichkeiten: Entweder, sie machen es wie ich, werden krank und kapitulieren. Oder sie werden Therapeut.

Als damals, an einem 4. September in Irland, die Mauern in meinem Kopf zerbröckelten, hatte ich mich sofort an die Arbeit gemacht, sie mit so viel Fantasie und Notlügen notdürftig zuzupflastern, dass bald die Realität durch keinen noch so winzigen Spalt mehr durchgekommen wäre.

Ich wollte *niemals* eine Therapie beginnen.

Doch wenn mich mein Lebens eines gelehrt hat? Es ging nie um das, was ich will. Ich kann Vorschläge machen und Wünsche äußern. Und ganz am Ende?

Kommt doch alles anders.

*

»Ich habe nur mal kurz ein kleines Problem«, sage ich. »Ich möchte mein Nebenfach wechseln. Im Moment studiere ich im fünften Semester Anglistik und Latein auf Lehramt. Würde jedoch gerne Literaturwissenschaften anwählen, weil ich keine Lehrerin mehr werden kann. Allerdings weiß ich auch nicht, was ich stattdessen später einmal machen möchte.«

Weil mir doch die Zeit davonläuft, rede ich ziemlich schnell. Die Worte taumeln und stolpern und purzeln einfach so aus meinem

Mund. Dabei ist es ziemlich simpel: Ich habe panische Angst, hier zu sein. Mit einem Mann. In einem geschlossenen Raum. Wenn ich nur schnell genug rede, holt mich die Panik vielleicht nicht ein.

Der ~~nette~~ Berater mir gegenüber hört geduldig zu, fragt nach, macht einige Vorschläge.

Ich nicke und schüttle den Kopf. Verstehe nur die Hälfte, weil ich nur halb anwesend bin.

Großer, großer Fehler, hierherzukommen.

Ich kann ihn einfach nicht ansehen. Mein Blick pendelt zwischen Fußboden und Türklinke. Fußboden. Türklinke. Zähle die Schritte, die ich von meinem Platz bis zur Tür brauchen würde. Vier kleine. Die Hälfte, wenn ich mir Mühe gebe. Ich könnte jederzeit aufstehen und gehen. Das wäre unhöflich, aber sicherer. Aber wem will ich hier etwas vormachen? Natürlich würde ich mir das niemals erlauben können.

Verstohlen blicke ich auf meine Armbanduhr. Angeblich bin ich bereits seit 15 Minuten hier. Irritierend, dass ich keinerlei Zeitgefühl mehr habe.

Und dann passiert ausgerechnet das Schlimmste, was überhaupt nur geschehen konnte:

»Möchten Sie nächste Woche noch einmal wiederkommen? Außerhalb der offenen Sprechstunde kann ich mir mehr Zeit für Sie nehmen.«

Von Anfang an war es eine so dumme, unsinnige Idee gewesen, überhaupt erst herzukommen – selbstverständlich war es nicht einmal meine: »Kind«, sagte meine Mutter gestern zu mir. »So geht das nicht weiter mit dir. Lehramtsstudium? Das wird doch niemals etwas. Ich habe dir ja von Anfang an gesagt, dass das eine totale Schnapsidee sei, aber Fräulein wollte mal wieder nicht auf mich hören. Sieh zu, dass du dich morgen bei der ZSB vorstellst und dir Vorschläge anhörst, was du sonst noch machen kannst.« Und dann fiel natürlich auch wieder ihr Lieblingssatz: »Immerhin habe ich keine Lust, dass du noch als 50-jährige Arbeitslose hier im Haus hockst und ich dich mit durchfüttern muss.« Und weil es absolut sinnlos ist, mit meiner Mutter diskutieren zu wollen, beugte ich mich ihrem Willen. Habe mich vorher natürlich im Internet darüber informiert, dass hier hauptsächlich Frauen arbeiten. Wie groß wäre da schon die Wahrscheinlichkeit, bei einem Mann zu landen?

In Augenblicken wie diesen fällt es mir schwer, *nicht* an schlechtes Karma zu glauben.

Möchten Sie nächste Woche noch einmal wiederkommen?

Wenigstens war er so nett, seine Aufforderung als Frage zu formulieren. Und einzig, um mich der Illusion hinzugeben, ich hätte in dieser ganzen Angelegenheit überhaupt eine Wahl, stimme ich zu. Männer wollen kein *Nein* hören – warum sollte ausgerechnet dieser eine Ausnahme sein?

»Darf ich Sie noch etwas fragen?«

Okay. Nun überstrapaziert er sein Glück ein wenig. Trotzdem nicke ich.

»Sind Sie immer so traurig?«

Traurig?

Mal sehen: *Traurigkeit definiert sich durch eine gedrückte, negative Grundstimmung; eine tiefe Betroffenheit. Traurigkeit kann durch ein seelisch schmerzhaftes Erlebnis oder ein schlimmes Ereignis ausgelöst werden. Traurigkeit ist eine belastende Emotion.*

Traurigkeit ist ein Gefühl. Kurzum: Ich kann per definitionem natürlich nicht traurig sein. Glück gehabt. Bin ich doch völlig und absolut über jedwedes Gefühl erhaben.

Was für eine vollkommen absurde Frage.

Daher setze ich ein strahlendes Lächeln auf, was bisher noch jeden überzeugt hat. »Traurig? Ach, nein. Ich sehe immer so aus. Scheint einfach mein normaler Gesichtsausdruck zu sein. Kommt vor, in der Natur.«

Dabei schlägt mein Herz so schnell, dass ich kurzzeitig hoffe, einen Herzinfarkt zu erleiden. Zumindest ihn würde das in eine unerfreuliche Situation bringen. Wie würde er das bloß seinen Kollegen erklären? Klassischer Fall von des einen Freud, des anderen Leid.

Endlich erhebt er sich, und ich nehme dies als Zeichen, gehen zu dürfen. Überstürzt springe ich so schnell auf, dass ich mich an der Lehne des Sessels festhalten muss, um nicht über meine eigenen Füße zu stolpern.

Erst als sich die Tür hinter mir schließt, gestatte ich mir, völlig entsetzt zu sein.

Sind Sie immer so traurig? Das hat mich noch nie ein Mensch gefragt.

Ohne überheblich klingen zu wollen? Ich beherrsche meine Rolle perfekt. Könnte jederzeit mein Studium abbrechen und Schauspielerin werden. Trage die perfekten Masken, weil es das Einzige ist, was ich wirklich gut kann. Der Schrecken einer irischen Nacht scheint mir noch immer sehr in den Knochen zu sitzen, sonst wäre mir dieser Ausrutscher niemals passiert.

9

Schon wieder verstreicht eine Woche einfach viel zu schnell. Mit Entsetzen blickte ich jeden Morgen in meinen Kalender und musste hilflos dabei zusehen, wie mein Termin in der Studienberatung immer näher rückte.

Ich hätte einfach nicht zu kommen brauchen. Doch wann habe ich jemals auf mein eigenes Wollen gehört? Wenn ich diese Schleife drehe, könnte ich auch heute sagen: Ich hätte doch einfach nicht nach Wesel fahren müssen; oder ins Hochsauerland. Nach Italien hätte ich ebenso wenig reisen müssen wie nach Leipzig an den See. Auch die Feier mit Miri hätte ich absagen können, und nach Irland schon einmal gar nicht fliegen müssen.

Schon mein ganzes Leben lang stürze ich mich von einer Katastrophe in die nächste. Vielleicht interpretiere ich auch zu viel hinein in einen harmlosen Beratungstermin, und überhaupt ist es meiner geistigen Verfassung und Angststörung nicht dienlich, wenn ich diesen Termin mit Ereignissen von früher gleichsetze.

Wir sprechen über mein Studium: Ja, ich studiere wirklich sehr gerne. Nein, ich habe keinerlei Probleme oder Ängste. Mit schlechten Zensuren oder vor Prüfungen. Ja, ich bin mir dennoch sicher, dass ich Latein abwählen möchte. Nein, ich möchte definitiv keine Lehrerin mehr werden. Ja, eigentlich habe ich mich schon entschieden, dass ich Germanistik studieren möchte.

Ich höre mir andere Alternativen an. Obwohl ich eigentlich gehen möchte.

»Ich würde Sie gerne etwas fragen.«

Ob ich mich so unwohl fühle, wie ich gerade aussehe? Oh Gott, ja. »Ja?«

»Was meinten Sie letzte Woche damit, als Sie sagten, Traurigkeit sei Ihr normaler Gesichtsausdruck?«

»Oh, ach das.« Ich vermeide nach wie vor jeglichen Blickkontakt. Warum reden wir über mich und nicht über mein Studium? »Ach, ich weiß es nicht so genau. Nichts Besonderes. Ich schätze, ich bin allgemein kein glücklicher Mensch. Das ist alles. Nicht, dass ich unglücklich bin, oder so«, ergänze ich noch schnell. »Aber, ja …«

Schnell schweige ich wieder.

»Möchten Sie nächste Woche vielleicht wiederkommen?«

Natürlich nicht. Ich möchte, dass Sie mich in Ruhe lassen und keine Fragen stellen, die viel zu persönlich sind. Ich möchte, dass Sie mir nicht so nah kommen und sich nicht für mich interessieren. Ich möchte, dass Sie sich aus meinem Leben raushalten, und ich möchte nicht von Ihnen durchschaut werden. Ich möchte nicht, dass Sie mir das Einzige nehmen, was mir Sicherheit gibt. Ich möchte, dass Sie mir sagen, was ich bloß studieren soll. Ich möchte, dass Sie einfach nur Ihre verdammte Arbeit erledigen, und was ich möchte, ist vollkommen egal.

»Klar, gerne.«

10

Das neue Semester hat begonnen. Zwischen meinen Seminaren und Vorlesungen schleichen sich nach wie vor Beratungstermine. Wie das bloß passieren konnte.

Gestern war ich noch eine ganz normale Studentin, und heute verbringe ich viel zu viel Zeit in der psychologischen Studienberatung. Das mit der *normalen* Studentin war lediglich ein Wunschgedanke.

Erst male ich Schaubilder. Von meinem Leben. Ein Kreis für mein Studium, ein weiterer für meine Arbeit. Bloß nicht meine Familie vergessen. Am Ende fehle da irgendwo noch ich. »Und auch noch *diese eine Sache*«, erkläre ich.

Als würde das alles erklären. »Die, wegen der ich immer manchmal so traurig bin«, füge ich noch hinzu und damit ist dann wirklich alles gesagt.

Dann lege ich aus bunten Steinen und hübschen Muscheln meine Familienkonstellation.

»Wo sehen Sie sich darin?«

Ich schaue aus dem Fenster. Wenn ich es aufmache und den winzigsten, unbedeutendsten Stein aussuche. Wenn ich ihn hinausschleudere und bete, dass der Wind ihn fortträgt. Dann möchte ich auf die Ansammlung der Steine zeigen. »Da ist meine Familie«, und hinaus aus dem Fenster: »Mit ganz viel Glück liege ich dort irgendwo, weit über der Landesgrenze hinaus.«

Ich schaue nur aus dem Fenster, dann zurück auf den Tisch. Suche mein Steinchen und lege es noch im passablen Abstand dazu. »Dort bin ich«, lüge ich. »Überhaupt ist das alles hier ziemlich unsinnig. Ich bin in einer sehr glücklichen, harmonischen Familie aufgewachsen. Bei uns gab es nie irgendwelche Probleme. Und ich will nicht mit Ihnen über meine Familie sprechen.«

Als Nächstes bin ich einfach nur da. Schweigend setze ich mich in meinen Sessel. Schweigend blicke ich aus dem Fenster. Schweigend verabschiede ich mich nach einer Stunde. Schweigend durfte ich einfach sein.

Der Oktober ging in den November über, und noch immer tragen mich meine Beine wie von alleine ein-, zweimal die Woche in die Studienberatung. Ganz so, als würde mein Körper die Notwendigkeit darin sehen und meinen Geist und Verstand vor vollendete Tatsachen stellen. Ebenso hartnäckig trage ich diese Termine weiterhin als Beratung in meinen Kalender ein, obwohl ich gar keinen Studienberatungsbedarf mehr habe.

Nur weil der Mann, der mir gegenübersitzt, zufällig Therapeut ist, heißt das noch lange nicht, dass ich eine Therapie begonnen habe.

»Möchten Sie mir von *dieser Sache* erzählen?«

Ich gucke wie gebannt auf den Fußboden. Mit viel Fantasie erkenne ich in manchen Fusseln und Flusen Muster und Formen.

Die Tür liegt noch immer in meinem Blickwinkel. Aber ich habe nicht mehr das Gefühl, sterben oder schreien oder weinen zu müssen, weil dieser Raum viel zu klein ist. Und alles so eng, alles so nah, viel zu nah ist. Ich mache also Fortschritte, während ich hier nur sitze.

Irgendetwas ist geschehen, dass nach diesen ~~verhassten~~ anstrengenden ersten Stunden dieser Raum, diese vier Wände, zu dem bislang sichersten Ort auf dieser Welt, außerhalb meiner eigenen Gedanken, geworden ist.

Nur manchmal vergesse ich noch kurzfristig zu atmen, weil ich nicht daran gedacht habe, dass ich einen Körper habe, der Sauerstoff haben möchte. Bis weiße Pünktchen fröhlich vor meinen Augen tanzen, meine Hände lustig kribbeln. Dann atme ich. Es ist ganz einfach.

Und dann fällt mir auf, dass »Ich habe einen Körper« vermutlich keine normale Denkweise ist. Wie hieße es richtig? *Ich bin ein Körper*? Das würde voraussetzen, dass er und ich eine Einheit sind. Ein Team. Ich glaube, würde ich mit meinem Körper ins Kino gehen, müsste ich doppelt, wir beide getrennt, Eintritt zahlen. Das würde auf Dauer teuer werden. Zum Glück verbringen wir kaum Zeit miteinander.

Ich lenke ab. Ich denke nach. Ich höre nicht zu. Ich schweige.

Die Stille dehnt sich aus. Wird ohrenbetäubend. Übertönt meine holprigen Herzschläge.

Ich habe noch nicht geantwortet, also schüttle ich den Kopf.

»Nein«, flüstere ich dann doch noch. »Ich kann Ihnen nicht davon erzählen. Weil ich nicht darüber sprechen kann. Ich kann die Geschehnisse nicht in Worte kleiden. All die Sätze sind in meinem Kopf. Aber sprechen? Sie aussprechen? Das kann ich nicht. Wenn ich Ihnen davon erzähle, dann könnte ich die Augen nicht weiter davor verschließen, dass all das *mir* geschehen ist. Und ich glaube nicht, dass ich das aushalten könnte. Sprechen lässt die Dinge zu real werden. Zu nah. Zu persönlich.

Vor vielen, vielen Jahren saß ich einer netten Therapeutin gegenüber, die mich aufforderte, über meine Erlebnisse zu sprechen. Doch ich wollte nicht reden – ich wollte tief und verzweifelt weinen; wollte mich in eine Ecke verkriechen, die Arme um meine angezogenen Beine schlingen; wollte unsichtbar werden, damit mich niemals wieder ein Mann finden und anfassen kann. Ich wollte bittere Tränen vergießen, über die grausame Realität; darüber, dass es so viele schlechte Menschen auf dieser Welt gibt; über all die Schmerzen, die ich damals schon erlebt hatte. Ich wollte all dies, nur nicht reden. Bitte nicht reden. Stattdessen lachte ich, und dies war noch wesentlich schlimmer. Wie durchgedreht muss jemand sein, in solch einer Situation lachen zu können? Es war doch nur ein Selbstschutz. Ein Durchbrennen einer Sicherung. Ich lachte doch nur um zu verbergen, dass ich weine. Auch jetzt stehe ich gefährlich nah am Abgrund. Auch jetzt fühle ich, dass die Hysterie wie ein flatternder Vogel in meiner Brust aufsteigt. Verspüre die vertraute, erdrückende Panik, den Verstand verloren zu haben. Aber würden Sie mich zwingen zu sprechen, dann würde ich genau das tun. Ich würde *alles* tun, was Sie von mir verlangen, um mich vor noch größerem Schaden zu schützen. Aber bitte. Zwingen Sie mich nicht, niemals, Ihnen davon zu erzählen.«

Vielleicht habe ich aber auch gar nicht all diese Worte gefunden, ihm mein *Nein* erklären zu können. Vielleicht habe ich einfach nur gesagt:

»Nein. Ich kann Ihnen nicht davon erzählen. Aber ich kann Ihnen meine Geschichte aufschreiben.«

Also schrieb ich. Eine Kurzversion meines Lebens, auf wenigen Seiten zusammengefasst. Mit groben Eckpfeilern und einem großen, luftleeren Raum, den ich nur mit vagen Vermutungen und einzelnen Erinnerungen füllen konnte.

Trotzdem schrieb ich. Hielt inne, ließ die Worte auf mich wirken. ~~Das kann nicht sein das kann nicht sein~~ das darf nicht sein. Strich sie durch und atmete durch. Und begann von vorn.

Nun, da ich meine Geschichte jemandem zum Lesen gegeben habe, werde ich nie wieder so tun können, als sei nichts passiert.

Ich gab sie aus der Hand.

Was jetzt geschieht, unterliegt nicht mehr meiner Kontrolle. Was ist, wenn er mir nicht glaubt? Bin ich doch viel zu unwürdig, um glaubwürdig zu sein.

Schlimmer noch: Was ist, *wenn* er mir glaubt? Wird er mich fortschicken? Wird er mich mit anderen Augen sehen? Wird er meine Schande erkennen? Wird er erkennen, dass er einen Fehler gemacht hat? Wird er laut aufseufzen, die Hände ordentlich zusammenfalten, die Brille gerade rücken und erklären: »Also, unter diesen Umständen möchte ich nicht mehr mit Ihnen zusammenarbeiten.«

Niemals zuvor in meinem Leben habe ich einem Menschen ein solches Vertrauen entgegengebracht. Ganz zart und vorsichtig. Verstehe selber nicht, wie es bloß so weit kommen konnte, oder was zum Teufel mich nur dazu bewogen hat.

Diesen einen, letzten Versuch wollte ich mir schenken. Ein Versuch tut doch niemandem weh, und sterben kann ich anschließend noch immer.

Niemals zuvor in meinem Leben habe ich mir erlaubt zu hoffen. Auch jetzt nur ein winzig kleines bisschen. In meinem Leben wurde ich schon so oft enttäuscht, dass ich mir ein weiteres Mal nicht leisten kann. Jetzt steht mir die vielleicht größte Enttäuschung überhaupt bevor.

Doch viel größer als das Wunder, dass ich überhaupt noch Vertrauen schenke konnte?

Ich wurde nicht enttäuscht. Nicht an jenem Tag, und auch nicht in den noch kommenden Jahren.

11

Gedankenverloren betrachte ich die Auswahl an belegten Brötchen und Kuchenstücken in der Uni-Cafeteria. Ich schätze, dass ich mir etwas zu essen holen wollte, aber sicher bin ich mir nicht. In letzter Zeit finde ich mich ständig an Orten wieder, ohne zu wissen, wie und warum ich dorthin gekommen bin.

»Charlotte? Charly, bist du das?«

Charlotte. Charly, bist du das?

Mein Kopf ist mit einem Mal vollständig leer. Und dann, als würden sämtliche Knochen in diesem Körper gleichzeitig brechen, falle ich in mich zusammen.

»Huch, junge Frau. Passen Sie doch auf. Ist alles in Ordnung?«

Ich glaube, ich lasse mir von einer Frau wieder auf die Beine helfen. Dann steht der Mann, dessen Stimme ich soeben gehört habe ~~und welche mich in meinen Albträumen verfolgt,~~ direkt vor mir.

»Ich habe irgendwo mal aufgeschnappt, dass man Essen nicht nur ansehen, sondern tatsächlich essen kann. Aber du warst ja schon immer etwas zerbrechlich. Und ich absolut umwerfend – das brauchst du aber doch nicht gleich wörtlich zu nehmen. Ich fasse es nicht, dich hier zu sehen!«

Es ist zu spät, mich innerlich wappnen zu wollen. Es gäbe ohnehin nichts, was diesen Augenblick auch nur einen Funken erträglicher machen würde. Kein innerer sicherer Ort könnte mich jetzt noch retten. Also blicke ich ihm direkt ins Gesicht. »Luke«, hauche ich. »Luke, was tust du hier?« Wäre meine Stimme nicht so schwach, würde sie anklagend klingen.

»Luke?« Er grinst und entblößt die so verhassten Grübchen. »So hat mich ja seit Ewigkeiten niemand mehr genannt, *Happy.*«

»Was tust du hier?«, wiederhole ich. Noch immer nicht von diesem Schock erholt, klammert sich mein Verstand an die wenigen Wörter, die ihm jetzt noch einfallen.

Luke scheint zu glauben, Wiedersehensfreude überwältige mich so, denn noch immer strahlt er über das ganze Gesicht. »Ich studiere hier. Ich kam ja damals extra wegen dir nach Münster. Aber kurz vorher hattest du mich verlassen – was ich nach wie vor nicht verstehe, dir aber verziehen habe. Na ja, und nach der polizeilichen Ausbildung stellte ich fest, dass ich darin doch nicht meine berufliche Zukunft sehe. Inzwischen studiere ich im vierten Semester Jura. Du bist bestimmt auch Studentin? Merkwürdig, dass wir uns noch nie über den Weg gelaufen sind.«

Ich nicke wie in Zeitlupe.

Ein drittes Mal *Was tust du hier?* würde vermutlich keinen Sinn machen. Doch mit einem Mal sind mir sämtliche Worte ausgegangen. Habe das ganze Alphabet verlernt, erinnere mich nur noch an ein paar jämmerliche Umlaute und an ein schäbiges Y, das doch niemand haben möchte.

~~Ich muss schreien ich muss schreien ich muss schreien~~ ich bin ganz ruhig.

»Nun denn.« Jetzt lächelt er verlegen, streicht über seinen Kopf. »War echt schön, dich getroffen zu haben. Muss aber leider wieder los, sonst komme ich zu spät zum Seminar. Aber du würdest mich zum glücklichsten Mann auf dieser Welt machen, wenn wir uns wiedersehen würden. Kannst du mir vielleicht deine Handynummer geben?«

Ich nenne ihm die erstbeste Zahlenabfolge, die mir in den Sinn kommt. Ich glaube, es ist meine Kontonummer. Tatsächlich runzelt er daraufhin verwirrt die Stirn. »Das ist eine Handynummer? Die ist aber komisch.«

»Ja, das höre ich oft«, erwidere ich tonlos.

Er sieht aus, als wolle er mich zum Abschied umarmen, aber vielleicht hält ihn irgendetwas in meinem Blick zurück. Jedenfalls hebt er nur die Hand zum Gruß und verschwindet wieder.

Ich sehe ihm so lange nach, bis er aus meinem Blickfeld verschwunden ist.

Dann hechte ich blindlings auf die Damentoilette, reiße die erste Kabinentür auf und übergebe mich.

Als ich irgendwann wieder rauskomme, werde ich von zwei Frauen kopfschüttelnd gemustert. »Bulimie ist auch keine Lösung«, sagt die eine.

Ich kann das alles nicht mehr.

Nur noch sterben kann ich.

Wertlos wie ich bin, kann ich auch diesem Leben keinen Wert mehr beimessen.

Sehne den Freitod herbei, um endlich frei sein zu dürfen. Fiebere dem Selbstmord entgegen, um endlich selbstbestimmt handeln zu dürfen. In absoluter Autonomie.

Nicht bodenlos unglücklich und tiefenverzweifelt bin ich.

Ich bin nicht. Ich spüre mich nicht. Ich fühle gar nichts mehr. Die Welt hat ihre Farben verloren. Ich liege in einem märchenhaften Sarg aus Glas, aber so sehr ich auch gegen die Scheibe klopfe, sie zerbricht nicht; bin gefangen in meiner eigenen kalten Welt.

Ich bin auch nur ein *Lebe*wesen. Habe einen angeborenen Überlebensinstinkt, ohne den ich niemals all die Jahre hätte überstehen können. War ungemein kreativ in meinen zahlreichen Überlebensstrategien.

Bestimmt ist es nicht fair, all diese Bemühungen über Bord zu werfen und mich gleich hinterher. Um in den reißenden Fluten und tosenden Wellen meiner Erinnerungen zu ertrinken.

Ich will nicht mehr leben, denn ich weiß nicht mehr wie.

Mein Leben ein Kartenhaus. Notdürftig zusammengeklebt mit Lügen, mit Halbwahrheiten. Alles auf einem sandigen Fundament des Vergessens und Verdrängens. Bis ein irischer Wind die schwerelosen Karten ineinander stürzen ließ. Bis die einzige Möglichkeit, die Schwere des Lebens loszulassen, darin liegt, mich freizulassen.

Die letzten ~~22 Jahre~~ vier Wochen waren zu viel zu schnell zu intensiv.

Denn die Geister die ich rief? Hätte ich besser schlafen lassen sollen. Wenn die Büchse der Pandora erst einmal geöffnet wurde, gibt es dann noch ein Zurück?

Ist es möglich, verlegen zu lachen, entschuldigend zu lächeln. Schuldbewusst den Blick zu senken, um zögerlich zu sagen: »Oh, das tut mir aber fürchterlich leid. Das wollte ich nicht. Können wir die letzten ~~22 Jahre~~ vier Wochen rückgängig machen? Ja? Ginge das, bitte?«

Ich habe die Fähigkeit verloren, die mir immer am wichtigsten schien: Ich funktioniere nicht mehr. Denn ich weiß nicht mehr wie.

Ich kann das alles nicht mehr.

Vielleicht waren meine 22 Jahre einfach zu viel für diese Welt. Und nun ist es Zeit zu gehen.

Schon viel zu häufig war ich an genau diesem Punkt. Ich war bereits einsamer, verzweifelter, hoffnungsloser, als ich es jetzt bin. Meine Welt geriet schon so oft ins Schwanken. Aber sie kam auch immer wieder zum Stillstand. Ich war bereits an diesem Punkt: Ich habe es überlebt. Und ich würde es auch jetzt überstehen. Oh, ich weiß: Es gibt immer noch schlimmer. Ich weiß nicht, was es über meine innere Stärke aussagt, dass ich jetzt das Handtuch werfen möchte. Mein Leben hat seinen Sinn verloren, und ich bin zu müde, ihn immer und immer wieder neu suchen zu müssen.

12

Ich habe mir von meinem Therapeuten einen Anti-Suizid-Vertrag andrehen lassen.

Das heißt, ich musste ihm unterschreiben, dass ich mir Hilfe holen werde, sobald ich merke, dass meine Suizidgedanken übermächtig werden und ich nicht mehr für mein eigenes Überleben garantieren kann. Zwar habe ich schon weitaus dümmere Dinge in diesem Leben getan, dennoch schafft es dieses Dokument definitiv unter die Top 10 meiner unüberlegten Handlungen. Natürlich käme ich bei Vertragsbruch nicht ins Gefängnis – immerhin wäre ich im Idealfall dann tot. Trotzdem bindet mich dieser Vertrag ans Leben.

Ich kann keine Versprechen brechen.

Wie überaus ärgerlich. Was hingegen nicht ärgerlich, sondern überaus praktisch ist? Dass der Vertrag gültig ist von November bis einschließlich 31. Dezember 2009.

Heute *ist* der 31. Dezember 2009. Und das auch nur noch 13 Minuten lag. In 14 Minuten könnte ich bereits tot sein. Eine durchaus interessante, erstrebenswerte Gewissheit.

Noch zwölf Minuten.

Ich hätte den Vertrag *niemals* gebrochen. Ich habe mein Wort gegeben. Und das halte ich. Bis zum Ende.

Noch elf Minuten lang.

~~Ich brauche kein schlechtes Gewissen zu haben~~. Ich *will* kein schlechtes Gewissen haben.

In zehn Minuten.

Bin ich frei.

In neun Minuten.

Werde ich es wirklich tun.

Nur noch acht Minuten.

Und ich lese mir erneut den Vertrag durch. Vermutlich war es nicht sein Sinn und Zweck, keine Minute nach Ablauf sofort aus dem Fenster zu springen.

Sieben Minuten bis Mitternacht.

In vier Tagen hätte ich theoretisch das nächste Mal ~~Beratung~~ Therapie.

Noch sechs Minuten.

Und ich werde den *einzigen* Menschen enttäuschen, der *jemals* an mich geglaubt hat. Doch was mache ich mir überhaupt für Gedanken? Mein schlechtes Gewissen wird mit mir sterben. Es ist egal. Ich werde mich anschließend nicht rechtfertigen, erklären, entschuldigen oder mich der Schande stellen müssen. Ich werde tot sein.

Nur noch fünf Minuten.

Ich kann das alles nicht mehr.

Vier Minuten.

Ich drehe die Rasierklinge immer schneller zwischen meinen Fingern.

Drei Minuten.

Hole 320 Schlaftabletten aus meiner Schreibtischschublade.

Zwei Minuten.

Ich werde die Tabletten schlucken. Meine Pulsadern aufschneiden. Und mich anschließend aus dem Fenster stürzen. Dieser Plan ist idiotensicher. Selbst ich sollte dieses Mal endlich sterben.

Eine Minute.

Ich stehe auf, gehe zum Fenster. Öffne es. Klettere auf die Fensterbank.

Lasse den Rahmen los.

Lasse die Vergangenheit, die Schmerzen, die Traurigkeit, die Einsamkeit los.

Lasse einfach so alles los.

Und springe.

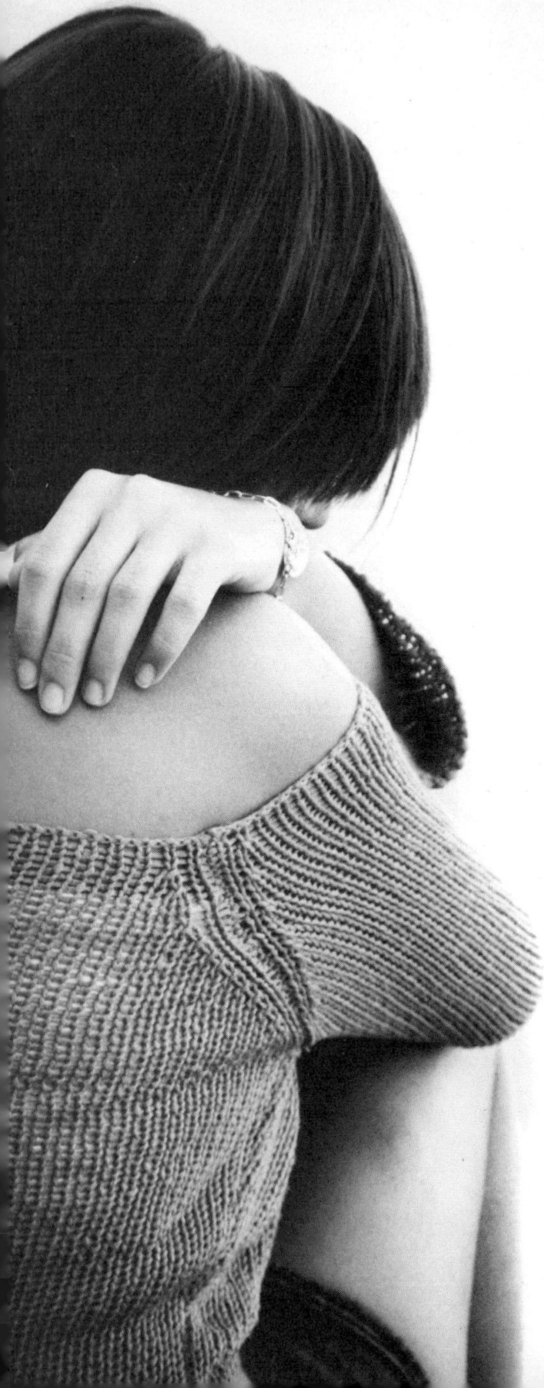

2010

1

Ich springe. Zurück in mein Zimmer. Auf sicheren Boden. Ich kann es nicht tun. Ich wünsche mir, ich könnte diesen nutzlosen Körper verlassen. Hinter mir lassen. Aus dieser beschmutzten, verdreckten, schwachen Hülle heraustreten. Aber die Ketten, die mich fesseln, sind so schwer. Also entweder sterben wir beide, oder keiner von uns.

~~Außerdem finde ich es ziemlich herzlos, das kleine missbrauchte Kind mit mir aus diesem Fenster zu stürzen.~~

Ich beobachte das Feuerwerk. Zähle die Sterne. »Frohes, neues Jahr«, flüstere ich mir zu. Kann den Vorwurf, den bitteren Geschmack der Enttäuschung nicht aus meiner Stimme halten: Ich lebe noch immer. Ich habe es nicht geschafft.

Doch vielleicht zum ersten Mal in meinem Leben bin ich froh, Tochter meines Vaters zu sein. Er hat mir beigebracht, was zu tun ist, wenn das Leben zu schwer wird; wenn dieses unerträgliche Chaos um mich herum nicht weiter aushaltbar ist. Wenn ich in einer Krise bin. Wenn ich einfach nicht mehr weiterweiß: wenn ich die Augen schließen, die Hoffnungslosigkeit und die Verzweiflung und alles ausblenden möchte.

Wenn ich vergessen möchte.

Mein Vater hat mich auf diesen absoluten Notfall bestens vorbereitet:

Ich schleiche mich nach unten in den Keller. Hole mir zwei große Flaschen Rotwein aus dem Regal. Setze mich zurück in meinem Zimmer auf den Fußboden. Und trinke. Bis beide Flaschen leer sind. Bis ich vergessen habe, warum ich überhaupt trinke. Bis ich nach unten ins Badezimmer stürze und mich übergebe. Bis ich ~~tot~~ in mein Bett falle und einschlafe.

Als ich am nächsten Morgen aufwache, wünsche ich mir mehr denn je, tot zu sein. Bin mir gleichzeitig sicher, dass das nicht mehr lange dauern kann. Ich hätte gestern Abend wirklich lieber nachdenken sollen. Denn wenn ich das getan hätte, wäre ich irgendwann zu der Feststellung gekommen, dass aber auch gar nichts, was von meinem Vater kommt, gut und hilfreich sein kann.

Ich schleppe mich hinunter ins Badezimmer und verbringe die nächste Stunde unter der heißen Dusche. An den steigenden Wasserpreis und Energieverbrauch denke ich ab morgen wieder. Meine Schwester schläft noch, und meine Mutter und mein Bruder sind beide über die Feiertage verreist. Anschließend krieche ich zurück in mein Bett. Als ich Stunden später wieder zu mir komme, ist es erneut dunkel draußen. Ich gehe hinunter in die Küche und würge eine trockene Scheibe Toast hinunter. Dann gehe ich wieder schlafen.

*

Der zweite Tag im neuen Jahr. Es ist sechs Uhr morgens. Und ich bin auf der Arbeit.

Habe gestern den ganzen Tag verschlafen. Praktisch nichts gegessen, dafür noch immer wahnsinnige Kopfschmerzen. Bewege mich mechanisch und erledige automatisch meine eingeübten Aufgaben. Nach Feierabend fahre ich nach Hause. Verschlafe den Rest des Tages.

Das ist okay. Das Leben ist nicht ganz so schlimm, wenn ich den Rest meiner Zeit schlafend verbringe.

Tag 3. Ich sitze in der Küche und starre seit ich weiß nicht wie lange auf meine Müslischüssel. Meine Schwester beäugt mich misstrauisch. »Du lebst ja auch noch«, hat sie mich vorhin begrüßt. Ich habe nur mit den Schultern gezuckt. Ja, irgendwie. Gerade so. Leider Gottes. Die Frühstücksflocken haben sich schon fast vollständig in der Milch aufgelöst. »Ich glaube, ich habe mir einen Virus eingefangen«, erkläre ich. Stehe auf, kippe das ganze Essen weg.

Ich brauche einen Plan. Jetzt sofort. Noch während ich Wasser in die Spüle laufen lasse, um die letzten Reste fortzuspülen, ist plötzlich alles so klar.

Ich weiß, was ich tun werde:
Ich höre auf zu essen.
Ich werde magersüchtig.
Ich werde verhungern.
Ich werde nach und nach, Tag für Tag, sterben. Selbstmord auf Raten. Bis ich tot bin.

Ich muss nicht aus dem Fenster hüpfen. Muss keine Schlinge um meinen Hals legen oder Pillen schlucken. Ich muss keine Verträge brechen. Ich höre auf zu essen und *ups*, plötzlich bin ich tot. Ich werde Tag für Tag weniger, unbemerkt, bis es zu spät ist, und irgendwann bin ich einfach ganz weg.

Das erste Mal seit Monaten verspüre ich wieder Zuversicht. Ich habe einen Plan. Ein Ziel. Etwas, worauf es sich hinzuarbeiten lohnt.

Verhungern. Wie schwer kann das schon sein?

2

Mitte Februar. Ich werde von Tag zu Tag dünner und – oh Wunder! – trotzdem nicht glücklicher. Verhungern dauert viel länger, als ich ursprünglich dachte, und ich werde sehr ungeduldig. Fühle mich wie ein quengeliges Kind während einer vielstündigen Autofahrt: *Sind wir bald da? Haben wir es bald geschafft? Wie lange denn noch?*

Es wäre leichter und wesentlich schneller, könnte ich ganz aufhören zu essen. Aber mehr als zwei, drei Tage lang halte ich das nie durch. Dann klinken sich mein Verstand, mein Wille, meine Selbstbeherrschung erst einmal aus, und mein Körper rast wie ein Wahnsinniger, halb verrückt vor Hunger, runter in die Küche. Während ich noch zusammengerollt auf meinem Fußboden liege und ihm unverständliche Worte hinterherrufe. Dann reißt er sämtliche Türen und Schränke auf in seiner Suche nach irgendetwas Essbarem, und endlich hole ich ihn ein und drücke ihm eine Scheibe Knäckebrot oder einen Salatkopf in die Hand, damit er sich daran satt essen kann. Es ist faszinierend, wie viele Nährstoffe mein Körper aus dusseligen Salatblättern ziehen kann.

Vor rund zwei Wochen hat er die Kunst des Schlafens verlernt. Ich glaube, er hat Angst, dass er nicht mehr aufwachen wird.

Ich trinke literweise Kaffee. Manchmal fallen mir einfach so die Augen zu. Fünf, zehn, 15 Minuten lang. Bis mein eigenes, laut klopfendes Herz mich weckt.

Ich befinde mich in einem Dauerzustand von Erschöpfung. Konzentriere mich nur noch auf das Notwendigste. Auf die zahlreichen Dinge, die ich den Tag über erledigen muss: Meine Arbeit. Meine Nachhilfeschüler. Meinen Sport.

Ich bin gereizt, nervös, in ständiger Angst. Habe außerdem eine ungesunde Obsession für Ordnung entwickelt: Die meiste Zeit über räume ich auf. Unordnung kann ich nicht mehr ertragen und empfinde es als einen persönlichen Angriff gegen mich.

Angefangen habe ich mit dem Keller. Die Spinnen waren dabei das größte Problem. Wer auch immer behauptet, Spinnen hätten größere Angst vor dem Menschen als wir vor ihnen, ist mir noch nicht begegnet. Aber nach und nach habe ich unsere fünf Kellerräume ausgeräumt, gewischt, geputzt, geschrubbt und alles fein säuberlich sortiert wieder zurückgeräumt. Zuletzt habe ich mir das Medizinschränkchen vorgenommen. Habe darin 117 Tabletten gefunden, Psychopharmaka meiner Mutter, die sie schon längst vergessen hat. Und sie zu meiner Sammlung hinzugefügt.

Dann nahm ich mir das Wohnzimmer vor. Dann das Esszimmer. Als Nächstes die Küche: Ich habe sämtliche Lebensmittel und Gewürze erst nach Namen, dann nach Farbe, und weil das zu anspruchslos war, zuletzt nach möglichem Anwendungsbereich sortiert. Weil meine Familie dieses ausgeklügelte System vermutlich niemals begreifen würde, stellte ich danach den Ursprungszustand her.

Meine Mutter nimmt mein sonderbares Verhalten zur Kenntnis, aber beschwert sich nicht.

Nachts, wenn normale Menschen schlafen, reiße ich wie eine Wahnsinnige in meinem Zimmer sämtliche Schubladen und Schränke auf und kippe den Inhalt auf den Boden, damit ich bis zum Morgengrauen wieder alles ordentlich verstauen kann.

Das Merkwürdige ist: Auch wenn ich verzweifelt versuche, Ordnung zu schaffen, und Stunde um Stunde um Stunde aufräume – das Chaos in mir wird niemals weniger. ~~Auch wenn dieses Haus so sauber und rein ist wie wahrscheinlich niemals zuvor, fühle ich mich noch immer schmutzig.~~

*

Ich sitze seit vielleicht Stunden schon unbeweglich vor meinem Computer. Lese mir ununterbrochen ein und dasselbe Dokument durch. Meinen neuen Anti-Suizid-Vertrag. Würde ich noch schlafen, könnte ich den genauen Wortlaut mittlerweile problemlos dabei rezitieren. Ich blicke so lange auf die geöffnete Datei, bis die Buchstaben anfangen zu verschwimmen. Kneife die Augen zusammen und massiere mir die schmerzenden Schläfen. Schließe das Dokument. Lösche es. Schreibe eine E-Mail.

Meine Nerven sind bis zum Zerreißen gespannt; mein Geduldsfaden ist gerissen.

Dann hole ich den kleinen Beutel mit 437 bunt gemischten Tabletten aus meiner Schublade. Halte ihn fest in den Händen und rolle mich auf meinem Fußboden zusammen. Ich schlinge die Arme um meinen Oberkörper, als könne ich mich allein durch bloße physische Kraft zusammenhalten. Es ist sinnlos. Ich bin schon längst auseinandergebrochen.

Irgendwann höre ich, dass der Wecker meiner Mutter klingelt. Wie sie aufsteht und meinen Bruder weckt. Dann höre ich das Rauschen der Dusche. Als sie ihn das nächste Mal wecken will, ist der Ton eine Spur schärfer. Beim dritten Versuch schreit sie. Wieder die Dusche. Beide streiten. Dann verlassen sie gemeinsam das Haus. Jeden Morgen das Gleiche.

Ich stehe auf, falle wieder hin. Der Fußboden ist ziemlich hart. ~~Vielleicht sollte ich heute etwas essen~~. Wenigstens bin ich jetzt richtig wach.

Dann gehe auch ich duschen, koche mir drei Tassen Kaffee, und als ich wieder in meinem Zimmer bin, habe ich eine neue E-Mail.

Lese sie. Stecke Handy, Schlüssel und Portemonnaie in meine Handtasche. Verlasse das Haus und fahre, wie aufgefordert, zu meinem Therapeuten. Als ich mir über die Wange streiche, stelle ich fest, dass ich weine. Ich bin viel zu müde, um mich jetzt noch ~~meiner Schwäche~~ meiner Tränen zu schämen.

*

Wenige Stunden später bin ich in der Psychiatrie. Beantworte Fragen, auf die ich keine Antwort weiß. Lasse mich auf die Station, in mein neues Zimmer führen. Schlucke widerstandslos gelbe, blaue und weiße Pillen. Schicke meiner Mutter eine SMS. Schreibe ihr, wo ich bin, dass sie sich keine Sorgen machen soll.

Dann endlich, endlich schließe ich die Augen und schlafe ein.

Vier ganze Tage lang.

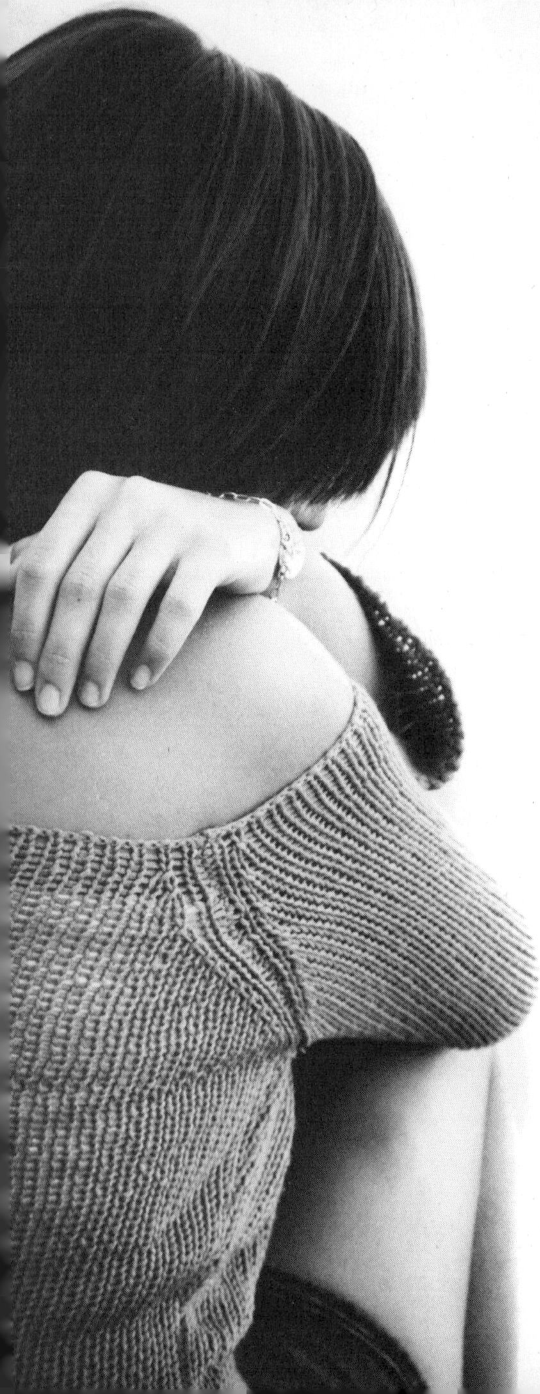

Februar - April 2010

1

Am fünften Tag werde ich wach und eine junge Frau sitzt mir gegenüber in meinem Bett. »Hallo, ich bin Nikki! Wir teilen uns seit fünf Tagen dieses Zimmer. Schön, dich endlich kennenzulernen!« Sie hält mir ihre Hand hin, und ich bin so verdutzt, dass ich sie tatsächlich ergreife und schüttle. Nach und nach führt Nikki mich in den alltäglichen Klinikwahnsinn ein. Erklärt mir Regeln und Hausordnung. Und welcher Pfleger ein Auge zudrückt, wenn wir sie brechen. Das tun wir gerne und oft. Mit Sicherheit wären wir in der normalen Welt da draußen niemals Freundinnen geworden, aber in der Psychiatrie ist wirklich alles möglich. Es ist ein Ort der unbegrenzten Möglichkeiten und menschlichen Abgründe. Sammelstelle für kaputte Seelen. Seit ich mit meiner Aufnahme zertifiziert zerbröselt und als bekloppt gekennzeichnet bin, genieße ich eine gewisse Narrenfreiheit. Muss endlich nicht mehr einem Ideal von Normalität hinterherrennen, das ja doch immer schneller ist, als ich es bin.

In meiner zweiten Woche eilt Nikki freudestrahlend auf mich zu. »Mike hat mir gerade eine SMS geschrieben! Er wird morgen wieder aufgenommen, einen Monat früher als geplant. Wir waren letztes Jahr gemeinsam hier. Und davor das Jahr. Ich freue mich so!« Mir erscheint ihre Begeisterung merkwürdig, in Anbetracht dessen, dass wir in einer Psychiatrie sind, nicht etwa einem Wellnesshotel. Weil Nikki den Eindruck macht, als müsse ich jetzt irgendetwas Großartiges darauf erwidern, sage ich: »Mike. Ist er Engländer?« – »Ne, das ist die Kurzform von Maikel. Der ist ihm aber zu altbacken«, werde ich aufgeklärt. »Wie alt ist er denn?« Nikki kratzt sich nachdenklich am Ohrläppchen. »Mitte, Ende 50? Ich bin auch nicht verknallt oder so. Mike ist einfach der sanftmütigste Mensch, den ich kenne! So einen Mann findest du nur einmal unter Tausenden! Du wirst ihn auch lieben!« Lieben? Maikel ist auch nur ein Mann. Das disqualifiziert ihn von vornherein. Ich sage Nikki, was sie hören möchte, werde mir aber mein eigenes Urteil bilden.

Wie angekündigt, lerne ich den berühmten Mike am folgenden Tag kennen. Kleider machen Leute und der erste Eindruck ist der wichtigste. Aus Distanz beobachte ich, wie er als stolzer Hahn im Korb in der Küche sitzt und von einer schnatternden Schar ~~Hennen~~ Mitpatientinnen umringt wird. Trotzdem wirkt er fehl am Platz, weil er Anzug und Krawatte trägt, und soweit ich das beurteilen kann, auf Hochglanz polierte Lackschuhe. Er sieht aus wie mein Vater.

Ich möchte unbemerkt verschwinden, doch als ich mich vom Türrahmen löse, entdeckt Nikki mich. Aufgeregt winkt sie mich näher. »Da bist du ja endlich! Darf ich dir Mike vorstellen?« Meine Füße tragen mich eigentlich bereits aus dem Raum, aber mein Körper ist doch wie festgewurzelt: Ich kann weder fliehen, noch die Küche betreten. Also erhebt Mike sich, läuft selbstbewusst auf mich zu. Er reicht mir die Hand und unschlüssig nehme ich sie an. Er hält ~~mich~~ sie fest. Einen Sekundenbruchteil zu lang. In einer Geste, die wahrscheinlich charmant wirken soll, führt er meine Finger an seine Lippen und haucht einen Kuss darauf. Ich nehme sehnsuchtsvolle Seufzer hinter ihm wahr. »Hallo«, sagt er. »Hallo«, sage ich. Endlich. Mache ich auf dem Absatz kehrt und stürze davon.

Als Nikki mir später am Abend den Vorwurf macht, ich sei ziemlich unhöflich gewesen, drücke ich mein Gesicht bloß fest in mein Kopfkissen. Nein, es ist nicht möglich, sich selber auf diese Art zu ersticken. Alles schon ausprobiert. Ich antworte ihr nicht. Wie erklärt man eine Ahnung? Wie rechtfertigt man seinen Instinkt? Ohne dabei aus Versehen einen vielleicht unschuldigen Menschen anzuklagen? Vielleicht bin ich auch einfach nur überempfindlich geworden.

*

Nur kurze Zeit später soll ich eine Antwort auf meine Zweifel bekommen. Nikki wird in ein anderes Krankenhaus verlegt, und mit ihr schwindet meine einzige Verbindung in die Außenwelt. Ich habe noch immer Ausgangssperre, darf die Klinik alleine nicht verlassen. Nur in Nikkis Begleitung durfte ich nach draußen. Ich weiß, dass diese Anordnung meinem Schutz dienen soll – trotzdem fühle ich mich, ganz die Schwerverbrecherin, wie in einem Hochsicherheitstrakt. Lebenslange Einzelhaft.

Ich möchte endlich frei sein.

In meiner Verzweiflung wende ich mich ausgerechnet an Mike. War das der Fehler? Bin ich für das folgende Unglück wieder einmal selbst verantwortlich?

Erst fühle ich mich unbehaglich und befangen, Mike anzusprechen. Haben wir doch nach unserer ersten Begegnung kein weiteres Wort mehr gewechselt. Doch irgendetwas muss in den Medikamenten sein, die sie mir hier geben. Ich habe Angst, ja. Rational. Meine Gefühle hingegen suhlen sich in wundersamer Gleichgültigkeit. Tatsächlich werde ich sogar recht gesprächig, als ich neben Mike am Frühstückstisch sitze. Der Teller vor mir ist leer – wie jeden Tag. Ich kratze dennoch mit dem Messer über das Porzellan, während ich mich beklage: »Ich darf echt nicht allein die Klinik verlassen! Was glauben die denn, was ich tue? Mich vor den nächsten Rettungswagen werfen? Also bitte! Das wäre schön doof. Am Ende kriegen die Sanitäter mich noch wiederbelebt!« Mike tätschelt mitfühlend meine Hand. »Es wäre mir eine Ehre, dich zu einem Spaziergang zu begleiten! Am besten gehen wir in den Park, fern der Autos. *Und führe mich nicht in Versuchung …*« Ich halte kurz inne, weil das Besteck einen unangenehmen Laut verursacht hat. »*Sondern erlöse mich von dem Bösen …* Na, da wüsste ich gar nicht, wo der gute Herr da oben anfangen soll.« Mike lächelt wie ein stolzer Vater. »Bibelfest, wie ich sehe. Ich bin übrigens evangelischer Religionslehrer.« – »Wie schön. Ich bin katholisch«, erwidere ich schnippisch. Ermahne mich dann jedoch zu Nettigkeit, um die Gunst meines neuen Begleiters nicht zu verlieren.

Vorahnung und Bauchgefühl hin oder her – für den Moment verspricht mir Mike kostbare Freiheit. Unseren ersten Spaziergang genieße ich sehr. So sehr, dass wir immer wieder Umwege nehmen, weil ich nicht zurück auf Station möchte. Als wir nach über einer Stunde zurückkommen, stehen wir uns unschlüssig vor dem Haupteingang gegenüber. Stellen die klassische Filmszene nach, in der sich ein junges Pärchen nach dem ersten Date fragt, ob sie sich zum Abschied wohl küssen sollen oder nur die Hand geben. Mike bittet mich mit rein. »Wenn du willst, kannst du gerne mit hochkommen. Ich kann dir noch einen Kaffee kochen«, witzelt er. Mit einem Versprechen auf Koffein kriegt mich sogar ein Mann rum. Mein Lächeln ist daher nicht ganz so gezwungen und unecht wie üblich. Außerdem bedanke ich mich artig: »Ich werde da drin früher oder später noch verrückter. Darum bin ich froh, wenn ich rauskomme. Alleine darf ich ja nicht. Und zu den ganzen anderen Patienten habe ich keinen Kontakt.« Vielleicht klinge ich eine Spur zu dankbar und über seine Gegenwart entzückt, denn seine Stimme überschlägt sich fast vor Vorfreude, als er sofort antwortet: »Wir können das gerne wiederholen! Ich bin mit dem Auto hier, auch wenn ich damit wegen der Medikamente eigentlich nicht fahren darf. Aber so kämen wir auch etwas weiter weg, wo uns niemand kennt und sieht.« Ich tue etwas völlig Absurdes. Ich nicke.

*

Mike hielt sein Wort. Seit diesem ersten Mal sind wir an jedem Nachmittag, manchmal erneut am Abend in sein Wagen gestiegen, losgefahren und haben dort angehalten, wo immer es ihm gefiel. Bis zum Tag meiner Entlassung viele Wochen später und darüber hinaus.

Natürlich war ich immer wachsam. Wollte nicht denselben Fehler machen wie bereits mein ganzes Leben lang. Dieses eine Mal wollte ich ihm trauen. Meinem Instinkt.

Ich setzte mich also in sein Auto, ohne völlig von meinen Ängsten überflutet zu werden. Weil ich ihm dort auf engstem Raum doch schutzlos ausgeliefert bin! Ich konnte ihn ansehen und mich mit ihm unterhalten (wenn auch er den allergrößten Teil der Zeit sprach), ohne dabei komplett durchzudrehen. Ich schaffte es, all seine Berührungen auszuhalten, die so flüchtig waren, dass ich beinahe glauben konnte, sie wären unbeabsichtigt.

Tavor ist ein ganz wunderbares Medikament. Es macht, dass einem alles ganz und gar egal ist.

Nur manchmal. Manchmal glaubte ich, das kleine verletzte Mädchen neben mir zu sehen. Mit vorwurfsvollem Blick. »Du verbündest dich mit dem Feind. Wie kannst du nur!«, rief sie mir zu. Ehe sie sich wieder versteckte. Dann sah ich ihr traurig hinterher. »Nicht alle Männer sind böse«, flüsterte ich. »Mike tut mir nichts. Er ist ein guter Mensch.«

Am Ende bin ich wieder einmal ein Nichts. Und Niemand. Der mit weiser Voraussicht gesegnet wäre. Vorahnung und Bauchgefühl? Gekonnt überhöre ich meine eigenen Warnungen. Wenn ich nur stur genug die Ohren zuhalte. Dann können die Alarmglocken noch so sehr läuten. Dann nützt alles nichts.

2

Im März erhalte ich mein Privileg des freien Ausgangs zurück. Offiziell wäre ich jetzt nicht mehr auf Mike angewiesen. Da er sich aber inzwischen so oft meiner erbarmt hat, käme ich mir unhöflich vor, unsere gemeinsamen Spazierfahrten abzusagen und fortan endlich alleine nach draußen zu gehen. Ich möchte nicht, dass er sich von mir benutzt und ausgenutzt fühlt.

Meine neue Freiheit feiern wir gemeinsam mit einem Ausflug an den See. Dort angekommen, steuert Mike zielstrebig eine Parkbank an. »Heute möchte ich einfach nur sitzen und die Ruhe mit dir genießen«, sagt er. »Ist in Ordnung«, antworte ich, obwohl er meine Zustimmung nicht braucht. Ich sitze auf der äußeren Kante und kann mich nicht entspannen. Irgendwann zieht Mike mich zu sich, legt mir den Arm um meine Schultern. »Darf ich dich einmal etwas fragen?« Ich nicke nur.

Eine Zeit lang schweigen wir, und ich glaube schon, er hätte seine Frage vergessen, aber dann spricht er wieder. »Mir ist aufgefallen, dass du mich niemals berührst. Du protestierst nicht, wenn ich dich in den Arm nehme oder deine Hände halte. Manchmal warte und warte ich, dass etwas von dir aus kommt, aber du …« Er sucht nach Worten, während ich auf meine Hände starre. Mir kommt der Gedanke, dass ich meinen zweiten Freund niemals angefasst habe. Er durfte mit mir, mit meinem Körper, alles machen, was er wollte. Er *hat* alles gemacht, was er wollte. Aber im Gegenzug musste ich ihn nie anfassen. Ich glaube, ich habe während unserer ganzen Beziehung höchstens ein-, zweimal seine Hände berührt. Mike hat schon längst weitergesprochen, aber ich verstehe seine Worte nicht, weil ich ganz weit weg bin.

»Es tut mir leid«, sage ich irgendwann. Ich schaue auf den See hinüber, an dem zwei kleine Kinder gerade die Enten füttern. Während ich in einen See aus Erinnerungen sinke.

»Ich bin …«, fange ich an.

»Ich habe …«, stottere ich.

»Ich möchte dich nicht mit meinem Verhalten kränken.«

Das Brot ist alle und die Enten schwimmen enttäuscht fort.

»Es ist nur so … ich habe schlimme Erfahrungen gemacht. Mit Männern. Früher, als Kind. Und später auch noch einmal. Zweimal.«

Plötzlich drückt Mike mich fest an sich, und ich beiße mir auf die Lippen, um nicht aufschreien zu müssen. Ich will, ich *kann* gerade nicht angefasst werden.

»Das tut mir so leid«, flüstert er in meine Haare. »So etwas habe ich mir schon gedacht. Es gibt wirklich schreckliche Menschen auf dieser Welt. Du musst wegen mir kein schlechtes Gewissen haben.« Er streicht mir einige verirrte Haarsträhnen aus dem Gesicht, streichelt über meine Wange, küsst mich auf die Stirn. »Es ist okay so, wie es ist.«

Ich fange an zu weinen, innerlich; und möchte weg, aber er drückt mich nur noch fester an sich. Er hält mich.

Gefangen.

Doch es ist egal. Ich bin innerlich vollkommen leer. Es ist egal. Denn er kann mich nicht mehr berühren. Da gibt es nichts mehr in mir, was berührt werden kann.

*

Mike findet immer irgendeinen Weg, mir nahe zu sein, obwohl ich mich immer weiter entferne. Das Leben ist so viel leichter, wenn man in seiner Traumwelt verschwindet.

Er streichelt über meine Arme. Meine Wangen. Meine Haare. Er küsst meine Fingerspitzen, meine Stirn. Er hält meine Hände ganz, ganz fest in seinen. Er nimmt mich in den Arm. Er legt seine Arme um meine Schulter und zieht mich oh zu nah an sich heran. Er legt meine Arme um seine Taille und hält sie dort fest, damit sie nicht wieder hinunterfallen. Verschränkt unsere Finger ineinander. Manchmal spazieren wir eng umschlungen um die Seen, durch die Wälder. Weil er mir einfach keine andere Wahl lässt. Er legt sich meine willenlose Arme und Hände dorthin, wo er will, und gibt sie nicht mehr frei – weil ich es frei und willig nicht tun würde. Manchmal flüstert er mir zu: »Du bist so wunderschön.« Dann will ich weglaufen, aber ich kann nicht, weil er mich hält. Also schließe ich nur die Augen und bin gar nicht da und alles ist okay.

Wann immer wir zusammen sind, zähle ich. Ich zähle *alles*: Kieselsteine und Bäume und Blätter und Frösche und die Luft um uns herum. Seine Worte, seine Gesten, seine Schritte. Meinen Herzschlag, meinen Atem. Ich zähle alles, und solange ich zähle, kann ich die Panik und dieses Gefühl, dass er mir *viel* zu nah ist, irgendwie ausblenden.

Aber es gibt niemals genügend Zahlen.

*

Ein Treffen im Café. Mike bläst Trübsal und verrät, dass er in seinem Einzelgespräch ziemlich in die Zange genommen worden sei: »Erst fing es ganz unverfänglich an. Sie hat mich gefragt, in welcher Rolle ich mich hier auf der Station erlebe. Aber irgendwann hat sie spezifisch nach dir gefragt, weil wir jeden Nachmittag gemeinsam unterwegs sind. Sie wollte wissen, was ich für dich empfinde. Ob ich mich vielleicht als eine Vaterfigur für dich sehe. Ich habe ihr geantwortet, dass ich nur auf dich aufpasse und wir ganz normale Freunde sind.«

Ich nicke langsam. »Genau, Mike, wir sind *nur* Freunde.« Um meine Worte zu unterstreichen, will ich meine Hand auf seinen Arm legen. Weil Freunde sich einfach so berühren können; weil ich bei einem Freund nicht panisch werde, wenn ich ihn anfassen muss. Aber Mike ist kein Freund. Und so bleibt meine Hand einige Sekunden unsicher über seinem Arm schwebend, bis ich sie zu einer Faust zusammengerollt auf den Tisch fallen lasse. Doch Mike, der inzwischen sein unbekümmertes Lächeln wiedergewonnen hat, greift nach meinen verkrampften Fingern, löst sie und hält sie fest umklammert. »Du weißt«, strahlt er mich an, »dass du mich natürlich jederzeit auch berühren darfst.«

Ich kann ihn nicht anschauen. »~~Niemals~~. Irgendwann.«

Er streicht nachdenklich über meine Hände. »Weißt du eigentlich, dass ich mich dir zuliebe ziemlich weit aus dem Fenster lehne?« Nein, Mike. Das tust du nicht für mich.

»Ein verheirateter Mann sollte solche Dinge – dass du wunderschön und einzigartig bist – nicht sagen. Ich gehe hier ein ziemliches Risiko für dich ein.«

Ich würde gerne irgendetwas dazu sagen. *Irgendetwas.* Aber ich fühle mich, als hätte jemand mein gesamtes Wörterbuch ausradiert.

Ich finde keinen passenden Satz, kein unpassendes Wort. Ich erinnere mich plötzlich an keine Verben mehr, habe all meine Adjektive verloren. Mir fällt nicht einmal mehr ein einfaches Nomen ein, keine noch so kurze Präposition. Es gibt einfach nichts, was ich auf seine Offenbarung erwidern kann.

Ich versuche, ihm meine Hand zu entziehen, doch er lässt mich nicht. »Lass mich dich noch ein kleines Stückchen länger festhalten. Ich brauche das gerade. Und auf Station müssen wir doch wieder Abstand wahren.« Genau *jetzt* wäre ein guter Zeitpunkt, um von einer Klippe zu springen. Doch ich schaue nur aus dem Fenster, an ihm vorbei. »Okay.« Es ist wirklich alles okay.

*

Auszug aus der Einzeltherapie:

»Sie haben also mit elf Jahren Ihren ersten Freund kennengelernt und sind eine Beziehung mit ihm eingegangen. Haben Sie ihn denn damals überhaupt geliebt?« Schockiert sah ich sie an. »Natürlich nicht! Das habe ich nie!«

»Aber Freunde, das waren Sie doch?«

Ich schüttelte den Kopf. »Nein.«

»Aber Sie mochten ihn einmal. Irgendwann. Zu Beginn?«

Nervös zupfte ich an meinem kleinen Finger. »Nein. Auch nicht. Nie.«

Sie schrieb etwas auf. »Okay. Aber als sie dann wie alt waren? 13? Und ihren zweiten Freund kennenlernten? Da waren Sie verliebt?«

Ich biss mir auf die Lippe. »Nein.« Und um ihren Fragen zuvorzukommen: »Aber wir waren irgendwann einmal befreundet. Glaube ich. Aber letztendlich war er mir weder wichtig, noch mochte ich ihn besonders.« Daraufhin legte sie ihren Stift zur Seite, las sich stirnrunzelnd ihre Notizen durch und blickte dann auf. »Verstehe ich das richtig? Sie waren in diesen zwei Beziehungen. Sie sprechen von diesen Männern als Ihre *Freunde*. Obwohl Sie für keinen der beiden freundschaftliche Gefühle hatten, geschweige denn sie jemals liebten?«

Ich nickte stumm. Meine Schande muss ich nicht auch noch laut aussprechen.

»Warum, in Herrgotts Namen, haben Sie das gemacht?«

Warum nicht.

Und Mike? Was ist mit Mike? Mögen Sie den wenigstens? – Nein.

Aber er ist Ihnen bestimmt wichtig? – Ja. Nein. Vielleicht. Bestimmt! Ich weiß es nicht? Er ist ein Mann, okay? Ich kann Zeit mit ihm verbringen. Ich kann seine Gegenwart aushalten. Ich kann mir beweisen, dass ich mit einem Mann zusammen sein kann, ohne dass schlimme Dinge geschehen.

Aber es passiert doch etwas …

3

Mir ist kalt. Ich sitze auf meinem unbequemen Bett, als mir der Gedanke kommt, dass ich heute noch nichts gegessen habe und meinem Körper vielleicht die Energie fehlt, mich warm zu halten. Misstrauisch betrachte ich die Bettdecke, die verlockend vor mir liegt. Vielleicht sollte ich mich damit zudecken. Angestrengt starre ich sie an.

»Wer zuerst blinzelt oder wegschaut, hat verloren und muss die Nacht über auf dem Fußboden schlafen«, erkläre ich ihr.

Minuten vergehen. Ich gebe nicht auf.

Dann wird die Tür aufgerissen und Maya kommt in unser Zimmer gestürzt. »Hey Charlotte, hast du vielleicht … warum zum Teufel ist es hier drin so kalt? Sind das etwa Eiskristalle an unserem Fenster??«

Ich blicke zu ihr hoch; folge ihrem Blick zum Fenster.

Verdammt. Verloren.

»Häh?« Mein Kopf arbeitet zu langsam. In drei großen Schritten durchquert meine neue Mitbewohnerin unser kleines Zimmer, schließt energisch das große Fenster und dreht die Heizung auf. »Hier sind es höchstens zehn Grad. Spinnst du? Willst du dir den Tod holen?« Hinter ihrem Rücken schneide ich eine Grimasse. *Ja.* »Nein.«

Ich überlege, die Bettdecke zu einer Revanche herauszufordern.

Maya schimpft weiter: »Ganz ehrlich? Manchmal glaube ich echt, du hast sie nicht mehr alle. Ich würde ja sagen: Lass dich einweisen – aber hey, das hast du ja schon getan.«

Mürrisch zerrt sie eine Fleecejacke aus ihrem Schrank und zieht sie sich über ihren Wollpullover. Ich sitze hier im T-Shirt. »Es ist ja eine Sache, dass du nichts mehr essen willst. Aber ich habe keine Lust, in meinem Zimmer zu erfrieren, nur weil du irgendwo gehört hast, man verbrenne beim Frieren mehr Kalorien.« Mit Mühe bekommt sie den Reißverschluss ihrer Jacke zu. »Ich hab jetzt Gruppe«, ruft sie mir zu, ehe sie schon wieder das Zimmer verlässt. »Wage es ja nicht, die Heizung auszudrehen. Wenn ich wiederkomme, will ich nicht in einem Kühlschrank sitzen.« Damit knallt sie die Tür zu.

Ich zucke nur mit den Schultern. An Mayas Wutausbrüche bin ich gewöhnt. Dann drehe ich mich, noch immer auf dem Bett sitzend, zu der Heizung um. Höre ihr hämisches Gluckern und Rauschen. »Wer zuerst wegschaut …«, setze ich an. Lasse es dann aber sein.

Es wird warm.

Ich schaue auf meine schneeweißen Finger, die beginnen, extrem zu kribbeln, als das Blut wieder richtig zu fließen anfängt.

Es wird zu warm.

Wütend rolle ich meine Decke zu einer Kugel zusammen und schleudere sie in eine Ecke. Dann verlasse ich das Zimmer und gehe nach draußen. Es liegt noch Schnee.

Grundsätzlich habe ich nichts gegen Wärme. Zumindest nichts Effektives.

Ich liebe frisch gekochten Tee, den ich so schnell trinke, dass er nicht den Hauch einer Chance hat, vorher etwas abzukühlen. Meinen morgendlichen Kaffee, an dem ich mir, trotz aller Vorsicht, beim ersten Schluck noch die Lippen verbrenne. Warme Wollsocken. Eine heiße Dusche, wenn ich mich wieder einmal völlig ~~verzweifelt, einsam und traurig~~ durchgefroren fühle. Es gibt Wintertage, an denen mir so entsetzlich kalt ist, dass ich es wage, die Heizung aufzudrehen. Nur um fünf Minuten später das Fenster aufzureißen.

Wenn ich weiße Finger und blaue Lippen habe. Wenn ich bei Minusgraden sommerlich bekleidet das Haus verlasse und mit Ballerinas durch Schneeberge stampfe. Weil ich es hasse, dick angezogen zu sein; weil sich Schal und Rollkragenpullover wie Hände anfühlen, die um meinen Hals gelegt sind. Und gewaltsam zudrücken.

Dann kann ich unglaublich glaubhaft versichern, dass mir wirklich nicht kalt ist. Obwohl ich in Wahrheit seit Jahren schon erfriere, und mich die Kälte von innen heraus vollständig ausfüllt. Ich kann einfach keine Wärme mehr ertragen, und wie so oft liegen die Gründe dafür in der Vergangenheit:

Mit meinem ersten Freund habe ich sehr viel Zeit im Bett verbracht. Entweder spielte er dort mit seinem Game Boy, oder mit mir. Häufig gab ich vor, tief und fest zu schlafen. Dazu habe ich mich vollständig mit der Bettdecke zugedeckt, sie über meinen Kopf gezogen, und die Deckenränder unter meinen Körper gestopft. In meiner Vorstellung wurde sie zu meinem Schutzschild, mein Kokon und meine Höhle, in der er mich nicht erreichen kann. Bis die Luft dünner wurde, und mir wärmer und wärmer. Könnte ich wohl unter dieser Bettdecke ersticken? Beinahe hoffte ich es. Ich sollte es nie herausfinden, da ich die Decke jedes Mal irgendwann ein kleines bisschen anhob, direkt vor meinem Gesicht, um frische Luft zu bekommen. Und während ich durch mein kleines Loch gierig einatmete, taucht sein schwarzer Lockenkopf davor auf. Sein schiefes Grinsen, das mir verkündete: »Gut, du bist also doch wach!« *Nein, nein, nein. Fass mich nicht an. Bitte fass mich nicht an.*

Wärme bedeutet für mich, in einem Kinderbett in Wesel zu liegen. Wärme ist, unter Bettdecken gefangen zu sein, keine Luft mehr zu bekommen, ersticken zu müssen.

In meiner zweiten Beziehung bestand mein Freund darauf, dass ich mich, sobald er mich freitags ausgezogen hatte, den Rest der Zeit nicht wieder anziehen durfte. Aber wenn ich fror, und weil er kein Unmensch war, konnte ich mich großzügigerweise in eine Decke einwickeln. Weil Nacktheit ein sehr schwer zu tragendes Gewand ist, sagte ich ihm, mir sei grundsätzlich immer kalt, und ich in so viele Wolldecken und Bettlacken gehüllt, wie ich auftreiben konnte. Darunter blieb ich dennoch nackt und schutzlos. Stets zur freien Verfügung. Praktisch, und demütigend.

Wann immer mir heute warm wird, fühle ich die zentnerschwere Last dieser tausend Decken auf mir. Sie halten mich gefangen, schnüren mir die Luft ab, und unter ihnen bin ich nichts.

Wird mir zu warm, kann ich völlig durchdrehen, hysterisch und panisch werden. Ich vergesse, wo ich bin. Weiß nicht mehr, wann ich bin. Stürze zum Fenster, ~~will mich hinausstürzen~~ reiße es weit auf und atme frische, saubere Luft ein. Erst wenn die Kälte friedlich durch meinen Knochen fährt, beruhigen sich mein gehetztes Herz und überhitzter Geist.

Erinnerungen können jedoch nicht unbegrenzt oft wehtun. Irgendwann verblassen sie – wenn sie Tag für Tag, Jahr um Jahr, ewiger Begleiter sind.

Heute kann ich Wärme nach wie vor nicht gut aushalten. Aber sie macht mir nicht mehr so viel aus. Wenn ich die Wahl und Möglichkeit habe, ist es in meinem Zimmer eiskalt. Aber das *Warum* kann ich verdrängen.

4

Am Ostersonntag ist die Station wie leer gefegt. Selbst jene, die keinen Ausgang haben, waren frei zu gehen, und ich frage mich, ob sie überhaupt wiederkommen werden. Mike ist hier geblieben, weil sein Zuhause gute 200 Kilometer entfernt ist. Momentan ist er jedoch im Gottesdienst. Ich bin hiergeblieben, weil ich kein Zuhause habe. Dafür habe ich seit den frühen Morgenstunden sehr starke Bauchkrämpfe. Gestern Abend wurde mir ein neues Medikament verabreicht. »Was ist das?«, wollte ich wissen. »Und warum soll ich schon wieder etwas Neues nehmen? Bekomme ich nicht schon genug?« Doch mein Pfleger hat nur mit den Schultern gezuckt. »Anweisung vom Chef. Er meint, die bisherigen Medikamente zeigen offensichtlich keine Wirkung. Oder spürst du schon eine Verbesserung?« Mein ratloses Schulterzucken schien Antwort genug. »Eben. Darum wollte er es mal mit etwas Stärkerem ausprobieren.« Wahrscheinlich wäre dies der Moment gewesen, in dem ich hätte beichten müssen, dass ich zwar artig jeden Morgen, Mittag und Abend mein Zyprexa abholte und einnahm. Nur um es anschließend jeden Morgen, Mittag und Abend auf meinem Zimmer wieder auszuspucken.

Diese neue, bittere Medizin schluckte ich aber. Stunden später begannen die Krämpfe. Erst beschließe ich, sie stoisch auszuhalten. Doch als ich mich minütlich in einen immer größeren Haufen Elend verwandle und mein Körper unkontrolliert zu zucken beginnt, mache ich mir langsam Sorgen. Ich kenne sämtliche dieser Nebenwirkungen. Von meinem letzten Suizidversuch. Wenn ich schon sterbe, dann nur, wenn ich mich dafür entschieden habe. Es ist kein Selbstmord, wenn der Chefarzt dafür verantwortlich ist. Was fällt ihm eigentlich ein, mir diese Autonomie zu stehlen!

Darum schleppe ich meinen Körper zum Pflegezimmer. Ich klopfe für uns an, und die Pflegerin sieht von ihrem Kreuzworträtsel auf. »Ja? Was möchten Sie?« Mich immer wieder in der Mitte zusammenfalten, so lange, bis nichts mehr von mir übrig bleibt. »Dieses neue Medikament«, sage ich. »Entweder hätten Sie mir weniger geben müssen, oder mehr. Mit mehr hätten Sie mir den größeren Gefallen getan, aber ich glaube, dann hätten Sie jetzt das Problem.« Die Pflegerin sieht mich skeptisch an. »Geht es Ihnen nicht gut? Haben Sie irgendetwas eingenommen?« Ich will es nicht, aber plötzlich fange ich an zu schluchzen: »Nein. Ja. Das sage ich doch die ganze Zeit. Ich vertrage das neue Medikament nicht. Ich glaube, ich muss mich übergeben.« Aber ich lasse mich zum Glück nur auf den Boden nieder und lehne mich erschöpft gegen den Türrahmen. »Was genau haben Sie denn genommen? Und wie viel davon?«, fragt sie weiter nach. Ich schließe für einen kurzen Moment die Augen, atme tief durch. »Meine Güte. Ich habe nicht versucht, mich umzubringen. Ich weiß nicht, was genau ich genommen habe und wie viel. Lesen Sie es in meiner Akte nach. Ich habe nicht versucht, mich umzubringen. Dann säße ich jetzt nicht hier.«

Die Pflegekraft verschränkt die Arme vor ihrer Brust. »Also so abwegig sind meine Fragen auch nicht. Immerhin waren *Sie* es, die vor Kurzem erst irgendwelche Tabletten unerlaubt hier reingeschmuggelt und auf ihrem Zimmer versteckt hat. Aber okay. Ich glaube Ihnen. Was haben Sie denn für Beschwerden?« – »Starke Bauchschmerzen. Mir ist schwindelig, ich kann kaum noch geradeaus gucken. Auf dem Weg von meinem Zimmer bis hierher bin ich zweimal gestürzt. Meine Hände kribbeln, ich zittere, mir ist heiß oder kalt, und meine Beine sind merkwürdig taub. Können Sie mir dann jetzt helfen?«

Meine Pflegerin hockt sich zu mir auf den Boden, weil sie vermutlich eingesehen hat, dass ich nicht so bald wieder aufstehe. »Ehrlich gesagt weiß ich nicht, ob ich helfen kann. Sie vertragen das Medikament offensichtlich nicht, aber da Sie es nicht überdosiert genommen haben, ist das eine Reaktion Ihres Körpers, die Sie einfach abwarten müssen. Aber ich werde trotzdem nach Dr. Elliott rufen, auch wenn das noch etwas dauern kann, weil er momentan drüben im Haupthaus ist.« Ich nicke stumm. Habe die ganze Zeit nicht aufgehört zu weinen und während der letzten Minuten bin ich unwahrscheinlich müde geworden. »Helfen Sie mir wieder hoch?«, frage ich und lasse mich von ihr wieder auf die Beine ziehen. »Na gut, ich gehe dann mal. Er weiß ja, wo er mich findet.«

Ich weiß nicht, wie viel Zeit vergangen ist, als es an meiner Tür klopft. Endlich.

Mir ist schwindelig und ich kann nicht mehr richtig fokussieren, aber ich liege sicher in meinem Bett. »Ich war noch nie so froh, Sie zu sehen.«

Ein Lachen. »Ich dachte, ich hätte dir das Du angeboten?« Es ist der falsche Mann.

Mike. Ist als Einziger hiergeblieben.

»Ich bin gerade erst wiedergekommen und habe gehört, wie die Pflegerin mit Dr. Elliott telefoniert hat. Da bin ich sofort losgelaufen, um nach dir zu sehen«, erklärt er mir, während er sich auf meine Matratze setzt. »Hey, du weinst ja total!« Mike beugt sich zu mir herunter und streicht sanft über meine tränennasse Wange. Ich würde gerne irgendetwas sagen, aber in meinem Kopf dreht sich alles und mir fallen keine Worte mehr ein.

Ich möchte mich zur Seite drehen und Mikes Anwesenheit ignorieren, doch er hält mich fest, drückt mir seine Lippen auf die Stirn. »Du hast Fieber«, murmelt er leise. »Als unsere Kinder noch klein waren und Magenkrämpfe hatten, hat meine Frau ihnen über den Bauch gestreichelt. Immer wieder die gleichen kreisenden Bewegungen, bis sie eingeschlafen sind.« Wie selbstverständlich legt er seine Hände unter meinen Pullover, lässt sie kurz auf meinem Bauch verweilen. So, als wäre ich ein kleines Kind und er hätte nur die besten Absichten.

Ich versuche, mich aufrecht hinzusetzen, damit er seine Hände von mir nehmen muss, aber es gelingt mir nicht. Was als Nächstes passiert, fasziniert und erschreckt mich gleichermaßen: Mein Körper weiß schon viel früher Bescheid, bevor meine Erinnerungen es zuordnen können.

Ich würde gerne sagen: »*Das* ist aber nicht mein Bauch.«

Ich würde gerne aufstehen und gehen.

Ich würde gerne in dieses Zimmer gestürzt kommen und ihn von mir runterreißen.

Aber. Ich habe keinerlei Gewalt, keine Macht mehr über meinen Körper. Die hat er sich schon genommen.

Meine Gedanken, mein Herz, meine Atmung rasen. Ich muss einen Ausweg finden. Ich muss einfach. Doch meine Arme, meine Beine, mein Kopf sind bleischwer. Ich kann weder klar denken, noch mich richtig artikulieren. Ich weiß nicht, ob mich das Medikament oder meine Angst lähmt.

Ich könnte vielleicht um Hilfe rufen. Doch dies ist ein Privileg, das ich mir nicht einräumen kann. Und wer würde mir schon glauben? Das fällt mir selber schwer.

Ich hatte damals, früher, irgendwann einmal zugelassen, dass er meine Hand nimmt. Ich habe mich von ihm umarmen lassen. War das eine unausgesprochene Einladung? Hat er meine Freundlichkeit missverstanden?

Würde ich wirklich gehen, wenn ich könnte? Oder würde ich trotzdem bleiben? Würde ich es nicht doch schaffen, mich gegen ihn zu wehren? Wenn ich mich nur anstrenge? Genau genommen habe ich noch immer alles unter Kontrolle.

Millionen Sekunden verstreichen, und ich sterbe tausend Tode.

Aber es ist wirklich nicht so schlimm.

Dann blinzele ich einige Male. Die Tränen fort.

Und mich weg.

Mir kommt eine Erinnerung an eine Nacht hier, während meiner zweiten Woche, kurz bevor Nikki verlegt worden ist. Es war schon weit nach Mitternacht, und ich wurde davon wach, dass sie ihr kleines Nachtlicht anmachte und sich in ihrem Bett aufsetzte.

»Ist alles in Ordnung mit dir?«, habe ich ihr zugeflüstert. Sie muss genickt haben, bis ihr einfiel, dass ich das in der Dunkelheit nicht sehen konnte.

»Ja. Nein. Doch, schon. Ich hatte einen ziemlich schrägen Traum, das ist alles.« – »Das tut mir leid«, sagte ich leise und schaltete auch mein Licht an. »Brauchst du irgendetwas? Möchtest du darüber sprechen?« Nikole stand auf, um einen Schluck aus ihrer Wasserflasche zu nehmen. »Nein, alles gut. Es war kein Albtraum oder so. Nur ziemlich abgedreht. Ich wurde von grünen Kaninchen verfolgt und ein Dämon wollte mir meine Seele abkaufen und mich zu seiner Höllenbraut machen.« – »Nikki, was auch immer sie dir hier geben – nimm entweder gar nichts mehr, oder mehr davon.«

Als sie wieder in ihr Bett kletterte, schwiegen wir für einen kurzen Moment, bis ich die Stille zögerlich unterbrach: »Ich bin immer glücklich, wenn ich einen Albtraum hatte.« Meine Zimmernachbarin sah mich erstaunt an und so, als sei ich völlig verrückt geworden. Ich kenne diesen Blick. Aus unserem Badezimmerspiegel. »Warum genau bist du *glücklich* nach einem Albtraum?«, wollte sie wissen. »Weil ich aufwachen kann«, erklärte ich. Und fügte nach einer Weile hinzu: »Weil der Traum nicht mehr mein Leben ist. Weil es vorbei ist. Und darum bin ich glücklich.«

Vielleicht träume ich auch jetzt. Vielleicht ist nichts von dem real. Vielleicht bin ich heute Mittag eingeschlafen. Vielleicht will mir mein Unterbewusstsein einen Streich spielen. Vielleicht, vielleicht … ich würde mir alles erzählen, um die Wirklichkeit zu leugnen.

Ein dumpfes Klopfen an der Tür. ~~Es weckt mich auf~~. Jemand betritt den Raum. Mike zieht sich so schnell zurück, als hätte er sich an mir verbrannt, und ich frage mich, ob ich mir seine Berührungen auf meinem Körper in meinem Fieberwahn bloß eingebildet habe. Ich rücke noch näher an die Wand und rolle mich zu einer kleinen Kugel zusammen. Ich fühle nichts. Ich bin nichts. Ich bin völlig leer. Es ist alles in Ordnung. Mir geht es gut. Mir geht es wirklich gut.

»Es tut mir leid, dass es Ihnen nicht gut geht.« Dr. Elliott ist näher an mein Bett getreten. »Und dass es so lange gedauert hat.« *Ja, mir auch*, denke ich. Dann setzt er sich auf die Bettkante, und ich frage mich, wo Mike wohl steckt. Bestimmt hat er inzwischen auch leise, unbemerkt den Raum verlassen, genauso wie ich.

»Ich habe schon von den Pflegern gehört, worum es geht, aber leider kann ich Ihnen keine Hilfe sein. Dafür habe ich Ihnen Tee mitgebracht.« Endlich drehe ich mich zu ihm um. Er verzieht mitfühlend das Gesicht, und ich muss wohl so schlimm aussehen, wie ich mich fühle. Ich nehme die Tasse. Starre sie an. Starre meinen Arzt an. Starre an die Wand ihm gegenüber. Atmen. Ich darf das Atmen nicht vergessen. Ich weiß, wie das geht. Scheitere trotzdem an der Umsetzung. Ich lasse die Tasse fallen. Vermutlich verbrenne ich mich gerade. Als ich panisch anfange zu hyperventilieren, stellt Dr. Elliott eilig die Tasse auf den Nachtschrank, legt beruhigend seine warmen Hände auf meine Schultern. Das macht es nur noch schlimmer. »Brauchen Sie etwas zur Beruhigung?« Er klingt so hilflos, wie ich mich fühle. »Nein«, rufe ich. Viel zu laut. »Keine Medikamente mehr.« Einatmen. »Bitte, keine Medikamente.« Ausatmen. »Mir geht es okay. Es ist alles okay«, sage ich. Immer und immer wieder. Die Wiederholung beruhigt mich, auch wenn ich lüge.

Irgendwann bin ich wieder alleine in meinem Zimmer. Irgendwann verwandelt sich meine Trauer in Gleichgültigkeit. Irgendwann stehe ich auf, hole meinen kleinen Notfallkoffer aus meinem Nachttisch. Darin bewahre ich meine Notfallrasierklingen. Das hier ist ein Notfall. Also schneide ich mich, immer wieder, weil das weniger wehtut als alles andere.

Wenn ich mich in den letzten Wochen, am heutigen Abend nicht ausreichend gegen Mike zur Wehr gesetzt, wenn ich seine ganzen Berührungen ertragen habe, dann nicht, weil es mir womöglich gefallen hätte oder weil ich ihn gern habe; auch nicht, weil ich Angst vor ihm hatte und der Überzeugung bin, dass ich es nicht anders verdient habe.

Es gab nicht eine einzige Berührung, die mir gutgetan hat. Keine Berührung, die mich nicht wieder Kind hat werden lassen.

Die Frage sollte nicht lauten: »Warum?« Viel interessanter ist doch: »Warum nicht?«

Es macht einfach keinen Unterschied mehr.

Ich wollte ihn nicht vor den Kopf stoßen oder wütend machen, ihn verletzen oder enttäuschen. Ihm verwehren, was ihm guttut. Nicht, weil er mir wichtig ist – denn das ist er nicht. Sondern weil ich unwichtiger bin. Ich habe bereits die schlimmsten Erfahrungen gemacht. Alles Weitere, alles andere kann ich aushalten. Und wenn wir dem Leben, wenn wir uns keinen Wert mehr beimessen, dann kann uns nichts mehr erschüttern.

Ich schreibe dies alles nicht, weil ich vielleicht so etwas wie Mitgefühl für mich empfinde. Es sind einfach nur die nackten Tatsachen.

Die sich ebenso wenig verstecken können, wie ich es konnte.

5

Wer ist eigentlich das Opfer, und wer der Täter? Einst sagte mir ein Mann nach, grausam zu sein. Irritiert blickte ich ihn an. »Ja, natürlich bin ich grausam, mir gegenüber, weil ich ein grauenvoller Mensch bin.« Betrübt schüttelte er den Kopf. »Das zu bewerten steht mir nicht zu. Ich meinte: Sie sind grausam *Männern* gegenüber.«

»Wie meinen Sie das?«, fragte ich tonlos. Da lehnte er sich ~~weit aus dem Fenster~~ in seinem Stuhl zurück, überkreuzte die Knöchel und musterte mich von oben bis unten, so als wäre ich irgendein abscheuliches Forschungsobjekt. »Sie stellen eine Gefahr für die Menschheit dar, solange Sie nicht bereit sind, sich vernünftig therapieren zu lassen. Damit will ich sagen, dass Sie sich wie das klassische Opfer verhalten, und wenn Sie es nicht schaffen, diese

Rolle früher oder später abzulegen, werden Sie mit Ihrer mangelnden Wehrhaftigkeit sowie mit Ihrer Unterwürfigkeit immer weiter Männer dazu reizen, zu einem Täter zu werden.«

Beschämt heftete ich den Blick auf den Teppich. Er fuhr unbeirrt fort: »Und das Schlimmste ist: Sie schaden mit diesem Verhalten nicht nur sich selbst.« Ich wollte wissen, was er damit meine, und so erklärte er mir: »Auch wenn Sie diejenige sind, die missbraucht wird. Und obwohl Sie in erster Linie die Leidtragende sind: Was, glauben Sie, macht das mit den Männern? Die müssen ihr Leben lang mit einem schlechten Gewissen leben und dem, was sie Ihnen angetan haben. Also wünsche ich Ihnen von Herzen, um Ihretwillen, aber auch wegen potenzieller Täter, dass Sie lernen, nicht mehr Opfer zu sein und Ihr Verhalten den Männern gegenüber grundlegend zu verändern. Denn sonst werden Sie Ihr Leben lang Gefahr laufen, erneut sexuell missbraucht zu werden.«

Daraufhin schwiegen wir sehr lange, bis ich irgendwann meine Sprache wiederfand: »Wenn Sie das sagen – Sie sind hier der ~~Mann~~ Therapeut. Vielen Dank für dieses aufschlussreiche Gespräch.«

Er entblößte ein Zahnpastalächeln. »Gerne. Und wenn ich Ihnen noch eines mit auf den Weg geben darf? Üben Sie. Üben Sie *hier*. Dies ist ein sicherer Ort. Hier wird Ihnen nichts passieren. Ergreifen Sie diese vielleicht einmalige Chance, im geschützten Rahmen *Nein* sagen zu üben.«

Ich wollte ihm sagen, dass er sich irrt, dass dies hier keine Käseglocke und kein sicheres Übungsfeld sei, dass mir hier sehr wohl etwas passieren könne. Für einen schwachen, kurzen Moment war ich versucht, ihm von Mike zu erzählen. Von dem, was Mike mir genau *hier* angetan hat. Und ich wollte fragen, warum er nicht da war, warum auch wirklich niemand mich beschützt hat.

Aber.

Was ist, wenn es nicht an diesem Ort liegt? Wenn *ich* die wandelnde Katastrophe bin? Wenn es für mich keinerlei sicheren Ort auf dieser Welt gibt, weil ich die Gefahr immer in mir drin trage?

Mein ganzes Leben lang – und ich fühle mich mit gerade einmal 22 Jahren bereits uralt – hat es immer irgendwelche Männer in meinem Leben gegeben. Angefangen mit meinem Vater, für den ich jedoch nichts kann, habe ich mir seit jeher zielsicher die mit Abstand größten Idioten herausgepickt, die sich mir anbieten. Dabei bin ich durchaus wählerisch: So nehme ich nur diejenigen, von denen ich mir auch absolut sicher sein kann, dass sie mir früher oder später, auf die eine oder andere Art und Weise, Schaden zufügen werden.

Dabei haben mich niemals tiefe Sehnsüchte, das natürliche Verlangen nach Nähe oder ein ziemlich verdrehtes Bindungsbedürfnis angetrieben.

Wenn ein 14-jähriges Mädchen beginnt, heimlich alle auffindbaren Telefonbücher nach Bordellen zu durchsuchen, tut es das nicht aus dem Wunsch heraus, dort Freunde fürs Leben zu finden. Ich tat es, weil ich auf der Suche nach einer Festanstellung war. Gescheitert ist mein brillantes Vorhaben an den damals miserablen Nahverkehrsverbindungen, wobei die Ironie, dass ich mich alt genug fühlte, als Prostituierte zu arbeiten – allerdings tatsächlich nicht einmal alt genug war, einen Führerschein zu besitzen –, auch damals schon nicht an mir verloren ging. Außerdem ist Kinderarbeit in Deutschland verboten.

Ich bin in dem festen Glauben aufgewachsen, dass der einzige Zweck meiner Geburt, der alleinige Sinn meines Daseins darin besteht, dass Männer mich besitzen dürfen. Nie habe ich mich als eine eigenständige Person mit eigenen Bedürfnissen erlebt, sondern mir viel eher den freien Willen und die Würde eines Wanderpokals zugesprochen, genauso wortlos wie wehrlos und im Grunde absolut wertlos. Auf ewig munter weitergereicht, bis er irgendwann so alt und abgenutzt ausschaut, dass Mann ihn nicht einmal mehr geschenkt haben möchte.

Noch heute fällt es mir unwahrscheinlich schwer, von diesem Bild Abstand zu nehmen. Nur weil ich plötzlich in Therapie bin und Interesse daran bekunde, mein Leben halbwegs in den Griff zu bekommen, heißt das noch lange nicht, dass ich bereit oder dazu fähig bin, mich von der Idee zu verabschieden, dass ich *nicht* mehr bin als ein nett anzusehendes Spielzeug. Wenn das hier alles überstanden ist, bin ich entweder tot und lande auf dem Friedhof der Kuscheltiere. Oder aber, ich bin dann eben ein therapiertes Spielzeug mit einem fundierten Fachwissen über Depressionen, posttraumatischen Belastungsstörungen sowie Essstörungen, und somit auch für halbwegs intelligente Unterhaltungen zu gebrauchen, sofern Mann auf Bettgespräche dieser Art steht. Zudem werde ich noch pflegeleichter sein, weil man mich nicht mehr füttern muss und ich kostengünstig von Luft und Hiebe leben kann. Ideal.

Jeder von uns hat einen Platz in dieser Welt, und meiner liegt eben gemeinsam mit mir unter einem Mann. Sobald ich diese Aufgabe erst einmal akzeptiert hatte, konnte ich auch meinen Frieden mit ihr schließen.

Das stimmt nicht. Die wahre Tragik liegt nicht in meiner Bestimmung, sondern woanders: Viele Menschen sind auf der Suche nach dem Sinn des Lebens. Ich habe meinen gefunden. Glücklich bin ich deswegen aber noch lange nicht. Zwar habe ich meine Berufung erkannt, aber sie erfüllt mich doch nie mit Freude. Wenn wir das gefunden haben, wofür wir geschaffen worden sind, müssten wir dann nicht völlig in dieser Aufgabe aufgehen? Ich hingegen habe zwar nur diesen einen denkbar einfachen Job zu erledigen – bin aber dennoch ziemlich miserabel darin.

Drei Männer, drei Beziehungen, sechs willenlose Jahre. Viele weitere, gefügige Stunden: falsche Freunde, flüchtige Urlaubsbekanntschaften, völlig Fremde, Vertraute meiner Eltern, Arbeitskollegen, Mitpatienten – und viel zu selten ein *Nein*, das über meine Lippen kam.

Ich hätte abstumpfen müssen, aber ich tat es nicht. Ich rebellierte, wenn dies völlig unangebracht war. Unzählige Male habe ich versucht, mich brechen zu lassen. Gelegenheiten gab es viel zu viele. Und im letzten Moment habe ich einen Rückzieher gemacht. Ich bin nicht so gehorsam, wie ich sein sollte. Das sollte mich erleichtert aufatmen lassen. Stattdessen erfüllt es mich mit Scham, wie viel Freiheit ich mir manchmal doch einräume.

Widerstand und Wehrhaftigkeit sind eigentlich nichts, was ich mir leisten darf.

Aber eine Schwäche dürfen sich vielleicht auch die Schwächsten unter uns erlauben.

6

Die wöchentliche Visite steht an und die gesamte Station ist völlig aus dem Häuschen. Meine Mitpatienten fiebern diesem Termin aus mir unerklärlichen Gründen entgegen, während ich ihn als eine Art Kreuzverhör erlebe, bei dem ich einer Übermacht Rede und Antwort stehen muss. Dementsprechend unruhig und ungeduldig wartend sitze ich auf meinem Bett, bis mit nur 40-minütiger Verspätung die ganze Rasselbande mein kleines Zimmerchen betritt: Chefarzt, Oberärztin, meine Therapeutin, mein Arzt, ein Pfleger, eine Pflegerin und die Praktikantin, die ein großes Wägelchen mit sämtlichen Patientenakten schiebt. Die zwölf Geschworenen haben heute dienstfrei. Es entsteht ein Gerangel um die einzigen drei Sitzplätze, bis der Chef kurzen Prozess macht, die Streitgespräche unterbricht und die Stühle gemäß der herrschenden Hack- und Rangordnung zuweist. Die Praktikantin schmollt. Ich derweil sitze alleine auf meinem Anklagebett und werde Zeugin dieses außergewöhnlichen Naturschauspiels, wie es nur in der Psychiatrie vorkommt, gleichermaßen entsetzt wie fasziniert. Dann, endlich, können die Spiele beginnen.

Der Chefarzt – zwei Meter solariumgebräuntes, geballtes Testosteron im feinsten Nadelstreifenanzug – lässt sich meine Akte reichen und sieht mich nicht einmal an, als er fragt: »Hier steht, Sie hätten das Tofranil nicht vertragen. Worin soll sich dies geäußert haben?« Ich zupfe eine Feder aus meinem Kopfkissen. »Bauchschmerzen.« Und ein akuter Fall von Wehrlosigkeit. »So, so. Bauchschmerzen. Mit Sicherheit eine normale Nebenwirkung, und keine Wirkstoffunverträglichkeit.« Er reibt sich nachdenklich über das Kinn. »Na ja, was solls. Das Spektrum an möglichen Medikamenten ist sehr breit. Wir können noch so einiges ausprobieren. Irgendwann wird wohl das Richtige dabei sein.« Dann nennt er zahlreiche Möglichkeiten, von denen mir jedoch bald der Kopf schwirrt. Sein Vorhaben ist irrsinnig. Als würde er einem langjährigen Alkoholiker jeden Morgen eine Kiste Bier ins Zimmer stellen. Ich habe in meinem Leben schon mehr Tabletten geschluckt, als er während seiner gesamten Berufslaufbahn verschrieben hat.

Ich sollte ihm sagen, dass er nichts Neues ansetzen, mich nicht in Versuchung führen sollte. Ich denke daran, wie ich die mir ausgeteilten Tabletten fleißig sammle und horte. Wie ein Eichhörnchen, das sich für den kalten Winter eindeckt. Ich nicke und schweige. Mein Arzt, Dr. Elliott, jedoch ist von seinem Platz auf der Fensterbank aufgestanden und guckt seinen Vorgesetzten skeptisch an. »Das kann nicht Ihr Ernst sein. Ich glaube, die Patientin hat erst einmal genug von Ihren Experimenten. Sie können eine junge Frau doch nicht so mit Medikamenten abschießen. Himmel. Sie ist doch nicht einmal psychotisch!« Also in dieser Angelegenheit ist das letzte Wort noch nicht gesprochen. Der Chef nimmt langsam und bedächtig seine Sonnenbrille ab und sieht meinen Arzt säuerlich an. »Sie vergessen sich! In dieser Klinik treffe noch immer *ich* die Entscheidungen. Es sind alles *meine* Patienten. Nicht Ihre.« – »Nur weil Sie diese Psychiatrie leiten, sind die Menschen noch lange nicht Ihr Eigentum«, entgegnet Dr. Elliot kühl. Und entfacht damit weiterhin die Wut seines Kontrahenten: »Ich schlage vor, Sie und ich gehen kurz vor die Tür.« Damit verlassen beide Männer das Zimmer, und ich blicke unsicher zu den Pflegern, die meine Akte plötzlich hochinteressant finden, und dann zu der Oberärztin. Diese trägt eine dicke Brille, wodurch ihre Augen enorm vergrößert werden. Sie erinnert mich leider an ein besonders hässliches Insekt. Im Moment lächelt mich die Stubenfliege breit und strahlend an, was irgendwie deplatziert wirkt. »Charlotte – ich darf doch Charlotte sagen? Darf ich mich zu dir setzen?« Nein und nein. Ich ertaste einen weiteren Federkiel; blicke stur auf meine Finger, während die Matratze sich neben mir senkt. »Mir ist zu Ohren gekommen, dass du glaubst, du hättest ein Essproblem. Was meinst du damit?« – »Ach, eigentlich … Ich weiß nicht«, druckse ich herum. »Seit vier Monaten schon esse ich höchstens einmal am Tag. Wenn überhaupt. Ich dachte, vielleicht sollte ich das mal ansprechen.« – »Das ist auch gut so. Wir schätzen deine Ehrlichkeit. Richtig magersüchtige Menschen lügen und betrügen in diesen Punkten. Tatsächlich hast du seit deiner Aufnahme sechs Kilo abgenommen.« Nein. 6,3 Kilo. Das ist wichtig. Erfolgserlebnisse sind rar heutzutage.

Die Ärztin fährt in ihrem Monolog fort: »Aber das ist in Ordnung. Viele Menschen verlieren in einer Depression ihren Appetit. Dann muss man sich eben mal zum Essen zwingen. Meinst du, das schaffst du?« Zuckersüß antworte ich: »Natürlich. Mit Zwang und Zwängen kenne ich mich blendend aus.« Leider erkennt sie meinen Sarkasmus nicht als solchen, oder vielleicht doch, denn ihre Stimme wird nun eine Spur schärfer: »Ich glaube stattdessen, dass du nicht gesund werden möchtest. Du bist nun seit acht Wochen hier und nach wie vor depressiv und suizidal. Du verweigerst dich in der Einzeltherapie der Traumakonfrontation, obwohl das der richtige Weg wäre.« Ich fange einen finsteren Blick meiner Therapeutin auf. Dann schaltet sich auch das Pflegepersonal ein: »Außerdem verletzt sie sich inzwischen täglich. Egal, wie oft wir sie schon aufgefordert haben, ihre Rasierklingen abzugeben und den Notfallkoffer stattdessen zu benutzen.« Ich werde aufgefordert, meinen Ärmel hochzuziehen, und obwohl ich nicht möchte, gehorche ich. Zum Vorschein kommt zum Glück nur ein dicker Verband. Meine Wunden und Narben darf nur ich sehen.

Die Oberärztin lehnt sich gegen das Bettgestell. »Ich war letzten Sommer für drei Monate in Afrika.« – »Oh, wie schön?«, ist das

Einzige, was mir dazu einfällt. Sie jedoch schüttelt den Kopf. »Nein! Es war alles andere als schön. Was, glaubst du, habe ich dort gesehen?« – »Giraffen? Löwen? Didgeridoo spielende Ureinwohner?«, schlage ich vor. »Oder kamen die aus Australien?« – »Zieh das nicht ins Lächerliche!«, tadelt sie mich. »Ich habe schon gehört, dass du immer ach so schlagfertig bist.« Ich sollte es nicht tun. Trotzdem erwidere ich, freudlos grinsend: »Ja. Das habe ich von meinem Vater.« Die Mitarbeiter werfen sich bedeutungsschwangere Blicke zu. Ich schiele zur Praktikantin, die sich ein Lächeln kaum verkneifen kann. Um wieder Ernsthaftigkeit in die Visite zu bringen, spricht die Fliege jetzt eine deutliche Spur kälter: »Ich war in einem SOS-Kinderdorf. Du hast ja keine Vorstellung davon, wie viele unterernährte Kinder ich dort gesehen habe! Und du? Du isst nicht, obwohl du könntest. Du fügst dir freiwillig Schmerzen zu, während die Kinder dort schwer misshandelt waren. Du wirfst dein Leben weg, anstatt darüber froh zu sein, dass du in Sicherheit lebst und es dir an nichts fehlen muss. Du benimmst dich wie ein kleines, bockiges Kind.« Ihre Stimme trieft vor Missbilligung und Verachtung.

Im Zimmer ist es so ruhig, dass ich den Chefarzt draußen brüllen höre: »Schön!! Aber wenn sich *Ihre* Patientin nächste Woche knalldepressiv aus dem Fenster stürzt, dann ist das *Ihre* Schuld und nicht *meine*.« Er reißt die Tür auf und stürmt herein, ohne mich eines Blickes zu würdigen.

Ich ziehe eine letzte Feder aus meinem Kissen und hebe dann wortlos und artig die Hand, als wäre ich in einem Seminar. Weil meine Meldung keine Beachtung findet, räuspere ich mich dezent. »Wie geht es denn jetzt weiter?«, traue ich mich zu fragen. Denn mich beschleicht dieses irritierende Gefühl, dass jeder in diesem Raum mehr weiß als ich. Erstmals ergreift meine Therapeutin das Wort: »Wir haben uns ausführlich im Team mit Ihrem Fall beschäftigt und sind – fast einstimmig – zu dem Entschluss gekommen, dass wir Ihnen hier nicht helfen können. Als Entlassungsdatum haben wir uns den kommenden Dienstag ausgesucht. Aber Sie sollten sich überlegen, ob Sie nicht einen Reha-Antrag stellen möchten. Am besten Sie suchen sich eine Spezialklinik für Persönlichkeitsstörungen.«

Sie wollen mich nicht mehr. Ich habe mir hier nicht genügend Mühe gegeben. Ich hätte härter an mir arbeiten sollen. Ich hätte mehr essen müssen. Ich bin völlig vor den Kopf gestoßen. »Sie sagen, ich sei depressiv und suizidal – und trotzdem wollen Sie mich gehen lassen?« – »Wie gesagt, können wir Ihnen hier nicht helfen«, betont sie. Mit so viel Nachdruck und Endgültigkeit, dass ich beschließe, ihre Entscheidung schweigend zu akzeptieren.

7

An meinem letzten Wochenende hat Mike mich überredet, mit ihm an einen großen See zu fahren. Raus aus der Klinik. Dorthin, wo uns niemand kennt. Während der Autofahrt haben wir wenig gesprochen. Vielleicht hat Mike auch etwas erzählt, und ich habe nicht zugehört. Vermutlich war es so. Ich schaute aus dem Fenster und war froh.

Dass ich bald gehen werde. Damit auch *das* hier ein Ende findet.

Am Ziel angekommen, zieht er mich in eine feste Umarmung, vergräbt sein Gesicht in meinen Haaren. »Ich werde dich so vermissen«, flüstert er mir zu. »Versprich mir, dass wir uns trotzdem weiterhin sehen werden.« Ich verspreche es. Und meine Versprechen halte ich. Immer.

Er löst sich von mir und hält mir seine ausgestreckte Hand hin. Ich muss einige Male blinzeln, bis ich verstehe, ~~wo ich bin~~ was er von mir möchte. Aber. Ich muss seine Hand nicht annehmen. Ich könnte weglaufen. Ich bin viel schneller als er. Ich muss das *alles* hier nicht mitmachen.

Doch solange ich freiwillig mitgehe? Kann er mich nicht zwingen. Ich muss nie wieder, von niemandem, zu irgendetwas gezwungen werden. Solange ich nur immer alles frei und willig mitmache. Welch bahnbrechende Erkenntnis.

Manchmal frage ich mich, ob er wirklich so ahnungslos ist. Ob er wirklich glaubt, mir würde und könne dies alles gefallen; dass *er* mir gefällt. Ich mag eine begnadete Schauspielerin sein. Doch wie blind muss *Mann* sein, Abscheu, Ekel und Widerwillen als Freundschaft misszuverstehen?

Ich folge ihm. Ich folge ihm und laufe über Eierschalen, und ich weiß nicht, wann ich endgültig den Halt unter den Füßen verlieren werde, wann endgültig alles um mich herum einbrechen wird. Mike weiß nichts von alledem. Er redet die ganze Zeit über munter, doch ich kann seinen Worten nicht folgen. Bald ist es vorbei. Bald ist es vorbei.

»Sag mal, stört dich das eigentlich?« Was? Panisch blicke ich ihn an. Habe ich laut gedacht? »Was meinst du?«, frage ich verdutzt. Doch er deutet nur mit einem Kopfnicken auf den Arm, den er irgendwann um meine Schulter gelegt haben muss. »Dass wir so eng umschlungen hier langgehen. Vor all den Leuten! Sie fragen sich bestimmt, was so eine junge, hübsche Frau mit einem so alten Kerl wie mir macht. Bestimmt denken sie, du wärst meine jüngere Geliebte!«

Ach so. Um ehrlich zu sein, ist es mir tatsächlich egal, was wildfremde Leute von uns denken mögen, da ich sie ohnehin niemals wiedersehen werde. Die meiste Zeit über blende ich sowieso alles – meine Umgebung, ihn, seine Berührung, mich – aus. Damit ich unser Zusammensein überhaupt ertragen kann. Was interessieren mich andere Menschen? Ich habe bereits meinen Verstand verloren. Was kümmert mich da noch mangelndes Verständnis meiner Umwelt.

Doch all das sage ich nicht, lege nur den Kopf leicht schräg und sehe ihn kokett an. »Ach, bin ich das etwa nicht? Da dachte ich die ganze Zeit, du wärst mein *Sugar Daddy.*« Für einen kurzen Moment sieht er mich sprachlos an, doch dann lacht er so laut los, dass selbst sein Arm von meinen Schultern fällt.

»Sugar Daddy?«, wiederholt er mit einem breiten Grinsen. »Das gefällt mir.«

Natürlich.

Es gab sie. Diese Momente, in denen ich mir vorgestellt habe, Mike sei mein leiblicher Vater und ich seine verloren gegangene Tochter. Diese Tage, an denen ich mir, immer und immer wieder, eingeredet habe, Mike sei der Vater, den ich niemals gehabt habe. Die Art von Vater, die mich früher getröstet hätte, nachdem ich mir während des Spielens in meiner kindlichen Wildheit mein Knie aufgeschlagen hätte. Die Art von Vater, die sämtliche Monster in meinem Bett vertrieben hätte. Der Vater, der mich wie seine kleine Prinzessin behandelt hätte. Der alles für mich getan hätte.

Doch was verstehe ich schon von väterlicher Liebe. Mein *wirklicher* Vater hat mich lieber Tausende Male geschlagen, als mich nur ein einziges Mal beruhigend in den Arm zu nehmen.

Ich habe mir eingeredet, Mike könne mein Vater sein. Nicht, weil ich einen Vaterkomplex habe, oder ach so gerne einen gehabt hätte. Ich habe es einzig und allein nur getan, damit es normal wird, wie und wenn er mich ansieht; wenn er mich berührt; wenn er mich in den Arm nimmt; wenn er mich auf die Stirn, auf die Wange, auf die Finger küsst. Wenn er dies, und noch viel mehr, tut. Ich habe mir gesagt, dass es okay sei, wenn ein Vater diese Dinge tut. Wenn er seine Tochter anschaut, und in seinem Blick ist nichts Anzügliches, nichts Anstößiges. Wenn er mich anfasst, ohne jeden Hintergedanken, ohne böse Absichten.

Mike spricht, aber ich höre ihm nicht zu. Meinen linken Arm hat er sich schon längst wieder um seine Taille drapiert. Ich ignoriere mein Herzrasen, schlucke meine Angst hinunter. Ich folge ihm, vogelfrei und willig.

Widerstand.

Kenne ich nur in der Theorie.

Und es werden keine zwei Tage zu Hause vergehen, bis Mike sich wieder bei mir melden wird. »Darf ich dich vielleicht besuchen kommen? Ich hole dich von zu Hause ab, und wir fahren irgendwohin«, wird er sagen.

Ich werde *Nein* denken und *Ja* sagen.

Ja. Warum.

Eigentlich nicht?

Mai - Juni 2010

1

Ich sitze auf dem Fußboden und zähle: die Ecken unter meiner Zimmerdecke. Die verschiedenen Brauntöne des Laminats, die Schattierungen meiner Wandtapete. Ich zähle die Wolken draußen am Himmel und die Wörter in meinem Kopf. Erst zähle ich die Sekunden, dann gehe ich über in die Minuten und irgendwann fange ich an, die Stunden zu zählen.

Ich zähle meinen Atem, ich zähle meinen Herzschlag.

Ich zähle Dinge, die es gar nicht gibt. Ich erfinde Zahlen, die es niemals geben wird.

Und ganz langsam.

Werde ich ruhiger.

Vor einer Woche wurde ich entlassen. Vor sieben Tagen. Vor 168 Stunden. Zwar habe ich fürs Erste mein erbärmliches Leben retten können, aber nach wie vor keine Ahnung, wie das überhaupt geht. Leben. Alles ist zu viel zu schnell. Zu laut, zu leise, zu hell, zu grell. Zu viel zu viel zu viel.

Es gibt keinerlei Katastrophenschutz in dieser Welt. Nur weil mir etwas passiert ist, hört sich die Erde nicht auf zu drehen. Die Sonne geht nicht nur jeden Morgen auf, sondern auch noch immer jeden Abend unter. Der Postbote bringt nach wie vor die Post und die Müllabfuhr fährt auch nach Plan. Das Leben geht weiter. Ohne Rücksicht auf Verluste. Ich habe keine Stopp-Taste bekommen. Die Welt bleibt nicht einfach stehen, geduldig wartend, bis ich wieder gehen kann.

Oh, ich kann wunderbar die Zeit totschlagen. Ich lasse Sekunden durch meine Handflächen rieseln. Ich schweige die Minuten tot. Kann Stunden verschlafen und den Tag mit Füßen treten. Selbst ein ganzes Jahr kann ich verleugnen, ohne mit der Wimper zu zucken.

Aber ich kann die Zeit nicht anhalten.

Und schon gar nicht kann ich sie zurückdrehen.

*

»Essen ist fertig«, brüllt meine Mutter von unten. ~~Ich bin so hungrig, ich bin so hungrig, ich bin so hungrig.~~ »Ich habe keinen Hunger«, rufe ich zurück. Kurze Stille. »Was hast du gesagt?«, schreit sie wieder. Ich rapple mich vom Boden auf. Laufe zweimal eine, zwei, drei, 14, 15 Treppenstufen runter, gehe fünf, sechs, sieben Schritte in die Küche. Der Duft von Essen trifft auf meinen leeren Magen. Ich weiß nicht, wann ich das letzte Mal etwas gegessen habe. Vielleicht gestern. Ganz bestimmt gestern. Mir wird schwindelig und ich halte mich am Türrahmen fest. Meine Mutter steht vor dem Herd. Es gibt Bratkartoffeln mit Spiegelei.

100 Gramm Kartoffel haben etwa 70 Kilokalorien. Ich muss unbedingt noch einmal nachschlagen, wie viele es genau sind. In der Pfanne ist bestimmt ein halbes Kilo Kartoffeln. Dazu die Eier. Wie viele Kalorien haben Eier? War es ein M-Ei? Oder doch Größe L? Und dazu das viele Fett. ~~Ich werde panisch.~~ Ich habe alles unter Kontrolle. Ich werde es eh nicht essen.

Ich versuche, ehrlich zerknirscht auszusehen, als ich sage: »Tut mir leid, ich habe wirklich keinen Hunger. Ich habe schon gegessen.« Meine Mutter sieht mich irritiert an und ich füge schnell hinzu: »Ich war vorhin noch spazieren, bevor du nach Hause gekommen bist. Und habe unterwegs so Hunger bekommen, dass ich mir beim Bäcker zwei Stücke Kuchen geholt habe.«

Ich habe mir noch *nie* Kuchen beim Bäcker geholt. Es ist so offensichtlich, dass ich lüge, aber meine Mutter hat keinen Grund, mir nicht zu glauben. »Willst du nicht trotzdem etwas essen? Wofür habe ich denn gerade gekocht?«, fragt sie mich dennoch.

Ich schüttle den Kopf. »Nein, danke.«

Nein. Ein Wort. Vier Buchstaben. Unzählige, ungeahnte Möglichkeiten.

Falls es auch nur eine Sache gibt, die ich aus der Psychiatrie mitgenommen habe, dann sind es diese vier Buchstaben. Kurz bevor ich entlassen wurde, hat meine Therapeutin meinen Wortschatz um diese kleine oh so mächtige Wort erweitert. Mit völlig absurden

Vorschlägen, wie ich es nutzen kann: *Nein, ich möchte nicht angefasst werden. Nein, ich will das nicht.* Damals sah ich sie verständnislos an; heute machen ihre Worte plötzlich so viel Sinn: *Nein, ich habe keinen Hunger. Nein, ich will nichts essen. Nein, du musst nichts für mich kochen.*

»Außerdem habe ich auch gar keine Zeit jetzt. Mike müsste mich jede Minute abholen.«

Nun habe ich es doch noch gesagt. *Mike.*

1 Wort. Vier Buchstaben. 10.000 Arten von Angst.

Mein Handy vibriert und kurz darauf hupt draußen ein Auto. »Das muss er sein. Er wollte mir schreiben, wenn er da ist. Damit er nicht klingeln muss.« Ich schnappe mir den Haustürschlüssel und schlüpfe schnell in meine Schuhe. Fluchtartig verlasse ich das Haus, doch als ich am Ende unserer Einfahrt ein bekanntes Auto sehe, verlangsame ich meine Schritte, bis ich das Gefühl habe, rückwärts zu gehen.

Ich beginne zu glauben, dass ich einen Fehler gemacht habe.

Gehe meine Möglichkeiten durch und bin mir sicher, dass mir jede Sekunde ein Fluchtplan einfallen wird – aber wieder rieseln sie nur so durch meine Hände. Viel zu schnell, denn wann verhält sich die Zeit schon so, wie wir das gerne hätten? Noch bevor sie sich zu einer Minute ansammeln können, wird die Fahrertür aufgerissen und Mike kommt herausgestürzt. Vielleicht passiert das alles auch ganz langsam oder in Zeitlupe, ich weiß es nicht ich weiß es nicht ich weiß es nicht ich weiß nur, dass ich plötzlich in seinen Armen bin und ich die Luft anhalte und ich unbedingt atmen muss. Vielleicht sterbe ich an Herzversagen.

Das wäre ganz wunderbar. *Lass mich sofort los*, schreie ich, aber nur in meiner Imagination.

Mike sagt etwas zu mir. Es klingt wie: »Ich habe dich so vermisst.« Vermutlich sollte ich jetzt irgendetwas erwidern. Ein freundliches »Ich habe dich auch vermisst« oder »Ich freue mich auch, dich zu sehen«. Ich suche nach passenden Sätzen. Ich versuche wirklich fieberhaft, mich daran zu erinnern, was mir meine Therapeutin mit auf den Weg gegeben hat.

Doch mein Wortschatz wird mit einem Mal um ein Wort ärmer. Alles, was ich sagen kann, ist: »Ja, ich freue mich auch, dich zu sehen. Ja, es geht mir gut. Ja, es tut so gut, wieder bei dir zu sein.« *Ja, natürlich darfst du mich umarmen. Ja, natürlich darfst du mich küssen. Ja, du darfst alles mit mir machen, was du willst, Mike. Ja, ja, ja.*

Ich will.

Das hier nicht.

Lauf weg, sagen mir meine Gefühle.

Du musst atmen, sagt mir mein Verstand.

Ich hole tief Luft und steige in sein Auto.

Wir kennen sie doch alle: diese berühmten Sätze, die uns unsere Eltern, Großeltern, Lehrer, die Polizei zu unserem Selbstschutz mit auf unseren Lebensweg gegeben haben: »Gehe nie mit einem Fremden mit! Nimm keine Geschenke von Fremden an! Steige niemals zu *einem Fremden* ins Auto!« – aber Mike ist doch kein Fremder mehr!

Wir fahren irgendwohin, aber ich weiß nicht wohin. Ich antworte auf all seine Fragen, obwohl ich kein Wort verstehe.

Ich lache und lächle und strahle mit der Sonne um die Wette. Mein Gesicht fühlt sich an wie zerbrochenes Porzellan. Ich bin ganz ruhig. Natürlich bin ich ruhig. Es ist alles okay. Ich bin das völlige und absolute Gegenteil von ruhig. Und wenn sich die Welt jetzt bitte ein kleines bisschen öffnen würde, nur ein ganz kleines bisschen, um mich zu verschlucken, dann wäre ich wirklich außerordentlich dankbar dafür.

Aber die Welt interessiert sich nicht für meine Belange und selbst die Unendlichkeit endet irgendwann einmal, und als Mike mich nach einigen Stunden zu Hause wieder rauslässt, da lache und lächle und strahle ich. *Ja, Mike, natürlich können wir uns wiedersehen. Ja, ich hatte auch einen sehr schönen Tag. Ja, das werden wir bald wiederholen.*

Ich frage mich, wie ich es jemals geschafft habe, 22 Jahre alt zu werden. Wo mein Selbsterhaltungstrieb offensichtlich nur minimal bis gar nicht ausgeprägt ist.

Zu Hause angekommen, lädt meine Mutter gerade Einkäufe aus ihrem Auto. Ich nehme ihr einen Korb ab und trage ihn in die Küche. »Wer, bitte schön«, frage ich sie, als sie hinter mir reinkommt, »soll das alles essen?« Ihr Lächeln ist sehr affektiert, als sie antwortet: »Na ja, wir. Nachdem du heute Mittag schon nicht gegessen hast, habe ich gedacht, dass wir Pfannkuchen machen können. Oder Kaiserschmarrn. Ich habe auch alles für Armer Ritter dabei, die isst du doch am liebsten!«

Ich *wusste* es. Ich versuche, möglichst unbekümmert Joghurtbecher in den Kühlschrank zu räumen. »Das ist so lieb von dir«, lüge ich, »aber ich war doch vorhin mit Mike unterwegs. Er hat mich zum Essen eingeladen!« Das stimmt. »Und ich bin jetzt echt total satt.« Das nicht.

Meine Mutter scheint für einen Moment nachzudenken. »Aber du bist so dünn geworden. Du isst zu wenig. Soll ich nicht doch etwas kochen? Du musst auch nicht aufessen.«

»Nein. Danke.«

Nein, nein, nein. Oh Gott, da ist dieses Wort wieder. Ich hatte solche Angst, ich hätte es verlernt. Wo warst du, während der letzten paar Stunden?

Ich mache den Kühlschrank zu und drehe mich endlich zu meiner Mutter um. Sie weiß es. Warum, nach all diesen Lügen – Himmel, mein ganzes Leben ist eine Lüge! –, warum muss sie ausgerechnet *diese* durchschauen? »Vielleicht heute Abend, danke. Und du hast recht, ein bisschen Hunger habe ich noch.« Ich öffne den Kühlschrank erneut und hole mir wahllos einen Becher Schokopudding heraus. Ich bin schon fast aus der Küche, als meine Mutter mich aufhält. »Was ist denn noch?«, frage ich gereizt. Sie deutet auf die Schublade mit unserem Besteck. »Sofern du nicht mit den Händen essen willst, könnte ein Löffel von Vorteil sein.«

»Natürlich«, sage ich so liebenswürdig wie möglich, hole mir einen doofen Löffel und laufe die Treppen hoch in mein Zimmer. Schmeiße den Pudding weg.

2

Sechs Wochen nach meiner Entlassung. Ich bin alleine in der Küche und sitze über meinem Frühstück. Eine Schale Müsli. Seit 43 Minuten. Müsli ist gesund. Wenn ich die Milch weglasse, hat es außerdem kaum Fett.

Ich schaue nachdenklich auf vier säuberlich sortierte Häufchen vor mir. 258 Flocken Hafer. 17 Rosinen. 17! 33 Stücke Trockenobst. Vier unidentifizierbare Zutaten. Müsli ist ganz sicher garantiert überaus sehr gesund. ~~Ich bin so hungrig~~. Eigentlich habe ich gar keinen Hunger. Ich schließe die Augen, um den Schwindel zu vertreiben. Koche mir einen Kaffee. Sehe meine Mutter unschlüssig im Türrahmen stehen. Wahrscheinlich ist genau dies der Moment, in dem sie sich fragt, was genau sie in ihrer Erziehung falsch gemacht hat. Weil ihre jüngste Tochter völlig offensichtlich dem Wahnsinn verfallen ist. Ich glaube, ich könnte ihr da einige Momente nennen. Zum Glück bin ich nicht nachtragend.

»Darf ich mich zu dir setzen?«, fragt sie mich. Ich zucke nur mit den Schultern, sie setzt sich, ich nehme einen Schluck Kaffee und fege anschließend mein Müsli zurück in die Schüssel. Stehe wieder auf, stelle es auf die Spüle. »Ich mag keine Rosinen im Müsli«, erkläre ich ganz sachlich und hole mir eine Scheibe Vollkorntoast aus der Brotbox. Ja, ganz offensichtlich verrückt geworden. Ich zerrupfe das Brot in acht gleich große Stückchen. ~~Ich bin zu hungrig, um es erst noch zu toasten~~. Ich mag kalten Toast viel lieber.

Meine Mutter macht sich nun ebenfalls Kaffee und steht mit dem Rücken zu mir, als sie fragt: »Hast du darüber nachgedacht, wieder zurückzugehen? In die Psychiatrie?«

Ich weiß, dass sie aufrichtig um mich besorgt ist. Obwohl ich ihr schon vor Jahrzehnten das Sorge-Recht entzogen habe. Heute aber sorgt sie sich; kommt auf mich zu und ~~bricht mir jeden einzelnen Knochen~~ umarmt mich. Einfach so. Ohne Vorwarnung. Zu fest. Drei Sekunden, vier Sekunden, fünf Sekunden, viel zu lang. Ich halte die Luft an. Denn wer wird schon gerne von einem wildfremden Menschen umarmt.

Mich hat niemals jemand nach meiner Meinung gefragt. Was für mich das Schlimmste am Missbrauch gewesen ist. Ich hätte geantwortet, dass es nicht die Tat selbst war. Irgendwann berührte mich der Schrecken nicht mehr. Es ging mich nichts an, hatte nichts mit mir zu tun. Es geschah irgendeinem Anteil von mir. Das war nicht schön, aber okay.

Das Schlimmste für mich war das Alleinsein danach. Das Schlimmste ist eine Familie, die die Augen verschließt. Unendliche Male. Die einfach nicht sehen *will*, die jede offensichtliche Lüge glaubt.

Niemand sollte solche Dinge erleben müssen, aber leider geschehen schlimme Sachen auf dieser Welt. Doch niemand sollte danach allein sein müssen. Niemand sollte unbemerkt verschwinden dürfen. Niemand sollte sich danach die schwersten Vorwürfe machen, ein schlechter Mensch zu sein, der es gar nicht anders verdient hat. Ich hätte gerne jemanden gehabt, der mich anlügt und sagt, dass alles wieder in Ordnung kommen würde. Denn selbst wenn ich niemandem, der versucht hätte, mich von meinen Schuldgefühlen zu erlösen, Glauben geschenkt hätte – wäre es dennoch schön gewesen, hätte es wenigstens jemand versucht.

Nur weil ich schon sehr früh damit begonnen hatte, mich von meiner Familie zu distanzieren, sie als Fremde zu betrachten, die sich auch gar nicht erst um mein Wohlergehen kümmern müssen, bin ich nicht vollkommen verrückt und wahnsinnig geworden. Aus lauter Enttäuschung. Nicht gesehen zu werden.

Ja, ich habe ein schlechtes Gewissen meinen Eltern gegenüber. Dass ich damals, vor vielen Jahren, als ich ihnen einen Bruchteil meiner Geschichte erzählte, nicht über mehr Taktgefühl verfügt habe. Ja, es tut mir unglaublich leid, und ich fühle mich schuldig, dass es ihnen so schlecht damit ging, dass sie ganze Sturzbäche geweint haben.

Mit Schuld kenne ich mich aus. Was mir jedoch viel größere Angst macht, ist meine Wut. Denn unter diesen vielen, vielen Schichten aus Schuld, Vorwürfen, schlechtem Gewissen? Bin ich einfach nur wütend. Wütend, dass ich *sie* damals trösten musste, obwohl *ich* Trost gebraucht hätte. Früher einmal. Dass sie darüber weinten, dass es *ihnen* so schlecht geht; dass so etwas *ihrer* Familie passiert. Dabei kommt ihr Leid nicht einmal annähernd an mein eigenes heran. Ich mache ihnen Vorwürfe, dass sie so sehr mit sich beschäftigt waren; dass sie mich nie gefragt haben; dass sie nie hellhörig wurden. Dass sie nicht auf mich aufgepasst haben, als ich es noch nicht konnte.

Vermutlich liebe ich meine Eltern. Aber nicht *weil* sie meine Eltern sind, sondern *nur weil* sie meine Eltern sind. Ich weiß nicht, was sich das Universum dabei gedacht hat, bei dieser Bindung, zwischen Eltern und Kind. Schließlich kann sich niemand aussuchen, in was für eine Familie er hineingeboren wird. Ja, ich liebe meine Eltern, weil es zwischen uns diese ziemlich verkorkste Bindung gibt, für die ich nichts kann.

Meistens hasse ich sie aber so viel mehr, als sie zu lieben ich jemals in der Lage sein werde.

Wenn die Gedanken nun in meinem Kopf zu kreisen beginnen; wenn ich mir sage, dass ich niemals so denken darf; dass ich nicht so schlecht über meine Eltern reden darf; dass sie niemals absichtlich etwas falsch gemacht haben; dass sie doch auch ihre gute Seiten haben; dass es auch schöne Momente gab; dass es ihnen gut gehen muss; dass ich eigentlich in die Hölle kommen müsste – würde ich daran glauben – weil ich so schlecht von ihnen rede; dass ich Vater und Mutter nicht *ehre* – aber Gott hat seinen eigenen Sohn ans Kreuz geschickt, was soll ich von so jemandem schon erwarten?; dass sie bestimmt und mit Sicherheit immer nur mein Bestes wollten, immerhin lieben sie mich doch; dann frage ich mich: Und warum haben sie nie ihr Bestes gegeben?

Ich habe mir *nie* ausgesucht, sie zu lieben. Mich hat *nie* jemand gefragt, ob ich das überhaupt möchte. Aber sie zu hassen – das ist meine eigene Entscheidung; mein freier Wille. Vielleicht fühlt es sich deswegen so verboten ~~richtig~~ an.

Ich glaube ebenso wenig an das Gute in der Menschheit, wie ich an das Gute in meinen Eltern glaube. Ich verteidige meinen Vater, weil ich das Gefühl habe, dass es meine Pflicht als Tochter ist. Ich lasse mich von meiner Mutter umarmen, weil sich das so gehört.

Ich feiere mit ihnen Weihnachten und Geburtstage, weil man das eben so macht. Ich wünsche ihnen nichts Schlechtes, denn so rachsüchtig bin ich nicht. Ich möchte, dass es ihnen gut geht, denn so friedlich bin ich. Eigentlich.

Ich fühle mich ihnen verbunden, werde es immer sein, weil ich nicht anders kann. Doch ich kann und werde ihnen niemals verzeihen können.

Aus all diesen Gründen wende ich mich wortlos von meiner Mutter ab. Wie du mir, so ich dir.

Mein Zimmer wirkt aufgrund meines Ordnungszwangs kalt und steril. Unbelebt, verlassen. Verloren fühle ich mich, daher packe ich meinen Koffer. Verlasse ohne eine Erklärung das Haus und gehe Richtung Bahnhof. Ich gehe schnell, denn wenn ich meine Schritte verlangsame, fange ich an zu stolpern. Dort angekommen, warte ich auf den Bus. Richtung Psychiatrie.

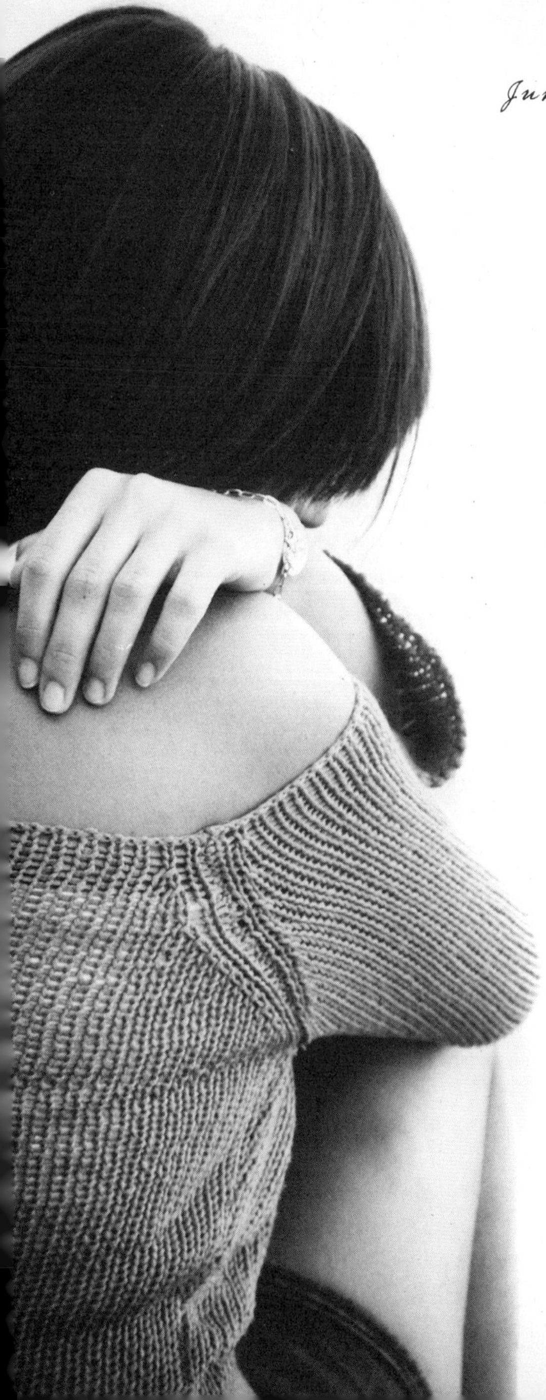

Juni - August 2010

1

6:58. Mein erster Morgen. Seit ganz genau zwei Stunden und 47 Minuten liege ich auf meinem Bett und starre trübselig an die Zimmerdecke. In zwei Minuten darf ich endlich aufstehen; kann das Risiko nicht eingehen, früher oder später in den Tag zu starten. Ich bin nicht zwanghaft. Magisches Denken kenne ich nur aus den *Harry-Potter*-Büchern. Ich würde mich höchstens als einen strukturierten Menschen beschreiben und erachte es daher als essenziell wichtig, jeden Tag um Punkt sieben Uhr mein Bett zu verlassen. So vieles hängt davon ab. Wie könnte ich von einem Tag erwarten, dass er nach meinen Vorstellungen verläuft, wenn er bereits so unsicher, so wackelig beginnt?

6:59. Allmählich wird es Zeit aufzustehen. Verhungern ist eine Knochenarbeit. Die sich nicht von alleine erledigt. Und schon gar nicht hilft es, hier sinnlos herumzuliegen. Im Ruhezustand verbraucht ein Körper gerade einmal so viele Kalorien, wie ich in einer Woche zu mir nehme.

7:00. Endlich. Energisch möchte ich mich erheben, aber mein Körper bleibt einfach liegen. Vielleicht bin ich, ohne dass es mir aufgefallen ist, bereits gestorben? Vermutlich nicht. Ich bin eher nicht so der Glückspilz. Ein weiterer Blick auf den Wecker. Immer noch sieben Uhr. Mein Herz beginnt zu rasen. Ich werde es nicht rechtzeitig schaffen. Also muss ich improvisieren. 7:05. 7:05 ist auch okay. Das sind auch schöne Zahlen. 7+5 ist 12 und 1+2 ergibt 3 und heißt es nicht *Aller guten Dinge sind 3*?

Fünf Minuten später starte ich meinen zweiten Versuch, krieche aus dem Bett, stolpere vorwärts, hinein in das Badezimmer, und grazil wie eine Hirschkuh falle ich um. Dumpf registriere ich einen Schmerz im rechten Bein. Mir scheint, als wäre ich neuerdings ein einziger blauer Fleck. Aber ich empfinde eine ziemlich kranke Freude, wann immer mein geschwächter Körper in sich zusammenbricht. Dann habe ich das Gefühl, etwas richtig gemacht zu haben.

Wann habe ich wohl das letzte Mal etwas gegessen? Am Sonntag. Eine Scheibe Toastbrot. So lange ist das auch nicht her. Gerade einmal vier Tage. Definitiv ausbaufähig. Fünf Tage schaffe ich locker. Sechs geht auch. Sieben wäre natürlich am besten.

Ich bleibe noch etwas liegen, zähle die Fliesen an den Wänden, die Punkte auf dem Duschvorhang. Komme nie weiter als bis zehn und irgendwann wird es langweilig. Darum gehe ich meine Optionen durch: Ich könnte einfach liegen bleiben, und wenn die Putzfrau später kommt und mich für einen weiteren Schmutzfleck auf dem Boden hält, wird sie mich aufwischen und mit dem dreckigen Wasser in den Abfluss schütten. Das wäre okay. Alternativ könnte ich aufstehen und im Schwesternzimmer darum bitten, einmal Koffein intravenös verabreicht zu bekommen, damit ich zumindest mein Sportprogramm durchziehen kann. Ach, ich Unglückselige! Schuld daran sind ausschließlich diese fünf verflixten Minuten.

Im Schlafanzug erreiche ich das Schwesternzimmer. Aber was solls – so sieht ein vom Schicksal gebeutelter Mensch eben aus. Eigentlich hätte ich mich gerne angezogen, aber allein bei dem Versuch, die Kleiderschranktür zu öffnen, gaben meine Muskeln lediglich ein verächtliches Zucken von sich. Ich konnte sie förmlich nach Energie lechzen hören. Das stets hilfsbereite Pflegepersonal möchte meinen Blutdruck messen, aber die kleinste Manschette ist noch zu groß für meinen Oberarm. Dann wird mir in den Finger gestochen, um meinen Blutzucker zu messen, und entsetzt das Gesicht verzogen. Allmählich wendet sich der Tag zum Besseren, und niemals sollte ich mich zu früh freuen. Ich muss hochkalorische Ersatznahrung trinken. Todesmutig nehme ich genau einen Schluck. »Schmeckt wie Hühnchen.«

»Waren Sie nicht Vegetarierin?«

Ich nicke. »Stimmt. Das ist jetzt natürlich doof.« Damit drehe ich die Flasche wieder zu und will sie ihr zurückgeben, doch sie macht entschieden einen Schritt zurück. »Oh nein, die behalten Sie. Und wenn Ihnen Ihr Leben lieb ist, trinken Sie gleich auch noch den Rest. Außerdem will ich Sie in zehn Minuten beim Frühstück sehen.«

Zurück auf meinem Zimmer, studiere ich erstmals das Flaschenetikett. 300 ml, 200 kcal. Faszinierend. In diesem Fläschchen steckt gleich ein ganzer Monatsvorrat an Kalorien. Wie viele Kalorien steckten in meinem Schluck? Zu viele. Diese Energie sinnvoll nutzend, laufe ich beschwingt ins Bad und kippe den Inhalt lächelnd in das Waschbecken. Mein Leben. Ist mir nicht lieb. Ich ziehe mich nun doch an und mache mich auf zum Frühstück. So wie ich sollte. Dort trinke ich zwei Tassen Kaffee. Von Essen war nie die Rede.

Ich bin nicht in die Psychiatrie gekommen, um gesund zu werden. Ich habe mich erneut einweisen lassen, weil ich mir sicher sein konnte, dass ich hier tun und lassen kann, was ich will. Damals hat sich niemand für mich interessiert. Mike hat mir all diese Dinge antun können, vor den ahnungslosen Augen sämtlicher Angestellten. Ich bin nicht hier, um gesund zu werden, sondern um mich von meiner Mutter ungestört in der Magersucht zu verlieren. Denn inmitten all dieser anderen kranken Menschen gehe ich völlig unter. Wenn es neben meinem Elternhaus noch einen Ort gibt, wo mein Verschwinden niemandem auffallen wird, dann ist es genau dieser hier. Zumindest war das mein Plan. Nicht Teil des Planes war der Besuch der Ernährungsberaterin, die noch am selben Tag an meiner Tür klopft. Menschen sind eine solch unsichere, nicht berechenbare Variable in meiner Rechnung.

*

»Hallo, ich bin Frau Gabriele Kranz. Aber Sie dürfen mich Frau Kranz nennen«, stellt sie sich mir sogleich vor. »Na wunderbar. Der Teufel trägt einen Namen«, sage ich kaum hörbar, doch auf ihr Nachfragen hin schüttle ich nur lächelnd den Kopf. »Ich sagte, ich weiß genau, wer Sie sind.« Irritation zeichnet sich in ihrem Blick ab, doch dann zuckt sie nur mit den Schultern.

»Nun denn. Der Vollständigkeit halber: Ich arbeite als Diätassistentin und Ernährungsberaterin hier in der Klinik, und ...« Doch ungeduldig unterbreche ich sie: »Das weiß ich. Was ich hingegen nicht weiß, ist, warum genau Sie hier sind.« – »Dr. Elliott dachte, dass Sie vielleicht mit mir sprechen wollen.« Oh, dieser Verräter. »Da irrt sich Dr. Elliott«, kläre ich sie freundlich auf. »Ich will *nicht* mit Ihnen sprechen.« Nun grinst sie mich breit an: »Und was wäre das doch für eine wunderbare Welt, in der wir all das kriegen würden, was wir nur wollen. Im Übrigen sagte er, dass Sie genau das sagen würden. Also lassen Sie es mich anders formulieren: Als Ihr behandelnder Arzt *besteht* er darauf, dass wir beide einmal ein ernstes Gespräch miteinander führen.«

Sie macht es sich auf dem einzigen Stuhl in meinem Zimmer bequem und bereitet sich anscheinend darauf vor, länger zu bleiben. »Sie wogen gestern bei Ihrer Aufnahme 47 Kilo. Was haben Sie angehabt? Fünf Winterjacken?« Ich zucke nur mit den Schultern und verschweige die zwei Liter Wasser, die ich vorher getrunken hatte. Als sie merkt, dass ich nicht antworten werde, fährt sie fort: »Wie dem auch sei. Gehen wir einfach mal davon aus, Sie wiegen tatsächlich noch 47 Kilo. Bei Ihrer Größe entspricht das einem BMI von 15,8. Das bedeutet nicht nur, dass Sie damit im Untergewicht liegen, ab einem BMI von 17,5 sprechen wir außerdem von einem anorektischen Untergewicht. Was sagt Ihnen das?«

»Dass Sie den ICD-Katalog auswendig gelernt haben?«, schlage ich hilfreich vor. Für einen kurzen Moment blickt sie mich verdutzt an, und ich habe den Eindruck, dass sie etwas sehr Unprofessionelles erwidern möchte. Doch dann neigt sie nur leicht den Kopf und erklärt: »Sehr reizend. Es bedeutet, dass Sie an Magersucht leiden.«

Sie macht eine Pause, um zu sehen, wie ich auf ihre Worte reagiere. Erst blicke ich sie sprachlos an, dann fange ich an zu lachen. »Magersucht? Ja, klar. Ich und magersüchtig. Ich bin *viel* zu dick, um magersüchtig zu sein.« Doch sie lacht nicht mit. »Eine gestörte Körperwahrnehmung ist ein weiteres Diagnosekriterium. Außerdem habe ich hier Ihre Blutwerte und sie sind ehrlich gesagt katastrophal. Und heute Morgen lag Ihr Ruhepuls bei unter 30.« – »Das Gerät war kaputt«, beschwere ich mich. »Ich habe keine Essstörung. Und schon gar nicht bin ich magersüchtig. Gucken Sie mich doch an! Sie können nicht einfach in mein Zimmer kommen und mir so etwas unterstellen!« Ich versuche, erbost aufzustehen, doch der Boden unter meinen Füßen schwankt gefährlich.

Wenn sie denken, ich sei krank, werden sie mir meine Krankheit wegnehmen wollen. Wenn ich sie überzeugen kann, dass ich nicht anorektisch bin, kann ich anschließend jedweden Verdacht von mir weisen und mich heimlich der Anorexie widmen.

Bereits am nächsten Morgen werde ich ohne Vorwarnung und Vorbereitung meinerseits auf die Waage gestellt. Ahnungslos ging ich zum Pflegezimmer, um meine Medikamente abzuholen. »Ach, kommen Sie gleich mal mit rein«, wurde ich aufgefordert. Lammfromm folgte ich, bis ich die Waage sah. Ich saß in der Falle.

Und bin fast drei Kilo leichter als bei meiner Aufnahme. Darum entscheide ich mich für das einzig Sinnvolle und stelle mich dumm. Erkläre wild gestikulierend, dass ich keine Ahnung habe, wie das nur geschehen konnte. Doch die Pfleger schweigen, mit vielsagendem Blick, ~~und beglückwünschen mich nicht zu meiner tollen Leistung.~~ Am Ende gehe ich leichten Schrittes, schwerelos und kinderleicht, ~~und unglaublich stolz~~ zurück auf mein Zimmer. Setze mich auf mein Bett und zähle. Flüchtig kommt mir der Gedanke, dass ich eine unnatürliche Obsession für Zahlen entwickelt habe. Doch wie die Wolken am Himmel lasse ich diesen unsinnigen Gedanken ziehen und gratuliere mir stillschweigend dazu, dass sich das Achtsamkeits-Training bereits bezahlt macht.

Dann jedoch werde ich gestört, als Frau Kranz plötzlich mein Zimmer betritt. »Wissen Sie, manche Menschen würden es als äußerst unhöflich erachten, wenn jemand ohne anzuklopfen das Zimmer betritt. Zum Glück bin ich nicht so engstirnig.« Sie ignoriert meinen Sarkasmus und kommt ohne vorheriges Geplänkel gleich zum Punkt: »47 Kilo also?« – »Ich weiß wirklich nicht, wie …«, setze ich an, doch sie unterbricht mich: »Ich habe da schon so eine Ahnung. Möchten Sie Ihren aktuellen BMI wissen?« Federleichte 14,97. Trotzdem neige ich nur abwartend den Kopf. »Mit dem heutigen Gewicht liegt er bei genau 15.«

Ich bekämpfe den Wunsch in mir, sie zu korrigieren, obwohl ich diese falsche Zahl eigentlich nicht so stehen lassen kann. Denn Zahlen sind das einzig Sichere in dieser Welt, und ist es nicht unverantwortlich, wie sie mit falschen Angaben um sich wirft? Ausnahmsweise weiß ich es dieses Mal besser und bin lieber ruhig.

»Als Konsequenz daraus werden Sie täglich zu Ihren Mahlzeiten noch zwei Flaschen Flüssignahrung trinken. Und wenn Sie noch mehr abnehmen, werden wir Sie in das Krankenhaus verlegen lassen. Dann werden Sie zwangsernährt. Möchten Sie das?« Zwangsernährt. Eine größere Drohung konnte sie nicht aussprechen. Ich will nicht mehr gezwungen werden. Dennoch springe ich empört von meinem Bett auf. Weil zu schnelle Bewegungen im Moment unmöglich sind, falle ich umgehend zurück. »Ich trinke keine 600 Kilokalorien. Und Sie können mich zu gar nichts zwingen«, entrüste ich mich lautstark, um die Peinlichkeit meines Schwächeanfalls zu überspielen.

Meine Güte. Lasst mir doch meine Anorexie. Sie ist das Einzige, was ich noch habe. Ich verspreche, ich werde trotzdem brav sein und funktionieren und keinen Ärger machen.

Wie zwei Terrier zum Kampf bereit, starren wir einander an. Das Klingeln meines Handys rettet mich. Frau Kranz verabschiedet sich mit der Ankündigung, dass sie morgen wiederkommen wird.

Sieben verpasste Anrufe. Eine SMS. Mike. Ich habe Mike ganz vergessen. Ich hatte so viele Zahlen und Kalorien und BMI und Gewicht und Essen und Nicht-Essen im Kopf, dass ich Mike ganz vergessen habe. ~~Aber ganz genau das war doch mein großartiger Plan!~~ Ich lese seine Nachricht: *Hey, wo steckst du? Ich habe dir so viele E-Mails geschrieben, aber du reagierst nicht mehr. Magst du mich nicht mehr?* Schnell tippe ich: *Tut mir leid. Ich habe deine Mails gar nicht gelesen. Bin wieder in der Psychiatrie. Sei nicht böse.* Ich warte. 61, 62, 63 Sekunden. Dann seine Antwort: *Das ist in Ordnung. Ich wünsche dir, dass es dir bald besser geht. Ich denke sehr oft, sehr intensiv und sehr gut an dich.*

Ich starre so lange auf die Nachricht, bis die Zeichen vor meinen Augen verschwimmen. Sie füllen sich mit Tränen und ich blinzle einmal, zweimal, aber ich sehe alles nur verschwommen und ich denke, was für ein bemerkenswertes Geschenk doch unsere Augen sind – wie sie die Realität verwischen, ihr die Schärfe nehmen können, wenn diese am wenigsten auszuhalten ist. Ich unterdrücke ein hysterisches Lachen und presse erschrocken meinen Handrücken vor den Mund.

Dann stürze ich in mein Badezimmer, weil ich glaube, mich übergeben zu müssen. Doch dafür habe ich zu wenig im Magen. Stattdessen lasse ich mich einfach so und ziemlich unsanft auf den Boden fallen. Ich muss mich beruhigen. Also zähle ich. Zähle die Anzahl der Fliesen. Die Punkte auf dem Duschvorhang. Ich zähle, bis ich nichts mehr finde, was sich zählen lässt. Dann zähle ich all die unzählbaren Dinge, und als mir die Zahlen ausgehen, schlinge ich kraftlos die Arme um meine angezogenen Beine und fange nicht an zu weinen.

2

Während der folgenden Wochen verlaufen die regelmäßigen Termine mit der Ernährungsberaterin nach einem immer gleichen Skript:

Frau Kranz: »Sie müssen essen! Und nicht Ihre Mahlzeiten an andere verschenken!«

Ich: »Ich muss gar nichts mehr! Außerdem haben mir meine Eltern beigebracht zu teilen!«

Frau Kranz: »Wenn Sie schon nicht essen, dann sollten Sie wenigstens konsequent sein und den Clown weglassen. Und Herrgott – setzen Sie sich hin! Sie machen mich ganz nervös, wie Sie so unruhig durch den Raum tigern.«

Ich: »Ich will mich aber nicht setzen! Das verbraucht keine Kalorien! Und Sie können mich nicht zwingen – niemand kann mich mehr zu irgendetwas zwingen!«

Sie mustert mich einige Momente lang prüfend, als suche sie etwas in mir. Einen Überlebenswillen, zum Beispiel. »Ich habe fast den Eindruck, als wollen Sie gar nicht gesund werden.« – »Ich will auch nicht gesund werden«, pflichte ich ihr bei. »Wenn mich Ihr Arzt nicht ausdrücklich darum gebeten hätte, mit Ihnen zu arbeiten, hätte ich es ehrlich gesagt schon längst sein gelassen. Denn ich weiß wirklich nicht, was er in Ihnen sieht, oder warum Sie ihm anscheinend so wichtig sind.«

Sie klingt nicht feindselig. Nachdenklich vielleicht, und so resigniert, wie ich mich fühle. Müde komme ich vor meinem Fenster zu stehen, blicke hinaus. »Nein, das weiß ich auch nicht. Wenn Sie es herausgefunden haben, lassen Sie es mich bitte wissen.« Ich drehe mich nicht mehr um, und irgendwann höre ich, wie sie seufzend mein Zimmer verlässt.

Nur selten gelingt uns so etwas wie ein Gespräch. Oft hält sie mir irgendwelche Vorträge. Über die Notwendigkeit von Fetten in unserer Nahrung, zum Beispiel. Eigentlich sollte ich mir Notizen machen, doch stattdessen male ich gedankenverloren zahlreiche Strichmännchen auf mein Blatt Papier. Irgendwann registriere ich, dass sie zu sprechen aufgehört hat und mich prüfend mustert. Ich beginne, den Figürchen traurige Gesichter zu malen. »Ich glaube«, sagt sie, während ich akribisch Tränen zeichne, »dass Sie früher einmal ganz hübsch gewesen sind.« Erschrocken lasse ich den Stift fallen und blicke sie erstmals an. »Wie bitte? Ich bin *nicht* hübsch!« Sie runzelt die Stirn. »Mir war nicht bewusst, dass sich Untergewicht auch auf das Gehör auswirkt. Ich sprach davon, dass sie früher bestimmt halbwegs schön waren. Heute sehen sie eher …«, sie macht eine Pause und deutet mit einer ausholenden Geste über meinen Körper.

»Hässlich aus? Abstoßend?«, schlage ich munter vor und beruhigt hebe ich den Kugelschreiber wieder auf. Offensichtlich verblüfft sieht sie mich an. »Nein. Eigentlich wollte ich ›krank‹ sagen.«

»Ach so.« Damit hat sie meine Aufmerksamkeit wieder verloren.

»Bitte, erklären Sie mir etwas.«

Endgültig in meiner Malstunde unterbrochen, seufze ich laut auf. Stütze mein Kinn auf meinen Händen ab und imitiere ihre monotone Stimme: »Aber natürlich. Fett gehört zu den drei Grundnährstoffen und wichtigsten Energielieferanten. Es ist für unseren Körper unerlässlich, da es die Aufnahme der fettlöslichen Vitamine A, D, E und K ermöglicht. Wir unterscheiden zwischen den tierischen Fetten und den pflanzlichen, und besonders die letzte Gruppe versorgt unseren Körper mit den unentbehrlichen einfach und mehrfach ungesättigten Fettsäuren. Möchten Sie sonst noch etwas wissen?«

Zum Glück scheint sie viel zu erstaunt, um auf meinen Sarkasmus einzugehen: »Sie haben ja *doch* zugehört!«

Ich zucke nur mit den Schultern und sage ihr, dass ich eben multitaskingfähig sei.

»Sehr erfreulich. Im Übrigen meinte ich das nicht. Ich wollte Sie bitten, mir zu erklären, warum Sie das tun.«

»Warum ich *was* tue?«, frage ich nach. Meine Geduld ist bei Weitem nicht so strapazierfähig wie die ihre.

»Hungern. Warum hungern Sie, wenn Sie sich selber bereits als hässlich bezeichnen?«

Einen kurzen Moment lang zögert sie, und ich gehe dazu über, den Männchen kugelrunde, dicke Bäuche einzuzeichnen. »Ich arbeite nun schon seit über 20 Jahren in diesem Beruf, aber besonders in den letzten Jahren scheinen Essstörungen sehr in Mode zu kommen. So viele junge Frauen habe ich nun schon kennengelernt, die dachten, sie müssen möglichst dünn sein und die perfekten

Modelmaße haben, um endlich attraktiv und beliebt zu sein. Nur dass diese ständigen Diäten irgendwann aus dem Ruder gelaufen und sie in die Magersucht hineingerutscht sind. Doch selbst dann halten sie sich noch für dick und wollen immer dünner, immer schöner werden – und erreichen damit genau das Gegenteil. Und nun sitzen Sie hier und erklären fröhlich, dass sie hässlich wären?«

»Sie möchten wissen, warum ich kein Klischee erfülle?«, hake ich nach, und auf ihren verständnislosen Blick hin sage ich: »Es wäre leicht, wenn man die Magersüchtigen alle in eine Schublade stecken und als Möchtegern-Model abstempeln könnte. Dass wir alle möglichst dünn sein wollen, um auf den Laufstegen dieser Welt mitlaufen zu können. Ich kann Ihnen nicht sagen, was die anderen Frauen bewegt. Aber keiner von uns hungert, weil sie es toll findet oder es ach so viel Spaß macht. Also, warum tue ich es trotzdem?«

Ich tue es, weil ich es kann. Das ist die vielleicht dümmste, aber mit Sicherheit ehrlichste Antwort.

Ich habe noch immer die Hoffnung, dass die Essstörung mich eines Tages umbringen wird. Vielleicht nicht heute, oder noch in diesem Jahr. Vielleicht schaffe ich es nicht einmal im nächsten Jahr, daran zu sterben. Aber das wäre in Ordnung. Die Anorexie ist mein Selbstmord auf Raten.

Ich möchte mich von den Fesseln meines Körpers befreien. Ich stelle mir vor, wie es wäre, ein rein ätherisches Wesen zu sein, ohne irgendeine physische Manifestation. In mir gibt es kein Fleckchen heile Welt mehr, genauso wenig, wie es auf meinem Körper keine Stelle gibt, die nicht von fremden Händen berührt worden ist.

Ich möchte leichter sein als die Luft, die uns umgibt; möchte über Sand und Schnee laufen, ohne einen Abdruck zu erzeugen. Ich möchte keine Spuren in dieser Welt hinterlassen, und wenn ich endlich tot bin, wird es sein, als hätte es mich nie gegeben. Ich möchte mich verstecken, unsichtbar werden, ganz allmählich verschwinden und unbemerkt sterben.

Wer mich ansieht, wird sofort erkennen, dass ich magersüchtig bin. Eine junge Frau, die sich in ihrem falschen Schönheitswahn à la Hollywood beharrlich weigert zu essen. Niemand wird mich ansehen und denken: *Die Arme wurde bestimmt missbraucht und traumatisiert.*

Wenn ich gefragt werde, warum ich nicht mehr in die Uni komme, sondern in der Klinik bin, dann reicht mein Anblick als einzige Erklärung. Solange ich mich über die Anorexie definieren kann, muss ich die Vergangenheit nicht thematisieren. Dann wird sie kein Thema mehr sein.

»Und?« Sie sieht mich noch immer abwartend an.

»Wie bitte? Tut mir leid, haben Sie etwas gesagt? Ich höre irgendwie etwas schlecht.«

»Ha ha. Sie wollten mir erklären, warum Sie magersüchtig geworden sind.«

Ich zucke mit den Schultern. »Weil ich mich schön so finde«, antworte ich gedehnt.

Schön? Meine Haut ist zu blass und zu dünn; feine blaue Äderchen scheinen hindurch. Ich sehe zerbrechlich aus. Wie hauchdünnes, feines Porzellan, das viel zu zart, viel zu *unbrauchbar* für diese Welt ist. Vermutlich bin ich deswegen so oft schon zerbrochen? Doch vielleicht darf ich mir jetzt endlich ein Schild an die Stirn pappen: *Vorsicht, zerbrechlich. Bitte nicht anfassen!*

»Aber Sie hatten doch gesagt …«, beginnt sie irritiert und unterbricht sich selber. »Noch ist es nicht zu spät. Noch können Sie die Essstörung loslassen. Möchten Sie denn nicht wieder Ihr altes, normales Leben zurückbekommen?«

Normalität? Was weiß ich denn schon von Normalität? Mein Leben bestand bislang doch nur aus hübschen Lügen und hässlichen Wahrheiten. Es gibt kein wunderbares Leben, nach welchem ich mich zurücksehne.

»Sie sind doch hier, um gesund zu werden. Oder nicht?«

Oder nicht.

»Warum ergreifen Sie dann nicht diese Chance?«, fragt sie mich, überraschend vehement und leidenschaftlich. Als wäre ich ihr tatsächlich wichtig. Arme, fehlgeleitete Frau. »Wie alt sind Sie? 22? Sie sind noch so jung; die Welt liegt Ihnen zu Füßen. Vergeuden Sie ihre kostbare Lebenszeit nicht mit dieser vorübergehenden Modeerscheinung. Lassen Sie los. Worauf warten Sie denn noch?«

Worauf ich warte? Auf eine günstige Mondkonstellation. Oder darauf, dass jemand aus dem Hintergrund »Cut« brüllt. »Danke, das wars, die Szene ist im Kasten!« Ich warte darauf, dass irgendjemand kommt und mir sagt, dass das hier alles nur ein schlechter Film ist, in welchem ich lediglich Hauptdarsteller bin. Aber darauf kann ich noch so lange warten. Denn das hier alles ist das richtige Leben, nicht wahr? Und die Essstörung ist nun ein Teil davon.

Ja, ich bin erst 22, und Frau Kranz lässt keinen Zweifel offen, dass sie in mir ein verzogenes Gör sieht, das sich cool und hip und angesagt fühlt, weil es mit der Magersucht spielt. Behandelt mich wie eine unbelehrbare, durchgeknallte Essgestörte, die sich kindisch und störrisch verhält. Dabei hat sie doch keine Ahnung, dass all die albernen Gespräche mit ihr lediglich eine willkommene Ablenkung für mich sind.

Auch weiß ich, dass mich viele der Mitarbeiter hinter vorgehaltener Hand belächeln.

Die Essstörung als eine lächerliche Rebellion betrachten. Und ich eine aufmüpfige junge Frau, die ihre Anorexie zelebriert. Die bloß hungert, um Kontrolle und Macht zu demonstrieren. Die gerade eine schwierige Phase durchlebt.

Nur dauert diese Phase bereits 22 Jahre an. Wer von denen, die über mich reden, weiß denn schon, was ich alles überleben musste. Habe ich nicht absolut jedes Recht dieser Welt, meinem Körper Nahrung zu verweigern? Ich dürfte ihn und mich sogar von einer Brücke stürzen oder aus dem Fenster werfen. Könnte mich an einem Baum aufhängen oder die Pulsadern aufschneiden.

Niemand hat das Recht, mich dafür zu verurteilen. Und niemandem steht es zu, mich egoistisch zu schimpfen, wenn ich durch meinen Suizid die Gefühle der Hinterbliebenen verletzte.

Lacht ruhig über mich. Begegnet mir mit Unverständnis. Bildet eine vorschnelle Meinung und macht euch euer eigenes Bild. Ihr seht mich nicht und kennt mich nicht. Und sobald ihr glaubt, mich endlich verstanden zu haben, dann liegt ihr damit noch immer falsch.

3

Eine weitere Konstante in diesem Aufenthalt sind die Termine mit Dr. Elliott, die ebenfalls nach einem stets gleichen Schema verlaufen: Erst muss ich in seiner Gegenwart eine Kleinigkeit essen, dann gehen wir gemeinsam runter in den Sportraum. Nachhilfeunterricht.

1. Lektion: Grenzen
Mein Arzt schlendert gemütlich durch den großen Raum, holt sich irgendwann einen Stuhl und setzt sich. Er fordert mich auf, mir ebenfalls einen Stuhl zu holen und mich zu ihm zu setzen, und weil sein Lächeln dabei entwaffnend aufrichtig ist, tue ich ihm diesen merkwürdigen Gefallen. Meinen Stuhl stelle ich so nah an seinen, dass die Lehnen aneinanderschlagen. Als ich mich setze, berühren sich unsere Knie, und nach seiner Nachfrage, wie ich mich fühle, lüge ich und erkläre, dass es mir ganz wunderbar gehe.

»Das glaube ich Ihnen nicht. Sie zittern wie Espenlaub. Das weiß ich zufällig ganz genau, weil sich unsere Beine berühren. Versuchen wir es ein zweites Mal.«

Er steht auf, stellt seinen Stuhl einige Meter entfernt hin und fordert mich wieder auf, auch Platz zu nehmen. Also nehme ich meinen Stuhl, stelle ihn direkt an seinen. Hocke mich auf den äußersten Rand und blicke starr zu Boden. »Lassen Sie mich raten: Es geht Ihnen wunderbar?« Ich nicke verkrampft.

»Wissen Sie, warum wir das hier machen?« Nein. Ich kann nicht denken. Er ist zu nah zu nah zu nah. Dr. Elliott hat Erbarmen und rückt einen guten Meter von mir ab. »Jeder Mensch hat Grenzen«, beginnt er, und als ich ungläubig den Kopf schüttle, wiederholt er geduldig: »*Jeder* Mensch – und das schließt auch Sie ein – hat Grenzen. Im Normalfall halten wir diese ganz unbewusst ein. Wenn wir zum Beispiel im Supermarkt an der Kasse in einer Schlange stehen, achten wir auf einen gewissen räumlichen Abstand zu unserem Vorder- und Hintermann. Wenn wir uns mit Freunden im Café treffen, sitzen wir nebeneinander, aber nicht so nah beisammen, dass wir dem anderen auf den Schoß klettern könnten. Selbst wenn ich mit meiner Frau oder meinen Söhnen spreche, stehen wir uns nicht direkt gegenüber, sodass sich unsere Fußspitzen berühren könnten. Das heißt, auch bei den Menschen, die uns nahestehen, wahren wir einen natürlichen Abstand. Wir alle ziehen unbewusst eine Grenze um uns herum, und im Normalfall wird dieses von unserem Gegenüber geachtet. Und ich möchte, dass Sie lernen, wieder ein Gespür dafür zu bekommen, wie viel Nähe Ihnen guttut – und wie viel Abstand Sie brauchen, um sich sicher zu fühlen.«

Eine ganze Stunde lang wiederholen wir diese Übung, mit nur mäßigem Erfolg. Ich bin erschöpft und möchte weinen aus lauter Wut, weil das alles hier nicht so anstrengend sein sollte. Es ist nicht fair, dass etwas, was für andere Menschen so selbstverständlich ist, für mich ein schier unlösbares Problem darstellt.

Überhaupt sind Grenzen etwas sehr Widersprüchliches. Der Mensch strebt nach dem Grenzenlosen: immer auf der Suche nach grenzenloser Freiheit, grenzenlosem Spaß, und grenzenlosem Glück geht er bis an seine eigenen Grenzen, und über sie hinaus. Überschreitet sie und wächst an ihnen. Aber niemand möchte Grenzen los sein.

Ich frage mich, ob wir unsere Grenzen eigentlich verlieren können. Ob es dann jemanden gibt, der sich die Mühe macht, all die verloren gegangenen Grenzen aufzusammeln, abzuwaschen, herauszuputzen und bei ebay an den Meistbietenden zu verkaufen. Oder ob wir einfach nur unser Gespür dafür verlieren. Und ich möchte dem Leben einen Handel vorschlagen: Ich verzichte auf grenzenlose Freiheit, auf grenzenlosen Spaß und grenzenloses Glück, wenn ich dafür meine Grenzen wiederhaben darf.

Denn ich stelle mir meinen Körper als eine zähflüssige Masse vor, ohne Umrisse und Konturen. Ich weiß weder, wo ich beginne, noch, wo ich ende. Nur wenn ich morgens und mittags und abends unter der Dusche stehe und das Wasser fast schon schmerzhaft auf meinen Körper prasselt: Dann streiche ich über meine spitzen Schulterknochen ~~und oh ich glaube mir wachsen Flügel~~, über die herausstehenden Schlüsselbeine. Zähle meine Rippen; halte mich an den scharfen Erhebungen meiner Beckenknochen fest, damit ich nicht verloren gehe. Nur dann sehe und spüre ich: Hier bin ich. Und hier sind meine Grenzen.

2. Lektion: Stopp!

»Ich komme nun ganz langsam auf Sie zu, und wenn Sie das Gefühl haben, ich sei nah genug, sagen Sie laut ›Stopp!‹« Stopp. Alles klar. Auf mein stummes Nicken hin setzt er sich – aus seiner Ausgangsposition in fünf Meter Entfernung – in Bewegung. Als sein Fuß meinen berührt, bleibt er abrupt stehen. »Sie sollten doch ›Stopp‹ sagen«, stellt er verwundert noch einmal fest.

Ich kann nicht reden, denn er ist viel zu viel zu nah. Stattdessen beiße ich auf meine Unterlippe, bis ich Blut schmecke, und endlich bemerkt er mein Dilemma und geht eilig einige Schritte zurück. »Wir probieren es noch einmal aus, in Ordnung? Und dieses Mal gebe ich Ihnen die ausdrückliche Erlaubnis, ›Stopp‹ zu sagen.«

Wieder entfernt er sich; läuft fast bis an das andere Ende der Halle.

Ich glaube, eine Bewegung seines Fußmuskels erahnen zu können. Hastig und panisch schließe ich die Augen und verschlucke mich an der Luft und jetzt oder nie. »Stopp!«, rufe ich. Und um sicherzugehen, ein zweites Mal: »Stopp!«

Irritiertes Schweigen.

»Aber ich bin doch noch nicht einmal losgegangen.«

»Ich weiß – aber das war mir bereits zu nah.«

3. Lektion: Wehrhaftigkeit

An einigen Tagen bin ich mir nicht sicher, ob Dr. Elliott in Wahrheit nicht einer von *uns* ist, dem man erlaubt hat, in einem Arztkittel durch die Klinik zu laufen.

»Schlagen Sie mich!«, wiederholt er seine gerade schon gesagten Worte, aber ich rühre mich noch immer nicht. »Ich will Sie aber nicht schlagen«, sage ich mit so viel Nachdruck und Vernunft, wie ich gerade mobilisieren kann. Einer von uns muss es ja tun.

»Nun, ich finde, es ehrt Sie, dass Sie das nicht tun möchten. Aber ich versichere Ihnen, Sie werden mir nicht wehtun. Also los, schlagen Sie zu!« Ich verschränke meine Arme vor der Brust.

»Na gut. Dann stellen Sie sich vor, ich sei Ihre Ernährungsberaterin.«

Ich atme frustriert aus. »*Die* will ich aber auch nicht schlagen!«

Wir schweigen beide, bis ich irgendwann genervt aufseufze. »Schön. Okay. Ich werde Sie schlagen.« Ich hole aus, ziele auf seinen Oberkörper. Und kurz bevor meine Faust seine Stirn trifft, hält er sie einfach so fest.

»Super. Und jetzt das Ganze mit ein bisschen mehr Schwung und Motivation. Versuchen Sie, meine Schulter zu treffen.« Dieses Mal wehrt er meinen Schlag nicht ab und ich streife ganz leicht seine Wange. »Sie schlagen zu wie ein Mädchen.«

Ich merke, wie mein Gesicht heiß wird. »Aber ich *bin* ein Mädchen«, beschwere ich mich. Doch mein Arzt schüttelt nur den Kopf. »Nein, Sie sind kein Mädchen, sondern eine junge Frau. Wissen Sie, es geht mir bei dieser Übung nicht darum, eine perfekte Kämpferin aus Ihnen zu machen. Ich glaube, dass es irgendwann sinnvoll sein kann, dass Sie einen Selbstverteidigungskurs mitmachen und die nötigen Techniken erlernen, sich im Notfall wehren zu können. Ich möchte einfach, dass Sie sich dieses Schild von Ihrer Stirn nehmen.« Unwillkürlich fasse ich an meinen Kopf. »Welches Schild?«

»Das, auf dem *Opfer* steht.«

»Ich bin kein Opfer«, erwidere ich böse.

»Aber Sie benehmen sich wie eines. Und das soll kein Vorwurf sein. Sie fühlen sich schwach und verängstigt. Hilflos, kraftlos, klein. Das spüren Ihre Mitmenschen. Es ist nicht schlimm, dass Sie zuschlagen wie ein Mädchen. Solange Sie sich das nicht anmerken lassen; solange Sie Stärke *ausstrahlen*. Wenn Sie erhobenen Hauptes durch die Welt gehen, und sich nicht länger klein machen; wenn Sie kräftig aussehen, selbst wenn Sie sich nicht so fühlen; wenn Sie sich nicht länger wie ein Opfer benehmen, dann verringern Sie die Gefahr, dass Sie jemals wieder zu einem gemacht werden.«

4. Lektion: Gefühle

In der Mitte der Halle steht bereits ein großer, roter Boxsack. »Ich boxe nicht«, sage ich sofort. »Vergessen Sie es; ich werde ganz definitiv nicht boxen.« Dr. Elliott wühlt gerade in einem Schrank und sieht mich nicht einmal an, als er abwesend sagt: »Doch, natürlich werden Sie boxen. Ich suche nur gerade die Fäustlinge, dann geht es sofort los.«

»Nein«, ist mein einziger störrischer Kommentar. Nun habe ich tatsächlich seine ganze Aufmerksamkeit. »Haben Sie tatsächlich *Nein* gesagt? Ich habe hier zwar gerade Ihre Handschuhe gefunden, aber ich würde sagen, diese Stunde war bereits ein voller Erfolg.« Er schlendert lässig zur Tür. »Dann können wir ja nun aufhören. Wir sehen uns nächste Woche?«

Ich blicke ihm fassungslos nach. »Und wofür habe ich dann diesen blöden Joghurt essen müssen? Damit ich *Nein* sage? Jetzt will ich auch boxen.« Mein Arzt ist stehen geblieben und reibt sich nachdenklich über sein Kinn. Es sieht aus, als müsse er gerade ein Lachen verbergen. »Schön, dann boxen wir.« Er drückt mir die Fäustlinge in die Hand, und mich beschleicht dieses irritierende Gefühl, einen taktischen Schachzug übersehen zu haben.

»Ich habe mich vorhin etwas unmissverständlich ausgedrückt. Genau genommen geht es mir heute nämlich nicht um das Boxen.« Ich atme erleichtert aus.

»Sondern um Ihre Gefühle.« Oder auch nicht. »Ich würde Sie gerne etwas fragen. Fühlen Sie sich manchmal wütend? Verärgert?«

»Natürlich bin ich nicht wütend«, entgegne ich pikiert. »Warum sollte ich wütend sein?« Nachdenklich betrachtet er mich einige Momente lang. »Ich glaube, Sie haben alle Gründe, und vor allem alles Recht dieser Welt, wütend zu sein. Angesichts des Unrechts und des Leids, welches Ihnen widerfahren ist«, sinniert er. »Und ich glaube außerdem, es braucht unglaublich viel Wut und Aggressionen, freiwillig verhungern zu wollen. Sie spüren Wut – doch richten Sie diese ausschließlich gegen sich. Haben Sie jemals daran gedacht, all ihre Frustrationen und ihre Wut hinauszuschreien?«

Natürlich möchte ich schreien. In meinem Brustkorb sind Tausende Schreie gefangen, aber ich werde sie niemals herauslassen. Denn worin liegt der Sinn? Was nutzt ein Schrei, wenn ihn niemand hören wird? Ich kann nur benommen den Kopf schütteln.

»Und wie ist es mit Traurigkeit? Verzweiflung? Ohnmacht? Resignation? Fühlen Sie dies? Wann haben Sie das letzte Mal geweint? Und ich meine kein verzweifeltes, sondern ein heilsames, befreiendes Weinen.«

Und natürlich möchte ich auch weinen. Doch welchen Sinn hat es zu weinen, wenn es niemanden gibt, der einen trösten kann? Wenn man sich selber nicht einmal trösten kann?

»Nun, wie dem auch sei. Sie müssen – nein, Sie dürfen – Ihre Gefühle zulassen.«

»Grandios. Meine Gefühle *sind* zu.«

Mein Arzt macht ein Geräusch, das wie eine Mischung aus Schnauben, Seufzen und Lachen klingt. »So meinte ich das natürlich nicht.« Dann deutet er mit einem Kopfnicken auf die Fäustlinge. »Ziehen Sie die an. Und wenn Sie möchten, dann schlagen Sie auf den Boxsack ein. Legen Sie all Ihre Gefühle, all Ihre angestaute Wut in diesen Schlag. Verausgaben Sie sich. *Fühlen* Sie. Ich werde draußen auf Sie warten, damit Sie unbeobachtet sein können. Wenn etwas ist, bin ich aber sofort wieder da, in Ordnung?«, erklärt er beruhigend, und ich nicke nur und dann ist er weg und ich blicke diesen blöden Sandsack an und mein Kopf ist zu voll.

Wut. Frustration. Trauer. Verzweiflung. Ohnmacht. Resignation. Hilflosigkeit. Scham. Angst.

Oh, natürlich habe ich Gefühle. Es gibt nicht einmal annähernd genügend Worte auf dieser Welt, um meine Gefühle zu beschreiben. Ich habe so unglaublich viele Gefühle in mir, dass ich oft Angst habe, sämtliche Knochen in meinem Körper werden brechen und zerbersten. Weil es zu viele sind. Weil es mehr sind, als dieser Körper überhaupt aushalten kann.

Sie nehmen mir die Luft zum Atmen. Ich habe Angst, an ihnen zu ersticken. Sie lassen mich klein und schwach und zerbrechlich und verletzlich und so *unglaublich* verletzt zurück.

Ich schluchze leise auf und ich schnappe hilflos nach Luft und ich schlinge meine Arme um meinen Oberkörper und versuche mit aller Gewalt, mich irgendwie zusammenzuhalten, und ich werde *nicht* auseinanderfallen. Ich werde nicht zusammenbrechen. Meine eigene kleine Welt ist makellos und rein und sauber und unberührt und still und ich blinzle und blinzle und halte die Flut der Emotionen zurück, die mich zu überwältigen droht.

Dann verlasse ich fluchtartig den Raum, vorbei an Dr. Elliott, der mich gehen lässt, hoch in mein Zimmer, unter die Dusche. Ich mache mir nicht die Mühe, mich auszuziehen, stelle das Wasser auf ganz heiß und rolle mich auf dem Boden zusammen. Fühle mich schwach und zerbrechlich und verletzlich und so unglaublich verletzt. Dann weine ich.

4

Die Zeit, sie rennt und rast. Ich verliere den Überblick über Tage und Wochen. Ich wache an einem Montag auf, nur einen Wimpernschlag später ist es Sonntag, und ehe ich mich versehe, haben wir schon Mittwoch. Realität wird ein sehr dehnbarer Begriff; die Grenzen zur Fiktion sind fließend. Heute ist alles weiß, morgen sehe ich nur noch Schwarz und gestern zähle ich Tausende Schattierungen von Grau in meinen kahlen Zimmerwänden.

Leben oder sterben. Sterben oder leben. Ich kann mich nicht entscheiden. Vielleicht ist das Entscheidung genug. Ich stehe jeden Tag auf. Sterben kann ich im Zweifelsfall morgen noch immer. Nur rückgängig machen kann ich so etwas nicht. Deshalb sollte ich mir *wirklich* sicher sein, ob ich nicht mehr sein will.

Aber ich verliere meinen Verstand. Und es ist beängstigend.

Manchmal sitze ich alleine auf meinem Bett. Zähle meine Atemzüge. 17 … 387 … 4.289 … 11.276. Zähle meine Finger. Jeden einzelnen. Vorwärts und rückwärts. Dann fange ich wieder von vorne an. Stundenlang.

Manchmal sitze ich alleine auf meinem Bett. Blicke auf meine Hände, auf die Wände, und ich weiß, dass nichts von dem real ist. Mich gibt es nicht, dieses Bett gibt es nicht. Das Zimmer ist nicht echt, die Klinik ein großer Schwindel. Das Leben ist eine lebensgroße Theaterbühne, und am Ende des Tages fällt der Vorhang. Wie ein Kartenhaus bricht alles um mich herum zusammen. Das Bühnenbild wird abgebaut, und ich streife diesen Körper wie eine zweite Haut ab. Setze mich in mein Auto und fahre nach Hause. Ich spiele nur eine Rolle. Ich bin nicht echt. Nichts ist echt. Alles ist fremd. Ich stehe auf und gehe in die Küche, die nur eine Kulisse ist, und hole einen Joghurt, der nur ein Requisit ist. Ich darf ihn essen, denn in Wahrheit bin ich keine magersüchtige junge Frau. Ich grüße meine Schauspielkollegen, die sich als Mitpatienten ausgeben. Wieder in meinem Zimmer, hole ich meine Rasierklinge hervor und schneide mich. Es wird nicht schmerzen, denn nichts ist real. Aber es tut weh. Ich blute wirklich. Der Vorhang fällt nicht und ich sitze auf meinem Bett und blicke auf meine Hände und auf die Wände und warte auf Regieanweisungen, die nicht kommen werden. Und ich weiß: *Das* ist das Leben. Dann blicke ich auf meinen blutenden Arm und realisiere, was ich gerade getan habe. Mein schlechtes Gewissen schlägt mit voller Wucht zu: Ich hätte den Joghurt nicht essen dürfen.

Manchmal verlasse ich mein Zimmer, gehe in den Aufenthaltsraum. Für den Bruchteil einer Sekunde stoppen die Gespräche. Für den Bruchteil einer Sekunde liegt die ganze Aufmerksamkeit bei mir. Selbst unter diesen Verrückten bin ich ~~ein Freak eine Kuriosität~~ etwas Besonderes. Ich setze mich an einen Tisch, lausche den Gesprächen. Werde mit einbezogen, verpasse aber immer meinen Einsatz. Ein Teil von mir ist neidisch: wie leicht ihnen das Miteinander fällt. Wie unbeschwert, ungezwungen. Ein Teil von mir ist fasziniert: wie mühelos sie miteinander sprechen. Von einem Thema zum nächsten springen. Ich kann das nicht. Wir mögen zwar im selben Raum sitzen, aber zwischen den anderen und mir liegen Welten. Planeten. Ganze Sonnensysteme. Also stehe ich auf, gehe zurück in mein Zimmer; und auch wenn ich meine eigene Gegenwart kaum aushalten kann, kann ich doch nur dann frei durchatmen, wenn nur ich mir Gesellschaft leiste.

Ich verstehe Menschen einfach nicht. Manchmal setze ich mich zu ihnen und versuche zu begreifen. Ich registriere jede Bewegung, jedes Wort, jede Gestik und Mimik. Ich speichere es ab, um irgendwann darauf zurückgreifen zu können. Nichts am Umgang mit meinen Mitmenschen ist natürlich für mich. Warum umarmen Menschen sich? Warum umarmen sie sich zur Begrüßung, zum Abschied, zum Geburtstag, einfach nur so und zwischendurch? Haben sie das schon immer getan? Hat uns die Evolution deswegen Arme mitgegeben? Warum brauchen sie eine starke Schulter zum Anlehnen oder Ausweinen? Warum tanzen Menschen miteinander? Worüber sprechen Freundinnen, wenn sie stundenlang in einem Café sitzen? So viel können sich Menschen doch gar nicht zu sagen haben.

Der Mensch ist ein Mysterium für mich, das ich einfach nicht begreife. Und ich bin mir das größte Rätsel, für das es keine Komplettlösung gibt.

Manchmal mache ich mich von der Vorstellung frei, so leben zu können, wie andere Menschen es tun. Ich bin nicht *normal*. War ich nie. Werde ich nie sein.

Manchmal lasse ich die Klinik ganz weit hinter mir und laufe runter in die Stadt. An guten Tagen brauche ich nur 45 Minuten. An guten Tagen vergesse ich vorher nicht, meine Schuhe anzuziehen. An schlechten Tagen laufe ich barfuß; laufe über jedes spitze Steinchen, das sich mir in den Weg wirft. Warte auf den Schmerz, der mir sagt, dass selbst ich lebendig bin. Und ich fühle fühle fühle mich nicht.

Manchmal schreie und schreie und schreie ich, während kein Laut meine Lippen verlässt. Kein einziger. Manchmal gehe ich hinaus in den Wald und sammle Steine. Sortiere sie erst nach Farbe, dann nach Formen, und schließlich nach Schattierungen innerhalb der Farben. Manchmal verlasse ich das Haus und mache mich auf die Suche nach dem fehlenden Boden unter meinen Füßen. Manchmal vergesse ich die Welt um mich herum und das sind die schönsten, die friedlichsten Stunden. Ich liege auf meinem Bett, ich sitze auf dem Waldboden, ich bin irgendwo, nur nicht hier, mit einem Buch in der Hand und verliere mich in fremden Welten und Leben. Manchmal erzähle ich mir selber eine Geschichte, weil ich den Klang einer Stimme vermisse.

Manchmal setze ich mich in einen Bus oder einen Zug, obwohl ich kein Ziel habe. Doch bin ich völlig vernarrt in dieses kleine, rote Hinweisschild, das plakativ über jeder Notbremse angebracht ist: *Missbrauch ist strafbar*. Ich würde wirklich so gerne daran glauben. Und vielleicht wird irgendwann einmal dieser Tag kommen, an dem ich es ausprobieren werde; an dem ich die Notbremse ziehe, damit ich ein einziges Mal nur Missbrauch aus der anderen Perspektive erleben werde.

Manchmal wache ich morgens auf, und ich weiß nicht, ob ich lebendig bin oder schon tot. Weil es mir manchmal schwerfällt, überhaupt noch den Unterschied darin zu erkennen.

Manchmal wache ich morgens auf, obwohl ich noch schlafe. Und der Albtraum der letzten Nacht legt sich wie ein Spinnennetz um mein Bewusstsein, und je mehr ich versuche, diese klebrigen Fäden abzuschütteln, desto mehr verfange ich mich darin.

Manchmal mache ich morgens die Augen auf und ich fühle mich glücklich und unbeschwert. Und ich bin fröhlich und ich lache und ich sehe das Licht am Ende des Tunnels nicht mehr, weil ich den Tunnel doch schon längst hinter mir gelassen habe. Dann schlage ich die Augen auf und werde wach.

Manchmal verliere ich mich. Heute bin ich in meinen Kleiderschrank gekrabbelt und habe mich unter sämtlichen Decken und Handtüchern versteckt, die ich finden und anhäufen konnte, ohne gleich darunter zu ersticken. Zumindest war dies nicht meine primäre Intention.

Ich habe die Augen geschlossen und die Hände auf die Ohren gepresst und bin der Welt entflohen. Habe das Gewicht der Stoffe auf meinem Körper gespürt und habe mich gespürt.

Irgendwann hörte ich, wie die Putzfrau in mein Zimmer kam. Hörte das vertraute Brummen des Staubsaugers und ich fragte mich: Wenn ich noch ein kleines bisschen mehr abnehme. Wenn ich noch ein kleines bisschen dünner werde, würde ich dann wohl in ihren Staubsauger passen und still und heimlich von dieser Welt verschwinden und auf ewig mit Millionen von kleinen Staubpartikeln in der Dunkelheit schweben? Solche Gedanken können einem kommen, während man verloren im Kleiderschrank sitzt. Sie ging, und ich döste weiter vor mich hin. Eine Pflegekraft kam und rief nach mir, lief unruhig einige Schritte auf und ab und dann verließ auch er mein Zimmer.

Spät am Abend krabbelte ich aus meinem Versteck. Als ich die Zimmertür öffnete, fiel ich fast meiner Pflegerin in die Arme. »Da sind Sie ja«, rief sie erleichtert aus. »Wo waren Sie nur den ganzen Tag?« – »Auf meinem Zimmer, wo sonst«, stellte ich sofort die Gegenfrage und erntete dafür ein verwirrtes Stirnrunzeln. »Aber wir haben dort mehrmals nach Ihnen gesucht?« – »Ich habe mich auch im Kleiderschrank versteckt.«

Sofort war sie in ihrem Element, berührte mich leicht am Oberarm, und fragte besorgt, mit frisch erwecktem Gluckeninstinkt: »Oh nein! Versteckt? Wieso? Und vor wem?«

»Eigentlich hatte ich gehofft, ich würde irgendwann den Ausgang finden, und ein sprechender Löwe würde mich in Narnia willkommen heißen.« Auf ihren irritierten Blick hin seufzte ich nur laut. »Schon gut. Ich habe mich vor der Realität versteckt«, gab ich zu und fügte nach einem kurzen Moment des Bedauerns hinzu: »Aber sie hat mich leider auch dort gefunden.«

Sie sah mich an, als würde sie darauf warten, dass ich auch diese Aussage zurücknehme. Als das nicht geschah, räusperte sie sich vernehmlich. »War das dann alles?«, erkundigte ich mich. »Ich würde jetzt gerne noch etwas nach draußen gehen.« – »Aber es regnet in Strömen!« – »Ich weiß, aber ich bin eben einsam.« Verwirrt schaute sie mich an. »Sind Sie draußen verabredet? Kann Ihr Besuch nicht in die Klinik kommen?«

»Natürlich bin ich nicht verabredet. Mir fehlen bloß Nähe und die Berührung eines Wesens. Regentropfen sind da ideal.« Diese Information schien sie erst einmal verarbeiten zu müssen. Dann bot sie mir großzügig an: »Also, wenn Sie möchten, dann kann auch ich Sie einmal in den Arm nehmen.« – »Ist das Ihr Ernst?«, fragte ich. Ehrlich entsetzt. Schnitt eine Grimasse. »Ich dachte immer, Drohungen Patienten gegenüber seien verboten.« Meine Pflegerin machte ein Geräusch, das irgendwo zwischen Seufzen und Lachen lag.

~~Ich bin nicht verrückt ich bin nicht verrückt~~. Offenbar bin ich nun doch verrückt geworden. Ich habe den gesunden Menschenverstand verloren.

In meiner Krankenakte steht, ich habe eine depressive Störung. Schwere Episode.

Das schreibe ich deshalb, weil ich mir im Klaren darüber bin, dass alles, was ich momentan sage und schreibe und denke und fühle und tue und mache, depressiv eingefärbt ist. Ich muss daran glauben, dass die Welt nicht so schwarz und trist und farblos und negativ ist, wie es sich momentan anfühlt. Ich muss daran glauben, damit ich mir weiterhin jeden Morgen einen neuen Grund ausdenken werde, warum es sich zu leben lohnt. Wenigstens diesen einen Tag noch. Und morgen entscheide ich mich neu. Das Leben ist vermutlich nicht so schwer und schrecklich, wie es sich momentan anfühlt. Ich will mich nicht vor einer Krankheit geschlagen geben.

5

Ich habe eine neue Zimmermitbewohnerin. Ich merke es daran, dass *sämtliche* Gegenstände in meinem Zimmer fehlen. Nur Kleiderschrank, Nachttisch und Bett stehen unberührt und auf Letzterem lasse ich mich, nur leicht irritiert, nieder. Selbst die Bezüge wurden entfernt und das Laken sehe ich auch nirgends.

Die Tatsache, dass ich mich nicht wirklich übermäßig wundere, geschweige denn mir ernsthaft Sorgen mache, ist vermutlich ein deutliches Indiz dafür, dass ich schon viel zu lange in der Psychiatrie bin.

Also sitze ich wartend im Schneidersitz auf dem Bett, zähle die Risse in der Wand, bis irgendwann eine junge Frau das Zimmer betritt.

»Oh, hi, da bist du ja«, begrüßt sie mich sofort stürmisch. »Ich bin Dörte. Also, das ist natürlich nicht mein richtiger Name. Aber als ob ich den hier verraten würde! Immerhin können *sie* überall sein und auf mich lauern! Und wer bist du?«

Ich blinzle wie eine Idiotin. »Cheyenne Blue.«

»Wow, echt, krass?!«

»Nein.«

»Oh, ah, verstehe! Codename und so!« Sie grinst verschwörerisch. »Dann sind *sie* also auch hinter dir her?«, fragt sie flüsternd. Ich zucke nur vage mit den Schultern und sie nickt verständnisvoll. »Kein Problem. Dein Geheimnis ist bei mir sicher.« Dann bin ich vergessen und sie vertieft sich in die Lektüre ihres Therapieplans.

Irgendwann siegt meine Neugierde: »Wo sind eigentlich all meine Sachen hin verschwunden?« Verwirrt blickt sie auf. »Was? Oh, ach, deine Sachen! In deinem Nachtschrank natürlich. Musste ziemlich quetschen, damit alles reinpasst, damit auch noch Platz für die Sachen aus dem Badezimmer blieb. Und die Bettwäsche ist selbstverständlich im Kleiderschrank.«

Natürlich. Wo auch sonst.

Bevor man etwas fragt, sollte man sich sicher sein, die Antwort verkraften zu können, oder überhaupt erst hören zu wollen. Ich bin mir nicht sicher, und ich will nicht fragen müssen, aber wissen möchte ich es dennoch. Also atme ich tief durch. Zweimal. Dann: »… warum?«

»Warum was?« Sie blickt mich verwundert an.

»Warum hast du die Sachen weggeräumt?«

Sie sieht mich an mit einem Blick, der unmissverständlich deutlich macht, dass sie an meinem Verstand zweifelt. Was für eine verkehrte Welt. »Das ist doch offensichtlich. Du hast deine Wasserflasche direkt auf dem Nachttisch stehen lassen!! Weißt du denn nicht, wie schnell man dir dort K.-o.-Tropfen reinträufeln kann? Und deine Zahnpasta schreit gerade zu danach, dass man Drogen reinmischt!

Oder Gift! Und zum Glück hast du kein Essen hier, denn das hätte ich sofort entsorgen müssen. Viel zu gefährlich! Aber zum Glück hast du mich.« Dieses Mal frage ich nicht, was *sie* alles mit meiner Bettwäsche anstellen könnten, laufe zum Schrank und beziehe mein Bett neu. Was auch immer es ist: Ich werde das Risiko eingehen.

Am nächsten Tag fragt mich Dörte, ob ich mit ihr rausgehen würde. Ihr die Umgebung zeigen. Damit sie sich auskennt. Damit sie im Notfall schnell fliehen kann, wenn *sie* sie gefunden haben. Ich habe nichts Besseres zu tun und stimme zu.

Wir sind keine fünf Minuten unterwegs, als sie mich fragt: »Warum bist du eigentlich hier? Du siehst so normal aus! Ich dachte, in der Psychiatrie sind alle total bekloppt und durchgedreht.« Ich weiß, ich sollte das Folgende nicht sagen. Wirklich nicht. Aber ich kann einfach nicht anders, als: »Ich wurde vor einigen Wochen von Außerirdischen entführt und muss dieses traumatische Erlebnis hier verarbeiten. Und ich bin schwanger. In meinem Bauch wächst gerade ein Alien heran.«

Ihr Blick gleitet zu meinem flachen Bauch. »Krass. Mensch, das tut mir total leid. Wird es ein Mädchen? Junge? Oder kann man das so früh noch gar nicht sagen? Haben die überhaupt ein Geschlecht? Ey, kannst du es nicht abtreiben lassen?«

Ich zucke wieder nur mit den Schultern. »Mal sehen.«

Wir schweigen 17 wundervolle Sekunden lang. Sie ist sehr gesprächig.

»Ich mag dich total. Also erzähle ich dir, warum ich hier bin. Ich bin vor einigen Jahren in die Drogenszene abgerutscht. Aber ich nehme keine harten Sachen. Ich bin kein durchgeknallter Junkie. Etwas Marihuana hier, ein bisschen Heroin da. Ein bisschen Crystal, etwas Speed. Alles ganz easy. Aber die Männer in diesem Milieu sind echt krass gefährlich. Ich habe da diesen besten Freund. Und als ich neulich mit ihm auf einer Party war, habe ich ein Gespräch zwischen ihm und einem anderen Kumpel belauscht. Sie haben geplant, mich zu ermorden! Erst wollten sie in meine Wohnung einbrechen, dann wollten sie mich vergewaltigen und anschließend umbringen! Vergewaltigen, mich!«

Ich bleibe für einen kurzen endlosen Moment stocksteif stehen. Sie ist schon weitergelaufen und plappert munter weiter. »Jedenfalls bin ich dann nach Hause gefahren und habe mich in meiner Wohnung versteckt. Und irgendwann kamen sie und haben geklopft und wollten, dass ich sie reinlasse! Aber ich habe nicht reagiert, ich war ganz leise, saß mit einem Messer vor der Tür. Und als sie dachten, ich sei weg, hörte ich sie flüstern. Dass sie in meine Wohnung eindringen wollen. Damit sie mich vergewaltigen können. Also habe ich meine Mutter angerufen und ihr gesagt, dass vor meiner Tür zwei Vergewaltiger stehen, aber sie hat nur gesagt ›Schätzchen, das sind nur deine Wahnvorstellungen. Das ist nicht real.‹ Kannst du dir das vorstellen?? Meine eigene Mutter wollte, dass ich vergewaltigt werde! Wie krank ist das denn? Wahnvorstellungen! Als Nächstes sagt sie mir, ich sei paranoid. Schon klar. Und dann ging das Klopfen wieder los und sie haben meinen Namen gerufen und ich habe wieder meine Mutter angerufen und sie sagte, ich solle zu ihr kommen, wir würden schon zur Polizei fahren. Aber ich musste noch einige Stunden warten, bis ich wirklich sicher war, dass sie weg sind. Dann habe ich ganz schnell das Haus verlassen und bin zu meiner Mutter gelaufen und wir haben uns ins Auto gesetzt und jetzt kommt es: Polizei. Von wegen! Wir sind direkt hierher in die Psychiatrie gefahren. Wie krank ist das denn?? Und jetzt warte ich nur darauf, dass sie hier auftauchen, damit sie mich vergewaltigen können. Dabei bin ich noch immer Jungfrau. Ich hebe mich bis zur Ehe auf.«

Ich habe meine Stimme verloren. Öffne den Mund, um ihn wieder zu schließen, so wie ein Fisch auf dem Trockenen. Für einen Moment schweigen wir beide, und ich hatte vergessen, wie schön sich Stille anfühlen kann.

Dann: »Ist dir aufgefallen, dass wir seit fünf Minuten verfolgt werden?«

Ich blicke mich suchend um. »Verfolgt? Von wem?«

»Dreh dich nicht so auffällig um«, zischt sie mir zu. »Ungefähr 100 Meter hinter uns läuft ein junger Mann. Ich kann seine Gedanken hören. Er will uns in ein Gebüsch zerren und vergewaltigen.« Was soll ich dazu sagen.

Sie geht etwas schneller. »Alle Männer auf dieser Welt sind Vergewaltiger! Sie haben es *alle* auf meine Jungfräulichkeit abgesehen. Bisher hat mich noch *kein* Mann nackt gesehen. Das wird sich auch sobald nicht ändern. Nicht, wenn ich es verhindern kann. Als ob ich mich an einen Mann verschwenden würde. Ich spare mich für eine Frau auf.«

Ich nicke nur betroffen. Zähle Zahlen und ganz viel Nichts.

»Kannst du nicht irgendetwas sagen?« Ihre Stimme klingt angespannt. »Seine Gedanken sind so laut. Ich höre sie bis hierhin. Er denkt darüber nach, wie er mich am besten alleine antreffen kann, um mich zu vergewaltigen. Er darf auf keinen Fall sehen, wohin wir gehen. Wenn er weiß, wo ich momentan wohne, wird er mir dort auflauern. Wie lange brauchen wir noch bis zur Klinik? Können wir einen Umweg gehen?«

»Noch ungefähr fünf Minuten, dann sind wir zurück.« Ich muss mich durch jedes Wort, durch jede Silbe kämpfen.

Bis sie hörbar ausatmet. »Oh, er ist weg. Er ist abgebogen. Ich höre ihn auch nicht mehr. Wir sind noch einmal entkommen.«

Ich bin den Tränen gerade so nahe, dass ich fürchte loszuschreien. Und mein Kopf ist kein sicherer Ort mehr und ich denke und denke und denke zu viel. Noch vier Minuten. Bald können wir die Klinik schon sehen.

»Wie ist es eigentlich so? Wie fühlt sich das an, vergewaltigt zu werden?«

Ich bleibe abrupt stehen. Schnappe panisch nach Luft und verschlucke mich an meinem Atem. »*Wie bitte*?«

Sie zeigt auf meinen Bauch. »Du bist doch schwanger. Die Aliens. So von ungefähr kommt das Kind da doch nicht rein.«

Ich atme tief durch, und als das nicht hilft, noch ein zweites Mal. Aber sie hört einfach nicht auf zu reden. Ich wusste, ich hätte das vorhin nicht sagen sollen.

»Hat es wehgetan? Wurdest du nur einmal vergewaltigt? Oder mehrmals? War es nur einer? War es eine Gruppenvergewaltigung? Hast du sehr laut geschrien? Hast du dich gewehrt? Oder warst du bewusstlos? Festgekettet? Geknebelt? Entschuldige, ich will nicht indiskret sein. Ist okay, wenn du nicht darüber sprechen möchtest. War bestimmt ziemlich scheiße.«

»Ja, es war ziemlich scheiße«, sage ich. Fühle mich, als hätte mir jemand in den Magen geschlagen.

»Das tut mir leid. Aber wenigstens hast du es schon hinter dir. Dich kann wohl nichts mehr erschrecken. Aber auf mich haben sie es noch abgesehen. Wobei, bei dir würde es mich nicht wundern, wenn du bald wieder vergewaltigt wirst. Immerhin lässt du deine Wasserflasche ja offen herumstehen. Du bettelst ja förmlich darum, dass *sie* dich mit K.-o.-Tropfen betäuben und vergewaltigen.« Ich nicke wie in Zeitlupe, traue meiner Stimme nicht.

Erinnerungen sind bösartige Kreaturen: Immer dann, wenn ich mühsam versuche, wieder aufzustehen, reichen sie mir ihre Hand. Um mich wieder nach unten zu zerren.

Und dann. Sind wir da. Ich lasse sie wortlos in der Eingangshalle stehen und laufe auf die Besuchertoilette. Trinke eiskaltes Wasser. Übergebe mich.

Irgendwann, ich weiß nicht wann, laufe ich nach oben, zum Schwesternzimmer. Die Pflegerin sieht mich erstaunt an. »Was ist denn mit Ihnen passiert?«, fragt sie besorgt, doch ich kann nur eine Gegenfrage stellen: »War das Absicht? Haben Sie das extra getan? Wie konnten Sie nur!« Sie sieht mich verwirrt an, und ich wische mir zornig Tränen, die einfach nicht aufhören wollen zu fließen, von der Wange. »Warum haben Sie das getan?«, flüstere ich wieder. Lasse mich auf den Boden fallen, ziehe meine Knie an die Brust und verberge mein Gesicht in den Armen.

Es kümmert mich nicht, wie erbärmlich ich gerade aussehe.

»Ich weiß ja, dass ich mich nicht mit meiner Vergangenheit auseinandersetzen will. Ich weiß, dass ich meine Gefühle weghungere. Ich weiß, dass ich lernen sollte zu akzeptieren. Ich weiß, dass ich mich daran gewöhnen muss. Ich weiß, dass es nicht mehr wehtun darf, weil es schon längst vorbei ist. Ich weiß, dass ich mittlerweile mit diesem Thema locker umgehen sollte. Ich habe in den letzten 30 Minuten mindestens 14-mal das Wort *vergewaltigen* gehört. Ich weiß, dass ich aufhören muss, bei diesem Wort immer verschreckt zusammenzuzucken. Ich hasse dieses Wort. Hasse es, dass ich es gerade aussprechen musste. Es macht mir eine solche Angst.« Wenn ich nur könnte, würde ich dieses eine Wort komplett aus dem deutschen Wortschatz streichen, denn wenn es keine Bezeichnung mehr gibt für das, was mir angetan wurde – ist es dann nicht fast so, als wäre es nie geschehen?

»Und wenn dies alles ein Test von Ihnen war, dann muss ich Ihnen leider mitteilen, dass ich durchgefallen bin. Das war zu viel. Es war alles zu viel. Ich kann das nicht.« Meine Stimme bricht, aber ich weiß ohnehin nichts mehr zu sagen.

Allmählich scheint sie zu begreifen. »Oh mein Gott. Nein. Nein. Natürlich war das nicht beabsichtigt. Es tut mir leid, wir haben nicht nachgedacht. Wir wissen natürlich von den Wahnvorstellungen, darum hätten wir sie niemals mit Ihnen auf ein Zimmer packen dürfen. Natürlich war das keine Absicht! Möchten Sie das Zimmer wechseln?«

»Nein«, schniefe ich. »Das wäre zu viel Arbeit. Ich komme schon klar. Ich habe überreagiert.«

Die Tatsache, dass ich noch immer weinend auf dem Boden sitze, spricht nicht gerade für mich. »Ach was. Natürlich werden Sie umziehen. Ich kläre das ab. Ihre Mitbewohnerin ist sowieso gerade im Einzelgespräch, also packen Sie ruhig. Ich werde mich darum kümmern, mit wem sie das Zimmer tauschen werden. Und machen Sie sich keine Sorgen: Wenn Sie gefragt werden warum, schicken Sie

sie zu uns. Ich werde irgendetwas von organisatorischen Gründen erzählen.«

Zwei Stunden später bin ich in einem neuen Zimmer. Meine Mitbewohnerin ist eine ältere Frau aus Polen, die kein einziges Wort Deutsch spricht. Wir verstehen uns ganz wunderbar.

Leider heißt sie Lea. Lea, wie die Mutter meines ersten Freundes.

Manche Worte machen mir also Angst. Allerdings ist das kein Vergleich zu dem, was ein falscher Name in mir auslösen kann. Einst fragte mich eine Therapeutin, warum ich diese Männer aus meinen ersten beiden Beziehungen immer als meine »Freunde« bezeichnen würde – denn immerhin wäre mir keiner der beiden freundlich gesinnt gewesen. »Wie soll ich sie denn sonst nennen?«, fragte ich ehrlich interessiert. »Na ja, logischer wäre es, sie zum Beispiel einfach bei ihren Vornamen zu nennen«, antwortete sie mir.

Sofort sah ich beide Namen in meinem Kopf. Große, bedrohlich aufragende schwarze Buchstaben, immer größer und größer werdend. Wenn man dem Grauen plötzlich Gesicht und Namen gibt, wird es dadurch nicht weniger angsteinflößend, sondern noch grauenvoller. Ich spürte das vertraute Kribbeln in meinen Händen, das monotone Rauschen in meinem Kopf. Die Abwesenheit von Sauerstoff, das Rasen meines Herzens. Der Raum um mich herum wurde zu einem Vakuum. Ich wusste, dass ich dringend einatmen muss. Schnappte panisch nach Luft, aber meine Lunge füllte sich nicht. Mein Brustkorb schmerzte, meine Sicht verschwamm. Und aus weiter Ferne die Stimme meiner Therapeutin, die mir sagte, ich müsse atmen. Den Kopf zwischen die Knie halten, und bitte ganz einfach weiteratmen. Ganz ruhig. Erst dachte ich: *Wie komisch, warum spricht sie gerade wie mit einem verängstigten Pferd*? Bis ich irgendwann merkte, dass ich wohl das Pferd bin; und die Panikattacke langsam nachließ. »Ach wissen Sie – wir können die zwei Männer ja einfach Ihre »Bekannten« nennen«, fügte sie anschließend noch etwas schuldbewusst hinzu.

Falls uns die *Harry-Potter*-Bücher eines gelehrt haben, dann ist es, dass ~~man niemals *Bertie Botts Bohnen in allen Geschmacksrichtungen* von einem Fremden annehmen sollte~~ Namen Macht haben. Wenn ein gestandener drei Meter großer Halbriese vergeblich versucht, den Namen *Voldemort* wenigstens zu flüstern, sich dann aber stotternd unterbricht und ängstlichst *Der-dessen-Name-nicht-genannt-werden-darf* raunt – macht ihn das zu einem Feigling? Bin ich schwach, weil ich es nicht schaffe, Namen auszusprechen oder wenigstens aufzuschreiben – wodurch ich diesen Personen noch immer so viel Macht über mich gebe? Es ist ja nicht so, als würde ich sie mit ihrem Namen heraufbeschwören, und plötzlich würden sie mich aus der nächsten Hecke heraus anspringen. Wenn das funktionieren würde, wäre ich den ganzen Tag damit beschäftigt, *Mr. Darcy, Mr. Darcy, Mr. Darcy* zu murmeln.

Jedenfalls ergab es sich, dass ich wenige Tage, nachdem Lea und ich Bekanntschaft geschlossen haben, erneut wie ein Häufchen Elend im Pflegezimmer saß und »Ich kann das nicht!« schluchzte.

Ich durfte erneut das Zimmer wechseln. Jana wurde erst vor wenigen Tagen aufgenommen. Sie ist – und das weiß ich, weil sie sehr kommunikativ ist – an schweren Depressionen erkrankt, nachdem ihr Freund sie vor gut drei Monaten verlassen hat.

Mit einer Zeitung in der Hand tauchte sie heute im Garten auf, setzte sich zu mir auf die warme Wiese, und ungewohnt still leistete sie mir darin Gesellschaft, trübsinnig auf das Blumenbeet zu starren. Das Magazin lag aufgeschlagen auf ihren Beinen, und ich verrenkte etwas den Kopf, um die Schlagzeile zu lesen: *Tagsüber liebevoller Familienvater, abends brutaler Vergewaltiger*. Interessant. Gibt es wohl auch nicht brutale Vergewaltigungen? Doch ich sagte nur: »Ich könnte wohl niemals ein Doppelleben führen. Ich wäre schon froh, wenn ich wenigstens mit diesem hier klarkäme.« Sie nickte nur geistesabwesend, bis sie völlig unvermittelt und mit einer überraschenden Vehemenz ausrief: »Ach, ich wünschte, ich wäre *nur* vergewaltigt worden.«

Alarmiert sah ich sie an. »Was meinst du mit ›nur‹?«, fragte ich betroffen und malte mir bereits mögliche noch schlimmere Horrorszenarien aus. Da seufzte sie laut und strich sich erschöpft mit der Hand durch ihr Gesicht. »Ich meine damit, dass eine Vergewaltigung *einmal* sehr wehtut. Und wenn es mehrmals geschieht, meinetwegen auch zwei-, dreimal. Aber danach ist es vorbei. Dann hat man es überlebt. Es ist ein Schrecken, der ein Ende hat.« Sie hielt kurz inne. »Aber verlassen werden? Verlassen werden ist wie ein Schrecken ohne Ende, und ich weiß nicht, ob ich es überleben werde. Eine Vergewaltigung tut mit Sicherheit weh – aber nichts kann so schlimm sein wie der Schmerz und die Leere, die mein Freund in mir hinterlassen hat. Ich würde mich liebend gerne vergewaltigen lassen, wenn ich ihn danach nur wiederkriegen könnte.«

Ich habe ihr nicht darauf geantwortet. Lange schweigend, haben wir beide die Blumen vor uns betrachtet, bis sie irgendwann aufstand und mich wieder meinen trüben Gedanken überließ.

Ich hätte ihr gerne gesagt, dass sie sich gleich in zwei Punkten irrt:

Punkt 1: Die Kunst besteht leider *nicht* darin, den Missbrauch zu überleben.

Ich weiß nicht mehr, wie sich meine allererste Vergewaltigung angefühlt hat. Oder die zweite. Die zwanzigste. Aber ich wusste, obwohl ich noch zu jung hätte sein müssen, solche Dinge zu begreifen: *so also fühlt sich sterben an.*

Eine Seele kann einen solch sinnlosen Akt der Machtdemonstration nicht überleben. Der Geist wird gebrochen, der Wille zerschlagen, die Identität ausgelöscht. Aber ein Kinderkörper kann unzählige Abarten von Gewalt überleben. Und wenngleich Mann sich unseres Körpers bemächtigt und ihn bezwingt, wird er ihn doch nur selten töten. Brutalität bis zur absoluten Schmerzensgrenze, aber niemals darüber hinaus. Kalkulierte Gewalt bis hin zur Besinnungslosigkeit, aber niemals unmittelbare Lebensgefahr.

Monster sind auch nur Menschen, und ziemlich gerissene dazu. Die wenigsten Täter werden versuchen, ihre Tat durch Mord zu vertuschen. Der Großteil weiß es besser: wenn der Täter wie so häufig aus dem nahen Umfeld kommt; wenn es der Vater, der Onkel, der große Bruder ist; der nette Nachbar, der höfliche Postbote, der junge Lehrer, der alternde Uni Professor, der Pfarrer, der Handballtrainer – dann ist ihnen sogar sehr an unserem körperlichen Überleben gelegen. Warum?

Nicht aus spontaner Barmherzigkeit oder plötzlichen Skrupeln. Biete einem notorischen, hoch verschuldeten Bordellgänger eine kostenlose Jahreskarte für sein liebstes Etablissement an. Er würde niemals dankend ablehnen, und aus der reinen Güte seines Herzens heraus weiterhin täglich horrende Summen an Mädchen seines Vertrauens zahlen. Ähnlich verhält es sich mit dem Täter: mit uns sitzt er direkt an der Quelle, kann ungestört seine kranken Machtspiele ausleben und seine Bedürfnisse befriedigen. Bis er sein Opfer irgendwann überdrüssig wird; es zu alt wird; es anfängt sich zu wehren; es vielleicht einfach nur wegzieht. Doch selbst dann ist es der Mühe nicht wert, es jetzt noch umzubringen.

Tatsache ist: niemand schweigt so verlässlich wie ein missbrauchtes Kind. Von uns geht keine Gefahr aus. Auch wenn wir eines Tages unsere Stimme wieder finden würden – wer findet gleichzeitig den Mut, Anzeige zu erstatten oder die Kraft, eine Gerichtsverhandlung zu überstehen?

Die Statistiken sprechen für sich: Obwohl die Polizei von jährlich ungefähr 15.000 registrierten Fällen von sexualisierter Gewalt an Kindern spricht, so wird die Dunkelziffer doch auf über 300.000 Taten geschätzt. Und für den ganz seltenen Fall, dass eine Strafanzeige nach langwierigem Gerichtsprozess zu einer Verurteilung führt?

Sexueller Missbrauch wird mit einer Freiheitsstrafe von sechs Monaten bis hin zu zehn Jahren bestraft. Meistens kommt der Täter nach gerade einmal zwei, drei Jahren wieder auf freien Fuß. Ein Mörder hingegen bekommt lebenslänglich.

Es ist also ganz einfache Mathematik: Uns umzubringen lohnt sich nicht.

Ein weiterer Grund für unser Überleben ist der, dass wir in den Jahren des Missbrauchs schlichtweg gar nicht erst auf den Gedanken kommen, unser Leben zu beenden, damit das Grauen endlich aufhört. Unser ganzer Organismus ist so darauf gepolt, einfach irgendwie zu überleben: Wir dissoziieren, wir spalten uns völlig ab, in zwei, in drei, in hunderttausend Einzelteile. Wir hungern, wir fressen, wir betäuben uns mit Alkohol, Drogen oder Medikamenten. Wir erfinden Lügen, flüchten uns in Märchen und verstecken uns in wilde Fantasien. Wir tun einfach alles, um irgendwie und möglichst unbeschadet den Missbrauch zu überleben, aus einem verzweifelten Überlebensinstinkt heraus, der doch jedem *Lebe*wesen innewohnt. Außerdem würden wir es niemals wagen, über einen möglichen Selbstmord nachzudenken. Über so viel Autonomie, den Freitod zu wählen, verfügen wir nicht. Erst wenn es vorüber ist, dann kommen die Krisen. Wir überleben nur, um dann unsere Existenz beenden zu wollen.

Wenn es dann vorbei ist, bekommen wir als Anerkennung für diese Meisterleistung keinen rosaroten Zettel in die Hand gedrückt, auf dem steht: »Herzlichen Glückwunsch! Sie haben überlebt! Nun beginnen das wahre Leben und die schönen Zeiten!« Auch gibt es keine »Sie kommen endlich aus dem Gefängnis frei«-Karte, »starten Sie von vorn; gehen Sie noch einmal an den Anfang, direkt über Los und ziehen 1000 Euro ein, die haben Sie sich verdient«.

Wir haben also trotzdem überlebt. Ehrlich, das ist super. Aber wenn der Rest des Daseins nur noch aus Schadensbegrenzung besteht, so stellt sich einem doch die Frage, warum man sich überhaupt jemals diese Mühe machte.

Darum Irrtum und Punkt Nummer 2: Der Schrecken hat niemals ein Ende.

Was die wenigstens nicht wissen: Der eigentliche Kampf beginnt erst danach. Es bringt nichts, uns mitfühlend die Hand zu schütteln, wegen dem, was gewesen ist. Und gleichzeitig voller Zuversicht darüber zu sprechen, dass es jetzt endlich vorbei sei und das Schlimmste überstanden und die Gefahr vorüber und wir endlich frei und was für ein Glück.

Wir würden bereits am Händeschütteln scheitern.

Das ist alles nett gemeint, entspricht allerdings nicht der Wahrheit. Natürlich, die eigentliche Gefahr ist irgendwann überstanden. Aber nur, weil es niemanden mehr gibt, der uns bedroht und misshandelt und missbraucht und anfasst, ist es noch lange nicht vorbei. Das ist es *nie*. Nur, wer mag solch eine Wahrheit schon hören? Kein Mensch möchte sich ohnmächtig fühlen. Das wissen *wir* besser als alle anderen. Also reden die Menschen schön, was wirklich nicht schönzureden ist. Und bilden sich ein, das Gute wird am Ende des Tages trotz allem doch noch gewinnen. Warum grausam sein und diese Illusionen zerstören.

Ich schließe die Möglichkeit, dass ich diese Angelegenheit zu zynisch betrachte, nicht aus. Vielleicht ist mein Pessimismus unbegründet. Vielleicht ist Heilung möglich. Vielleicht können wir wieder einen Platz in diesem Leben finden. Vielleicht können wir eines Tages tatsächlich glücklich sein.

Vielleicht werden wir, nach 500 Therapiestunden, acht Klinikaufenthalten, 260 Krisen, vier Suizidversuchen, 60 Tagen auf der geschlossenen Station, zehn abgebrochenen Ausbildungen und zwei gescheiterten Partnerschaften und alles in allem nach insgesamt zehn, zwölf, 15 Jahren Überlebenskampf erleichtert aufatmen und wissen: *Jetzt* ist es wirklich vorbei.

Aber dann wurden uns immer noch zehn, zwölf, 15 Jahre kostbare Lebenszeit gestohlen, weil wir in diesem Zeitraum lediglich existiert haben.

Und nun müssen wir sehen, was wir mit dem Rest unseres geheilten Daseins bloß noch anfangen können. Vielleicht ist eine endgültige Heilung möglich. Aber nach wie vielen Jahren des Leidens tritt sie ein?

Und das, obwohl wir unschuldig sind. Wir haben *nie* nach diesem Schicksal gefragt. Es wurde uns einfach angetan. Es war *nicht* unsere Schuld.

Ich kann versuchen, die Sache mit noch so viel Optimismus und gutem Willen zu betrachten: Es ist trotz allem einfach nicht fair. Oh sicher. Wir sind davongekommen. Und ein Leben lang auf der Flucht.

6

Als ich damals im Februar aufgenommen wurde, kam ich auf die Privatstation, wo ich das durchschnittliche Alter drastisch auf ungefähr 70 Jahre senkte.

Eines Tages stand fast das gesamte Pflegepersonal in meinem Zimmer und forderte mich auf, sämtliche Dekoration, die im Entferntesten an Kinderspielzeug erinnerte, abzugeben. So sah ich kurz darauf auch meinen bunten Haargummis und einem Pullover mit einem Minnie-Maus-Aufdruck traurig hinterher. »Keine Sorge«, versicherte man mir. »Das ist nur zu Ihrem Besten. Wir wollen nur verhindern, dass Sie regressiv werden, anstatt sich mit Ihren erwachsenen Anteilen zu beschäftigen.«

Ehrlich gesagt musste ich das Wort *Regression* erst googeln, ehe ich verstand: Man wollte nicht, dass ich wieder zu einem Kind werde. Dabei hätte ich ihnen sagen können, dass ich das seit 20 Jahren bereits nicht mehr bin und gleichzeitig niemals sein durfte.

Auf dieser Station weht jedoch ein frischerer Wind. Man fördert sogar die Arbeit mit dem *Inneren Kind* – ein wichtiger Bestandteil der Traumatherapie.

Also setze ich mich mit dem Kind in mir auseinander. Ein paar kindliche Einsichten:

Viele Kinder durchleben die Phase, in welcher sie felsenfest davon überzeugt sind, unter ihrem Bett verstecke sich ein Monster. Sofort wird nach dem Vater gerufen, der wie ein Ritter im verknautschten Pyjama und mit Schlaf in den Augen todesmutig das Kinderzimmer stürmt, sämtliche Ungeheuer vertreibt und so lange bleibt, bis Sohnemann oder Töchterchen wieder selig eingeschlummert ist. Ich hingegen hätte mich sehr über ein grünhäutiges, fünfäugiges, haariges Untier unter meinem Bett gefreut oder es zumindest nur müde belächelt. Vielleicht hätten wir uns sogar anfreunden können, so von Ungetüm zu Ungetüm.

Mein Problem lag eher darin, dass mein Vater niemals Held, sondern eines dieser Monster war. Und die anderen lagen auch nicht *unter*, sondern *in* meinem Bett. Außerdem habe ich nie geschrien. Ich wünschte, ich hätte es getan. Stattdessen habe ich bereitwillig, unermüdlich nach immer neuen Monstern Ausschau gehalten, die ich unter meine Bettdecke habe schlüpfen lassen.

Als Kind war mein liebster Film Disneys *Der König der Löwen*. Bei sämtlichen Liedern habe ich lauthals mitgekräht, bittere Tränen über Mufasas Tod vergossen und im ultimativen Endkampf zwischen Scar und Simba vor Spannung die Luft angehalten (mittlerweile bin ich natürlich erwachsen und weine nur noch). In einer der Anfangsszenen ist der noch junge Simba mit seiner Freundin Nala auf den Elefantenfriedhof ausgebüxt. Nashornvogel und Babysitter Zazu warnt noch vor der extrem großen Gefahr, doch Simba wischt diese Sorgen nur spöttisch beiseite: »Gefahr? Ha! Ich hab keine Angst vor Gefahr. Hörst du mich, Gefahr? Ich lach dir ins Gesicht!« – und wie aufs Wort lachen hämisch die Hyänen …

Das Spiel mit der Gefahr. Was bei dem jungen Löwen jugendlicher Leichtsinn ist, ist bei manch anderem Sucht und Suche nach immer größerem Nervenkitzel, und dem unvergesslichen Adrenalinkick. Doch die wenigsten Menschen setzen sich freiwillig und bewusst echter, lebensbedrohlicher Gefahr aus. Ich für meinen Teil habe in meinen noch jungen Jahren meine Quote an gefährlichen Situationen und Aufregung längst schon erfüllt. Eigentlich müsste es mich nach einem ruhigen, sicheren Leben verlangen. Stattdessen befinde ich mich auf einer selbstzerstörerischen Mission: Ich schließe beim Autofahren die Augen, ich laufe blind über verkehrsreiche Straßen und stehe immer einen Zentimeter zu nah an sämtlichen Bahngleisen.

Doch am meisten fesselt und fasziniert mich die Gefahr, die von einem Mann ausgeht. Hemmungslos flirte ich mit Männern, die mich niemals interessieren. Mal bin ich aufreizend und verführerisch, dann gebe ich mich zart und schüchtern. Und immer bin ich so unglaublich provokant. Leichtsinnig, weil ich ein leichtes Mädchen bin. Das ist dumm von mir. Ich sollte es besser wissen, als diese Männer zu reizen. Es ist wie ein Spiel mit dem Feuer, obwohl mein gesamter Körper bereits mit Brandblasen übersät ist, meine Seele in Asche liegt.

Und genau deswegen habe ich nichts zu verlieren. Für mich steht nichts mehr auf dem Spiel. *Gefahr? Ha! Ich hab keine Angst vor Gefahr. Hörst du mich, Gefahr? Ich lach dir ins Gesicht!* Unzählige Male schon habe ich mich weit nach Mitternacht aus dem Haus geschlichen. Bin in absoluter Dunkelheit durch Gassen und leere Straßen gewandert.

Immer angetrieben von diesem wahnsinnigen Wunsch, einem Mann in die Arme zu laufen. Alter, Nationalität und Schuhgröße egal. Möglichst aggressiv, gerne betrunken und meinetwegen auch leicht psychopathisch.

Es würde zwei Optionen geben: Entweder er rempelt mich grob an, »Ey Alte, hast du irgendein Problem??«, würde er pöbeln. Und ich würde ihm wirklich von all meinen Sorgen und Problemen berichten, woraufhin er mir die herzzerreißende Geschichte seiner völlig verkorksten Kindheit erzählt. Wir würden uns in die Arme fallen und gemeinsam heilsam weinen. Alternativ könnte er auch die Gunst der Stunde nutzen und versuchen, mich zu vergewaltigen. Natürlich will ich das *nicht*. Ich bin mir nicht einmal sicher, ob ich ein weiteres Mal überleben würde, und möchte. Aber. Aber was eigentlich?

Ich hoffe, ich könnte all die anderen Male dann endlich akzeptieren. Ich würde sagen können: »Ich bin das Opfer einer brutalen Vergewaltigung«, damit ich nicht mehr das leichtgläubige, kleine und schwache Mädchen sein muss, das nur von ihren *Freunden* missbraucht worden ist. Dafür würde es sich lohnen. Selbst wenn ich dabei sterben würde.

Selbstzerstörung. Es ist wie Gift, das durch meine Adern fließt. Wie ein Biest, das sich tief in meinem Innersten eingenistet hat, mit scharfen Klauen um sich schlägt und mich von innen heraus zerreißt und zerstört.

An schlechten Tagen gebe ich diesem Drang völlig nach. An schlechten Tagen hungere ich; verletze ich mich; schlucke ich wahllos Medikamente; will ich sterben; hasse ich mich so sehr; bringe ich mich in Gefahr.

An guten Tagen akzeptiere ich, dass dieses Verlangen nach Selbstzerstörung vermutlich immer ein Teil von mir sein wird. An guten Tagen weiß ich, dass meine einzige Chance darin besteht, diesen Teil zu zügeln; dem Biest einen Maulkorb anzulegen, und seine Krallen zu stutzen. An guten Tagen weiß ich, dass ich diesen Teil nicht aus mir herausschneiden kann, weil er unwiderruflich dort ist; aber dass ich lernen kann und lernen muss, ihn zu beherrschen, damit er nicht mich beherrscht.

An guten Tagen weiß ich, wieso es diesen Teil in mir gibt.

Im Grunde, so könnte man meinen, ist doch alles Evas Schuld. Hätte sie damals nicht an der verbotenen Frucht genascht, und damit überhaupt erst die Sünde in diese Welt gebracht, wäre mir eine Menge Ärger erspart geblieben. Denn dieser frühe Sündenfall hat mir die totale Verderbtheit quasi gleich mit in die Wiege gelegt. Das würde so manches erklären.

Allerdings bin ich weder religiös, noch glaube ich an irgendeinen Gott. Ich glaube ja nicht einmal, dass mich schlechtes Karma aus einem früheren Leben verfolgt, welches all mein Leid heute erklären und rechtfertigen würde. Stattdessen bin ich davon überzeugt, dass ich bei meiner Geburt all das war, was ich heute nicht mehr bin: unschuldig und makellos, unverdorben und rein, gut. Ein noch unbeschriebenes, strahlend weißes Blatt Papier.

Ich habe mir meine Eltern nicht aussuchen können. Genauso wenig haben sie sich ganz bewusst unter Tausenden von Möglichkeiten speziell für mich entschieden. Wahrscheinlich wäre die Welt ein besserer Ort, wenn Zeugung so funktionieren würde.

Manchmal glaube ich, dass die Chemie zwischen meinem Vater, meiner Mutter und mir ganz einfach nie gestimmt hat. Sie waren grundsätzlich keine schlechten Menschen oder Eltern: Meine ältere Schwester haben sie vergöttert, mit mir fühlten sie sich überfordert. Meine Schwester war ihre hübsche, kleine Prinzessin, ich der praktische Sündenbock für alles.

Weißes Blatt und schwarzes Schaf.

Als Kind waren meine Eltern notgedrungen die für mich wichtigsten Menschen. Darum konnte ich ihre Taten und ihr Verhalten auch niemals infrage stellen. Weder konnten sie falsch liegen, noch schlecht sein. Zwangsläufig musste also der Fehler bei mir liegen: Ich war zu laut und zu lebendig, zu frech und zu fordernd. Ein noch sehr kleiner Mensch, aber dafür bereits umso schlechter.

Na ja. Und manchmal. Manchmal glaube ich das alles selber nicht.

Ich mag zwar einst ein wildes Kind gewesen sein – aber kein im Grunde und tiefsten Herzen liebevoller und fürsorglicher Vater würde urplötzlich beginnen, seine jüngste Tochter deswegen zu schlagen und zu verprügeln. Ich bin weder verantwortlich für die Aggressionen meines Vaters, noch habe ich als Schutzbedürftige meine Mutter darum gebeten, mich zu vernachlässigen.

Ich bin als guter Mensch auf diese Welt gekommen. Meine Eltern haben versagt, weil sie das nicht erkannt haben. Wenigstens an diesem Glauben muss ich festhalten.

Und da gibt es noch eine Sache, für die ich keine Schuld trage:

Ich denke nicht, jemals an irgendeinem Sonntagmorgen um sechs Uhr in der Früh das Schlafzimmer meiner Eltern gestürmt zu haben, um zwischen ihnen in unbändiger Freude auf der Matratze herumzuspringen. Darum habe ich auch nie »Mamaaaa! Papaaaaaaa! Aufstehen!!« gekräht. »Ich will, dass wir Mamas Freundin Lieke und ihren heimlich pädophilen Ehemann Thomas besuchen fahren, das macht dort immer so viel Spaß! Und wo ich hier schon so fröhlich rumhopse, habt ihr euch nie die Frage gestellt, wozu die beiden einen ganzen Keller voll mit Kinderspielzeug haben, aber selber keine Kinder? Haltet ihr es wirklich für so klug, mich alleine mit ihm dort nach unten zu lassen? Ich mein ja nur!«

Es besteht ein Unterschied darin, Gewalt zu *erleben* und Gewalt über etwas zu *haben.*

Und weil ich nur ein Kind war, lag mein eigenes, größte Verbrechen höchstens im blinden, bedingungslosen Vertrauen in jene, die mich eigentlich hätten schützen sollen.

Doch ab wann beginnt man, Verantwortung für sein eigenes Verhalten zu tragen? Wann war ich alt genug, mich schuldig zu machen?

Es tut mir gut, mir die volle Verantwortung für das, was geschehen ist, zu übertragen. Denn dies impliziert, dass ich immer eine Wahl und einen freien Willen gehabt habe. Doch ist diese aufgeladene Schuld eigentlich zu schwer für mich. So stark bin ich nicht.

War ich mit elf Jahren alt genug, eine Beziehung mit einem älteren Jungen zu beginnen und jedes Wochenende bei ihm, in einer fremden Stadt, zu verbringen? Und war ich mit elf Jahren alt genug, eine Beziehung mit einem Jungen anzufangen, der als sehr aggressiv und gewalttätig bekannt war?

Manchmal fühlte ich mich wie ein Blitzableiter: wenn mir seine Mutter stolz über meine Haare strich, und mich dafür lobte, dass ihr Junge seit unserer Beziehung so viel sanftmütiger und ausgeglichener war. Dann wollte ich nie sagen: *Das liegt daran, dass ich euch alle schütze. Weil er seine gesamte negative Energie an mir entlädt, damit ihr sie nicht mehr abbekommt.*

Ich habe erst Jahre später verstanden, dass ich an jedem dieser Wochenenden von ihm sexuell missbraucht wurde. Ver*gewalt*igung hat für mich zwangsläufig mit Gewalt zu tun, und wie die aussieht, das wusste ich ganz genau. Wenigstens diese eine Sache konnte mein Vater mir beibringen. Gewalt hätte ich abwehren können. Ich hätte mich verstecken oder mich ganz klein machen können. Hätte mir schützend die Hände vor mein Gesicht gehalten. Aber ein Wort findet und trifft dich immer. Körperliche Gewalt kannte ich, und obwohl mein Freund regelmäßig in Schlägereien verwickelt war, erhob er nur gelegentlich die Hand gegen mich. Was ich damals nicht begriff, war, dass psychische Gewalt nicht weniger schmerzhaft ist. Egal, wie subtil und gut versteckt sie ist.

Wie wehrt man psychische Gewalt ab? Wie schützt man sich vor etwas, was man nicht sieht? Wie verteidigt man sich gegen einen unsichtbaren Angreifer?

Meine Mutter erklärte mir damals traurig, sie hätte sich immer einen intelligenten Schwiegersohn gewünscht – und mein Freund sei ja leider nicht gerade der Klügste. Ich wollte ihr widersprechen. *Du irrst dich*, wollte ich ihr sagen, *er ist sogar hochintelligent: Er braucht nur einen einzigen Satz, um jeglichen Widerstand in mir zu brechen. Er kennt all jene Wörter, weiß um jede Gestik und Mimik, um mich sofort gefügig zu machen.*

Entweder war er verdammt gut darin, oder ich einfach nur verdammt schwach. Wahrscheinlich war es eine Mischung aus beidem. Ich hatte nie den Hauch einer Chance.

Vielleicht kann ich mir eines Tages vergeben, dass er zu stark war und ich zu schwach.

~~Es ist nicht meine Schuld~~. ~~Es ist nicht meine Schuld~~. ~~Es ist nicht meine Schuld~~. ~~Es ist nicht meine Schuld~~. ~~Es ist nicht meine Schuld~~. ~~Es ist nicht meine Schuld~~. ~~Es ist nicht meine Schuld~~. ~~Es ist nicht meine Schuld~~. ~~Es ist nicht meine Schuld~~. ~~Es ist nicht meine Schuld~~. Es ist allein meine Schuld, dass ich, wenige Monate nachdem ich diese Beziehung beenden konnte, gleich eine neue begann.

Inzwischen war ich 14, fühlte mich aber um Hunderte Jahre älter. Darum verstand ich auch, als er mich zum ersten Mal unsanft auf sein Bett schob, was nun folgen würde.

Weil ich dieses Mal sofort begriff, es aber noch immer genauso wenig wahrhaben wollte, schluckte ich Tausende Tabletten, um es ~~ihm~~ mir leichter zu machen; verletzte mich unzählige Male selber, weil dieser Schmerz eine willkommene Abwechslung war zu dem, was er mir zufügen konnte. Und während mich mein zweiter Freund immer und immer wieder vergewaltigte, sagte er mir dabei immer und immer wieder, wie sehr er mich doch lieben würde, und dass er nur mein Bestes wolle. Doch ich dachte mir: *Wenn du mich wirklich lieben würdest – bitte, warum bringst du mich dann nicht einfach um*?

Liebe bedeutet Gewalt, bedeutet Zerstörung. Eine Beziehung zu einem Mann ohne Gewalt ist für mich nicht denkbar.

Lukas hat den Missbrauch unter dem blickdichten Deckmantel einer Beziehung versteckt. Hat eine brutale Vergewaltigung als sanfte Liebe ausgegeben. Und das, mehr als alles andere, war nicht fair mir gegenüber. Vielleicht wäre mir die eine oder andere noch folgende Vergewaltigung erspart geblieben, wenn ich nicht so verdammt willenlos und gefügig gewesen wäre. Wenn ich wenigstens *versucht* hätte, mich zu wehren.

Darum will ich es noch einmal besser machen. Darum verhalte ich mich heute so.

Ich will wieder in eine solche Situation gelangen, und dieses Mal will ich mich wehren. Ich will schreien und um mich schlagen und es richtig machen und ich will mich retten und mich in Sicherheit bringen und nicht alles stillschweigend über mich ergehen lassen.

Ich kann mir nicht vergeben. Dass ich niemals versucht habe, mich zu wehren.

Weil ich mich vehement weigern musste zu akzeptieren, dass etwas sehr Schlimmes mit mir geschieht: Wenn all diese schrecklichen Dinge nicht geschehen – warum dann überhaupt wehren? Jeder Kampf hätte bedeutet, dass es auch etwas gibt, gegen das ich mich verteidigen muss. Das wollte ich niemals wahrhaben müssen.

Ich lebte in meiner eigenen, heilen, völlig realitätsfernen Welt; bin den Weg des geringsten Widerstandes gegangen. Es ist eine Sache, die eigene Niederlage zu akzeptieren. Eine andere, kampflos aufzugeben. Ist es da noch ein Wunder, dass ich heute nur noch Verachtung für mich übrig habe?

Ich habe zwei Frauen kennengelernt, die von ihren Vätern während ihrer Kindheit missbraucht wurden. Mit beiden von ihnen, und voneinander unabhängig, führte ich folgendes Gespräch:

»Wie war das eigentlich bei dir? Da war bestimmt auch dein Vater der Täter, oder?«

»Nein …«

»Oh, okay. Wer denn sonst, aus deiner Familie? Großvater? Bruder? Onkel?«

»Na ja, keiner von denen …«

»Wer dann? Ein Nachbar?«

»Nein … meine Freunde. Also, die Männer, mit denen ich damals zusammen war. Und die anderen Male waren es irgendwelche zufälligen Fremden …«

»Oh, ach so. Hast du die zwei denn geliebt? Also, wenn ihr eine Beziehung hattet?«

»Nein, natürlich nicht …«

»Warum warst du dann mit denen zusammen?«

»Ich weiß es nicht.«

»Warum hast du dann nicht einfach Schluss gemacht? Also *ich* war ja von meinem Vater abhängig, aber du hättest doch einfach gehen können?«

»Ich weiß es nicht …«

»Zählt das eigentlich auch als Missbrauch? Wenn man in einer Beziehung ist? Hat das nicht irgendwie einen anderen Namen?«

~~Nein, es zählt nicht~~. »Ich weiß es nicht …«

Wenn es nicht zählt. Wenn ich die Erfahrungen also einfach so streichen könnte. Wenn ich sie völlig aus meiner Biografie streichen darf – was bleibt dann übrig? Dann sehe ich nur noch den Schaden, aber der Grund dafür fehlt. Also muss ich neue Gründe schaffen.

Beide Gespräche lösten in mir dieses völlig absurde Verlangen aus, sofort meinen Vater aufzusuchen. »Hey Papa«, könnte ich ihn begrüßen. »Hättest du mal kurz 'ne Minute Zeit, mich zu vergewaltigen? Am besten kurz und schmerzvoll, ich weiß ja um deinen vollen Terminplaner. Und wenn möglich, pack so viel Gewalt und lebensbedrohliche Elemente wie möglich darein. Würde das gehen? Ja? Danke, bist ein Schatz. Bussi!«

Dies ist ein ziemlich abartiger Gedanke. Ich käme mir zwar vor wie der größte Vollidiot, würde mich aber anschließend vielleicht endlich wie ein richtiges Opfer fühlen.

Denn, was bin ich sonst?

Ja, natürlich: ich sollte für ~~diese Idee~~ mein ganzes Verhalten gesteinigt werden. Ich verspreche auch, mich nicht zu wehren! Ich würde auch bereitwillig den ersten Felsbrocken anreichen.

Ich bestreite das, was geschehen ist, auch gar nicht mehr. Manchmal verdränge, manchmal verleugne ich. Während ich doch gleichzeitig weiß: Meine Geschichte ist wahr. Es ist die Rolle, welche ich darin spiele, die mir solche Angst macht. Was ist, wenn all das wirklich so geschehen ist – und ich freiwillig daran beteiligt war? Weil ich genau *das* wollte.

Vielleicht bin ich so gestört und vielleicht bin ich so krank und vielleicht habe ich all meine Beziehungen und Männerbekanntschaften sogar genossen. Und vielleicht gefiel es mir sogar, gedemütigt und verletzt und missbraucht zu werden, und vielleicht bin ich wirklich nicht normal. Wäre das möglich? Und solange ich diese Option, meine Zweifel nicht ausschließen kann, so lange werde ich mich weiterhin hassen und Gefahren aussetzen, denn wenn ich wirklich dieser Mensch bin – so gestört, so krank, wirklich nicht normal –, dann möchte ich so, dann möchte ich mit dieser Schuld nicht mehr leben wollen.

7

Gestern hat mein Einzeltherapeut mich gefragt, wo ich mich in fünf Jahren sehe. Die Krux ist die, dass ich oft sehr genau weiß, wann ich lieber schweigen sollte. Und im nächsten Moment höre ich mich sprechen: »Ich gehe doch mal stark davon aus, dass ich in fünf Jahren bereits tot bin.«

Durch diese Aussage löste ich umgehend ein Krisengespräch zwischen meinem Therapeuten, meinem Arzt und dem Pflegepersonal aus, in welchem darüber diskutiert wurde, ob es sinnig wäre, meinen Aufenthalt hier zu verlängern, eventuell sogar auf der geschlossenen Station.

Bereits heute schon sitze ich erneut meinem Therapeuten gegenüber. Ernst und eindringlich blickt er mich an und stellt die Frage aller Fragen: »Wo sehen Sie sich in fünf Jahren?«

Und ich lächle zuckersüß und beschreibe ihm, in den schillerndsten Farben und äußerst fantasievoll, wie ich in fünf Jahren mindestens 15 Kilo wieder zugenommen habe; ein kleines Häuschen im Grünen besitze; fünf Hunde und einen Gemüsegarten habe; dass ich als freiberufliche Lektorin und Autorin mein Geld verdiene; dass mein letztes Buch *Darum hat die Psychiatrie mein Leben gerettet* soeben einen Literaturpreis gewonnen, und dass ich in meiner Dankesrede diese Station überaus lobenswert erwähnt habe. Nach kurzem Überlegen füge ich außerdem hinzu: »Und ich werde meine eigene Autobiografie schreiben. Das Tragische an meinem Leben ist, dass es leider auf einer wahren Geschichte basiert. Aber ich werde das Ganze einfach als Fiktion verkaufen. Verstehen Sie? *Fik*-tion, so wie in …«

Mein Therapeut hebt die Hand, um mich gerade rechtzeitig zu unterbrechen.

Als sich daraufhin Schweigen zwischen uns ausbreitet, fürchte ich zunächst, ich hätte vielleicht zu dick aufgetragen. Dann jedoch machte er sich eine Notiz in meiner Akte, und auf meine Nachfrage hin erklärt er breit lächelnd: »Herzlichen Glückwunsch. Sie dürfen in der nächsten Woche nach Hause!«

~~Ach, die Zeit vergeht doch wie im Flug, wenn man sich amüsiert!~~

Irgendwann waren also auch diese drei Monate vorbei.

Am letzten Wochenende bin ich nach Hause in mein Elternhaus gefahren, habe mein ganzes Hab und Gut in Kisten verstaut und bin damit noch an jenem Tag in das meist leer stehende Apartment meines Vaters gefahren. Dort werde ich nun einziehen und hoffen, dass ich das kleinere Übel meiner beiden Elternteile erwischt habe. Mike habe ich meine neue Adresse nicht genannt. Ihn werde ich niemals mehr wiedersehen müssen.

*

Heute werde ich entlassen. Und ich platze.

Das meine ich nicht im übertragenen, sondern im wahrsten Sinne des Wortes. Ich habe heute Morgen so viel Wasser getrunken, bis es wieder oben herauslief. Darum lässt sich mein Gang zum Schwesternzimmer auch nur als ein äußerst entwürdigendes Watscheln bezeichnen.

Meine Ernährungsberaterin steht bereits neben der Waage und blickt mich erwartungsvoll an. Ich hieve mich auf das Gerät, kann jedoch die Zahl nicht erkennen, weil mein dicker Bauch im Weg ist. Doch die gute Frau quietscht bereits begeistert auf. »42 Kilo«, verkündet sie. »Das ist fantastisch. Ein ganzes Kilo mehr als letzte Woche. Sie sind auf dem richtigen Weg. Nur weiter so!«

»Keine Sorge«, versichere ich ihr. Freudestrahlend. »Genau das habe ich vor.«

Anmutig wie ein Staubkorn schwebe ich zurück in mein Zimmer. Erbreche das Wasser, wische mir über das Gesicht. Und spöttisch blicke ich in mein Spiegelbild: »Oh, keine Sorge. Genau das habe ich vor.«

Denn Selbstzerstörung ist wie ein Gift. Das durch meine Adern fließt.

8

Drei Wochen später. »Möchten Sie Zucker in Ihren Tee?« – »Nein, danke. Nur Süßstoff, falls Sie welchen da haben. Aber am liebsten trinke ich ihn eh pur.« Dr. Elliott überreicht mir mit einem schweren Seufzen die Teetasse. »So wie Sie aussehen, würde ich Ihnen am liebsten gleich ein ganzes Pfund Zucker in Ihren Tee rühren.«

Ich nehme die Tasse entgegen, zucke gelangweilt mit den Schultern. »Mein ganzes Leben war bisher kein Zuckerschlecken – warum jetzt damit anfangen?« Ich nehme einen tiefen Schluck, und verbrenne mir prompt Lippen und Zunge. Das habe ich davon, so gierig zu sein. Dabei ist das bereits meine achte Tasse Tee an diesem Tag. Es ist 16 Uhr. 16:04, um genau zu sein, und ich bin noch immer gerne genau.

Ich bin also gerade bei meiner achten Tasse. Nur gegessen habe ich heute noch nicht. Gestern auch nicht. Aber gestern war Sonntag, und sonntags esse ich grundsätzlich nicht. Ein Fastentag in der Woche soll sehr gesund sein, und bin ich momentan nicht bestens bemüht, gesund werden zu wollen?

»Und, wie geht es Ihnen mittlerweile?«

»Großartig«, antworte ich sofort enthusiastisch, woraufhin mein Arzt fragend eine Augenbraue hochzieht. *Weniger Euphorie*, ermahne ich mich. *Wenn ich zu dick auftrage, wirkt das vermutlich unglaubwürdig.*

»Ganz in Ordnung«, sage ich nun. »Der Auszug hat mir sehr gutgetan. Ich kann mich endlich wieder auf das Lesen und meine geliebten Bücher konzentrieren. Außerdem nutze ich das schöne

Wetter und verbringe viel Zeit in der Natur. Selbst die Schlafstörung ist im Moment besser; die Albträume sind viel seltener geworden.«

Mein Arzt lächelt mich aufmunternd an; ich lächle gekonnt zurück.

»Wie viel wiegen Sie denn momentan?« – »40 Kilo.«

»Mit oder ohne Kleidung?« Mit. »Ohne.«

»Mit oder ohne fünf Liter Wasser im Bauch?« Mit. »Ohne.«

»Na das klingt doch sehr gut. Und wie läuft es mit dem Essen? Was haben Sie heute bereits gegessen?«

»Ach wissen Sie. Ich habe gestern so richtig ausgiebig und ungehemmt geschlemmt, dass ich heute Morgen noch nicht wieder hungrig war. Aber wenn ich gleich nach Hause komme, werde ich mir sofort etwas Leckeres kochen.«

»Was wird es denn geben?«

Entspannt lehne ich mich in meinem Stuhl zurück. Gespräche über Essen? Ich liebe sie!

»Ich konnte mich bisher nicht entscheiden. Ich habe ein tolles Rezept für mexikanisches Quinoa. Vielleicht gibt es auch gefüllte Dinkelpfannkuchen. Oder Couscous mit einem Tomaten-Ragout. Es gibt einfach viel zu viele schöne Rezepte.«

Mein Arzt nickt, und ich bin mir nicht sicher, ob er mir glaubt.

»Ich würde Sie niemals anlügen«, lüge ich vorsorglich.

»Ja, davon würde ich auch nicht ausgehen. Und wie sieht es mit Ihrem Reha-Antrag für stationäre Traumatherapie aus? Haben Sie schon einen Aufnahmetermin bekommen?«

»Nein, habe ich nicht. Aber ich glaube auch nicht, dass das noch nötig ist. Es geht mir gut. Die Traumata belasten mich nicht mehr.« Um meine Worte zu unterstreichen, lache ich gezwungen. Es klingt selbst in meinen Ohren zu hoch und zu gekünstelt. Unecht, wie dieses ganze Gespräch.

»Meine allerliebste Charlotte, das freut mich zu hören. Wann möchten Sie denn nächste Woche wiederkommen?« Heiße Flüssigkeit schwappt über meine Finger. Rasch stelle ich die Tasse ab und presse meine zittrigen Hände flach auf meine Oberschenkel. Lasse mir nicht anmerken, wie tief mich diese viel zu vertrauliche Anrede erschüttert. Souverän vereinbare ich einen neuen Termin für die übernächste Woche. Zum Abschied breitet er die Arme aus, und ich lasse mich in eine Umarmung ziehen. Von meinem Körper ist nur noch so wenig übrig geblieben, dass mir diese unfreiwillige Berührung fast nichts mehr ausmacht.

*

Ich laufe zum Bahnhof. Obwohl ich so leicht bin, ist dieser Körper eine schwer zu tragende Last, und ich brauche über eine Stunde, bis ich endlich ankomme. 17 Minuten Zugfahrt, und dann noch einmal 45 Minuten laufen, bis ich endlich die Wohnungstür hinter mir schließen kann. Ich ziehe Jacke und Schuhe aus. Öffne den Kühlschrank. Ein halber Apfel, ein Becher fettarmer Kefir blicken mir entgegen.

Okay, vielleicht habe ich meinem Arzt gegenüber etwas übertrieben. Schwungvoll schmeiße ich die Tür wieder zu. Ziehe Jacke und Schuhe an.

Hier in der Nähe gibt es sehr viele Supermärkte. Doch nehme ich so viele unnötige Umwege, um keiner Menschenseele zu begegnen und um mir ein Abendessen zu verdienen, dass ich erst 43 Minuten später den Laden betrete. Zielstrebig laufe ich in die Obst-und-Gemüse-Abteilung. Gurken haben zwölf Kalorien pro 100 Gramm. Tomaten hingegen 17. Gurke oder Tomate. Gurke oder Tomate.

Irgendwann entscheide ich mich für vier Tomaten.

Dann laufe ich zum Backshop. Laufe vor dem Regal auf und ab. Verbrenne diese dummen, unnötigen Kalorien, die meine Tomaten mehr haben. Roggenbrötchen, Dinkelbrötchen. Weltmeister. Kürbiskern. Vollkorn. Kartoffelbrötchen. Oder doch eines mit Quark.

Mit Hunger einkaufen zu gehen ist wirklich eine schlechte Idee. Da landet viel mehr im Körbchen, als eigentlich benötigt wird. Letztendlich entscheide ich mich für Roggen. Dann gehe ich schnellen Schrittes noch zu dem Joghurt-Regal. Nehme Hunderte Becher in die Hand, studiere Etiketten und Nährwertangaben. Stelle sie alle zurück und will nach meinem Lieblingsjoghurt greifen: Natur, mit 0,1 Prozent Fett. Ausverkauft. Ärgerlich. Also laufe ich zur Kasse, bezahle mein Brötchen und die Tomaten.

Mache mich dann auf den Weg zum nächsten Supermarkt.

Ich spüre meine Beine nicht mehr. Laufe wie auf Wolken und in meinem Kopf dreht sich alles. Fühle mich schwerelos und bin leichter als die Schwerkraft und die Straße und der Boden kommen mir gefährlich nahe. Ich laufe trotz des Schwindels weiter, greife aber in meinen Rucksack und hole mein Brötchen hervor. Reiße mir mechanisch winzig kleine Stückchen ab. Eines für mich, eines für die Tauben. Eines für die Amseln, eines für die Spatzen. Für den Wind, das himmlische Kind. Dann wieder eines für mich. Eines für die Tauben. Die Amseln, die Spatzen, den Wind.

Eine Ewigkeit später ist es leer. Ich vor dem zweiten Supermarkt. Dieses Mal hole ich mir direkt meinen Joghurt und mache mich auf den Nachhauseweg.

Schließe irgendwann die Haustür hinter mir, ziehe Jacke und Schuhe aus. Verstaue meine Einkäufe im Kühlschrank und fahre meinen Computer hoch. Endlich zu Hause. Aber in mir ist keine Ruhe. Also koche ich mir meine neunte Tasse Tee. Damit mache ich es mir dann halbwegs vor meinem PC gemütlich. Sitzen tut weh. Irgendwie hat mein Stuhl seine Polsterung verloren, und mittlerweile sitze ich schon auf zwei weichen Kissen.

Für die nächsten zwei Stunden schaue ich mir online Wiederholungen von Kochsendungen an, die tagsüber liefen. Anschließend laufe auch ich wieder in die Küche. Schneide die Tomaten in mikroskopisch kleine Stückchen und träufle zwei Esslöffel Joghurt darüber. Spontan schmeiße ich den Apfel weg.

Ich trage mein Abendessen in das Wohnzimmer, setze mich in meinen geliebten Schaukelstuhl. Blicke lange nach draußen. Kann mir selber beweisen, dass ich vor einer Schüssel mit Essen sitzen kann, ohne es gierig zu verschlingen. Nach und nach esse ich. Wasche die Schüssel anschließend ab. Putze die fast leeren Küchenschränke. Wische den Fußboden und reinige den Kühlschrank mit Essigwasser.

Nicht, dass das nötig wäre – aber irgendein tägliches Abendritual braucht wohl jeder von uns. Zuletzt verschwinde ich im Badezimmer und mache mich bettfertig. Kämme mir die Haare. Tausend Bürstenstriche. Alles ist in Ordnung.

Unglaublich müde krieche ich danach unter die Decke.

Ein ganz normaler Tag geht endlich zu Ende.

Kurz vor dem Einschlafen denke ich an Essen. Stelle mir Geschmack und Geruch und Konsistenz und Farbe und Form so intensiv vor, dass ich mit diesen Gedanken einschlafe. Und die Albträume gar keine Chance mehr haben, mich heimzusuchen.

Man sagt, ein gutes Leben sei die größte Rache.

»Ihr habt versucht, mein Leben zu zerstören. Mich zu zerstören und klein zu halten. Ihr habt euch verdammt viel Mühe dabei gegeben. Aber, seht her! Es geht mir gut. Ihr habt es nicht geschafft.«

Doch wer von uns findet schon noch die Kraft und den Mut für ein »Trotz allem« oder »Jetzt erst recht!«? Ich jedenfalls nicht.

Darum reicht es auch noch nur für ein schwaches: »Herzlichen Glückwunsch. Ihr habt es geschafft. Ich bin am Ende. Ich gebe auf, und ihr habt gewonnen.«

Und wenn ich mir vom Leben auch nur eine einzige Sache wünschen darf, dann ist es diese hier: Es wäre schön, wenn mich der Tod diese Nacht endlich, endlich abholen würde.

2014

1

1. Behandlungsmonat – November 2010

5:30 Uhr. Zum ersten Mal in dieser Nacht lege ich mich in das Bett. Versuche, nicht zu atmen und mich so wenig wie möglich zu bewegen. Der Totstellreflex kämpft mit meiner persönlichen Expositionstherapie. Ein harmloses Bett. Schafft es immer wieder, kalte, nackte Panik in mir auszulösen. Das kann nicht so weitergehen. Unter meiner Zimmerdecke entdecke ich einen unförmig blauen Fleck. Wie er wohl dorthin gekommen ist? Ich stehe auf, ungelenk und zittrig, und hole aus meiner Schreibtischschublade einen blauen Buntstift. Stelle mich auf die Matratze und weite den Fleck zu einer fluffig blauen Wolke aus. Wäre mein Leben ein Comicstrip, wäre dies meine Schlechtwetterwolke, die immerzu über mir schwebt und auf mich herniederregnet. Danach gehe ich ins Badezimmer, kämme mir mechanisch die Haare. Tausend Bürstenstriche. Ziehe meinen Badeanzug an und hülle mich in einen Morgenmantel. Auf dem Weg ins Schwimmbad lege ich noch einen Boxenstopp in der Stationsküche ein. Kaffee. Ich atme den Duft ein und lausche dem beruhigenden Brodeln des Wassers. Solange es noch Kaffee auf dieser Erde gibt, kann das Leben doch nicht so schlimm sein. Ich trinke eine Tasse heißes, flüssiges Glück und jogge runter in den Keller.

06:00 Uhr. Das Wasser ist eiskalt. Erfrischend. Kälte ist nichts, was sich nicht bewältigen lässt. Die Anorexie treibt mich voran. Selbsthass und Selbstverachtung verleihen meinen Beinen die Kraft, sich unermüdlich vom Beckenrand abzustoßen. Ich schwimme und flüchte in dem irrsinnigen Bestreben, meinem ersten Freund zu entkommen. ~~Wasser füllt meine Lungen. Ich werde missbraucht und gewaltsam unter Wasser gedrückt~~. Äußerlich ruhig und gelassen ziehe ich mühelos meine Bahnen. Nahezu friedlich, während in mir ein Krieg wütet. *Ich bin schnell*, bete ich mir vor. *Ich bin schneller als damals*, weiß ich. *Du kriegst mich nicht. Du hältst mich. Noch immer gefangen.*

07:25 Uhr. Ich steige aus dem Becken. Stelle mich unter die kalte Dusche, ziehe mich an und flechte die nassen Haare zu einem Zopf. Sprinte los zum Speisesaal.

07:30 Uhr. Die Raubtierfütterung beginnt. Ich setze ein munteres Lächeln auf und reihe mich in der Schlange vor dem Buffet ein. Mein Frühstück ist jeden Morgen exakt das gleiche: Ich fülle mir drei Esslöffel Müsli in eine Tasse, hole mir einen Becher Naturjoghurt und ein Roggenbrötchen. Dazu gibt es zwei Teelöffel Frischkäse und 1 Klecks Marmelade. Und das Wichtigste: vier Tassen Kaffee. All dies trage und balanciere ich irgendwie zu meinen Stammplatz. Beherzt schütte ich das Müsli auf den Teller. Erst sortiere ich die Rosinen aus, dann die Cornflakes. Übrig bleiben nur Getreideflocken, die ich in den Joghurt rühre. Tauche den Löffel ein und lasse ihn anschließend so lange abtropfen, bis er nur noch von einer hauchdünnen Schicht bedeckt wird. Vorsichtig lecke ich sie ab. Einmal bemerkte ich, wie mich ein Patient vom Nachbartisch intensiv beobachtete. »Ich hätte nie gedacht, dass man so lasziv einen langweiligen Joghurt essen kann«, erklärte er grinsend. Es ist ein Irrtum, dass Magersüchtige Essen verabscheuen. Die Nahrungsaufnahme kann zu einem sehr sinnlichen Erlebnis werden. Die Essstörung mit ihren bizarren Ritualen und grotesken Praktiken zelebriert das Essen. Mein Brötchen muss ich jedoch herunterschlingen, habe keine Zeit für Frischkäse und Marmelade, denn ich bin bereits spät dran. Nur den Kaffee gönne ich mir noch.

08:15 Uhr. Morgenrunde: neun Patienten, zwei Therapeuten und ein Zehntel ich. Der Rest von mir ist Körper und einstudierte Funktion, und so spule ich einen meiner Standardsätze herunter: *Ich bin müde. Mit geht es gut. Alles okay.* 15 Minuten später bin ich wieder auf meinem Zimmer und überprüfe meinen Behandlungsplan. Keine Anwendung bis zum Mittagessen. Das Schwimmbad hat bis zehn Uhr geöffnet. Ich ziehe meinen nassen Badeanzug wieder an und flitze los.

11:30 Uhr. Mittagessen. Ich mache mir nicht die Mühe, auf den Speiseplan zu blicken, da ich mein warmes Essen bereits am zweiten Tag abbestellt habe. Am Salatbuffet belade ich einen Teller mit grünem Salat, begieße ihn mit einem Teelöffel Dressing. Auf einem zweiten Teller häufe ich Gurken- und Tomatenscheiben. Meine Tischnachbarin ist bereits da. Anscheinend gab es heute Lasagne. Ich tupfe jedes einzelne Salatblatt mit einem Tuch ab, und als ich mit dieser Fleißarbeit fertig bin, kommt Gisela gerade mit zwei Schälchen, randvoll gefüllt mit Schokopudding, wieder zurück. Die folgende Szene spielt sich täglich genau so ab: »Ich habe dir deinen Nachtisch mitgebracht«, sagt sie. »Das ist sehr lieb, aber ich habe doch eine Schokoladenpuddingallergie (beliebig austauschbar mit Süßspeisen-, Eis- und Kuchenallergie)«, sage ich. »Du darfst meine Portion gerne mitessen.« – »Na wenn du darauf bestehst!« Dann kommen ihr aber doch Zweifel: »Kein Wunder, dass du so dürr bist. Du isst zu wenig.« Ich verdrehe die Augen, erkläre, ich sei bloß pflegeleicht. Esse die Hälfte der Gurken und verlasse den Saal.

13:00 Uhr. Ich vertiefe mich in eine Diskussion mit mir persönlich, ob ich den Apfel essen sollte. Ich entsorge ihn im Müll.

14:00 Uhr. Eine Essstörung nimmt viel Zeit in Anspruch. Das ganze Denken und Handeln und Fühlen dreht sich ausschließlich um das Essen. Es wird Dreh- und Angelpunkt der eigenen Welt. Essen ist nicht länger Lebensmittel, sondern Lebensmittelpunkt. Ich könnte die Anorexie jederzeit loslassen. Hoffe ich. Falls sie mich gehen lässt. Hoffentlich. Verlässt sie mich nicht.

15:00 Uhr. Eine der schönsten Zeiten des Tages, denn das Schwimmbad öffnet erneut bis 17 Uhr. Obwohl die Temperatur angeblich konstante 27°C beträgt, friere ich so erbärmlich, dass das sanfte Wasser wie Schmirgelpapier über meine Gänsehaut reibt. Ich beiße die Zähne zusammen.

17:30 Uhr. Abendessen. Zwei Kännchen Tee ergeben vier Tassen ergeben acht Schlücke. Die kleinste Scheibe Brot, in acht penibel gleich große Stückchen zerteilt, belegt mit zwei Tomatenscheiben, passend geviertelt. Jeder Bissen Nahrung wird mit einem Schluck

Tee belohnt. Diese Mahlzeit dauert exakt 16 Minuten. Die Rechnung geht immer auf, und ich zurück aufs Zimmer. Ich kann nichts dafür. Es geschieht einfach: Ich ziehe Jacke und Schuhe an. Schnappe meine Handtasche und verlasse das Gebäude. Erst gehe ich gemütlich, dann jogge ich los. Im Supermarkt angekommen, greife ich nach den größten Packungen Kekse aus dem Regal. Sorte egal. An der Kasse lege ich auch noch einen Schokoriegel aufs Band. Das alles geht so schnell, und sobald ich aus dem Laden stürze, reiße ich bereits die erste Kekspackung auf.

18:30 Uhr. Der Geschmack von Zartbitterschokolade explodiert in meinem Mund. Ich kaue und kaue und schlucke und schiebe zwei weitere Kekse hinterher. Die nächsten schmecke ich schon gar nicht mehr. Die Klinik befindet sich hoch oben auf einem Berg. Der Anstieg ist anstrengend: Mein Herz stolpert und ich stolpere und muss essen und atmen und immer wieder nach Luft schnappend stehen bleiben. Nach einer halben Stunde laufe ich durch einen Hintereingang zurück auf meine Station. Entsorge vorher die leere Kekspackung. Die zweite Packung verstaue ich im Lebensmittelschrank der Station. Ein sicherer Ort; Schutz vor meiner Gier und Gefräßigkeit. Sollen die anderen sie doch essen und dick werden. Auf meinem Zimmer schalte ich den Fernseher ein, ziehe einen Schlafanzug an und lege den Schokoriegel direkt vor meine Nase. Ich muss ihn nicht essen. Er lockt und reizt mich kein bisschen. Essen ist Schwäche und ich bin stark.

19:30 Uhr. Ich habe den Riegel verschlungen.

20:00 Uhr. Ich will meine verdammten Kekse.

21:00 Uhr. Wie eine Schwerverbrecherin schlüpfe ich nahezu lautlos aus meinem Zimmer. Gehe einige Schritte, aber dann kann ich meine Mitpatienten in der Sitzecke schon hören. Niemals würde ich mir die Blöße geben, vor ihren Augen meine Kekse zu holen.

22:00 Uhr. Vorsichtig öffne ich meine Zimmertür. Schleiche auf Zehenspitzen los, blicke zaghaft um die Ecke. Zwei Frauen unterhalten sich so leise, dass ich sie nicht früher hören konnte.

23:00 Uhr. Ich will meine verdammten Kekse! Müde und hungrig, gereizt und genervt schleppe ich mich in die Küche. Kurz bevor ich den ersehnten Schrank erreiche, höre ich ein leises »Kannst du auch nicht schlafen?« Ertappt zucke ich zusammen. Eine Frau sitzt in eine Decke gehüllt und ein Buch lesend weit in der Ecke. »Ich wollte mir Tee kochen«, improvisiere ich. Laufe lässig zum Wasserkocher, hole mir eine Tasse und warte, bis das Wasser heiß genug ist, es in meinen Becher zu schütten. »Gute Nacht dann noch«, flüstere ich ihr zu. In meinem Badezimmer lasse ich das frisch aufgekochte Wasser durch meine Finger in das Waschbecken fließen.

24:00 Uhr. Ich habe meine Kekse.

01:00 Uhr. Ich zerrupfe die leere Packung in winzig kleine Fetzen. Rolle sie zu Kügelchen zusammen, ziele, versuche, den Mülleimer zu treffen. Bald sieht es aus, als hätte es hier drin geschneit. Irgendwie schön.

02:00 Uhr. Ich bestehe nur noch aus Müdigkeit und verstehe nicht, wieso sich dieser törichte Körper dem Schlaf verweigert.

03:00 Uhr. Ich habe im Kühlschrank einen herrenlosen Joghurt gefunden. Aus dem Mülleimer fische ich den Apfel.

04:00 Uhr. Wenn ich die Augen schließe, sehe ich meinen ersten Freund. »Du bist eine wertlose kleine Hure«, sagt er. Dann vergewaltigt er mich. Also öffne ich die Augen.

05:00 Uhr. Mit dem Fußspitzen male ich eine große 5 in den Teppich. Streiche anschließend mit der Handfläche über den aufgerauten Boden, um ihn wieder zu glätten.

05:30 Uhr. Zum ersten Mal in dieser Nacht lege ich mich in das Bett. Versuche, nicht zu atmen und mich so wenig wie möglich zu bewegen. Der Totstellreflex kämpft mit meiner persönlichen Expositionstherapie. Ein harmloses Bett schafft es immer wieder, blinde, panische Angst in mir auszulösen. Das kann nicht so weitergehen.

Unter meiner Zimmerdecke entdecke ich eine fluffig blaue Wolke. Wie sie wohl dorthin gekommen ist? Ich stehe auf, ungelenk und zittrig, und hole aus meiner Schreibtischschublade einen Radiergummi. Stelle mich auf die Matratze und rubble so lange, bis nur noch ein unförmig blauer Fleck übrig bleibt. Danach gehe ich ins Badezimmer.

Auf Dauer ist das kein Leben. Auf Dauer soll dies nicht mein Leben sein.

Auf Dauer plane ich den Tod ein.

2. Behandlungsmonat

Einmal pro Woche hole ich mir im Pflegezimmer einen ganzen Schwung Antidepressiva ab, da ich jeden Abend zwei der Tabletten eigenverantwortlich einnehmen darf.

Dass ich nicht wie ein Junkie aussehe, bedeutet nicht, dass ich keiner bin.

Einmal pro Woche verstaue ich einen ganzen Schwung Antidepressiva in meinem Safe, und einmal pro Woche gönne ich mir eine Überdosis der gesamten Medikamente. Falle dann in einen komatösen Zustand, um den Schlaf einer ganzen Woche nachzuholen.

Heute nicht. Heute ist irgendetwas schiefgelaufen. Heute liege ich auf meinem Bett und versuche, sämtliche Willenskraft zu mobilisieren, um die Zuckungen meines Körpers zu unterbinden. Wie üblich bin ich willenlos.

Ich rolle von der Matratze, robbe auf Ellenbogen in das Bad und übergebe mich. Das ist eine ziemliche Leistung, da ich heute nicht gegessen habe, um die Wirkung der Medikamente zu verstärken. Mein Hals brennt, mein Magen krampft noch immer. Weil ich für dieses Unglück eigenverantwortlich bin, verspüre ich kein Selbstmitleid. Ich putze mir die Zähne, spritze kaltes Wasser in mein Gesicht. Dann verlasse ich das Zimmer.

Die Flure sind dunkel und leer, denn es ist kurz vor Mitternacht. Um das Brennen in meiner Speiseröhre zu lindern, koche ich mir einen Tee. Der Rückweg jedoch erscheint mir danach wie ein unüberwindbares Hindernis, also bleibe ich mit meinem Becher in der Sitzecke. Irgendwo öffnet sich eine Zimmertür, und schlurfende Schritte nähern sich. Hoffentlich werde ich in meinem Elend übersehen. Doch heute ist mir das Glück wirklich nicht hold.

Als sich mein Mitpatient James neben mich setzt, blicke ich nicht auf. »Kannst du nicht schlafen?« Weil ich nicht reagiere, fährt er fort: »Ich auch nicht. Meine Gedanken kreisen, weil ich in zwei Tagen abreise.«

Den Blick weiterhin gesenkt, sage ich: »Ich bin echt froh, dass du entlassen wirst. Ich mag dich nämlich nicht.« – »Warum das denn nicht?«, erkundigt er sich. Mehr amüsiert als gekränkt. Erst zucke ich die Achseln, doch dann sage ich: »Du bist mir unheimlich, weil ich mich von dir beobachtet fühle. Ständig scheint dein Blick auf mir zu ruhen. Das mag ich nicht. Außerdem siehst du meinem ersten Freund zum Verwechseln ähnlich. Und der war grausam. Genau wie sein Vater. Und mein Vater. Und der Vater meines Vaters. Überhaupt sind alle Männer« – ich mache eine weit ausholende Geste, als wäre der gesamte Raum mit Testosteron angefüllt – »grausam.« Ich halte ihm meinen Arm direkt unter die Nase. »Siehst du? Gänsehaut. Seit du neben mir sitzt. Das ist die Angst!«

Demonstrativ rücke ich mit dem Stuhl etwas ab. Prompt schiebt er seinen näher. Verwundert blicke ich auf meine Füße. Rücke weg, er rückt nach. »Wie machst du das?«

»Was denn?«

»Na, das hier.« Ich zeige anklagend auf ihn, dann auf mich, und wische mit der Hand durch den leeren Raum zwischen uns. »Ich versuche, von dir wegzurücken, und trotzdem verringert sich der Abstand zwischen uns nicht.« – »Du ziehst mich eben magisch an«, erklärt er mir schmunzelnd. »So wie mit Magie?«, hake ich nach. James lacht leise. »Ja, so in etwa.«

»Ene, meine, mei. Flieg los, Kartoffelbrei«, murmle ich und muss kichern, als ich seinen verdutzten Blick bemerke. »Bibi Blocksberg? Das sind meine Lieblings-Hörkassetten.« Hilfreich summe ich ihm das Intro vor, aber bis auf ein großes Fragezeichen zeichnet ihm meine Bemühung wenige Gefühlsregungen in das Gesicht.

»Wie alt bist du eigentlich?«, fragt er, und wahrheitsgemäß antworte ich: »Sieben. Oder ne, warte. Welches Datum haben wir heute?« – »Ähm. Den 20. Dezember 2010.« Dabei sagt er die Jahreszahl so bestimmt, dass ich erneut fröhlich auflache. »2010? Du Dummerchen! Mich führst du nicht an der Nase herum. Aber dann bin ich seit 34 Tagen doch schon acht.« An den Fingern zähle ich nach, ob ich mich verrechnet habe, doch James, der mich inzwischen forschend mustert, lenkt mich ab: »Charly. Hast du etwas getrunken?« Ich deute auf die Tasse. »Ja. Tee.« – »Ich meine etwas Hochprozentiges.« Ich deute auf die Tasse. Mit Nachdruck. »Ja. Tee. 100 Prozent Früchte. Mit einer Prise Zimt.« – »Alkohol, Charlotte.« – »Also bitte«, entrüste ich mich indigniert. »Ich bin doch nicht mein Vater. Ich habe lediglich eine Überdosis Lithium genommen.«

Amüsiert hebt er eine Augenbraue, sagt aber nichts dazu.

Dafür kann ich plötzlich nicht mehr aufhören zu sprechen. Wie aus einer heißen Quelle sprudeln und fließen die Worte aus mir heraus. Ich weiß nicht, was ich James erzähle, doch er hört mir geduldig zu. Steht zwischendurch mehrmals auf und holt aus dem Vorratsschrank Schokolade und Kekse und Törtchen, und ich schlage mächtig zu und lecke Zucker und Karamell von meinen Fingern.

Irgendwann bette ich, müde und erschöpft, meinen Kopf auf den Tisch. Eine fremde Hand kriecht über meinen Nacken. Verweilt dort kurz, streicht dann unablässig über meine Haare. Wie eine Katze schnurren würde ich, würde sich diese Berührung nicht so schrecklich anfühlen. Plötzlich ist alles so schwer: mein Kopf, meine Arme, meine Beine, der Körper. Während mein leichter Geist unbeteiligt über allem schwebt.

»Wie spät ist es eigentlich?«, höre ich mich fragen. James unterbricht seine ~~Schläge~~ Streicheleinheiten nicht. »Viertel nach zwei.«

»Das kann nicht sein. Vorhin war es erst 24 Uhr!«

»Du hast mir während der letzten zwei Stunden auch deine gesamte Lebensgeschichte erzählt. Wie hast du eigentlich das Baby verloren?« Ich gähne herzhaft. »Wessen Kind habe ich verloren? Egal. Ich muss echt ins Bett.« Also versuche ich aufzustehen: drücke mich von den Armlehnen ab, berühre sicheren Boden, gerate in gefährliches Schwanken und falle zurück. Keineswegs entmutigt stoße ich mich ein zweites Mal schwungvoll ab, stolpere einige Schritte vorwärts und stürze. »Super«, stelle ich ernüchtert fest. »Rufst du bitte einen Arzt? Meine Beine sind kaputt.«

»Ach was, ich trage dich«, bietet mein Mitpatient großzügig an, und obwohl ich entschieden abwinke und protestiere, hebt er mich vom Boden auf und trägt mich in seinen Armen. Mühelos, als würde ich rein gar nichts wiegen. Dieser schöne Gedanke entspannt mich etwas. »Zimmer 217«, weise ich ihn an. »Hmmm ...«, erwidert er seelenruhig. »Gehst du rechts rum?«, frage ich erstaunt, während ich den Kopf verrenke. Doch schwer, wie er ist, sackt er immer wieder gegen James' Brust. »217 ist im linken Gang!« – »Keine Sorge, ich kenne den Weg«, verspricht er.

»Die Stimmen sagen, ich soll dir nicht trauen.« Sein Oberkörper bebt leicht, als er leise auflacht: »Das ist auch richtig so.« Ich glaube, es wäre wichtig, wach zu bleiben. Darum kämpfe ich gegen die restlichen Medikamente in meinen Blutbahnen an, um nicht das Bewusstsein zu verlieren. Es ist so schwer. Nur einen winzig kleinen Moment lang werde ich die Augen schließen. Nur eine ganz kurze Auszeit werde ich mir erlauben. Danach bin ich wieder wachsam. Ich kämpfe. Mein Kopf rollt nach hinten. Ich verliere.

Ich bekomme keine Luft mehr. Etwas Schweres liegt auf meinem Oberkörper, behindert so das Atmen. Was ist passiert? Habe ich mich in meiner Bettdecke verfangen? Mit noch geschlossenen Augen ertaste ich etwas Warmes, Hartes, Haariges. Menschliches. Einen Arm. Binnen einer halben Sekunde bin ich hellwach. Einen Wimpernschlag später habe ich die gesamte Situation erfasst: Ich liege in einem vertrauten Bett, das nicht mein Bett ist. In einem vertrauten Zimmer, eingerichtet wie meines. Aber dies hier ist auch nicht mein Zimmer. Ich bin nackt. Meine Kleidung auf dem Fußboden. Auch James ist unbekleidet. Liegt selig schlummernd quer und mit ausgebreiteten Armen neben mir.

Das alles ist okay.

Beobachte ich diese Szene doch aus sicherer Distanz: Die Frau rappelt sich erschrocken auf. Hastig, doch leise, um den dunkelhaarigen Mann nicht zu wecken. Er bewegt sich, sie hält kurz inne. Dann ist er wieder ruhig, im Tiefschlaf. Geschwind zieht sie sich an, verlässt fluchtartig den Raum. Auf den Fluren ist sie mutterseelenallein, und die Uhr vor dem Schwesternzimmer zeigt 6:47 Uhr an.

Was auch immer geschehen ist. Es hat keine drei Stunden gedauert, beruhigt sie sich.

Was sind schon drei Stunden? Was soll da schon passieren?, belügt sie sich.

Erste Erinnerungen drängen sich ihr auf: an Schokolade und Kekse und Törtchen und Kartoffelbrei und Zucker und Karamell.

Was hat sie bloß getan? Wie konnte sie sich nur so gehen lassen? Wölbt sich da etwa ein kleines Bäuchlein unter ihrem Shirt? Sind ihre Oberschenkel plötzlich dicker als die Unterschenkel? Fett sieht sie aus!

Zum Glück. Stecke ich nicht in ihrer Haut.

3. Behandlungsmonat

Ein Knistern und Rascheln weckt mich auf. Im Zimmer ist es noch dunkel; es scheint früher Morgen zu sein. Ich möchte mich aufrichten und nachsehen, woher diese ungewohnten Geräusche stammen, und stoße prompt mit dem Kopf gegen etwas Hartes, Unnachgiebiges.

Ich hocke unter meinem Schreibtisch. Wie ein verängstigtes Tier, direkt vor der voll aufgedrehten Heizung. Es herrscht ein tropisches Klima.

Um mich herum liegen offene Chipstüten. Leere Kekspackungen und Schokoladenpapier. Ein Massengrab der Süßigkeiten. Offensichtlich habe ich während der letzten Nacht den Lebensmittelschrank der Station geplündert. Ich forsche nach Erinnerungen daran. Nichts. Kompletter Filmriss. Wenigstens bin ich noch vollständig angezogen.

Ich drehe den Heizkörper aus, krieche aus meinem Versteck hervor und sammle sämtliche Verpackungen ein. Auf einigen steht sogar ein Name, was bedeutet, dass ich nicht einmal vor Privateigentum haltgemacht habe. Grandios. Ich bin nun auch noch eine Diebin.

Dieses Wissen erfüllt mich mit einer perfiden Freude.

Einmal verwickelte ich meinen Therapeuten in eine Diskussion, ob ich ein schlechter, verabscheuungswürdiger Mensch sei: »Ich sehe vielleicht aus wie das nette Mädchen von nebenan, wie die Unschuld vom Lande – aber das täuscht! Ich bin wirklich schrecklich!«, erklärte ich leidenschaftlich.

»Haben Sie meinen Kuli geklaut?«

»Wie bitte? Nein, natürlich nicht«, antwortete ich perplex.

»Haben Sie denn eines meiner Bücher oder meine Teetasse mitgehen lassen?«

Wieder verneinte ich, woraufhin er mich milde anlächelte. »Sie haben also noch nie etwas gestohlen?« – »Nein«, versicherte ich, und fühlte mich von diesen Anschuldigungen seltsam getroffen. Wie kann er nur so etwas von mir denken?

»Dann sind Sie auch kein schlechter Mensch!«

Zwar verstand ich diese Schlussfolgerung nicht und teilte auch nicht seine Meinung. Trotzdem muss ich nun an dieses Gespräch denken und selbstzufrieden der ganzen Welt verkünden: »Und ich bin doch schlecht!!«

4. Behandlungsmonat

»Puls?« – »20.«

Die gelangweilte Angestellte im Ergometer-Sportraum blickt von ihrer Klatschzeitschrift auf. »Das kann nicht sein.« Wortlos halte ich ihr mein Handgelenk hin, und mit einem Blick, der eindeutig besagt, dass sie mich für absolut unfähig hält, legt sie ihre Finger auf meinen Puls. Runzelt die Stirn. »Tatsache. 20. Ist das nicht ein bisschen wenig?« Ich zucke die Schultern. »Ich bin Sportlerin. Der ist immer so niedrig.« Sie zieht meine Karteikarte hervor, überprüft die bisherigen Daten (»Stimmt – die sind alle so niedrig!«) und trägt auch den neuen Wert ein.

Ich reiche ihr meinen Therapieplan, damit sie die Anwendung abzeichnen kann. »Ach, schwimmen waren Sie vorher auch schon?« – »Ja, aber nur zwei Stunden.« – »Zwei Stunden? Ist das nicht ein bisschen viel?« Ich zucke die Schultern. »Ich bin …«, setze ich an und werde von ihr mit einem energischen »Ja, ja. Sportlerin« unterbrochen.

Am Ergometer stelle ich eine hohe Wattzahl ein und strample los. Presse dabei die Zähne fest aufeinander, aus Angst, laut aufzuschreien. Jede Bewegung löst eine neue Schmerzexplosion in meinem Körper aus. Schnell sind meine Knie so steif, dass ich definitiv nicht weiterfahren kann. Nach acht Minuten nur 72 verbrannte Kalorien. Ich falle eher vom Gerät ab, als dass ich absteige. »Sie geben auf?«, ruft mir die Mitarbeiterin zu. »Ja, ja. Sportlerin. Schon klar.«

Resigniert verlasse ich den Raum. Fühle mich, als sei die Haut über meinen Knochen aufgeplatzt und mit Säure übergossen worden. Ich ignoriere den Fahrstuhl und ziehe mich am Treppengeländer hoch in die zweite Etage. Ich schlinge die Arme um meinen Körper, halte mich an meinem Brustkorb fest. *Ich werde jetzt nicht auseinanderfallen.* Jeder Schritt treibt mir Tränen in die Augen; mein Körper zuckt und zittert. Schüttet so viel Adrenalin aus, dass ich es irgendwie in mein Zimmer schaffe.

Ich weiß, was gerade passiert: Meine Muskeln sind müde, bis aufs Äußerste überstrapaziert. Auch das Herz ist ein Muskel.

Vor 15 Monaten habe ich mir die Anorexie ausgesucht, damit sie mich eines Tages tötet. Heute bin ich diesem Ziel so nah. Ich warte auf einen Anflug von Stolz und Triumph. Irgendeines dieser berauschenden Gefühle, die all meine Qualen rechtfertigen würden. Sie bleiben aus.

Mein Geist ist inzwischen so weit von meinem Körper entfernt, dass ich mich merkwürdig unbeteiligt fühle. Meine Beine geben unter mir nach; mein langsames Herz rast, bis mir der Schweiß ausbricht. Die Hände zittern, kribbeln, werden taub. Auch ich bin vollkommen ruhig. Ahne, dass etwas Schlimmes passiert, doch dringt diese Angst nicht zu mir durch. Keine Schmerzen mehr. Bloß das Fehlen jeglichen Gefühls.

Ich könnte aufgeben. Das Sterben geschehen lassen. Ich bin des Kämpfens so müde. Vereinzelte Tränen stehlen sich aus meinen geschlossenen Augenlidern. Sie machen mich wütend: Ich werde nicht weinen. So schwach bin ich nicht.

Verdammt.

Aufgeben? Nein. So schwach bin ich nicht.

Ich finde den Notfallknopf.

5. Behandlungsmonat

»Und? Ist es nicht schön?« Nein. *Es* ist nicht schön. Genau genommen ist es sogar ausgesprochen hässlich. Als Gott *Kreativität* und *handwerkliches Geschick* verteilte, sammelte ich gerade die Attribute *dumm* und *naiv* auf. Tapfer nehme ich meinem Ergotherapeuten das verkrüppelte Gefäß ab. Bedanke mich artig mit leerem Lächeln und leeren Worten. Der Ton ist noch lauwarm, so als wäre er erst vor Kurzem aus dem Brennofen gekommen. Jetzt habe ich wenigstens etwas, um meine dauerhaft eiskalten Finger zu wärmen.

Zurück in meinen vier Wänden, stelle ich diese eigentümliche Kreuzung aus Vase und Windlicht auf meinen Schreibtisch, direkt neben frühere Kreationen. Dann trete ich einen Schritt zurück und betrachte sie nachdenklich. Wie kleine Tonsoldaten stehen sie dort, in Reih und Glied. Mustern mich kritisch. Vorwurfsvoll. *Das war nun das fünfte Gefäß*, scheinen sie zu klagen. *Denk nicht einmal daran, ein sechstes zu töpfern. Meinst du nicht auch, dass es allmählich reicht?*

Ja. Es reicht.

Obwohl ich aus lauter Einsamkeit begonnen habe, mich mit Töpferware zu unterhalten, und dafür mindestens vier Wochen Verlängerung erhalten müsste. Insgesamt 20 Wochen habe ich auf dieser Traumastation verbracht. Inzwischen bin ich 23 Jahre alt. Habe das Gewicht eines Kindes und den Gelenkverschleiß einer alten Frau.

Nachdenklich nehme ich die erste Vase in die Hand. Streiche mit dem Daumen über die Glasur und schleudere sie voller Wucht auf den Boden. Niemand kann so viel Gewalt überleben. Der Ton zerspringt. Das scheppernde Geräusch zerschneidet meine Nerven. Ich greife nach der zweiten Vase. Ich bin seit 23 Jahren lebendig tot. Während andere Frauen in diesem Alter studieren und arbeiten und Freunde treffen und Familien gründen, verbringe ich meine Existenz in Psychiatrien und Kliniken. Blut läuft über meine Wange, wo mich ein fliegender Splitter getroffen haben muss. Genervt reibe ich es mit der Handfläche weg. Auch die dritte Vase zerschellt. Es fühlt sich gut an, etwas zu zerstören. Nicht immer nur mich. Die vierte Vase geht zu Bruch und meine Hände bluten. Zwar bin ich 23 Jahre alt, und doch seit 20 Jahren in einer schrecklichen Zeitschleife gefangen.

Das letzte Tongebilde zerspringt, und über Scherben laufe ich zu meinem Nachtschrank. Greife nach Teetassen und Kaffeebechern und muss auch sie kaputt schmeißen.

Dann erst blicke ich auf das Ausmaß der Zerstörung: Tonsplitter und Porzellanstücke überall. An einer Stelle ist der Teppich zerschnitten und aufgeplatzt. Blut rinnt meine Arme hinab, mein Gesicht brennt.

Ich war das. Ich bin jähzornig, gewalttätig, brutal. Die Tochter meines Vaters. Entsetzen zwingt mich in die Knie. Inmitten meines Scheiterhaufens rolle ich mich wie ein Fötus zusammen. Spitze, scharfe Scherben schneiden erbarmungslos in den Körper. Ich wiege mich hin und her, unempfindlich für den Schmerz. Und ich weine nicht.

Ich habe das alles nicht gewollt.

*

Ich nehme die Finger von der Tastatur und nippe nachdenklich an meinem Yogi-Tee, Sorte *Positive Energie*. Er schmeckt scheußlich, aber ich bin süchtig nach diesen an dem Teebeutel befestigten Weisheit-Zettelchen. Mein heutiger Spruch? *Werde dein eigener guter Freund*. Erst wollte ich ihn verächtlich in den Mülleimer schnippen, dann klebte ich diese Botschaft spontan direkt auf meinen Spiegel.

Zwischen dem, was ich soeben geschrieben habe, und dem heutigen Tag liegen vier Jahre und zehn Kilo mehr an Körpergewicht. Der Handlungsort ist der gleiche. Damals habe ich sämtliche helfende Hände von mir geschlagen. Ich war gefangen in meinem Wahn von Selbstzerstörung. Dieser Ort versprach so viel Gutes, und deswegen habe ich mich mit aller Kraft dagegen gewehrt.

Vor zwei Wochen wurde ich erneut aufgenommen. Dieses Mal möchte ich es besser machen.

Ich speichere das Dokument ab und bereite mich auf die nächste Anwendung vor. Bevor ich das Zimmer verlasse, überprüfe ich noch rasch meinen E-Mail-Posteingang. *Keine neue Nachrichten*. Natürlich nicht. Sie wollen mich nicht. Einer plötzlichen Eingebung folgend, sehe ich zum ersten Mal seit meiner Aufnahme auch in den Spam-Ordner. *Elf neue Nachrichten*. Uni, Uni, Uni, Werbung, Uni. Und dann. Setzt mein Herzschlag aus. Wie in Trance öffne ich diese eine, bestimmte Mail. Überfliege sie nur, weil mich die Neuigkeiten derart überwältigen und ich sie nicht in ihrer Gänze fassen kann. Und dann. Tue ich etwas, von dem ich überzeugt war, ich hätte es bereits verlernt: Ich weine.

Zunächst zaghaft und zögerlich, als wären meine Tränendrüsen eingerostet. Bald aber beben meine Schultern, und ich schluchze hemmungslos. Rasch tippe ich irgendeine Antwort, ohne zu wissen, was genau ich da gerade schreibe. Verlasse fluchtartig mein Zimmer und stürme direkt in das Pflegezimmer. »Oh Gott, ich komme gerade gar nicht klar«, erkläre ich noch, ehe mich der nächste Weinkrampf erfasst. Noch nie habe ich hier die Fassung verloren. Aber jetzt kann ich mich partout nicht mehr beruhigen. Ich weine, bis ich vollkommen erschöpft bin, aber selbst dann laufen mir noch immer stille Tränen über die Wangen. Meine Pflegerin ringt hilflos mit den Händen. »Mein Buch. Meine Geschichte.« Ich habe einen Schluckauf bekommen, der mir das Sprechen erschwert. »Vielleicht wird sie veröffentlicht. Und selbst wenn daraus doch nichts wird, so habe ich vorhin die schönste Mail meines Lebens bekommen.« – »Aber ist das nicht etwas … Positives?«, fragt sie mich irritiert. »Natürlich! Darum muss ich doch so weinen!« Ich versuche mich vergebens an einem zittrigen Lachen. Die Tränen möchten nicht aufhören zu fließen, und ich lasse sie. »Oh … Nun muss ich auch schon anfangen zu weinen«, schnieft die Pflegerin und reibt sich über die feuchten Augen. Entlockt mir ein leichtes Lächeln, das sich erst zu einem Grinsen, dann zu einem aufrichtigen Strahlen entwickelt.

2

Ich wurde gefragt, ob ich meiner Geschichte ein Ende schreiben möchte. Das kann ich nicht.

Das Schlimmste am Missbrauch ist: Er geht nie vorüber. Er hört nicht einfach auf, wenn *er* aufgehört hat. Therapeuten und Psychologen können noch so oft beruhigend erklären: »Aber es ist doch vorbei. Sie haben es überstanden. Es ist vorbei. Sie sind im Heute. Und das Heute ist Sicherheit.« Das stimmt nicht. Es ist niemals vorbei. Weil anschließend aber auch gar nichts mehr so ist, wie es vorher einmal war. Aber das möchte niemand hören.

Ich kann meine Geschichte aufschreiben. Ich kann sie erzählen, immer und immer wieder. Analysieren, reflektieren, auseinandernehmen und verstehen. Ich kann irgendwann sagen: »Okay, ich weiß, was mir passiert ist. Es war schlimm. Ich bin damals völlig durchgedreht. Ich habe geweint und geweint und geweint. Also muss ich heute nicht mehr weinen. Einmal reicht. Es ist gut jetzt.«

Aber es ist *niemals* gut.

Wir suchen verzweifelt nach Hilfe, machen eine Therapie nach der nächsten. Wir wagen zu glauben, trauen uns zu hoffen, schenken Vertrauen. Wir lesen Dutzende Ratgeber, obwohl wir die Experten sind. Wir basteln Notfallkoffer to go, gestalten sichere Orte und hören uns geduldig an, dass ~~selbst~~ auch wir so etwas wie Grenzen haben, die niemand überschreiten darf. Wir sind besessen von dem Bedürfnis nach Schadensbegrenzung und dem inneren Drang, uns weiteren Schaden zuzufügen.

Denn am Ende des Tages verdienen wir die Hilfe nicht.

Und wenn uns jemand fragt: »Warum? Warum fügst du dir selber diese Schmerzen zu? Warum verletzt du dich? Bist du nicht schon verletzt genug?« Dann antworten wir mit einem leisen: »Warum nicht?« Nicht herausfordernd, nicht trotzig. Sondern müde und erschöpft. Neugierig, weil wir die Antwort wirklich nicht kennen.

Eine einzige schlimme Tat kann nicht durch Hunderte hilfreiche Therapiestunden aufgehoben werden. Man hat uns gesagt, uns gezeigt, wie wertlos wir sind. Schmutzig und schlecht. Selbst wenn es nur ein einziges Mal war: Wir haben es geglaubt, ohne es zu hinterfragen. Weil wir schon immer wussten, dass etwas mit uns nicht stimmt. Aber wenn uns nun jemand erklärt, geduldig, immer und immer wieder, dass wir doch liebenswert sind, dass wir doch ein guter Mensch sind – dann wollen wir die Ohren zuhalten und die Augen verschließen, um diesen Lügen zu entkommen. Und unser wahres Ich. Das zeigen wir nicht. Weil es sich versteckt, in der hintersten Ecke, in einem Schrank, unter dem Bett, im dunklen Keller. Denn dieser Teil, dieses Kind, das weiß um das Unrecht, das ihm angetan wurde.

Wir würden jederzeit ein anderes Kind behutsam in die Arme nehmen; ihm zuflüstern, dass es nicht seine Schuld war; es vehement gegen seine eigenen Dämonen verteidigen und jegliche Vorwürfe von ihm weisen. Ihm versichern, dass es ein guter Mensch ist; dass es niemals das, was geschehen ist, wollte oder sogar verdient hat. Aber uns, uns und das Kind, das *wir* früher einmal waren, das verurteilen wir, jeden Tags auf Neue.

Trotzdem machen wir Therapie und irgendwann. Irgendwann wird es leichter. Oder wir lernen, mit der Schwere umzugehen. Bis wir nach einem, zwei, drei, zehn Jahren als geheilt oder unheilbar krank entlassen werden. Dann bedanken wir uns für die Hilfe, um unser Gegenüber nicht hilflos zurückzulassen. Denn mit diesem Gefühl kennen wir uns aus.

Es gibt kein Lehrbuch auf dieser Welt, das auch nur annähernd unsere Gefühle beschreiben kann. Die Worte dafür müssen erst erfunden werden. Versuche einmal, einem Menschen begreiflich zu machen, wie es sich anfühlt, nicht mehr ganz zu sein. Er wird vielleicht mitfühlend das Gesicht verziehen, aber er wird niemals verstehen. Niemals das Ausmaß erahnen können, wenn er es selber nicht erleben musste.

Wir sind süchtig nach Nähe und stoßen jeden von uns, der uns zu nahe kommt. Wir machen uns Vorwürfe, weil wir nicht lieb genug, nicht perfekt genug, nicht gut genug waren. Wir lassen uns in der Therapie von sämtlicher Schuld freisprechen. Dass es nichts gibt, wofür wir uns schämen müssen. Von einem Menschen, der glaubt zu verstehen; der glaubt uns zu sehen; der nicht in unser Inneres gucken kann. Das schlecht ist. Dann nicken wir, müde, weil die Diskussion sinnlos wäre. Denn wir werden uns niemals vergeben.

Dass wir nicht stark genug waren.

Ich erinnere mich nicht mehr daran, wie es sich anfühlt, nicht missbraucht worden zu sein. Auch wenn es diese Zeit einmal gegeben hat. Ich werde nie wieder diejenige sein können, die ich früher einmal war. Ich kann nur versuchen, besser zu werden. Denn wäre ich von Anfang an ein guter Mensch gewesen, wären diese Dinge niemals geschehen.

Missbrauch zu überleben gleicht einem Gefühl, als hätte eine neue Zeitrechnung begonnen. Als hätte sich nicht nur unsere Seele zerteilt, sondern gleich die ganze Welt. Und während die normale Welt ihren alltäglichen Lauf nimmt, haben wir unseren Platz darin verloren. Die Wissenschaft lügt: Denn diese neue Welt ist doch eine Scheibe. Man hat versucht, uns runterzuwerfen; *Mann* hat sich verdammt viel Mühe damit gegeben. Doch wir krallen uns am Rand fest, um nicht abzustürzen. Jeder Tag ist ein neuer Kampf. Uns wieder hochzuziehen, oder um uns einfach nur festzuhalten. Und zwischendurch? Lässt eine von uns los.

Wir lernen, wieder zu funktionieren. Wir lernen, uns anzupassen. Wir wissen, dass wir alles überstehen können, aber wir möchten nicht mehr stehen. Wir möchten uns fallen lassen, um auf ewig zu schlafen. Wir fragen uns, warum wir uns überhaupt die Mühe gemacht haben, den Missbrauch zu überleben.

Irgendwann können wir wieder lachen, aufrichtig und aufrecht gehend. Wir können wieder glücklich sein und Waffenstillstand schließen. Mit uns. Wir können die Schönheit der Welt so viel bewusster wahrnehmen. Uns an den kleinen Dingen erfreuen, bis es schmerzt. Weil wir nicht mehr Teil davon sind. Dieses Recht ist mit uns verloren gegangen.

Wir können lernen, uns in der Zukunft besser zu schützen. Damit so etwas niemals wieder geschieht. Aber das macht die Vergangenheit nicht ungeschehen.

Wenn mir ein Therapeut sagt »Ich kann es Ihnen nicht versprechen – aber ich kann Sie unterstützen und Ihnen helfen, sich zu schützen. Damit so etwas nie wieder geschehen wird!« – dann weiß ich nicht, ob er mich oder vielleicht doch sich selber beruhigen möchte. Denn niemand möchte, dass solche Verbrechen geschehen. Außer denjenigen, die sie begehen.

Aber es ist egal. Der Schaden ist schon längst entstanden. Es ist unwichtig, ob es einmal geschehen ist, zweimal, hundertmal. Ob es wieder passieren wird. Einmal ist bereits einmal zu viel.

Nein, die Zeit heilt keine Wunden. Das ist ein Märchen, das uns unsere Helfer mit den besten Absichten erzählen. Wir wissen es besser, doch wir nicken nur, lächeln dankbar. Und schweigen. Weil niemand so gut schweigt wie ein missbrauchtes Kind.

Denn viel schlimmer noch als der Missbrauch selbst wäre die Enttäuschung, wenn uns niemand Glauben schenken würde. Dabei sind wir selber perfekt darin, Ausreden zu erfinden, Mauern des Vergessens zu bauen, Lügenmärchen zu dichten, unsere Geschichte umzuschreiben. Bis wir selber nicht mehr wissen, wie die Wahrheit überhaupt einmal ausgesehen hat. Und wir sie nur noch sehen können: auf unseren zerschnittenen Armen. In unserem gestörten Essverhalten, unserer Angst. Während der Einsamkeit und Isolation.

Man härtet und man stumpft nicht ab. Man spaltet sich millionenfach, und man schließt die Augen, und man sagt sich, dass man alles aushalten könne, weil man schon alles ausgehalten hat. Man denkt, dass es nicht noch schlimmer kommen kann, weil man das Schlimmste bereits überlebt hat. Man sagt sich selber, dass es okay sei, weil man weiß, dass es vorübergehen wird. Und man weiß, dass man sich selber nur belügt. Denn jede neu erlebte Demütigung tut oh so weh. Jede Erniedrigung brennt sich in das Gedächtnis ein. Und man schert sich nicht darum, ob man es überleben wird, denn man wünscht sich doch die ganze Zeit über nur, endlich tot zu sein. *Man* versteckt sich hinter einem unverbindlichen *man*, damit einen das alles nichts angeht.

Ich will nicht mehr hören, dass alles irgendwie wieder gut wird. Ich will nicht hören, dass ich trotz allem ein wertvoller, liebenswerter Mensch sei. Ich will nicht hören, dass der Weg noch lange Zeit steinig sein wird, aber am Ende werde auch ich mein rosarotes Happy End mit Regenbögen und Einhörnern bekommen. Versprochen. Ich will nicht hören, dass ich nur lernen muss, mich selber zu lieben. Ich will nicht hören, dass andere Frauen es auch geschafft haben, diesen Kampf zu gewinnen, und heute glücklich und zufrieden leben. Ich will nicht hören, dass ich mich nur anstrengen und weiter bemühen muss; in die Klinik gehen, fleißig Therapie machen, und dann wird schon alles wieder ein Stück weit leichter sein. Und wenn ich mich nur entscheide; wenn ich erst einmal die Entscheidung getroffen habe, gesund werden zu wollen – also dann, dann wird alles leichter. Weil alle anderen haben es doch auch geschafft. Und deren Päckchen war ein noch viel schwereres zu tragen. Also nur Mut.

Ich will mir nicht mehr jeden Tag aufs Neue die Erlaubnis geben müssen, leben zu dürfen – weil alles in mir vom Gegenteil überzeugt ist; weil jeder Teil von mir am liebsten schon lange tot wäre.

Ich will mich nicht jeden Tag daran erinnern müssen, was gewesen ist, und ich will nicht jeden Tag darum kämpfen müssen, meinen Verstand nicht zu verlieren. Ich will nicht täglich mit der unerträglichen Sinnlosigkeit meiner eigenen Existenz konfrontiert sein.

Was ich hingegen will, ist, dass so viele Bilder aus meinem Gedächtnis gelöscht werden. Ich will meine Würde wiederbekommen. Aber weil weder das eine noch das andere möglich ist, will ich nicht immer wieder diese gleichen, ach so gut gemeinten Ratschläge bekommen von Menschen, die absolut keine Ahnung davon haben, wie ich mich gefühlt und was ich alles erlebt habe.

Ich weiß um die Dinge, die ich bereits ausgehalten habe. Ich weiß um die Stärke, die tief in mir stecken muss. Trotzdem habe ich jeden Morgen nach dem Aufwachen die Angst, dass heute der Tag sein wird, da ich an den Schmerzen endgültig zerbreche.

Die Vergangenheit tut so verdammt weh.

3

Aus 26 Buchstaben kann ich unendlich viele Wörter bilden. Um Angst zu beschreiben. Schrecken und Entsetzen. Schmerzen und Seelenqualen. Schuld und Schande. Worte, die von Hilflosigkeit und Einsamkeit zeugen. Habe Hunderte Seiten mit ihnen gefüllt. Durchzogen vom blutroten Faden der Scham. Ich habe geschrieben über das Stolpern und Stürzen und Fallen. Gefangen sein, aber niemals aufgefangen werden. Ich habe vieles verloren. Nicht meine Stimmgewalt. Ich würde diese Seite gerne mit Worten der Zuversicht füllen. Hoffnung und Mut. Schöne Worte einer Fremdsprache, die ich niemals erlernen durfte.

Das wird sich ändern. Vor Kurzem habe ich den Kontakt zu meinen Eltern abgebrochen und ihre kindische Reaktion darauf stoisch ertragen. Denn ich bin kein Kind mehr, und an der Sache mit dem Spielzeug arbeite ich noch.

»Es war nicht immer schlimm – wir haben auch schöne Sachen gemacht!« Was früher reiner Selbstschutz war, ist heute Wahrheit und kein Widerspruch mehr. Mein Leben ist nicht schön, die Vergangenheit tut weh, und noch immer befürchte ich, dem Wahnsinn zu verfallen. Und es geht mir, trotz allem, gut. Glück ist kein leeres, theoretisches Konzept mehr für mich. Glück ist fester Bestandteil meines Lebens geworden. Manchmal möchte ich sogar meinem Körper danken, dass er mich noch immer erträgt. Durch dieses Leben trägt, nach all dem, was ihm angetan wurde, und obwohl ich ihn noch immer schlecht behandele. Und manchmal glaube ich, dass er und ich eines Tages wieder eins sein werden. Er hat mich nie aufgegeben.

Ich mich auch nicht.

Wer also bin ich?

Mein Name ist nicht Charlotte, aber Charlotte bin ich.

Ich bin ein Missbrauchsopfer. Eine Sozialphobikerin und Anorektikerin. Ich bin eine Depression, und ich bin in ziemlich viele Persönlichkeitsanteile gespalten. Ich habe emotionale Vernachlässigung, psychische, physische und sexuelle Gewalt überlebt.

Ich bin nicht schuld daran und ich bin nicht länger stumm. Ich bin gestört und ich bin absolut normal. Das, was ich erlebt habe, war nicht normal.

Ich bin nicht gestorben. Ich bin immer noch da. Und obwohl ich immer wieder verschwinden möchte, werde ich bleiben.

Ich bin. Eine Überlebenskämpferin.

Dankeschön!

Es fühlt sich wie ein Wunder an, jeden Tag aufs Neue, dass in den letzten Jahren Menschen in mein Leben getreten sind, die mir seither Hoffnung, Mut und Stärke schenken. Danke, dass ich weniger allein sein muss.

Herr Lehnen und Dr. Brinkmann, Ihnen gilt mein größer Dank. Weil sie mich nicht aufgeben und mir immer wieder helfen, mich für das Leben zu entscheiden. Auch wenn ich niemals weiß, wieso eigentlich.

Elke und Anja, Andrea und Marion: Ihr seid liebenswertvolle, starke Frauen! Trotz(t) dem, was Mann euch angetan hat. Ellen, danke, dass du meine verrückte Freundin bist. Lass uns zusammen lebenshungrig ~~werden~~ sein. Tausend Dank auch an Lisa, Steffi und Daniela, weil ich mit euch lachen kann, nach vielen traurigen Jahren.

All die Therapeuten, die mich auf meinem Heilungsweg begleitet haben – oder noch immer an meiner Seite sind. Danke für all die Worte, Gesten und Gedanken von unschätzbarem Wert.

Svenja, wir haben einander Tausende Worte, Hunderte Sätze geschrieben: Lustige und traurige, schöne wie ernste, immer ehrlich und respektvoll. Doch am Ende brauchtest du nur drei kleine Buchstaben, um aus meinem einsam ein *gem*einsam zu zaubern. Danke, dass du dieses Projekt von Anfang bis Ende und darüber hinaus mit mir durchgestanden hast. Und zuletzt möchte ich Oliver danken, weil letztendlich nur du es ermöglicht hast, mein eisernes Schweigen endlich endlich zu brechen.

CHARLOTTE BARTH, geboren 1987, erlebte eine Kindheit voller körperlicher und seelischer Gewalt. Sie wurde magersüchtig und beging mehrere Suizidversuche, bevor sie sich schließlich in Therapie begab. Heute lebt sie in einem betreuten Wohnheim für junge Menschen mit Essstörungen in Bielefeld und studiert Literaturwissenschaften.

Charlotte Barth
KINDERSPIEL
*Wie mein Körper missbraucht
und meine Seele gebrochen wurde*

ISBN 978-3-86265-477-2
 | Lektorat: Svenja Conrad |
Coverfoto und Foto im Textteil: © Jose AS Reyes/shutterstock.com

KATALOG
Wir senden Ihnen gern kostenlos unseren Katalog.
Schwarzkopf & Schwarzkopf Verlag GmbH
Kastanienallee 32, 10435 Berlin
Telefon: 030 – 44 33 63 00
Fax: 030 – 44 33 63 044

INTERNET | E-MAIL
www.schwarzkopf-schwarzkopf.de
info@schwarzkopf-schwarzkopf.de